**FACHBUCHREIHE**
für wirtschaftliche Bildung

# Einzelhandel 2025

## Kaufmann/Kauffrau im Einzelhandel

Beckmann Grebenstein-Heinrich Huse Kohnen Meyer gen. Potthoff Trost

1. Ausbildungsjahr

VERLAG EUROPA-LEHRMITTEL
Nourney, Vollmer GmbH & Co. KG
Düsselberger Straße 23
42781 Haan-Gruiten

**Europa-Nr.: 91673**

## Autorinnen/Autoren

| | |
|---|---|
| Felix Beckmann | 58730 Fröndenberg |
| Kerstin Grebenstein-Heinrich | 53797 Lohmar |
| Dr. Karin Huse | 50996 Köln |
| Sabrina Kohnen | 52499 Baesweiler |
| Axel Meyer gen. Potthoff | 49086 Osnabrück |
| Jeannette Trost | 50739 Köln |



## Verlagslektorat

Anke Hahn

Erweitertes externes Lektorat: Kerstin Grebenstein-Heinrich

1. Auflage 2020

Druck 5 4 3 2

Alle Drucke derselben Auflage sind parallel einsetzbar, da sie bis auf die Behebung von Druckfehlern
untereinander unverändert sind.

ISBN 978-3-8085-9167-3





Umschlag, Satz: tiff.any GmbH, 10999 Berlin
Umschlagkonzept: tiff.any GmbH, 10999 Berlin
Umschlagfoto: © ECE Projektmanagement G.m.b.H. & Co. KG, 22391 Hamburg; Fotograf: Detlef Overmann
Druck: Firmengruppe APPL, aprinta druck GmbH, 86650 Wemding

# Vorwort

**Einzelhandel 2025** ist als modernes Komplettprogramm konzipiert. Das vorliegende Unterrichtswerk ist ein neu entwickeltes Lehr- und Lernbuch für die Ausbildung in **Einzelhandel** und **Verkauf**. Es richtet sich an

- Lehrende und Lernende in der Ausbildung zum Kaufmann/zur Kauffrau im Einzelhandel
- Lehrende und Lernende in der Ausbildung zum Verkäufer und zur Verkäuferin
- Dozent/-innen und Teilnehmer/-innen in der Umschulung/Einarbeitung in Einzelhandelsaufgaben
- Dozent/-innen und Teilnehmer/-innen in der innerbetrieblichen Fortbildung

Das Programm **Einzelhandel 2025** wurde auf Basis der zuletzt 2017 geänderten Lehrplan- und Ausbildungsordnungsvorgaben neu erstellt und ist konsequent auf die aktuell geltenden Regelwerke für die Ausbildung ausgerichtet:

- neue Ausbildungsverordnung vom 13.03.2017 für die Einzelhandelsberufe Verkäufer/Verkäuferin und Kaufmann/Kauffrau im Einzelhandel 2017
- Rahmenlehrplan für die Ausbildungsberufe Kaufmann im Einzelhandel und Kauffrau im Einzelhandel, Verkäufer und Verkäuferin (Fassung vom 16.09.2016, abgestimmt auf die Ausbildungsverordnung vom 13.03.2017)
- aktuelle AkA-Prüfungskataloge (AO 2017)



## Umfassendes Europa-Ausbildungsprogramm

Einzelhandel 2025 ist ein umfassendes Ausbildungsprogramm bestehend aus drei **Informationsbänden**, welche komplett die Inhalte des Lehrplans der drei Ausbildungsjahre für die **Kaufleute im Einzelhandel (Band 1 bis 3)** und der zwei Ausbildungsjahre für die Verkäufer/Verkäuferinnen (Band 1 und 2) abdecken, sowie drei begleitenden **Arbeitsbüchern** mit didaktisch aufbereiteten und variationsreichen **Lernsituationen**. Das Programm Einzelhandel 2025 folgt konsequent dem **kompetenzorientierten Rahmenlehrplan** nach dem **Lernfeldkonzept**.

Der vorliegende **Band 1** umfasst die Lernfelder 1 bis 5 des Rahmenlehrplans im 1. Ausbildungsjahr.

## Im Lernfeldgedanken entwickelt – von Grund auf!

Die **Informationsbände** und Lösungsbände werden durch ein auf jeden Band abgestimmtes **Arbeitsbuch mit Lernsituationen**, Kompetenzbögen, Zusatzmaterialien und Lösungsbänden ergänzt. Ausgehend von den Anforderungen der Lernsituationen im Arbeitsbuch durchlaufen die Lernenden Situationen aus dem Unternehmensalltag im Einzelhandel. Durch die **Problemerkennung, Bearbeitung und Reflexion** entwickeln sie grundlegende **fachliche, soziale und personale Handlungskompetenz**. Zur Bearbeitung werden **kooperative Lernmethoden** zugrunde gelegt.

Die systematischen Sachdarstellungen in den Informationsbänden stellen die zur Bewältigung der Lernsituationen notwendigen Wissensbestandteile bereit und greifen zudem verallgemeinernd über die Situationsbezüge hinaus, z. B. durch zahlreiche Hinweise auf Gesetzestexte oder Verweise auf nützliche Internetseiten.

Die Unterrichtswerke des Programms **Einzelhandel 2025** verfolgen gezielt eine Didaktik, die **Handlungs- und Kompetenzorientierung** zugrunde legt und Lernende zu **selbstständigem Analysieren, Planen, Durchführen, Kontrollieren und Beurteilen** von Arbeitsaufgaben unter Berücksichtigung aller Kompetenzdimensionen führt. Hierbei wird die **berufliche Wirklichkeit** als Ganzes mit ihren ökonomischen, rechtlichen und sozialen Aspekten erfasst.

## Praxistest bestanden

Die Informationsmaterialien werden von den Autorinnen und Autoren erfolgreich im Unterricht eingesetzt!

## Ihr Feedback ist uns wichtig

Wenn Sie mithelfen möchten, dieses Buch für die nachfolgende Auflage zu verbessern, schreiben Sie uns unter lektorat@europa-lehrmittel.de. Gerne nehmen wir Ihre Hinweise und Verbesserungsvorschläge auf.



Februar 2020 Autoren, Autorinnen und Verlag

# Inhaltsverzeichnis

## Lernfeld 3: Kunden im Servicebereich Kasse betreuen

## Lernfeld 4: Waren präsentieren

## Lernfeld 5: Werben und den Verkauf fördern

# Das Einzelhandelsunternehmen repräsentieren

1. Die Ausbildung im Einzelhandel kennenlernen
2. Die Rolle des Einzelhandels in der Volkswirtschaft darstellen
3. Den Aufbau des Einzelhandels vorstellen
4. Notwendigkeit von sozialer Sicherung, Arbeits- und Umweltschutz erkennen
5. Präsentationen erstellen und professionell durchführen

© flashpics – stock.adobe.com

© Zerbor – stock.adobe.com

LF 1

# 1 Die Ausbildung im Einzelhandel kennenlernen

## 1.1 System der dualen Berufsausbildung

Grundlage einer einheitlich geordneten Berufsausbildung für die Bundesrepublik Deutschland ist das Berufsbildungsgesetz (BBiG). Es sieht unter anderem vor, dass die Berufsausbildung an den beiden Lernorten Betrieb und Berufsschule stattfindet.

Merke: Als duale Ausbildung bezeichnet man die parallele Ausbildung in Betrieb und Berufsschule.

**System der dualen Berufsausbildung**

Ausbildungsrahmenplan des Bundes ↔ KMK-Rahmenplan/Lehrpläne der Länder

Betriebe

**Beide Lernorte bereiten auf die Prüfungen und auf zukünftige berufliche Tätigkeiten vor.**

Berufsschule

© auremar, drubig-photo – stock.adobe.com

§ **§2 BBiG Lernorte der Berufsbildung**
Berufsbildung wird durchgeführt
- in Betrieben der Wirtschaft …
- in berufsbildenden Schulen …
- in sonstigen Berufsbildungseinrichtungen …

Merke: Betrieb und Berufsschule sind nach BBiG zur Zusammenarbeit verpflichtet!

In der Berufsschule wird überwiegend theoretisch, berufsbezogen und bereichsübergreifend nach den Lehrplänen der Bundesländer unterrichtet. Grundlage dieser Lehrpläne ist der von der Konferenz der Kultusminister erarbeitete Rahmenlehrplan (KMK-Rahmenlehrplan).

Der Rahmenlehrplan ist in einzelne Lernfelder aufgeteilt, welche wiederum den einzelnen Ausbildungsjahren zugeordnet sind.

Die Anordnung der Lernfelder folgt der Idee der Teilung in die beiden Ausbildungsberufe Kaufmann im Einzelhandel/Kauffrau im Einzelhandel und Verkäufer/Verkäuferin.

**1. Ausbildungsjahr**

| Lernfeld 1 | Lernfeld 2 | Lernfeld 3 | Lernfeld 4 | Lernfeld 5 |
|---|---|---|---|---|
| Das Einzelhandelsunternehmen repräsentieren | Verkaufsgespräche kundenorientiert führen | Kunden im Servicebereich Kasse betreuen | Waren präsentieren | Werben und den Verkauf fördern |

**2. Ausbildungsjahr**

| Lernfeld 6 | Lernfeld 7 | Lernfeld 8 | Lernfeld 9 | Lernfeld 10 |
|---|---|---|---|---|
| Waren beschaffen | Waren annehmen, lagern und pflegen | Geschäftsprozesse erfassen und kontrollieren | Preispolitische Maßnahmen vorbereiten und durchführen | Besondere Verkaufssituationen bewältigen |

**3. Ausbildungsjahr**

| Lernfeld 11 | Lernfeld 12 | Lernfeld 13 | Lernfeld 14 | |
|---|---|---|---|---|
| Geschäftsprozesse erfolgsorientiert steuern | Mit Marketingkonzepten Kunden gewinnen und binden | Personaleinsatz planen und Mitarbeiter führen | Ein Einzelhandelsunternehmen leiten und entwickeln | |

Im Betrieb wird praktisch und berufsbezogen nach den Vorgaben des Ausbildungsrahmenplans auf der Grundlage der für den Beruf Verkäufer/Verkäuferin bzw. Kaufmann/Kauffrau im Einzelhandel geltenden Ausbildungsordnung gearbeitet.

## 1.2 Berufsbildungsgesetz als Grundlage der Berufsausbildung

Die Berufsausbildung in Deutschland wird insbesondere durch das Berufsbildungsgesetz geregelt. Es bildet die Grundlage für die betriebliche Ausbildung und stellt eine Orientierungshilfe für die Ausbildungsbetriebe, für die zuständigen Kammern sowie für die Berufsschulen dar. Es wird ergänzt durch weitere bedeutende Rechtsgrundlagen, wie z. B. das Jugendarbeitsschutzgesetz, das Arbeitszeitgesetz, das Arbeitsschutzgesetz, das Mutterschutzgesetz und Tarifverträge.

Mit dem Abschluss des Berufsausbildungsvertrages sind Sie kaufmännischer Auszubildender. Im Berufsbildungsgesetz sind die grundsätzlichen Inhalte der Ausbildung festgehalten. §4 regelt die Anerkennung der Ausbildung, und §5 bildet die Grundlage für die Inhalte der betrieblichen Ausbildung.

Kaufmännischer Auszubildender ist, wer in einem kaufmännischen Betrieb zur Erlernung kaufmännischer Tätigkeiten angestellt ist.

Merke

## Ausbildungsordnung

Die Ausbildungsordnung legt den rechtlichen Rahmen der Berufsausbildung fest. Sie ist in verschiedene Teilbereiche gegliedert und enthält folgende Informationen:

**Inhalte der Ausbildungsordnung**

| Teilbereiche | Inhalte |
|---|---|
| Ausbildungsbezeichnung/Ausbildungsdauer | Verkäufer/Verkäuferin (2 Jahre)<br>Kaufmann/Kauffrau im Einzelhandel (3 Jahre) |
| Ausbildungsberufsbild | Gegenstand der Berufsausbildung (Fertigkeiten, Kenntnisse und Fähigkeiten) |
| Ausbildungsrahmenplan | Fertigkeiten, Kenntnisse und Fähigkeiten nach sachlicher und zeitlicher Gliederung |
| Ausbildungsplan | Gestaltung der betrieblichen Ausbildung nach den Vorgaben des Ausbildungsrahmenplans |
| Berichtsheft | Berichtsheft in Form eines Ausbildungsnachweises |
| Prüfungen | gestreckte Prüfung → Kaufmann im Einzelhandel/Kauffrau im Einzelhandel<br>Zwischenprüfung und Abschlussprüfung → Verkäufer/Verkäuferin |

## Ausbildungsberufsbild

In der Ausbildungsordnung ist das Ausbildungsberufsbild mit den spezifischen Fertigkeiten, Kenntnissen und Fähigkeiten des/der Verkäufers/Verkäuferin oder des/der Kaufmanns/Kauffrau im Einzelhandel festgelegt, die durch den Ausbildungsbetrieb vermittelt werden sollen.

Die Berufsausbildung für den Ausbildungsberuf Verkäufer/Verkäuferin und Kaufmann/Kauffrau im Einzelhandel gliedert sich in Berufsbildpositionen und Wahlqualifikationen.

## Ausbildungsberuf Verkäufer/Verkäuferin

### Berufsbildpositionen § 4 Abs. 2 und 4

**Berufsprofilgebende Fertigkeiten, Kenntnisse und Fähigkeiten:**

1. Waren- und Dienstleistungsangebote des Ausbildungsbetriebes
2. Warenpräsentation und Werbemaßnahmen
3. Preiskalkulation
4. Warenbestandskontrolle
5. Warenannahme und -lagerung
6. Verkauf von Waren
7. Servicebereich Kasse

**Integrativ zu vermittelnde Fertigkeiten, Kenntnisse und Fähigkeiten:**

1. Berufsbildung, arbeits- und sozialrechtliche Vorschriften
2. Bedeutung und Struktur des Einzelhandels und des Ausbildungsbetriebes
3. Information und Kommunikation
4. Sicherheit und Gesundheit bei der Arbeit
5. Umweltschutz

### Wahlqualifikation § 4 Abs. 3

1. Sicherstellung der Warenpräsenz
2. Beratung von Kunden
3. Kassensystemdaten und Kundenservice
4. Werbung und Verkaufsförderung



## Ausbildungsberuf Kaufmann/Kauffrau im Einzelhandel

### Berufsbildpositionen § 5 Abs. 2 und 5

**Berufsprofilgebende Fertigkeiten, Kenntnisse und Fähigkeiten:**

1. Waren- und Dienstleistungsangebote des Ausbildungsbetriebes
2. Warenpräsentation und Werbemaßnahmen
3. Preiskalkulation
4. Warenbestandskontrolle
5. Warenannahme und -lagerung
6. Verkauf von Waren
7. Servicebereich Kasse
8. Einzelhandelsprozesse

**Integrativ zu vermittelnde Fertigkeiten, Kenntnisse und Fähigkeiten:**

1. Berufsbildung, arbeits- und sozialrechtliche Vorschriften
2. Bedeutung und Struktur des Einzelhandels und des Ausbildungsbetriebes
3. Information und Kommunikation
4. Sicherheit und Gesundheit bei der Arbeit
5. Umweltschutz

### Wahlqualifikation § 5 Abs. 3 und 4

1. Sicherstellung der Warenpräsenz
2. Beratung von Kunden
3. Kassensystemdaten und Kundenservice
4. Werbung und Verkaufsförderung
5. Beratung von Kunden in komplexen Situationen
6. Beschaffung von Waren
7. Warenbestandssteuerung
8. Kaufmännische Steuerung und Kontrolle
9. Marketingmaßnahmen
10. Onlinehandel
11. Mitarbeiterführung und -entwicklung
12. Vorbereitung unternehmerischer Selbstständigkeit

## Ausbildungsrahmenplan

Jede der im Ausbildungsberufsbild aufgeführten Positionen wird im Ausbildungsrahmenplan durch Aufzählungen einzelner Tätigkeiten näher beschrieben (sachliche Gliederung) und den einzelnen Ausbildungsjahren zugeordnet (zeitliche Gliederung). Grundsätzlich gilt, dass sich die zu vermittelnden Fertigkeiten, Kenntnisse und Fähigkeiten in den einzelnen Ausbildungsjahren wiederholen und ein wachsendes Maß an Selbstständigkeit verlangen. Die folgende Übersicht zeigt Beispiele aus dem Ausbildungsrahmenplan:

**Beispiele Berufsbildpositionen § 4 Abs. 2 Nr. 1 und 2: Ausbildungsberuf Verkäufer/Verkäuferin und § 5 Abs. 2 Nr. 1 und 2: Kaufmann/Kauffrau im Einzelhandel**

| Lfd. Nr. | Teil des Ausbildungsberufsbildes | Fertigkeiten, Kenntnisse und Fähigkeiten |
|---|---|---|
| 1 | Waren- und Dienstleistungsangebot des Ausbildungsbetriebes | • Kunden über das betriebliche Warensortiment Orientierung geben<br>• Kunden über das Dienstleistungsangebot des Betriebes informieren … |
| 2 | Warenpräsentation und Werbemaßnahmen | • Preisänderungen im Rahmen der betrieblichen und rechtlichen Vorgaben vornehmen<br>• Kunden über Werbeaktionen informieren … |
| 3 | … | |

**Beispiele Berufsbildpositionen § 4 Abs. 4 Nr. 1 und 2: Ausbildungsberuf Verkäufer/Verkäuferin und § 5 Abs. 5 Nr. 1 und 2: Kaufmann/Kauffrau im Einzelhandel**

| Lfd. Nr. | Teil des Ausbildungsberufsbildes | Fertigkeiten, Kenntnisse und Fähigkeiten |
|---|---|---|
| 1 | Berufsbildung, arbeits- und sozialrechtliche Vorschriften | • Positionen der eigenen Entgeltabrechnung erklären<br>• berufliche Aufstiegs- und Weiterentwicklungsmöglichkeiten darstellen … |
| 2 | Bedeutung und Struktur des Einzelhandels und des Ausbildungsbetriebes | • die Funktion des Einzelhandels für die Gesamtwirtschaft und die Gesellschaft erläutern<br>• die Rechtsform und den organisatorischen Aufbau des Ausbildungsbetriebes mit seinen Aufgaben und Zuständigkeiten sowie die Zusammenhänge zwischen den Geschäftsprozessen erläutern … |
| 3 | … | |

**Beispiele Wahlqualifikationen § 4 Abs. 3 Satz 1 Ausbildungsberuf Verkäufer/Verkäuferin und § 5 Abs. 3 Satz 1: Kaufmann/Kauffrau im Einzelhandel**

| Lfd. Nr. | Teil des Ausbildungsberufsbildes | Fertigkeiten, Kenntnisse und Fähigkeiten |
|---|---|---|
| 1 | Sicherstellung der Warenpräsenz | • bei der Warenannahme erkennbare Mängel unter Einhaltung der gesetzlichen und betriebsüblichen Bestimmungen bei der Warenannahme dokumentieren … |
| 2 | Beratung von Kunden | • Kunden über qualitäts- und preisbestimmende sowie über nachhaltigkeitsbezogene Merkmale und über Verwendungsmöglichkeiten der Artikel und Sorten informieren … |
| 3 | … | |

**Beispiele Wahlqualifikationen § 5 Abs. 4 Satz 1 Ausbildungsberuf Kaufmann/Kauffrau im Einzelhandel**

| Lfd. Nr. | Teil des Ausbildungsberufsbildes | Fertigkeiten, Kenntnisse und Fähigkeiten |
|---|---|---|
| 1 | Beratung von Kunden in komplexen Situationen | • Kaufmotive und Wünsche von Kunden durch Beobachten, aktives Zuhören und Fragen ermitteln und diese in Verkaufs- und Beratungsgesprächen berücksichtigen … |
| 2 | Beschaffung von Waren | • Waren unter Berücksichtigung von Bestellverfahren und Liefermodalitäten disponieren |
| 3 | … | |



## Ausbildungsplan

Der betriebliche Ausbildungsplan soll folgende Mindestinhalte enthalten:

- Umsetzung und Konkretisierung der Berufsbildpositionen des Ausbildungsrahmenplanes
- Beschreibung des Arbeitsplatzes im ausbildenden Betrieb (ggf. Hinweise zu einem Ausbildungsverbund oder zu einer überbetrieblichen Einrichtung)
- Vermittlung der Ausbildungsinhalte in zeitlicher Hinsicht
- Benennung von Ausbildern

## Berichtsheft

Nach den Vorgaben des Berufsbildungsgesetzes, der Ausbildungsverordnungen sowie der IHK-Prüfungsordnungen besteht für Auszubildende die

> Versäumnisse im Führen der Ausbildungsnachweise können zum Ausschluss von der Prüfung und zur Aberkennung der Prüfung führen.
>
> **Merke**

§ 13 BBiG
§ 14 BBiG
§ 43 BBiG

Verpflichtung, Ausbildungsnachweise (Berichtshefte) zu erstellen und regelmäßig zu führen. Diese müssen folgenden Anforderungen entsprechen:

- Die Ausbildungsnachweise sind grundsätzlich wochenweise zu führen.
- Sie enthalten stichpunktartig die Ausbildungstätigkeiten, betriebliche Unterweisungen, Unterricht und Schulungen sowie die Inhalte des Berufsschulunterrichts.
- Die Richtigkeit und Vollständigkeit der Angaben ist durch die Unterschrift der Ausbildungspartner zu bestätigen.

Die zuständigen Mitarbeiter der IHK kontrollieren stichpunktartig bei der Antragsstellung zur Abschlussprüfung die digitalen Berichtshefte, welche auf der von ihnen zur Verfügung gestellten Online-Plattform gespeichert sind, und fordern wahlweise die handschriftlich geführten Berichtshefte separat beim Antragsteller an. Somit müssen die Berichtshefte nicht mehr zur mündlichen Abschlussprüfung mitgebracht werden.

Das Führen des Berichtsheftes kann seit dem 01. Oktober 2017 wahlweise in digitaler wie auch handschriftlicher Form erfolgen. Die Entscheidung hierüber muss im Ausbildungsvertrag festgehalten werden.

**Merke**

© VEL



## Prüfungsanforderungen

Im März 2009 wurde die Ausbildungsordnung für den Ausbildungsberuf Kaufmann im Einzelhandel/Kauffrau im Einzelhandel hinsichtlich der Abschlussprüfung und der Gewichtung geändert. Die Abschlussprüfung wurde gestreckt und in zwei Teile aufgeteilt. Der erste Teil der Abschlussprüfung ist identisch mit der schriftlichen Abschlussprüfung der Verkäufer. Der zweite Teil der Abschlussprüfung besteht aus dem Prüfungsbereich Geschäftsprozesse im Einzelhandel und dem fallbezogenen Fachgespräch. Die Zwischenprüfung entfällt bei diesem Berufsbild.

Somit entsteht folgende Prüfungsstruktur für den Verkäufer/Verkäuferin und den Kaufmann im Einzelhandel/die Kauffrau im Einzelhandel:

**Übersicht Prüfungsstruktur**

| Prüfungsbereiche | Verkäufer/Verkäuferin | Kaufmann/Kauffrau im Einzelhandel |
|---|---|---|
| **Zwischenprüfung** | ja | nein |
| **Verkauf und Werbemaßnahmen** | **Abschlussprüfung**<br>Zeitumfang: 90 Minuten, schriftlich,<br>Gewichtung: 25 % | **Teil 1**<br>**Abschlussprüfung**<br>Zeitumfang: 90 Minuten, schriftlich,<br>Gewichtung: 15 % |

| Prüfungsbereiche | Verkäufer/Verkäuferin | Kaufmann/Kauffrau im Einzelhandel |
|---|---|---|
| **Warenwirtschaft und Kalkulation** | **Abschlussprüfung**<br>Zeitumfang: 60 Minuten, schriftlich,<br>Gewichtung: 15 % | **Teil 1**<br>**Abschlussprüfung**<br>Zeitumfang: 60 Minuten, schriftlich,<br>Gewichtung: 10 % |
| **Wirtschafts- und Sozialkunde** | **Abschlussprüfung**<br>Zeitumfang: 60 Minuten, schriftlich,<br>Gewichtung: 10 % | **Teil 1**<br>**Abschlussprüfung**<br>Zeitumfang: 60 Minuten, schriftlich,<br>Gewichtung: 10 % |
| **Geschäftsprozesse im Einzelhandel** | | **Teil 2**<br>**Abschlussprüfung**<br>Zeitumfang: 120 Minuten, schriftlich,<br>Gewichtung: 25 % |
| **Fachgespräch in der Wahlqualifikation** | **Abschlussprüfung**<br>Wahlqualifikation<br>Zeitumfang: 20 Minuten, mündlich,<br>Gewichtung: 50 % | **Teil 2**<br>**Abschlussprüfung**<br>Wahlqualifikation<br>Zeitumfang: 20 Minuten, mündlich,<br>Gewichtung: 40% |

Der erste Teil der Abschlussprüfung Kaufmann im Einzelhandel und Kauffrau im Einzelhandel und die Abschlussprüfung der Verkäufer/Verkäuferin finden zum Ende des zweiten Ausbildungsjahres statt.



## 1.3 Weitere Grundlagen des Ausbildungsverhältnisses

Die Rahmenbedingungen für die Berufsausbildung bilden das Berufsbildungsgesetz und die Berufsausbildungsverordnung. Das Berufsbildungsgesetz schreibt den Abschluss eines Ausbildungsvertrages vor.

§ **§10 BBiG**
Wer andere Personen zur Berufsausbildung einstellt (Auszubildende), hat mit den Auszubildenden einen Berufsausbildungsvertrag zu schließen.

Darüber hinaus gibt es weitere Schutzgesetze, wie z. B. das Jugendarbeitsschutzgesetz, die bei der individuellen Ausgestaltung des Arbeitsvertrages zu beachten sind.

## 1.3.1 Ausbildungsvertrag

### Ausbildungsvertrag

Der Ausbildungsvertrag ist eine schriftliche Vereinbarung zwischen dem Ausbildenden und dem Auszubildenden.

**Ausbildungsvertrag**

schriftliche Vereinbarung zwischen

**Auszubildendem** ↔ **Ausbildendem**

↓

**zuständige Stellen**

§ 34 BBiG
§ 43 BBiG

Ist der Auszubildende noch keine 18 Jahre alt (nicht volljährig), so ist der Vertrag auch von dem gesetzlichen Vertreter (Eltern oder Vormund) zu unterzeichnen. Die Vereinbarungen sind in das Verzeichnis der Berufsausbildungsverhältnisse bei der zuständigen Stelle, Industrie- und Handelskammer (IHK) bzw. Handwerkskammer (HWK), einzutragen.

Die Eintragung ist Voraussetzung für die Zulassung zur Prüfung.

Nach § 11 BBiG muss der Ausbildungsvertrag u. a. folgende Mindestanforderungen enthalten:

| Mindestanforderungen des Ausbildungsvertrages | Erklärungen |
|---|---|
| **Art und Ziel der Berufsausbildung und sachliche und zeitliche Gliederung** | z. B. Ausbildungsberuf, Fachrichtung, Hinweise auf Ausbildungsordnung und Ausbildungsplan |
| **Beginn und Dauer der Berufsausbildung** | Dauer gemäß Ausbildungsordnung unter Berücksichtigung von Anerkennung und Verkürzung |
| **Ausbildungsmaßnahmen außerhalb der Ausbildungsstätte** | z. B. außerbetriebliche Maßnahmen wie Seminare, Lehrgänge und Schulungen |
| **Dauer der regelmäßigen täglichen Ausbildungszeit** | Regelungen durch Arbeitsrecht, Tarifverträge und Jugendarbeitsschutzgesetz |
| **Dauer der Probezeit** | Probezeit mindestens 1 Monat bis maximal 4 Monate |

| | |
|---|---|
| **Zahlung und Höhe der Vergütung** | Regelung durch tarifliche und gesetzliche Bestimmungen (z. B. Tarifvertrag) |
| **Dauer des Urlaubs** | Regelung durch tarifliche und gesetzliche Bestimmungen (z. B. JArbSchG) |
| **Kündigungsvoraussetzungen** | Bedingungen für eine Kündigung während und nach der Probezeit |
| **Hinweise auf die Tarifverträge, Betriebs- oder Dienstvereinbarungen** | Hinweise auf branchen- und betriebsspezifische Vereinbarungen |

Hinweis

Seit dem 01.01.2020 gibt es für alle Auszubildenden einen Anspruch auf eine Mindestvergütung, wenn die Ausbildung ab dem 01.01.2020 begonnen wird.

§ 17 BBiG

Aus dem Abschluss des Ausbildungsvertrags ergeben sich Pflichten von Ausbildendem und Auszubildendem.

§ 13 BBiG
§ 14 BBiG
§ 15 BBiG
§ 16 BBiG

**Der Ausbildungsvertrag verpflichtet**

| den Ausbildenden u. a. zur | den Auszubildenden u. a. zur/zum |
|---|---|
| • qualifizierten Ausbildung (planmäßig, zeitlich und sachlich gegliedert)<br>• Fürsorge<br>• Vergütung<br>• Freistellung für den Berufsschulunterricht<br>• Freistellung bei Prüfungen<br>• Bereitstellung von Arbeitsmitteln<br>• Ausstellung eines Zeugnisses | • Lernpflicht<br>• Einhaltung der Betriebsordnung<br>• Bewahrung von Betriebsgeheimnissen<br>• Befolgung von Anweisungen<br>• Führen von Ausbildungsnachweisen (Berichtsheft)<br>• Teilnahme an Ausbildungsmaßnahmen<br>• Teilnahme am Berufsschulunterricht<br>• ärztlichen Untersuchung (jugendliche Auszubildende) |



Hinweise

Nach dem Jugendarbeitsschutzgesetz obliegt Jugendlichen die Pflicht, vor Eintritt in das Berufsleben eine ärztliche Erstuntersuchung nachzuweisen.

Von den kostenlosen Ausbildungsmitteln sind schulische Hilfsmittel wie Bücher, Arbeitshefte usw. ausgeschlossen.

## Probezeit

§ 20 BBiG

§ **§ 20 BBiG**
**Probezeit**
Das Berufsausbildungsverhältnis beginnt mit der Probezeit. Sie muss mindestens einen Monat und darf höchstens vier Monate betragen.

Die Probezeit von einem Monat bis zu vier Monaten dient dem gegenseitigen Kennenlernen und soll dem Auszubildenden und dem Ausbildungsbetrieb Auskunft darüber geben, ob die Voraussetzungen für eine erfolgversprechende Ausbildung gegeben sind. Auszubildender und Betrieb haben deshalb das Recht und die Pflicht, diese Voraussetzungen festzustellen und gewissenhaft zu prüfen, ob eine Fortsetzung des Ausbildungsverhältnisses sinnvoll ist. Eine begründete Aussage setzt voraus, dass der Auszubildende berufsbezogen eingesetzt wird und auch Rückmeldungen über seine Eignung erhält.

Eine Verlängerung der Probezeit ist möglich, wenn die Ausbildung (z. B. wegen einer Erkrankung) länger als ein Drittel der Probezeit unterbrochen wird.

§ 22 BBiG

## Kündigung

Der Ausbildungsvertrag kann in folgenden Fällen gekündigt werden:

**Merke:** Jede Kündigung muss schriftlich erfolgen!

**Kündigung**

- **während der Probezeit**
  Der Vertrag kann jederzeit ohne Einhaltung einer Frist und ohne Angabe von Gründen von jedem der Partner gekündigt werden.
- **nach der Probezeit**
  - **fristlos**
    Beide Vertragspartner können aufgrund von schwerwiegenden Vorfällen fristlos unter Angabe von Gründen kündigen.
  - **ordentlich**
    Der Auszubildende kann bei Aufgabe der Ausbildung oder Berufswechsel mit einer Frist von vier Wochen kündigen. Der Kündigungsgrund ist anzugeben.

© Stockfotos-MG – stock.adobe.com

Schwangeren Auszubildenden kann während der Probezeit grundsätzlich nicht gekündigt werden.

Eine Kündigung seitens des Arbeitgebers muss bei nicht volljährigen Auszubildenden dem gesetzlichen Vertreter zugehen.

Während der Probezeit erwerben Auszubildende Urlaubsansprüche (1/12 je Ausbildungsmonat). Im Falle einer Kündigung muss dieser Anspruch finanziell ausgeglichen oder als Urlaub gewährt werden.

### Beendigung und Verkürzung oder Verlängerung des Ausbildungsverhältnisses

Zur Beendigung des Ausbildungsverhältnisses sieht das Berufsbildungsgesetz vor: §21 BBiG

1. Das Berufsausbildungsverhältnis endet mit dem Ablauf der Ausbildungsdauer.
2. Besteht der Auszubildende vor Ablauf der Ausbildungsdauer die Abschlussprüfung, so endet das Berufsausbildungsverhältnis mit Bestehen der Abschlussprüfung.
3. Besteht der Auszubildende die Abschlussprüfung nicht, so verlängert sich das Berufsausbildungsverhältnis auf seinen Wunsch hin bis zur nächstmöglichen Wiederholungsprüfung, höchstens um ein Jahr.

Unter bestimmten Voraussetzungen ist eine Verkürzung der Ausbildungsdauer möglich. Es handelt sich um Kann-Regelungen, die Gestaltungsmöglichkeiten der Ausbildungspartner beinhalten. §7 BBiG §8 BBiG

Wenn

- → der Abschluss allgemeiner oder
- → vollzeitschulischer beruflicher Bildungsgänge,
- → berufliche Vorerfahrungen bzw.
- → gute Leistungen in Betrieb und Schule

eine Verkürzung der Ausbildung nahelegen bzw. erfordern, so ist ein Antrag an die zuständige Kammer zu richten, die nach der jeweiligen Landesverordnung über den Antrag entscheidet.

Wird der Auszubildende im Anschluss an die Ausbildung ohne weitere Vereinbarungen beschäftigt, so wird ein Arbeitsverhältnis auf unbestimmte Zeit begründet.

Merke



Eine Verlängerung der Ausbildungszeit kann der Auszubildende beantragen, wenn die Verlängerung (z. B. wegen einer längeren Erkrankung oder Unterbrechung derbetrieblichen Ausbildung) erforderlich ist, um das Ausbildungsziel zu erreichen.

## 1.3.2 Jugendarbeitsschutzgesetze

### Arbeitsschutzbestimmungen für Auszubildende unter 18 Jahren

Das Jugendarbeitsschutzgesetz (JArbSchG) gilt für die Beschäftigung von Personen, die noch nicht 18 Jahre alt sind. Altersbefreiungen für den Besuch der Berufsschule gelten auch für berufsschulpflichtige Auszubildende, die über 18 Jahre alt sind und bei Eintritt in die Berufsausbildung das 21. Lebensjahr noch nicht vollendet hatten. Für die Berechnung der Beschäftigungszeiten gelten im Einzelnen folgende Regelungen:

## Arbeitsschutzbestimmungen für Auszubildende unter 18 Jahren

| | |
|---|---|
| §4 JArbSchG<br>**Arbeitszeit** | Die tägliche Arbeitszeit ist die Zeit vom Beginn bis zum Ende der täglichen Beschäftigung ohne Ruhepausen. |
| §8 JArbSchG<br>**Dauer der Arbeitszeit** | • Jugendliche dürfen nicht mehr als acht Stunden täglich und nicht mehr als 40 Stunden wöchentlich beschäftigt werden.<br>• Wenn an einzelnen Werktagen die Arbeitszeit auf weniger als 8 Stunden verkürzt ist, können Jugendliche an den übrigen Werktagen derselben Woche 8,5 Stunden beschäftigt werden. |
| §9 JArbSchG, §15 BBiG<br>**Berufsschule** | Der Arbeitgeber hat den Jugendlichen für die Teilnahme am Berufsschulunterricht freizustellen.<br>Er darf den Jugendlichen nicht beschäftigen:<br>• vor einem vor 9 Uhr beginnenden Unterricht, dies gilt auch für Personen, die über 18 Jahre alt und noch berufsschulpflichtig sind<br>• an einem Berufsschultag mit mehr als 5 Unterrichtsstunden von mindestens je 45 Minuten, einmal die Woche<br>Auf die Arbeitszeit werden angerechnet:<br>• An einem Berufsschultag mit mehr als 5 Unterrichtsstunden von mindestens je 45 Minuten, muss der Arbeitgeber den Berufsschultag mit der durchschnittlichen täglichen Arbeitszeit anrechnen.<br>• die Unterrichtszeit einschließlich der Pausen |
| §11 JArbSchG<br>**Ruhepausen** | Jugendlichen müssen im Voraus feststehende Ruhepausen gewährt werden. Die Ruhepausen müssen mindestens betragen<br>• 30 Minuten bei einer Arbeitszeit von mehr als 4,5 bis zu 6 Stunden und<br>• 60 Minuten bei einer Arbeitszeit von mehr als 6 Stunden.<br>Als Ruhepause gilt nur eine Arbeitsunterbrechung von mindestens 15 Minuten.<br>Die Ruhepausen müssen in angemessener zeitlicher Lage gewährt werden, frühestens eine Stunde nach Beginn und spätestens eine Stunde vor Ende der Arbeitszeit. Länger als 4,5 Stunden hintereinander dürfen Jugendliche nicht ohne Ruhepause beschäftigt werden. |
| §15 JArbSchG<br>**5-Tage-Woche** | Jugendliche dürfen nur an 5 Tagen in der Woche beschäftigt werden. |
| §19 JArbSchG<br>**Urlaub** | Die Anzahl der Urlaubstage ist vom Alter des Auszubildenden am jeweiligen 1.1. des Jahres abhängig.<br>30 Tage bei 15-Jährigen<br>27 Tage bei 16-Jährigen<br>25 Tage bei 17-Jährigen |

▶

| | |
|---|---|
| § 32 JArbSchG<br>**Erstuntersuchung** | Ein Jugendlicher, der in das Berufsleben eintritt, darf nur beschäftigt werden, wenn<br>• er innerhalb der letzten vierzehn Monate von einem Arzt untersucht worden ist (Erstuntersuchung) und<br>• dem Arbeitgeber eine von diesem Arzt ausgestellte Bescheinigung vorliegt. |
| § 33 JArbSchG<br>**erste Nachuntersuchung** | Ein Jahr nach Aufnahme der ersten Beschäftigung hat sich der Arbeitgeber die Bescheinigung eines Arztes darüber vorlegen zu lassen, dass der Jugendliche nachuntersucht worden ist (erste Nachuntersuchung). Die Nachuntersuchung darf nicht länger als drei Monate zurückliegen. |

**Merke:** Liegt der Berufsschulunterricht innerhalb der betrieblichen Ausbildungszeiten, wird er voll auf die betriebliche Ausbildungszeit angerechnet.

**Beispiel:** *Die betriebsübliche Ausbildungszeit liegt an allen Werktagen zwischen 7:30 Uhr und 17:00 Uhr. Der Berufsschulunterricht beginnt an zwei Wochentagen jeweils um 8:00 Uhr und endet um 14:15 Uhr. Berechnungszeitraum 8:00 Uhr bis 14:15 Uhr.*



**Merke:** Liegt der Berufsschulunterricht außerhalb der betrieblichen Ausbildungszeiten, wird er nicht auf die betriebliche Ausbildungszeit angerechnet.

**Beispiel:** *Die betriebsübliche Ausbildungszeit liegt an allen Werktagen zwischen 9:00 Uhr und 21:00 Uhr. Der Berufsschulunterricht beginnt an zwei Wochentagen jeweils um 8:00 Uhr und endet um 14:15 Uhr – Berechnungszeitraum 9:00 bis 14:15 Uhr. Die gesetzliche Höchstarbeitszeit von 48 Stunden/Woche darf nicht überschritten werden.*

## Arbeitsschutzbestimmungen für Auszubildende über 18 Jahren

Auszubildende in einem Alter über 18 Jahren unterliegen anderen Arbeitsschutzbestimmungen als Auszubildende unter 18 Jahren. Hierzu zählen zum Beispiel das Bundesurlaubsgesetz (BurlG) und das Arbeitszeitgesetz (ArbZG).

**Arbeitsschutzbestimmungen für Auszubildende über 18 Jahren**

| | |
|---|---|
| **Dauer der Arbeitszeit**<br>§ 3 ArbZG | werktägliche Arbeitszeit von 8 Stunden<br>Ausnahme: 10 Stunden, wenn innerhalb von sechs Kalendermonaten oder 24 Wochen die durchschnittliche Arbeitszeit von 8 Stunden werktäglich nicht überschritten wird. |
| **Berufsschule**<br>§ 15 BBiG | Laut BBiG hat der Arbeitgeber den Auszubildenden für die Berufsschule freizustellen. Somit können auf die Arbeitszeit die 45-minütigen Unterrichtsstunden sowie die Pausen angerechnet werden. An einem Berufsschultag mit mehr als 5 Unterrichtsstunden von mindestens je 45 Minuten, muss der Arbeitgeber den Berufsschultag mit der durchschnittlichen täglichen Arbeitszeit anrechnen. |
| **Ruhepausen**<br>§ 4 ArbZG | • 30 Minuten Pause bei einer täglichen Arbeitszeit von mehr als 6 und bis zu 9 Stunden<br>• 45 Minuten Pause bei einer täglichen Arbeitszeit von mehr als 9 Stunden<br>Länger als 6 Stunden hintereinander dürfen Arbeitnehmer nicht ohne Ruhepause beschäftigt werden. |
| **Ruhezeiten**<br>§ 5 ArbZG | mindestens 11 Stunden nach der täglichen Arbeitszeit |
| **6-Tage-Woche**<br>§ 3 ArbZG | Werktage (Montag bis einschließlich Samstag) |
| **Urlaub**<br>§ 3 BUrlG | jährlich mindestens 24 Werktage |

## 1.3.3 Weitere Arbeitsschutzgesetze

### Mutterschutzgesetz

§ 1 MuSchG

Das Mutterschutzgesetz schützt Schwangere und stillende Mütter, die sich in einem Arbeitsverhältnis, in einer Ausbildung, in einem Praktikum oder in einem Studium befinden.

In einem Arbeitsverhältnis befinden sich auch Heimarbeiterinnen, Hausangestellte und geringfügig Beschäftigte.

**Merke**

| Beschäftigungsverbot und Mutterschutzfristen | Inhalte |
|---|---|
| **§ 3 MuSchG**<br>Schutzfristen vor und nach der Entbindung | • 6 Wochen vor der Entbindung keine Beschäftigung<br>• 8 Wochen nach der Entbindung keine Beschäftigung<br>• 12 Wochen nach der Entbindung keine Beschäftigung bei Frühgeburten, Mehrlingsgeburten und behinderten Kindern (Feststellung vor Ablauf der 8 Wochen nach der Entbindung) |
| **§ 4 MuSchG**<br>Verbot der Mehrarbeit; Ruhezeiten | • Mehrarbeit: über 18 Jahren: 8 1/2 Stunden täglich; 90 Stunden in der Doppelwoche nicht überschreiten<br>• unter 18 Jahren: 8 Stunden täglich; 80 Stunden in der Doppelwoche nicht überschreiten<br>• Ruhezeiten: 11 Stunden |
| **§ 5 MuSchG**<br>Nachtarbeit | keine Nachtarbeit zwischen 20 Uhr und 6 Uhr (Ausnahme: 22 Uhr § 28 MuSchG) |
| **§ 6 MuSchG**<br>Sonn- und Feiertagsarbeit | keine Beschäftigung an Sonn- und Feiertagen |



§ 17 MuSchG

Schwangere und stillende Mütter unterliegen einem speziellen Kündigungsverbot. Sie dürfen vom Arbeitgeber während der Schwangerschaft sowie vier Monate nach einer Fehlgeburt, die nach Ablauf der zwölften Schwangerschaftswoche stattgefunden hat, und vier Monate nach der Entbindung nicht gekündigt werden, wenn dem Arbeitgeber die Schwangerschaft oder die Fehlgeburt nach der zwölften Schwangerschaftswoche oder der Entbindungstermin zum Zeitpunkt der Kündigung bekannt war. Wird der Arbeitgeber spätestens zwei Wochen nach Erhalt der Kündigung darüber informiert, ist die Kündigung ebenfalls unwirksam.

## ■ Schwerbehindertengesetz

Als schwerbehindert wird man eingegliedert, wenn man 50 % körperlich, seelisch oder geistig erwerbsunfähig ist. Das Schwerbehindertengesetz (SchwbG) unterstützt Schwerbehinderte bei der Eingliederung in die Arbeits- und Berufswelt. Somit gilt ein besonderer Schutz hinsichtlich Urlaub und Kündigung.

§ 208 SGB IX (Sozialgesetzbuch)

Urlaub: Zusätzlicher Urlaub von 5 Tagen bei einer 5-Tage-Woche (Erhöhung oder Minderung des Zusatzurlaubs, wenn die regelmäßige Arbeitszeit auf mehr oder weniger als fünf Arbeitstage je Woche verteilt ist).

§ 168 SGB IX

Kündigungsschutz: Einem Schwerbehinderten darf nur mit vorheriger Zustimmung des Integrationsamtes gekündigt werden.

## 1.3.4 Interessenvertreter der Auszubildenden und Beratungshilfen

Die Ausbildung wird durch eine Vielzahl von Rechtsvorschriften in Betrieb und Schule geregelt. Sollte es dennoch zu Meinungsverschiedenheiten oder Konflikten kommen, so gibt es unterschiedliche Institutionen/Einrichtungen, die dafür sorgen, dass die bildungsrechtlichen Ansprüche eingehalten und durchgesetzt werden.

| Institution | Erklärungen |
|---|---|
| **Industrie- und Handelskammer, Handwerkskammer** | Die Kammern sorgen nach den Vorgaben des Berufsbildungsgesetzes für die ordnungsgemäße Durchführung der betrieblichen Ausbildung. Sie prüfen die betrieblichen Voraussetzungen für eine erfolgreiche Ausbildung, betreuen und beraten die Betriebe, z. B. gehen Ausbildungsberater regelmäßig in die Betriebe. Die Kammern sind Ansprechpartner für die Auszubildenden in rechtlichen Fragen und vermitteln in Konflikten. Sie führen die Prüfungen durch, bieten Zusatzqualifikationen an, organisieren Auslandsaufenthalte u. v. a. m. |
| **Betriebsrat** | Der Betriebsrat hat nach den Regelungen des Betriebsverfassungsgesetzes (BetrVG) Mitwirkungs- und Mitbestimmungsrechte für alle Mitarbeiter. Die Mitwirkung umfasst insbesondere Informations- und Beratungsrechte in wirtschaftlichen und personellen Angelegenheiten (z. B. Förderung der Berufsausbildung). |
| **Jugend- und Auszubildendenvertretung** | Die Jugend- und Auszubildendenvertretung ist kein selbstständiges Organ, sondern dem Betriebsrat nachgeordnet. Sie vertritt die Interessen der Auszubildenden bei der Überwachung und Einhaltung der Vorschriften (z. B. Verpflichtung des Ausbildenden zu qualifizierter Ausbildung). Sie geben Anregungen (z. B. eine „Azubi-Stunde“ in der Woche) und Beschwerden an den Betriebsrat weiter. |
| **Gewerkschaften** | Gewerkschaften treten für die wirtschaftlichen und sozialen Interessen ihrer Mitglieder ein. Sie schützen Auszubildende z. B. vor Ausbeutung oder ungerechtfertigter Entlassung. |
| **Gewerbeaufsichtsämter** | Die Gewerbeaufsichtsämter überwachen die Arbeitszeiten und Tätigkeiten von Jugendlichen (Aufsicht über die Einhaltung des Jugendarbeitsschutzgesetzes). |

| | |
|---|---|
| **Berufsgenossenschaften** | Die Berufsgenossenschaften haben die Aufgabe, für die Durchführung des Arbeitsschutzes durch den Arbeitgeber zu sorgen. Dazu zählt insbesondere die Einhaltung der Unfallverhütungsvorschriften. |
| **Schülervertretung (SV)** | Die SV vertritt die Interessen der Auszubildenden in der Berufsschule. Insbesondere bei schulischen Konflikten ist auch der SV-Verbindungslehrer ansprechbar. |
| **ausbildungsbegleitende Hilfen (abH)** | Ausbildungsbegleitende Hilfen fördern kostenfrei und individuell im Auftrag der Bundesagentur für Arbeit Auszubildende, die Unterstützung benötigen (z. B. Nachhilfeunterricht, Prüfungsvorbereitung). |

Ein besonderer Beratungsbedarf ist gegeben, wenn eine drohende Insolvenz des Ausbildungsbetriebs oder die Einstellung des Geschäftsbetriebes die Ausbildung gefährdet. Auzubildende haben in diesem Fall grundsätzlich die Möglichkeit einer Kündigung. Andernfalls sollten sie zunächst ihre Arbeitskraft weiter anbieten und die Berufsschule besuchen und auf keinen Fall einem Verzicht auf die Zahlung der Ausbildungsvergütung zustimmen, um einen Anspruch auf Insolvenzgeld sowie auf Kranken- und Rentenversicherung aufrechtzuerhalten.

Eine Meldung an die Argentur für Arbeit ist erforderlich. Für die Weiterführung der Ausbildung sollten Betroffene Kontakt mit der Berufsschule und insbesondere mit der zuständigen Kammer aufnehmen, die in der Regel bei der Suche nach einem neuen Ausbildungsplatz hilfreich mitwirken und individuell die Auswirkungen auf das Prüfungsverfahren abwägen.



Tipp

Bei Insolvenz des Ausbildungsbetriebs:
- Kein Verzicht auf Ausbildungsvergütung!
- Agentur für Arbeit, Berufsschule und zuständige Kammer informieren!

## 1.4 Jugend- und Auszubildendenvertretung und Betriebsrat

Für die Mitbestimmung im Unternehmen sind die Jugend- und Auszubildendenvertretung (JAV) und der Betriebsrat zuständig. Sie vertreten die Interessen der Arbeitnehmer gegenüber dem Arbeitergeber im Unternehmen. Dies nennt man innerbetriebliche Mitbestimmung und ist im Betriebsverfassungsgesetz (BetrVG) geregelt.

© magele-picture – stock.adobe.com

Merke

Eine Jugend- und Auszubildendenvertretung kann erst gegründet werden, wenn mindestens fünf jugendliche Arbeitnehmer oder Auszubildende unter 25 Jahren im Unternehmen tätig sind (§ 60 BetrVG).

## Jugend- und Auszubildendenvertretung (JAV)

| | Aspekte | Erklärung |
|---|---|---|
| § 70 BetrVG | **Hauptaufgaben** | • Durchsetzung der Interessen der Jugendlichen und Auszubildenden im Betriebsrat<br>• Überwachung der Einhaltung gesetzlicher Regelungen, Verordnungen und Vereinbarungen<br>• Überwachung der Gleichstellung und Integration von ausländischen Auszubildenden und Jugendlichen |
| § 66 BetrVG<br>§ 67 BetrVG<br>§ 71 BetrVG | **Rechte der JAV** | • Teilnahme eines Mitglieds an allen Sitzungen des Betriebsrates<br>• Stimmrecht der JAV für alle Interessen der Jugendlichen und Auszubildenden bei der Betriebsratssitzung<br>• Die JAV kann wichtige Belange auf die Tagesordnung der Betriebsratssitzung, über welche beraten werden soll, setzen lassen<br>• Durchführung von Jugend- und Auszubildendenversammlungen<br>• Werden Betriebsratsentscheidungen als Beeinträchtigung wichtiger Interessen von der Mehrheit der JAV angesehen, kann diese den Beschluss für eine Woche aussetzen, um in diesem Zeitraum eine neue Einigung zu beschließen. |
| | **Wahlberechtigung:** | |
| § 60 Abs. 1 BetrVG | **aktives Wahlrecht, wahlberechtigt** | • jugendliche Arbeitnehmer<br>• Auszubildende, die das 25. Lebensjahr nicht vollendet haben |
| § 61 Abs. 2 BetrVG<br>§ 8 Abs. 1 BetrVG<br>§ 45 StGB | **passives Wahlrecht, wählbar** | • Arbeitnehmer, die das 25. Lebensjahr nicht vollendet haben<br>• Wer wegen eines Verbrechens zu einer Freiheitsstrafe von mindestens über einem Jahr verurteilt wird, darf sich nicht zur Wahl aufstellen.<br>• Wer bereits im Betriebsrat tätig ist, darf sich nicht zur Wahl aufstellen. |
| § 62 Abs. 1 BetrVG | **Anzahl der Mitglieder** | Die Größe der Jugend- und Auszubildendenvertretung richtet sich danach, wie viele Personen bei der JAV-Wahl im Betrieb wahlberechtigt sind, also von der Anzahl der jugendlichen Arbeitnehmer und Auszubildenden, welche das 25. Lebensjahr noch nicht vollendet haben. |
| § 64 BetrVG | **Amtszeit** | Die regelmäßige Amtszeit beträgt 2 Jahre. Die Amtszeit beginnt in der Regel mit der Bekanntgabe der Wahlergebnisse.<br>Die regelmäßigen Wahlen finden alle 2 Jahre in der Zeit vom 1. Oktober bis zum 30. November statt. |

| | |
|---|---|
| **Kündigungsschutz** | Wer Mitglied in der JAV ist, dem darf während seiner Amtszeit und ein Jahr darüber hinaus nicht **ordentlich gekündigt** werden.<br>Eine außerordentliche Kündigung ist bei Vorliegen schwerwiegender Gründe und der Zustimmung des Betriebsrates möglich. |

§ 150 KSchuG

## Jugend- und Auszubildendenvertretung im Betrieb

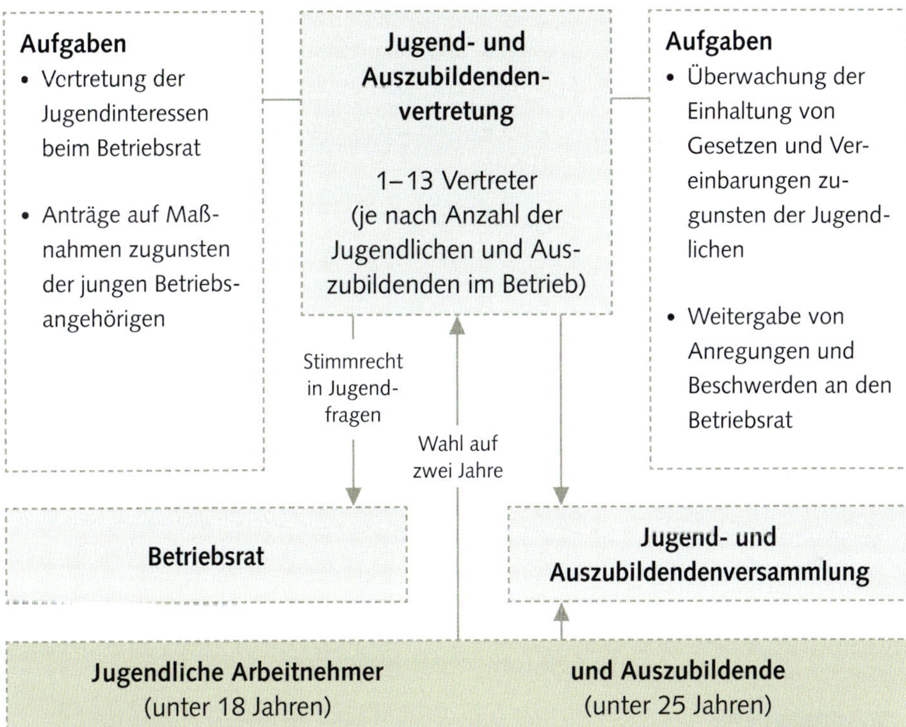


### Betriebsrat

Im Gegensatz zur JAV ist der Betriebsrat für alle Arbeitnehmer im Betrieb zuständig.

Zu seiner Hauptaufgabe zählt die Überwachung der Einhaltung geltender Gesetze, Verordnungen, Tarifverträge und Betriebsvereinbarungen.

§ 80 BetrVG

© skywalk154 – stock.adobe.com

**Merke**

Ein Betriebsrat kann nur gegründet werden, wenn mindestens fünf ständig wahlberechtigte Arbeitnehmer, von denen drei wählbar sind, im Unternehmen beschäftigt sind (§ 1 BetrVG).

| | Aspekte | Erklärung |
|---|---|---|
| § 80 BetrVG | **Hauptaufgaben** | • Vertretung der Arbeitnehmer gegenüber dem Arbeitgeber<br>• Überwachung geltender Gesetze, Verordnungen, Unfallverhütungsvorschriften, Tarifverträge und Betriebsvereinbarungen zugunsten der Arbeitnehmer<br>• Anregungen von Arbeitnehmern und der Jugend- und Auszubildendenvertretung entgegennehmen und – falls sie berechtigt erscheinen – durch Verhandlungen mit dem Arbeitgeber auf eine Umsetzung hinwirken<br>• Vorbereitung und Durchführung der Wahl einer Jugend- und Auszubildendenvertretung<br>• Förderung der Gleichstellung von Frauen und Männern bei der Einstellung und der Beschäftigung, Aus-, Fort- und Weiterbildung und beim beruflichen Aufstieg<br>• Förderung von Vereinbarkeit von Familie und Erwerbstätigkeit<br>• Förderung der Eingliederung schwerbehinderter Menschen und Integration ausländischer Arbeitnehmer |
| | **Rechte des Betriebsrats:** | |
| § 87 BetrVG<br>§ 91 BetrVG | **Mitbestimmungsrecht** | Bei der Mitbestimmung muss der Betriebsrat bei sozialen Angelegenheiten zustimmen und sich mit dem Arbeitgeber einigen. Sollte es zu keiner Einigung kommen, entscheidet eine Einigungsstelle.<br>Beispiele: *Arbeitszeit- und Pausenregelungen, Erstellung von Urlaubsplänen, zeitliche Lage von Urlaub, technische Einrichtung zur Überwachung des Verhaltens oder der Leistung von Arbeitnehmern, Verhütung von Arbeitsunfällen, Sozialeinrichtungen, Lohngestaltung (Entlohnungsgrundsätze)* |
| § 93 BetrVG<br>§ 99 BetrVG<br>§ 102 BetrVG | **Mitwirkungsrecht** | Bei der Mitwirkung hat der Betriebsrat nur ein Veto- oder Anhörungsrecht, das heißt, er kann nicht mitbestimmen, kann aber Einspruch einlegen oder muss angehört werden. Dieses Recht bezieht sich auf die personellen Angelegenheiten im Unternehmen.<br>Beispiele: *Ausschreibung von Arbeitsplätzen im Unternehmen, Einstellung, Eingruppierung, Umgruppierung, Versetzung in Betrieben mit mehr als 20 wahlberechtigten Arbeitnehmern, Kündigung von Mitarbeitern (Eine ohne Anhörung des Betriebsrats ausgesprochene Kündigung ist unwirksam.)* |
| § 92 BetrVG<br>§ 106 BetrVG | **Informations- und Beratungsrecht** | Über wirtschaftliche Angelegenheiten wird der Betriebsrat nur informiert oder er darf beraten, er hat aber kein Mitbestimmungs- oder Mitwirkungsrecht.<br>Beispiele: *Personalplanung, wirtschaftliche und finanzielle Lage des Unternehmens, Rationalisierungsvorhaben, Verlegung von Betrieben oder Betriebsteilen, Einschränkung oder Stilllegung von Betrieben oder von Betriebsteilen, Änderung der Betriebsorganisation oder des Betriebszweckes* |

**Wahlberechtigung:**

**aktives Wahlrecht, wahlberechtigt**

- wer mindestens 6 Monate im Betrieb beschäftigt ist oder in Heimarbeit für den Betrieb arbeitet
- alle volljährigen Arbeitnehmer und Auszubildenden
- wer mindestens 3 Monate für den Betrieb im Auftrag eines anderen Arbeitgebers gearbeitet hat (Leiharbeiter)

§ 7 BetrVG

**passives Wahlrecht, wählbar**

- wer mindestens 6 Monate im Betrieb beschäftigt ist oder in Heimarbeit für den Betrieb arbeitet
- alle volljährigen Arbeitnehmer und Auszubildende
- wer mindestens 3 Monate für den Betrieb im Auftrag eines anderen Arbeitgebers gearbeitet hat (Leiharbeiter)
- Wer wegen eines Verbrechens zu einer Freiheitsstrafe von mindestens über einem Jahr verurteilt wird, darf sich nicht zur Wahl aufstellen lassen.

§ 7 BetrVG
§ 8 BetrVG
§ 45 StGB

**Anzahl der Mitglieder**

Die Zahl der Betriebsratsmitglieder richtet sich nach der Anzahl der wahlberechtigten Arbeitnehmer im Unternehmen. Sie ist folgendermaßen gestaffelt:

| Zahl der wahlberechtigten Arbeitnehmer | Zahl der Betriebsratmitglieder |
|---|---|
| 5 bis 20 | 1 (Betriebsobermann) |
| 21 bis 50 | 3 |
| 51 bis 100 | 5 |
| 101 bis 200 | 7 |
| 201 bis 400 | 9 |
| 401 bis 700 | 11 |
| 701 bis 1000 | 13 |
| 1001 bis 1500 | 15 |
| Bis 9000 | Je weitere 500 Arbeitnehmern 2 weitere Mitglieder |
| Über 9000 | Je weitere 3000 Arbeitnehmern 2 weitere Mitglieder |

§ 9 BetrVG

**Amtszeit**

Die regelmäßige Amtszeit beträgt 4 Jahre und die Wahlen können vom 1. März bis zum 31. Mai durchgeführt werden.

§ 13 BetrVG
§ 21 BetrVG

**Kündigungsschutz**

Wer Mitglied im Betriebsrat ist, dem darf während seiner Amtszeit und ein Jahr darüber hinaus nicht gekündigt werden.

§ 15 KSchG

**Betriebsversammlung**

Alle 3 Monate hat der Betriebsrat eine Betriebsversammlung abzuhalten, auf der er über seine Tätigkeit berichtet. An der Betriebsversammlung können alle Arbeitnehmer und der Arbeitgeber teilnehmen. Der Betriebsrat ist für die Organisation und Durchführung verantwortlich.

§ 43 BetrVG

# 1.5 Tarifverträge

Es gibt verschiedene Arten von Tarifverträgen, in denen unterschiedliche Inhalte festgelegt werden, die den Arbeitnehmer vor der Willkür des Arbeitgebers schützen sollen. Dadurch kann der Arbeitgeber nicht einfach das Gehalt oder die wöchentlichen Arbeitszeiten ändern. Verstößt der Arbeitgeber gegen die vertraglich festgelegten Verpflichtungen, kann der Arbeitnehmer diese vor Gericht einklagen.

© magele-picture – stock.adobe.com

## Tarifvertragsparteien

Tarifverträge werden zwischen den zuständigen Gewerkschaften und den Arbeitgebern oder Arbeitgeberverbänden geschlossen.

Zu den bekanntesten Gewerkschaften gehören die IG-Metal, Verdi oder GEW. Alle diese Gewerkschaften gehören zum deutschen Gewerkschaftsbund.

ver.di

© ver.di

Die einzelnen Arbeitgeber haben sich zu verschiedenen Arbeitgeberverbänden zusammengeschlossen. Hierzu zählt zum Beispiel der Handelsverband NRW, der die Interessen von über 100.000 Einzelhandelsbetrieben in NRW vertritt.

© BTE

**Merke**

Verdi ist u. a. für die Beschäftigten im Einzel- und Versandhandel, Groß- und Außenhandel zuständig.

## Gültigkeit der Tarifverträge

Tarifverträge gelten grundsätzlich nur für die Mitglieder der Tarifvertragsparteien. Ein Arbeitnehmer, der kein Gewerkschaftsmitglied ist, hat also keineswegs automatisch Anspruch auf den Tariflohn. In der Praxis werden aber die Tarifverträge auch für die Arbeitnehmer übernommen, die nicht der Gewerkschaft angehören. Auf der anderen Seite muss sich ein Arbeitgeber, der dem Verband nicht angehört, nicht an den Tarifvertrag halten.

Es ist allerdings bei wichtigen Regelungen möglich, dass der Bundesarbeitsminister bzw. entsprechende Länderminister einen Tarifvertrag für allgemein verbindlich erklären. Dann gilt der Vertrag für alle Betriebe (Allgemeinverbindlichkeitserklärung).

Ansonsten darf sich der Staat nicht in Tarifverhandlungen einmischen: Die Tarifvertragsparteien sind in ihren Verhandlungen frei (autonom), es besteht also Tarifautonomie. Allerdings dürfen Tarifverträge nicht gegen gesetzliche Regelungen verstoßen. So darf beispielsweise die gesetzliche Mindesturlaubsdauer von 24 Werktagen nicht unterschritten werden. Von den Tarifbestimmungen darf nur zugunsten der Arbeitnehmer abgewichen werden (Günstigkeitsprinzip).

## Laufzeit von Tarifverträgen

Die Laufzeiten der verschiedenen Tarifvertragsarten sind gesetzlich nicht vorgeschrieben und können somit unterschiedlich lang sein. Ein Lohn- und Gehaltstarifvertrag gilt in der Regel meist nur ein Jahr, Manteltarifverträge und Rahmentarifverträge bestehen über mehrere Jahre. Während der Laufzeit der Tarifverträge darf nicht gestreikt werden (Friedenspflicht).

## Tarifvertragsarten

| Tarifvertragsarten | Inhalte |
|---|---|
| **... nach der Regelung** | |
| Manteltarifvertrag | Arbeitszeiten, Kündigungsfristen, Urlaubstage (Arbeitsbedingungen) |
| Rahmentarifvertrag | Entgeltgruppen (Lohn- und Gehaltsgruppen), Lohnformen |
| Lohn- und Gehaltstarifvertrag | Höhe der Gehälter, Löhne und Ausbildungsvergütung |
| **... nach dem Geltungsbereich** | |
| Flächentarifvertrag | Verträge für eine bestimmte Region (Bsp.: Deutschland, mehrere Bundesländer, ein Bundesland usw.) |
| Branchentarifvertrag | Verträge für eine bestimmte Branche (Bsp.: Lebensmittelbranche, IT-Branche) |
| Firmentarifvertrag/Haustarifvertrag | Verträge für eine spezielle Firma |

## Zustandekommen von Tarifverträgen

Bis spätestens vier Wochen vor dem Vertragsablauf müssen neue Vertragsverhandlungen aufgenommen werden. Sollten sich die Verhandlungspartner nicht einigen und ein eingeschalteter neutraler Schlichter keine Einigung bewirken, kommt es zur Urabstimmung für oder gegen einen Streik.

1. Scheitern der Tarifverhandlung: Urabstimmung über Streik
   Bei einer ersten Urabstimmung werden die Gewerkschaftsmitglieder befragt, ob sie für oder gegen einen Streik sind, um die eigenen Forderungen durchzusetzen. Mindestens 75 % aller Mitglieder müssen zustimmen, damit es zu einem Streik kommt.

2. Antwort auf die negative Urabstimmung – Streik: Kampfmittel der Arbeitnehmer, um die eigenen Interessen durchzusetzen. Dieser Streik kann sich auf nur einzelne Betriebe oder mehrere Betriebe (Wirtschaftszweige) beziehen.

   Aussperrung: Der Arbeitgeber darf während des Streiks alle Arbeitnehmer von der Arbeit aussperren. Damit bekommen alle Arbeitnehmer kein Entgelt mehr.

3. Tarifvertragsverhandlung nach dem Streik/ nach der Aussperrung
   Nach dem Streik und der Aussperrung treffen sich die Tarifpartner wieder und verhandeln neu. Bei der zweiten Urabstimmung müssen mindestens 25 % der Gewerkschaftsmitglieder und die zusätzlichen Gremien der Arbeitgeber dem Verhandlungsergebnis zustimmen. Sollte dies nicht geschehen, werden neue Verhandlungen durchgeführt und die Gewerkschaft kann wieder zum Streik aufrufen. Dieser Prozess kann sich solange hinziehen, bis einer der Parteien aufgibt oder eine Einigung entsteht.

4. Zweite Urabstimmung fällt positiv aus.
   Der neue Tarifvertrag ist beschlossen.

**Merke**
Bei einem Warnstreik wird der Streikzeitpunkt kurzfristig mitgeteilt.

**Merke**
Alle Gewerkschaftsmitglieder bekommen während des Streiks abhängig von der Höhe der gezahlten Beträge und der Mitgliedsdauer ein Streikgeld.

© momius – stock.adobe.com

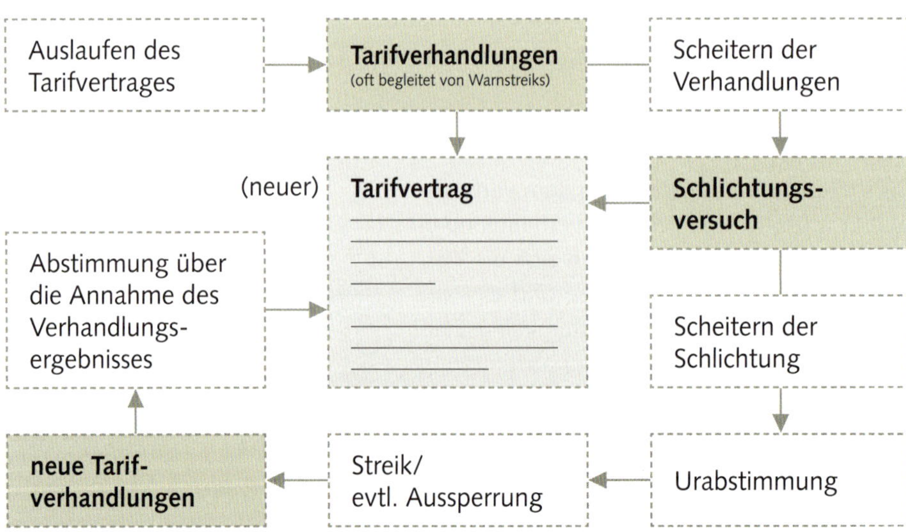

### Nicht zulässige Streiks

Nicht jeder Streik ist erlaubt. Nicht zulässig sind folgende Streikmaßnahmen:

- Streik während der Laufzeit eines Tarifvertrags (Verstoß gegen die Friedenspflicht)
- Wilder Streik: nicht von einer Gewerkschaft organisierter Streik
- Solidarstreik: Unterstützungsstreik zugunsten Streikender eines anderen Tarifbereiches
- Politischer Streik: Streik zur Durchsetzung politischer Forderungen bis hin zum Generalstreik
- Beamtenstreik: Beamte dürfen an Arbeitskämpfen nicht teilnehmen. Es ist auch nicht erlaubt, sie als „Streikbrecher“ einzusetzen, um streikende Arbeiter oder Angestellte zu ersetzen.

## 1.6 Berufliche Fort- und Weiterbildung



Die wachsende Verflechtung von Handelsunternehmen auf der ganzen Welt und die zunehmenden Aufgabenbereiche im Handel stellen immer wieder neue Anforderungen an die beruflichen Tätigkeiten und deshalb ist eine lebenslange Fort- und Weiterbildung unerlässlich. Die einzelnen Handelsunternehmen und staatliche Institutionen bieten deshalb eine Vielzahl von Fort- und Weiterbildungsmöglichkeiten während und nach der Ausbildung an.

§ 53 b–d Abschlussbezeichnungen wie „Geprüfter Berufsspezialist“, „Bachelor Professional“ und „Master Professional“ möglich. Wenn rechtliche Voraussetzungen eingehalten werden und landesrechtliche Abschlüsse anerkannt sind.

**Hinweis**

**Schulische Weiterbildungsmöglichkeiten**

- staatlich geprüfter Betriebswirt
- Handelsfachwirt
- Fachwirt für Vertrieb im Einzelhandel

## Betriebliche Weiterbildungsmöglichkeiten

**während der Ausbildung:**

- Verkäufer mit Warenspezialisierung

**nach der Ausbildung:**

- Handelsfachwirt/in
- Handelsbetriebswirt/in
- Bachelorstudium Schwerpunkt „Handel"
- Erstverkäufer/in
- Verkäufer/Verkäuferin mit Tagesvertretung
- Zentraleinkäufer/in
- Abteilungsleiter/in
- stellvertretender Filialleiter/stellvertretende Filialleiterin
- Filialleiter/in
- Verkaufsstellenleiter/in
- Bezirksleiter/in
- Regionalverkaufsleiter/in
- Gebietsverkaufsleiter/in



### Aufgaben

1. Nennen Sie vier Kritikpunkte zur dualen Ausbildung in Deutschland.
2. Erstellen Sie anhand des Rahmenlehrplans über das Lernfeld 1 eine Mindmap.
3. Erstellen Sie einen Ausbildungsplan für das erste Ausbildungsjahr.
4. Welche Mindestinhalte müssen in einem Berufsausbildungsvertrag vorhanden sein?
5. Prüfen Sie folgende Aussage auf ihre Richtigkeit und begründen Sie Ihre Antworten.
   a) Nach der Probezeit kann nur noch der Auszubildende kündigen.
   b) Jeder Auszubildende muss nach einem Berufsschultag nicht mehr in den Betrieb arbeiten gehen.
   c) Für die Vorbereitung auf die Abschlussprüfungen ist nur die Berufsschule zuständig.
   d) Die Ausbildung endet mit Ablauf der Ausbildungszeit aus dem Berufsausbildungsvertrag.
   e) Die Probezeit kann ohne Gründe vom Unternehmen verlängert werden.
   f) Jede Raucherpause ab 5 Minuten wird als Pause angerechnet.
6. Welche Auszubildendeninteressen vertritt der Betriebsrat gegenüber dem Arbeitgeber?
7. Überlegen Sie sich Argumente, die dafür sprechen in die Jugend- und Auszubildendenvertretung einzutreten.
8. Erklären Sie den Unterschied zwischen Mitbestimmung und Mitwirkung.
9. Wie lange darf ein Unternehmen streiken?
10. Erkundigen Sie sich in Ihrem Unternehmen über mögliche Weiterbildungsmöglichkeiten während und nach der Ausbildung.

# 2 Die Rolle des Einzelhandels in der Volkswirtschaft darstellen

Merke

Damit der Endverbraucher (Kunde) seine Waren und Dienstleistungen im stationären Handel (Ladenverkauf) oder im Internet erwerben kann, muss eine Verbindung zwischen den bestehenden drei Wirtschaftsbereichen hergestellt werden.

## 2.1 Stellung des Einzelhandels im Drei-Sektoren-Modell

Die in der Gesamtwirtschaft vorkommenden Unternehmen lassen sich fast alle dem Drei-Sektoren-Modell zuordnen, das untergliedert wird in den primären, den sekundären und den tertiären Wirtschaftsbereich.

Zum primären Wirtschaftsbereich zählen die Urproduktion und die Gewinnung der Werkstoffe (Bsp.: der Bauer oder der Ölproduzent).

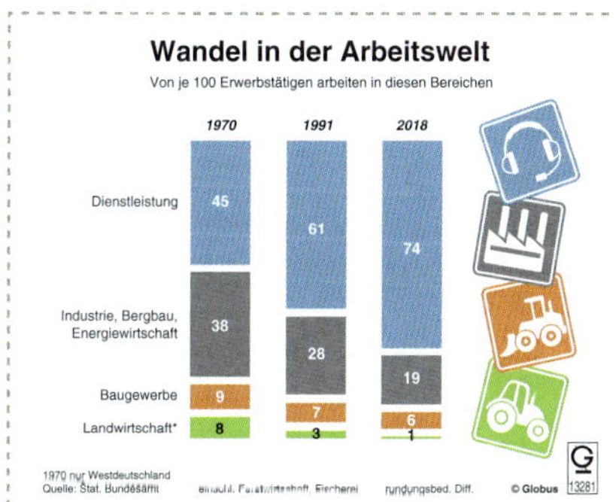


Mit diesen Werkstoffen, welche sich in Roh-, Hilfs-, und Betriebsstoffe untergliedern, werden Produkte hergestellt. So stellt z. B. der Käsehersteller aus der Milch des Bauern den Käse her. Diese Stufe wird als sekundärer Wirtschaftsbereich bezeichnet. Hierzu zählen die produzierenden Unternehmen.

Anschließend wird der Käse im stationären Handel oder im Internet dem Kunden angeboten. Jetzt befinden wir uns im tertiären Wirtschaftsbereich, welcher die Dienstleistungen (Handel, Banken, Bildung usw.) umfasst.

**Drei-Sektoren-Modell**

| Primärer Wirtschaftsbereich/ Urproduktion | Sekundärer Wirtschaftsbereich/ Weiterverarbeitung | Tertiärer Wirtschaftsbereich/ Dienstleistungssektor |
|---|---|---|
| Land- und forstwirtschaftliche Betriebe, Fischfang, Bergbau, Energieerzeugungsbetriebe | Industrie- und Handwerksbetriebe | Handelsunternehmen, Banken, Versicherungen, Transportunternehmen |

Somit befindet sich der Einzelhandel im Drei-Sektoren-Modell im tertiären Sektor, dem Dienstleistungssektor.

## 2.2 Dienstleistungssektor

Nach vorherrschender Auffassung gehören folgende Bereiche zum Dienstleistungssektor: alle Bereiche außerhalb der eigentlichen Warenproduktion, so z. B. alle Formen des Handels, Banken, Versicherungen und Transportunternehmen sowie sonstige gewerbliche Serviceleistungen (z. B. Zeitarbeitsfirmen) bis hin zu personenbezogenen Dienstleistungen (z. B. Ärzte) und soziale Einrichtungen.

**Dienstleistungssektor**

- Handel (Einzel-, Groß- und Außenhandel)
- Versicherungen
- Banken
- Transportunternehmen
- sonstige gewerbliche Serviceleistungen (Zeitarbeitsfirmen)
- personenbezogene Dienstleistungen (Ärzte)
- soziale Einrichtungen



Insbesondere die Handelsbetriebe (also der Groß- und Außenhandel sowie der Einzelhandel) gewinnen gerade in unserer hochentwickelten Industriegesellschaft mit einem ständig wachsenden Warenangebot und dem Anstieg des privaten Verbrauchs als warenverteilender Sektor immer mehr an Bedeutung.

**Leistungsprozess im Handelsbetrieb**

Beschaffung → Sortimentsbildung, Lagerung, Beratung → Absatz

Der Großhandel bietet dabei seine Waren gewerblichen Abnehmern wie dem Einzelhandel und anderen Unternehmen an. Der Einzelhandel bietet die Waren dann dem Endverbraucher (private Haushalte) an. Somit stellen der Groß- und der Einzelhandel die Verbindung zwischen Herstellern und dem Kunden her (indirekter Absatz).

Indirekter Absatz

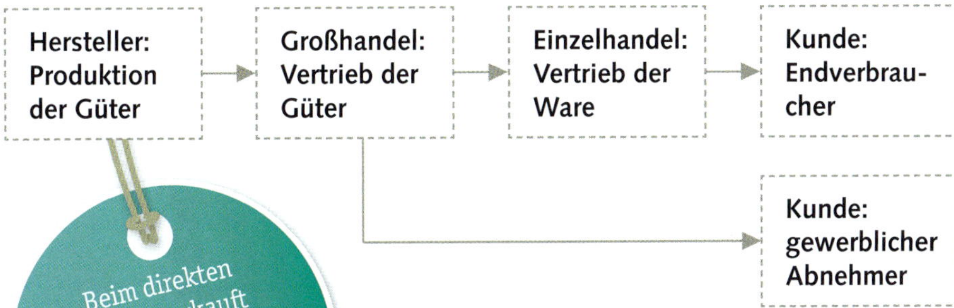


Beim direkten Absatz verkauft der Hersteller seine Waren direkt an den Kunden.

Merke

## 2.3 Bedürfnisse – Bedarf – Nachfrage

LF 12

Bevor die Einzelhändler auf dem Markt die Preise für ihre Waren bilden können, müssen sie die Bedürfnisse, den Bedarf und die Nachfrage ihrer Kunden ermitteln und anschließend ihre Ergebnisse mit den von ihnen angebotenen Waren abgleichen, um einen wirtschaftlichen Erfolg erzielen zu können.



Bedürfnisse werden auch als Wünsche bezeichnet. Jeder Kunde hat unterschiedliche Wünsche, die sich im Laufe seines Lebens ändern und die unbegrenzt sind. Außerdem können Wünsche bewusst und unbewusst (latente Bedürfnisse) sein.

LF 5

Latente Bedürfnisse können durch Werbung hervorgerufen werden.

Wir haben unterschiedliche Arten von Bedürfnissen, welche nach unterschiedlichen Gesichtspunkten/Kategorien eingeteilt werden können:

Ein Bedürfnis ist das Empfinden eines Mangels, der beseitigt werden soll.

Merke

## Arten von Bedürfnissen

| Kategorie | Arten | Beispiel |
|---|---|---|
| **Dringlichkeit** | **Existenzbedürfnisse** dienen zur Sicherung des Überlebens. | Essen, Trinken |
| | **Zivilisationsbedürfnisse** bedeuten, in einer bestimmten Gesellschaft entsprechend den üblichen Lebensstandards zu leben. | Theater besuchen, Musik hören |
| | **Luxusbedürfnisse** bedeuten, in einem sich von den üblichen Standards weit abhebenden „exklusiven" Stil zu leben. | exklusives Ledersofa |
| **Fassbarkeit** | **Materielle Bedürfnisse** können durch Sachgüter zufriedengestellt werden. | Kleidung, Auto |
| | **Immaterielle Bedürfnisse** sind nicht gegenständlich fassbar und haben keinen konkreten Bezug zu Gütern. | Anerkennung, Sicherheit, Rechte |
| **Träger der Bedürfnisbefriedigung/ Art der Bedürfnisbefriedigung** | **Individualbedürfnisse:** Jeder Einzelne gilt grundsätzlich als verantwortlich für die Befriedigung. | Essen, Wohnen |
| | **Kollektivbedürfnisse:** Die Gemeinschaft wird für die Befriedigung verantwortlich gemacht. | Sicherheit, Bildung |

Werden Bedürfnisse konkretisiert, d. h., richten sie sich auf bestimmte Güter, so entsteht ein Bedarf: Das Mangelgefühl Hunger führt zu einem Bedürfnis zu essen; wird festgelegt, was gegessen werden soll, so ist ein Bedarf an Nahrungsmitteln bestimmt. In einer Geldwirtschaft ist allerdings nur der Bedarf unmittelbar wirtschaftlich wirksam, für den auch die finanziellen Mittel (Kaufkraft) zur Verfügung stehen. Kommt jetzt noch der Kaufentschluss hinzu, so wird in einer Marktwirtschaft aus dem Bedarf die Nachfrage. Wenn ein entsprechendes Angebot gegeben ist, kommt es zum Kauf.

**Beispiel Bedarf:** *Unser Geld reicht aus, um uns eine Flasche Wasser kaufen zu können, wenn wir Durst haben.*

**Beispiel Nachfrage:** *Wir gehen in den Laden und kaufen die Flasche Wasser, um unseren Durst zu stillen.*

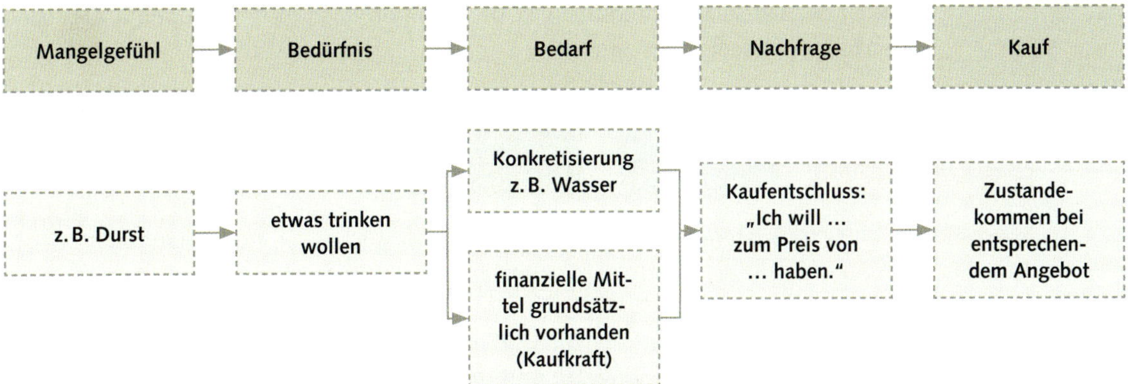


## 2.4 Güter

Güter dienen uns als Mittel zur Bedürfnisbefriedigung und können zunächst in freie und wirtschaftliche Güter aufgeteilt werden.

| Freie Güter | Wirtschaftliche Güter |
|---|---|
| • sind ohne Kosten<br>• sind jederzeit verfügbar<br>• haben keinen Preis | • sind knapp<br>• haben einen Bereitstellungsaufwand<br>• sind mit Kosten verbunden<br>• werden auf Märkten gehandelt<br>• haben einen Preis |

Die anschließende Über- und Unterordnung der Güterarten wird durch die folgende Übersicht deutlich:

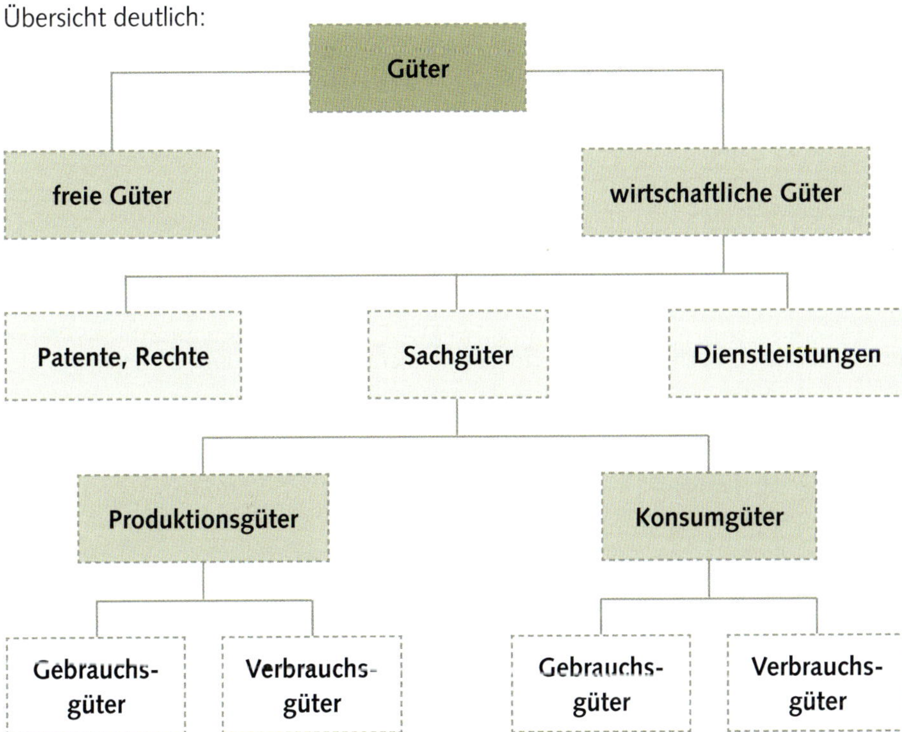

Die in der Übersicht dargestellten Güter können nach den folgenden Merkmalen genauer unterschieden werden:

| Unterscheidungskriterium | Arten von Gütern | Erläuterung | Beispiele |
|---|---|---|---|
| Erscheinungsformen der Güter | materielle Güter | Sachgüter wie dingliche Gegenstände und Waren | Auto, Handtuch |
| | immaterielle Güter | Dienstleistungen: Sie unterscheiden sich von Sachgütern dadurch, dass sie nicht lagerfähig sind, sondern unmittelbar zur Nutzung bereitstehen. | Leistungen eines Friseurs oder eines Anwaltes |
| | | Rechte | Nutzung von Räumen (gegen Mietzahlung) |
| | | Patente und Lizenzen | Recht an der Herstellung eines Produktes, Weitergabe dieses Rechtes (Lizenz) |
| Verwendung in privaten Haushalten oder Betrieben | Konsumgüter | Sie werden in privaten Haushalten verwendet, unabhängig davon, wie langlebig oder wertvoll sie für die Versorgung des Haushaltes sind. | Möbel, Kartoffeln |
| | Produktionsgüter | Sie werden in Betrieben eingesetzt, um andere Güter zu produzieren. | Maschinen, Brennstoffe |
| Nutzungsdauer | Gebrauchsgüter | Es erfolgt eine mehrmalige, längerfristige Nutzung. | Möbel, Maschinen |
| | Verbrauchsgüter | Es findet eine kurzfristige, in der Regel nur einmalige Nutzung statt. | Kartoffeln, Brennstoffe |

Bei Dienstleistungen werden immaterielle Güter angeboten, also keine materiellen Güter produziert.

# 2.5 Marktpreisbildung

LF 4

Wir alle kennen konkrete Märkte (z. B. Wochenmarkt oder Flohmarkt) bzw. haben zumindest schon davon gehört (z. B. Fischmarkt, Großmarkt, Waren- und Wertpapierbörsen). Volkswirtschaftlich versteht man unter Markt allgemein jedes Aufeinandertreffen von Nachfrage und Angebot, bezogen auf ein Gut/eine Gütergruppe. Aus diesem Aufeinandertreffen entsteht grundsätzlich der Preis des Gutes. Hierbei möchte der Anbieter (Verkäufer) natürlich einen möglichst hohen Preis erzielen, wohingegen der Nachfrager (Kunde) möglichst wenig bezahlen möchte.

Die Preisfestlegung für ein Gut ist dabei von verschiedenen Einflussfaktoren abhängig. Dazu gehören neben den Zielsetzungen der Unternehmenspolitik und der Marketingpolitik sowie staatlicher Vorschriften im Wesentlichen das Konkurrenz- und Kundenverhalten.

Wenn wir heute einkaufen gehen, befinden sich an den Waren immer Preise, somit kommt es kaum noch zu Preisverhandlungen.

Auf einem Trödelmarkt hingegen sind Preisverhandlungen möglich und der Gleichgewichtspreis ist hier durch das Angebot und die Nachfrage bestimmt.



**Beispiel:** *Ein Trödelhändler besitzt eine seltene Ware und viele Kunden möchten diese unbedingt kaufen. Die Verhandlung wird solange dauern, bis der Preis so hoch ist, dass nur noch ein Kunde bereit ist, diesen zu bezahlen, und der Verkäufer die Ware zu dem Preis auch verkaufen möchte. Somit einsteht ein Gleichgewichtspreis.*

In diesem Beispiel wird nur eine Ware angeboten, wie kommt es aber zum Gleichgewichtspunkt, wenn eine größere Anzahl von einer Ware vorhanden ist und gekauft werden soll? Wie kommt beispielsweise der Gleichgewichtspunkt beim Kauf und Verkauf von Tomaten zustande?

| Angebotsmenge kg | Nachfragemenge kg | Preis EUR | Angebotsüberhang kg | Nachfrageüberhang kg |
|---|---|---|---|---|
| 50 | 10 | 50 | 40 | |
| 40 | 20 | 40 | 20 | |
| **30** | **30** | **30** | **0 = Gleichgewichtspunkt** | |
| 20 | 40 | 20 | | 20 |
| 10 | 50 | 10 | | 40 |

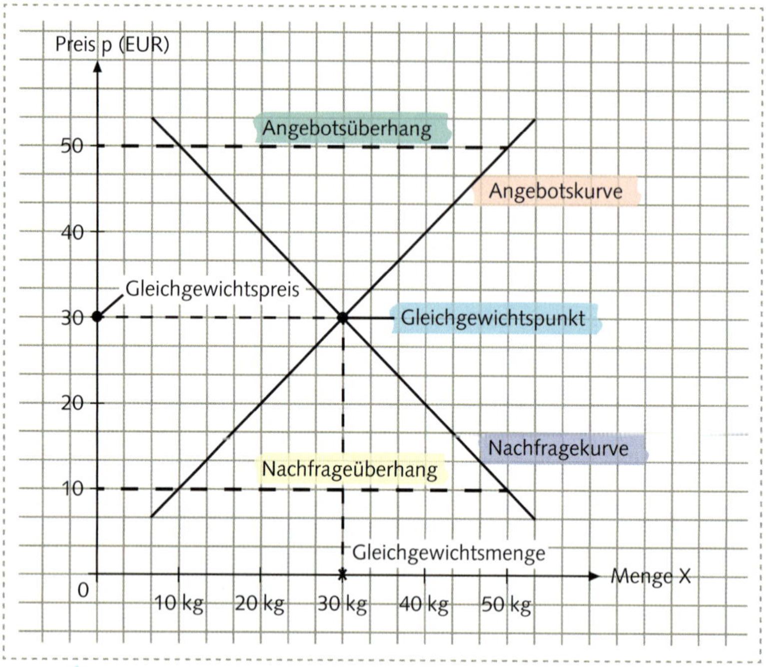


Aus der Tabelle und dem Diagramm kann man ablesen, dass sich der Gleichgewichtspreis bei 30,00 EUR und die Gleichgewichtsmenge bei 30 kg befindet.

Somit sind die Anbieter bereit, 30 kg der Tomaten für 30,00 Euro zu verkaufen, und die Nachfrager sind auch bereit, zu diesem Preis diese Menge zu kaufen.



**Angebotskurve**

Die Angebotskurve stellt dar, wie viel von einer Ware zu einem bestimmten Preis angeboten wird. Die Angebotskurve ist ansteigend, weil mehr Ware zu einem höheren Preis angeboten werden soll. Der Verkäufer möchte viel Ware zu einem hohen Preis verkaufen.

**Nachfragekurve**

Die Nachfragekurve stellt dar, wie viel von einer Ware zu einem bestimmten Preis nachgefragt wird. Die Nachfragekurve ist fallend, weil mehr Ware zu einem niedrigen Preis nachgefragt wird. Die Kunden möchten viel Ware zu einem niedrigen Preis kaufen.

**Gleichgewichtspunkt**

Der Gleichgewichtspunkt stellt den Schnittpunkt zwischen der Angebots- und Nachfragekurve dar. Im Schnittpunkt der beiden Geraden gleichen sich die Angebotsmenge und Nachfragemenge aus, der Schnittpunkt bestimmt auch den dazugehörigen Marktpreis.

**Angebotsüberhang**

Beim Angebotsüberhang werden mehr Waren angeboten als nachgefragt. Somit kann der Verkäufer seine Waren nicht vollständig verkaufen.

**Beispiel:** *Setzt der Verkäufer den Preis der Ware zu hoch an und die Kunden sind nicht bereit, zu diesem Preis die Ware zu kaufen, kommt es zu einem Angebotsüberhang.*

**Nachfrageüberhang**

Beim Nachfrageüberhang werden weniger Waren angeboten als nachgefragt. Somit bekommen einige Käufer keine Waren.

**Beispiel:** *Setzt der Verkäufer den Preis der Ware zu niedrig an und die Anzahl der Ware reicht nicht aus, um alle Nachfrager zu befriedigen, gehen einige Nachfrager leer aus.*

Für das Unternehmen ist es wichtig, die Waren in der richtigen Menge und zum richtigen Preis anzubieten, um einen hohen Erfolg zu erzielen. Sollte der Preis zu hoch angesetzt sein, muss dieser herabgesetzt werden, damit das Unternehmen die Waren verkauft bekommt und die Kunden nicht zur Konkurrenz abwandern. LF 9

## 2.6 Ökonomisches Prinzip

Wenn wir unterstellen, dass sowohl Unternehmen als auch private Haushalte und öffentliche Haushalte (Staat) wirtschaftlich vernünftige Entscheidungen treffen, die das Ziel verfolgen, möglichst keine Verschwendung vorzunehmen, um „gut zu wirtschaften", lässt sich Folgendes unterscheiden:

**Merke**

Wirtschaftliches Handeln bedeutet ein planvolles menschliches Handeln, das durch rationales (vernünftiges) Entscheiden über knappe Mittel zur Befriedigung von Bedürfnissen (Wünschen) führen soll.

**Ökonomisches Prinzip**

**Minimalprinzip**

Das Ziel ist festgelegt, und man will es mit möglichst geringem Mitteleinsatz verwirklichen.

**Beispiel:** *Mit dem Pkw nach München fahren und dabei möglichst wenig Benzin verbrauchen.*

**Maximalprinzip**

Die Mittel sind festgelegt, und man will damit möglichst viel erreichen.

**Beispiel:** *Mit 20 Litern Benzin möglichst viele Kilometer zurücklegen.*

Eine Kombination von Maximal- und Minimalprinzip ist grundsätzlich nicht möglich: Man kann nicht gleichzeitig den Umsatz steigern und seinen Wareneinkauf minimieren wollen. Allerdings lassen sich häufig Maximierungs- in Minimierungsaufgaben umformen und umgekehrt: z. B. aus einer bestimmten Menge Stoff möglichst viele Westen zuschneiden – eine bestimmte Anzahl von Westen aus möglichst wenig Stoff zuschneiden.

## 2.7 Wirtschaftskreislauf

In einer Volkswirtschaft können zunächst die privaten Haushalte und die Unternehmen als handelnde Wirtschaftssubjekte betrachtet werden. In der Regel kann unterstellt werden, dass der private Haushalt seine Arbeitskraft (Produktionsfaktor Arbeit) dem Unternehmen für die Produktion und Bereitstellung von Gütern und Dienstleistungen zur Verfügung stellt. Hierfür erhält der private Haushalt Lohn bzw. Gehaltszahlungen von dem Unternehmen. Im Gegenzug tätigt der private Haushalt von seinem erzielten Einkommen Konsumausgaben für Güter und Dienstleistungen, die er wiederum von einem Unternehmen bezieht. Dieser Zusammenhang legt den Schluss nahe, dass alle privaten Haushalte und alle Unternehmen unter dem Aspekt der Bereitstellung von Gütern und Dienstleistungen zusammengefasst (aggregiert) werden können. Haushalte stellen demnach also den Produktionsfaktor Arbeit zur Verfügung, erhalten von dem Unternehmen dafür das Faktoreinkommen (Lohn/Gehalt), private Haushalte tätigen Konsumausgaben, dafür erhalten sie Konsumgüter von den Unternehmen.

Diese systematische Beziehung wird üblicherweise wie folgt dargestellt:

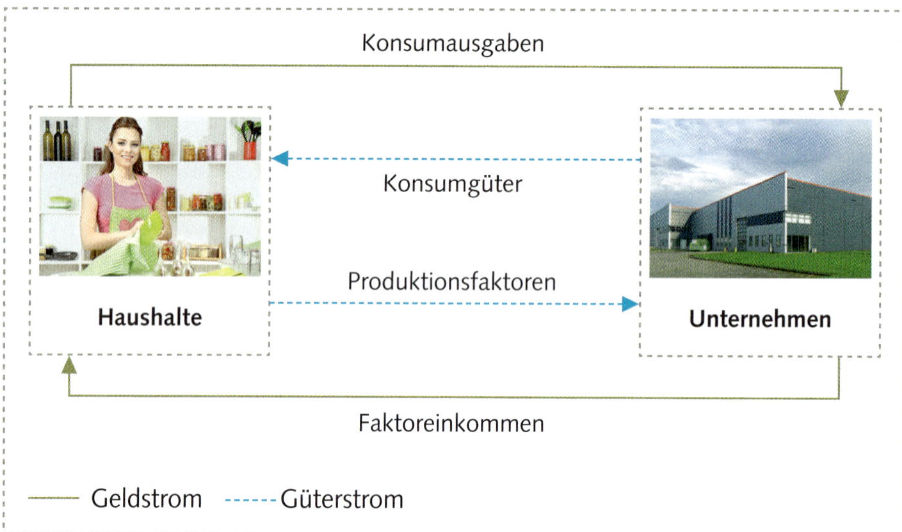




Als Kreislaufströme werden in diesem ersten Modell nur Beziehungen zwischen privaten Haushalten einerseits und Unternehmen andererseits dargestellt.

Diese Zusammenfassung (Aggregation) macht das Kreislaufmodell übersichtlich. Allerdings „verschwinden" dadurch die vielfältigen wirtschaftlichen Beziehungen zwischen den einzelnen Betrieben innerhalb des Sektors Unternehmen (innersektorale Verflechtungen im Sinne von wechselseitigen Vorleistungen). Entsprechendes gilt für die privaten Haushalte.

**Beispiel:** *Im Modell nicht zu sehen ist z. B.: Herr Müller kauft von Frau Schmidt einen gebrauchten PC.*

Aufgaben

1. Erklären Sie das Drei-Sektoren-Modell an einem selbst gewählten Beispiel.
2. Erläutern Sie anhand der Abbildung (Wandel in der Arbeitswelt), die Verschiebung der Sektoren.
3. Nennen Sie fünf Bedürfnisse und ordnen Sie diese den Bedürfnisarten zu.
4. Was ist der Unterschied zwischen Nachfrage und Bedarf?
5. Nennen Sie fünf Güter und ordnen Sie diese den Güterarten zu.
6. Was ist unter einem Angebotsüberhang zu verstehen?
7. Wie reagieren Unternehmen preislich bei einem Nachfrageüberhang?
8. Erklären Sie anhand eines selbst gewählten Beispiels das Minimalprinzip.
9. Peter hat von seiner Mutter einen Einkaufszettel und 30,00 EUR bekommen. Wie müsste sich Peter verhalten, wenn er nach dem Maximalprinzip einkaufen geht?
10. Beschreiben Sie den Wirtschaftskreislauf, wenn Sie ein privater Haushalt sind.



# 3 Den Aufbau des Einzelhandelsunternehmens vorstellen

## 3.1 Funktionen und Aufgaben des Einzelhandels

Der Einzelhandel hat verschiedene Funktionen zu erfüllen. Zu diesen Funktionen zählen:

**Zeitüberbrückung**
Zwischen der Produktion und dem Verkauf der Waren liegt ein zeitlicher Abstand. So werden beispielsweise die Schokoladenweihnachtsmänner schon im Sommer produziert und erst zum Jahresende verkauft.

**Raumüberbrückung**
Heute beziehen die Kunden nicht nur regionale Produkte, sondern Produkte aus der ganzen Welt. Damit wir den Kaffee aus Afrika auch hier genießen können, übernimmt der Handel die Funktion der Raumüberbrückung.

**Verteilungsfunktion**
Der Händler bezieht große Mengen an Waren, welche er in kleinen Abgabemengen an den Kunden weitergibt. So werden z. B. in Afrika Kleinstpackungen an die Bevölkerung verkauft, damit sie sich die Lebensmittel leisten können.

© BillionPhotos.com – stock.adobe.com

**Sortimentsfunktion**
Der Handel bietet dem Kunden ständig eine Vielzahl von verschiedenen Produkten an. Dafür muss er bei verschiedenen Herstellen, Großhändlern oder Importeuren seine Ware beziehen.

© Nataliya Yakovleva – stock.adobe.com

**Beratungsfunktion**
Wegen der großen Vielfalt der angebotenen Waren verfügen die Kunden nur über geringe Warenkenntnisse. Mit einer kompetenten Beratung kann der Händler den Kunden bei seinen Kaufentscheidungen unterstützen.

© industrieblick – stock.adobe.com

**Servicefunktion**
Viele Waren bedürfen einer zusätzlichen Dienstleistung. So möchte der Kunde zum Beispiel seine Ware nach Hause geliefert bekommen oder bei Problemen einen Ansprechpartner haben.

© duncanandison – stock.adobe.com



Die Aufgabe des Einzelhandels besteht demnach vor allem darin, die nachgefragte Ware zu beschaffen, zu präsentieren und zu verkaufen.

**Merke**

## 3.2 Betriebsformen im Einzelhandel

Im Handel gibt es eine Vielzahl von unterschiedlichen Betriebsformen, wie zum Beispiel Supermärkte, Fachmärkte aber auch der Convenience-Shop und andere Betriebsformen.

Warenhaus
© star – stock.adobe.com

Die Betriebsformen unterscheiden sich hinsichtlich ihrer Verkaufsform (Bedienung, Selbstbedienung, Vollbedienung, Vorwahl), ihres Sortimentsumfangs (breit, tief, flach, schmal), ihrer Betriebs- und Verkaufsflächengröße, ihres Standortes und weiteren Unterscheidungsmerkmalen.

Das Warenhaus zählt zu den ältesten Betriebsformen und hier findet der Kunde von der Selbstbedienung bis zur Vorwahl alle Verkaufsformen vor. Ein Warenhaus befindet sich bevorzugt in der City von Städten. Die Preise der angebotenen Waren liegen im mittleren bis gehobenen Preissegment. Das angebotene Warensortiment erstreckt sich meist auf einer Verkaufsfläche von 6.000 bis 30.000 m².

Oft wird das Kaufhaus auch mit einem Warenhaus verwechselt. Im Gegensatz zum Warenhaus werden im Kaufhaus überwiegend Waren einer Branche verkauft. Das Sortiment ist oft relativ schmal und tief. Die Preisgestaltung bewegt sich im mittleren bis niedrigem Segment.

© Beck

Möbelkaufhaus

Beim Fachgeschäft ist die Sortimentsgestaltung wie beim Kaufhaus, die Verkaufs- und Betriebsgröße ist jedoch kleiner. Im Fachgeschäft werden vorwiegend Waren aus dem gehobenen bis teuren Preisniveau angeboten. Im Gegensatz zu den Warenhäusern und Kaufhäusern befinden sich diese Geschäfte auch in den Vororten von Großstätten. Außerdem werden hier überwiegend bestimmte Warengruppen mit ergänzenden Dienstleistungen angeboten.

© Beck

Optikerfachgeschäft

Ein Discounter unterscheidet sich von den vorherigen Betriebsformen entscheidend durch ihre Verkaufsform und der niedrigen Preisgestaltung. Hier wird ausschließlich die Selbstbedienung angeboten. Die Geschäftsausstattung ist einfach und die Kunden finden ein flaches und schmales Warenangebot aus den Bereichen Nahrungsmitteln, Haushaltswaren und Körperpflege wieder.

© Beck

Discounter

Der Kunde von heute kauft aber nicht nur im stationären Handel, sondern immer mehr über Kataloge, Prospekte, über das Internet, über Verkaufssender im Fernsehen oder Produktvertreter ein. Diese Form des Handels nennt man Versandhandel.

Versandhandel



## Betriebsformen im stationären Handel

| Betriebsform | Verkaufsform | Sortimentsstruktur | Standort | Verkaufsflächengröße/ Betriebsgröße | Beispiel |
|---|---|---|---|---|---|
| **Warenhaus** | Bedienung, Vorwahl, Selbstbedienung | sehr breit und unterschiedlich tief | Innenstadt | sehr große Verkaufsfläche | Kaufhof/ Karstadt |
| **Kaufhaus** | Vorwahl und Selbstbedienung | relativ schmal und tief | Innenstadt | große Verkaufsfläche | C&A |
| **Fachgeschäft** | Bedienung und Vorwahl | schmal und tief (bestimmte Warengruppen) | Innenstadt oder Vororte | kleine Verkaufsfläche | Juweliere |
| **Discounter** | Selbstbedienung | schmal und flach | Stadtrand oder Stadtbezirke | mittel | Aldi |
| **Supermarkt** | Selbstbedienung | breit und teilweise tief, Kernsortiment Lebensmittel | Einkaufszentren, in der Stadt | mittel bis groß | Edeka |
| **Fachmarkt** | Vorwahl, Selbstbedienung | schmal und tief | Stadtrand aber auch in der Stadt | groß | Baumarkt |
| **SB-Warenhaus/ Verbrauchermarkt** | Selbstbedienung | breit und teilweise tief | Stadtrand | sehr groß | Globus |
| **Gemischtwarengeschäft** | Bedienung | breit und flach | Kleinstädte und auf dem Land | klein | Tante-Emma-Laden |

### Weitere Betriebsformen

| | |
|---|---|
| **Versandhandel** | Beim Versandhandel sieht der Kunde in der Regel die Ware nicht im Original, angeboten werden die Waren mittels Printmedien (Kataloge, Prospekte, Anzeigen), elektronsicher Medien (Radio, TV, Online-Dienste) und über einen Außendienstmitarbeiter ((Vertreter-Versandhandel). Der Kunde bestellt schriftlich, per Fax, elektronisch oder mündlich per Telefon. Die Zustellung erfolgt über firmengerechte Transportmittel, per Post oder per Kurierdienst.<br>**E-Commerce** als elektronischer Handel kann als Sonderform des Versandhandels gesehen werden und bietet den Vorteil, dass der Verkaufsprozess 24 Stunden am Tag und sieben Tage die Woche stattfinden kann. |
| **Einkaufszentrum** | Einkaufszentren sind eigentlich keine eigenständige Betriebsform, sondern eine räumliche Konzentration verschiedener rechtlich selbstständiger Unternehmen in unterschiedlicher Betriebsform (Warenhaus, Fachgeschäfte, Boutique, Discounter) sowie weiterer zahlreicher Dienstleistungsbetriebe an einem Standort.<br>Sie verfügen über ausreichend Parkplätze und liegen entweder verkehrsgünstig außerhalb von Ballungszentren oder sind von vornherein als innerstädtisches Bauvorhaben geplant. |
| **Convenience Store** | Ein Convenience Store (Convenience = Bequemlichkeit) ist ein moderner „Tante-Emma-Laden“. An Standorten mit hoher Verkehrsfrequenz (Tankstellen, Bahnhöfen, Flughäfen) bietet er ein breites und flaches Sortiment für den täglichen Bedarf auf einem relativ hohen Preisniveau. |
| **ambulanter Handel** | Der ambulante Handel ist nicht an feste Standorte und offene Verkaufsstellen gebunden. Er findet auf Straßen und Märkten statt, aber es werden zunehmend auch die privaten Haushalte aufgesucht. |



## 3.3 Verkaufsformen im Einzelhandel

Das Sortiment im Einzelhandel kann dem Kunden auf unterschiedlichen Verkaufswegen angeboten werden. Die Verkaufsformen sind abhängig von der Betriebsform, den Warenarten, den Bedürfnissen des Kunden, dem stationären Handel bzw. Online-Handel und sie unterscheiden sich hinsichtlich der Rolle des Verkäufers.

### Verkaufsform: Bedienung (Vollbedienung)

| | |
|---|---|
| **Bedeutung** | Der Kunde kann die Ware nicht ohne Hilfe des Verkäufers auswählen. Der Verkäufer präsentiert dem Kunden die Ware, erklärt diese, trägt diese zur Kasse und verpackt sie für den Kunden. |

| | |
|---|---|
| **Rolle des Verkäufers** | • Berater<br>• Warenordnung<br>• Kassieren<br>• Verpacken |
| **Betriebsformen** | Fachgeschäft |
| **Warenarten** | • hochwertige Waren<br>• hochpreisige Waren<br>• beratungsintensive (Funktionen) Waren<br>• Waren mit hohen hygienischen Auflagen |
| **Vorteile** | Betrieb:<br>• direkte Beratung<br>• Kundenkontakt vorhanden (Empathie)<br>• Kundenbeziehung wird verbessert<br>Kunde:<br>• direkte Informationen über die Ware<br>• Fragen können direkt beantwortet werden |
| **Nachteile** | Betrieb:<br>• Einsatz von viel Personal und gut geschultem Personal notwendig (Personalkosten steigen)<br>• Verkaufspreise höher als bei anderen Verkaufsformen<br>Kunde:<br>• Verkaufspreise höher als bei anderen Verkaufsformen<br>• Ware nicht direkt zugänglich |

## Verkaufsform: Vorwahl (Teilbedienung)

| | |
|---|---|
| **Bedeutung** | Der Kunde hat hier die Möglichkeit, sich die Ware selbstständig anzuschauen und zu kaufen. Nur bei Fragen muss er den Verkäufer zur Beratung hinzuziehen (Mischung zwischen Bedienung und Selbstbedienung). |
| **Rolle des Verkäufers** | • Kassieren<br>• Warenordnung<br>• Warenpflege<br>• Beobachtung von Kunden<br>• Beratung, wenn der Kunde das wünscht |
| **Betriebsformen** | • Supermarkt<br>• Kaufhaus |
| **Warenarten** | • mittelpreisige bis hochpreisige Waren<br>• teilweise beratungsbedürftige Waren |
| **Vorteile** | Betrieb:<br>• geringere Personalkosten als bei der Bedienung<br>• Kundenkontakt möglich<br>Kunde:<br>• Kunde kann sich über die Produkte vor dem Kauf informieren, sie anfassen usw.<br>• Waren leicht zugänglich<br>• Beratung möglich, aber nicht zwingend |

| | |
|---|---|
| **Nachteile** | Betrieb:<br>• schwer abschätzbar, wie viel geschultes Personal eingesetzt werden muss<br>• niedrigere Verkaufspreise als bei der Bedienung<br>Kunde:<br>• wenn zu wenig geschultes Personal vorhanden ist, muss der Kunde warten |

### Verkaufsform: Selbstbedienung

| | |
|---|---|
| **Bedeutung** | Der Kunde kann sich die Ware selbstständig anschauen und kaufen. Der Verkäufer tritt hier sehr selten als Helfer in Erscheinung. |
| **Rolle des Verkäufers** | • Kassieren<br>• Warenordnung<br>• Warenauszeichnung |
| **Betriebsformen** | Discounter |
| **Warenarten** | • nicht erklärungsbedürftige Waren<br>• verpackte Waren<br>• qualitativ geringwertige Waren<br>• niedrigpreisige Waren |
| **Vorteile** | Betrieb:<br>• Ware direkt zugänglich<br>• geringe Personalkosten, weil das Personal nicht so gut geschult sein muss und nur wenig Personal auf der Verkaufsfläche vorhanden sein muss<br>Kunde:<br>• Ware direkt zugänglich<br>• Verkaufspreise niedrig<br>• schnellerer Einkauf möglich |
| **Nachteile** | Betrieb:<br>• kein Angebot von hochpreisigen und beratungsintensiven Produkten möglich<br>• Diebstahl möglich, weil Ware direkt zugänglich ist<br>Kunde:<br>• keine Beratung möglich<br>• qualitativ minderwertige Waren im Angebot |

### Verkaufsform: Automatenverkauf

| | |
|---|---|
| **Bedeutung** | Der Kunde kann die Ware zu jeder Tageszeit am Automaten kaufen. |
| **Rolle des Verkäufers** | kein Verkäufer |
| **Betriebsformen** | keine |

| | |
|---|---|
| **Warenarten** | • kleines Sortiment<br>• niedrigpreisige Waren<br>• kleine Waren |
| **Vorteile** | Betrieb:<br>• geringe Personalkosten (nur Auffüllen des Automaten)<br>• Verkauf von Waren zu jeder Tageszeit möglich<br>Kunde:<br>• kann zu jeder Tageszeit Waren kaufen |
| **Nachteile** | Betrieb:<br>• bei defektem Automaten kein Verkauf möglich<br>• nur kleines Sortiment und Angebot von niedrigpreisigen und kleinen Waren möglich<br>• Zerstörung des Automaten möglich<br>• Instandsetzungs- und Wartungskosten für den Automaten<br>Kunde:<br>• nur Angebot von niedrigpreisigen und kleinen Waren möglich<br>• kein Einkauf bei defektem Automaten möglich |

## Verkaufsform: Internetverkauf/Onlineshopping

| | |
|---|---|
| **Bedeutung** | Der Kunde kann die Ware jederzeit kaufen und sich über diese informieren, Produkt-und Preisvergleiche und Produktbewertungen durchführen. |
| **Rolle des Verkäufers** | kein Verkäufer |
| **Betriebsformen** | bei allen Betriebsformen einsetzbar |
| **Warenarten** | bei allen Warenarten einsetzbar |
| **Vorteile** | Betrieb:<br>• Angebot von unterschiedlichen Zahlungsmöglichkeiten<br>• weltweiter Verkauf möglich<br>• vielseitiges Warenangebot<br>Kunde:<br>• Einkauf zu jeder Tageszeit von zu Hause möglich<br>• Produktvergleich im Internet besser möglich<br>• Produktbewertungen von anderen Kunden vorhanden<br>• 14-tägiges Rückgaberecht (Fernabsatzgeschäft) |
| **Nachteile** | Betrieb:<br>• Lieferkosten entstehen<br>• Rückgabekosten, weil 14-tägiges Rückgaberecht (Fernabsatzgeschäft)<br>Kunde:<br>• Ware kann vor dem Kauf nicht in die Hand genommen werden<br>• kein Kontakt zum Verkäufer möglich<br>• Zahlungsmöglichkeiten für den Kunden oft nicht sicher (Kreditkarte)<br>• Vertrauen zum Anbieter oft nicht vorhanden |

**Verkaufsform: TV-Verkauf/Teleshopping**

© diego cervo – stock.adobe.com

| | |
|---|---|
| **Bedeutung** | Die Ware wird dem Kunden in einer Art Unterhaltungsshow präsentiert. Der Kunde wird über die Waren informiert, indem die Ware und ihre Vorteile vorgeführt werden. Durch einen Anruf beim Verkäufer kann der Kunde die Ware bestellen. |
| **Rolle des Verkäufers** | Verkäufer treten nur im TV auf |
| **Betriebsformen** | keine |
| **Warenarten** | bei allen Warenarten einsetzbar |
| **Vorteile** | Betrieb:<br>• Kunden in ganz Deutschland werden angesprochen<br>• Einsatz und Verwendungsmöglichkeiten des Produktes wird vorgeführt (Einzelberatung nicht notwendig)<br>• Gesamtberatung der zuschauenden Kunden<br>Kunde:<br>• detaillierte Produktinformationen<br>• hoher Unterhaltungswert<br>• Kunde kann direkt von zu Hause aus bestellen<br>• 14-tägiges Rückgaberecht (Fernabsatzgeschäft) |
| **Nachteile** | Betrieb:<br>• hohe Kosten, weil Ausstrahlung im TV und prominente Verkäufer<br>• immer nur vereinzelte Waren werden präsentiert<br>• Rückgabekosten, weil 14-tägiges Rückgaberecht (Fernabsatzgeschäft)<br>• Lieferkosten entstehen<br>Kunde:<br>• kein direkter Kontakt mit dem Verkäufer<br>• Rückgabe nur per Post möglich (hoher Aufwand)<br>• Ware kann vorab nicht in die Hand genommen werden |



## 3.4 Sortimentsstruktur im Einzelhandel

Jedes Unternehmen bietet seinen Kunden unterschiedliche Waren an, wobei sich das Angebot der Waren hauptsächlich an den Bedürfnissen der Kunden orientiert. Was die Kunden nicht wollen, kaufen sie auch nicht. Die Unternehmen versuchen jedoch durch Werbung und Verkaufsraumgestaltung weitere Bedürfnisse bei ihren Kunden zu wecken und bieten auch Waren an, für die die Kunden noch kein Bedürfnis empfinden.

Weil sich heute eine Vielzahl von Unternehmen auf dem stationären Markt und dem Onlinemarkt befindet und somit der Konkurrenzdruck unter den Unternehmen immer weiter ansteigt, müssen die Unternehmen ihr Sortiment kundengerecht gestalten.

Die Zusammensetzung und Struktur des Sortiments unterscheiden sich hinsichtlich verschiedener Faktoren wie etwa die Sortimentstiefe und Sortimentsbreite und ob es sich um ein Kern- oder Randsortiment oder ein Saisonsortiment handelt.

Sorte: Die Sorte stellt die kleinste Einheit eines Sortiments dar.

Merke

## Sortimentstiefe

Von einem tiefen Sortiment spricht man, wenn man eine große Auswahl an Artikeln innerhalb einer Warengruppe anbietet. Bei einer geringen Auswahl an Artikeln innerhalb einer Warengruppe ist das Sortiment flach.

Warengruppe: Zusammenfassung von gleichartigen Artikeln (z. B. Damenoberbekleidung)
Artikel: Ein Artikel ist ein bestimmtes Produkt (Bsp.: Corny Classic Schoko, Müsliriegel, 5er-Pack (5 × 150g Schachtel))

Merke



**Beispiel:** *Ein Supermarkt weist nur ein flaches Sortiment an Küchenartikeln auf. Ein Fachgeschäft für Küchenartikel hingegen verfügt über ein tiefes Sortiment.*

## Sortimentsbreite

Ist in einem Unternehmen eine Vielzahl von Warengruppen vorhanden, wird dieses Sortiment als breit bezeichnet. Wird nur eine geringe Anzahl von Warengruppen angeboten, spricht man von einem schmalen Sortiment.

**Beispiel:** *In einem Discounter wird im Vergleich zu einem Messergeschäft eine Vielzahl von Warengruppen angeboten und somit ist das angebotene Sortiment breit. Das Angebot im Messergeschäft ist hingegen schmal.*

## Sortimentspyramide

Man kann den Aufbau eines Sortiments anhand einer Sortimentspyramide darstellen. In diesem Aufbau können die Begriffe Sorte, Artikel, Artikelgruppe, Warenart, Warengruppe, Warenbereich und Gesamtsortiment eingeordnet werden. Diese Pyramide kann unterschiedlich dargestellt werden, in der folgenden Abbildung ist ein Beispiel angegeben.

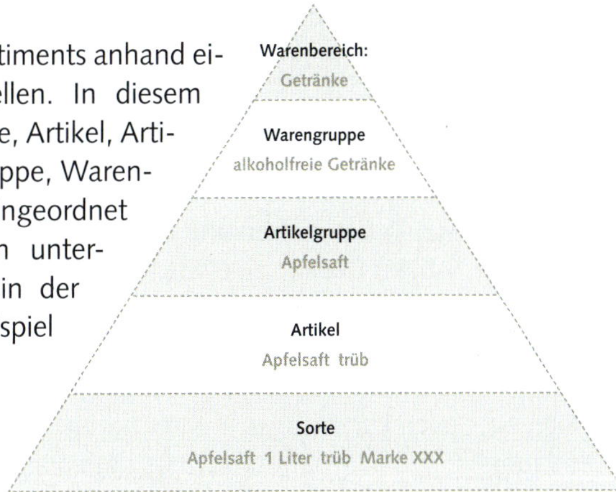


## Sortimentsformen

**Sortimentsformen**

| Sortimentsformen | Erklärung | Beispiel |
|---|---|---|
| **Kernsortiment** | Diese Artikel bilden den größten Anteil des Sortiments und sie müssen vorhanden sein, damit der Kunde zufriedengestellt wird. | Lebensmittelgeschäft: Lebensmittel |
| **Randsortiment** | Dieses Sortiment ergänzt das Kernsortiment. | Lebensmittelgeschäft: Pfannen |
| **Saisonsortiment/ Aktionssortiment** | Diese Artikel werden nur zu bestimmten Jahreszeiten, Feiertagen oder Aktionen angeboten. | Weihnachten: Schokoladenweihnachtsmänner<br>Spanische Woche: spanische Lebensmittel |

## Zusammensetzung des Sortiments

Zu den Markenartikeln gehören Artikel, die durch ein Markenzeichen gekennzeichnet sind. Das Markenzeichen steht für eine gleichbleibende Qualität der Produkte.

Handelsmarken werden auch als Eigenmarken bezeichnet. Diese Marke wird nur bei einem Unternehmen vertrieben.

© Nike

© IKEA Deutschland GmbH & Co. KG

## 3.5 Unternehmensziele im Einzelhandel

Die Erhaltung des Unternehmens ist grundsätzlich das oberste wirtschaftliche Ziel. Dies schlägt sich in der Zielsetzung nieder, einen längerfristigen Gewinn zu erwirtschaften. Die Gewinnerzielung gilt als zentrales Kriterium für Markterfolg. Das Gewinnziel des Unternehmens findet seine Ausgestaltung in vielfältigen – auch kurzfristigen – wirtschaftlichen Zielsetzungen: z. B. Umsatzsteigerung, Zahlungsfähigkeit, Wettbewerbsfähigkeit und Wachstum.

**Zielbündel**
- wirtschaftliche Ziele
- soziale Ziele
- ökologische Ziele

Merke

Die Realisierung der wirtschaftlichen Ziele kann allerdings nur unter Beachtung der innerbetrieblichen und außerbetrieblichen Bedingungen gewährleistet werden. So sind die Interessen und Ansprüche der Arbeitnehmer durch Festlegung sozialer Ziele zu berücksichtigen und das Streben nach einer umweltorientierten Unternehmensführung ist in ökologischen Zielsetzungen zu formulieren.

### Wirtschaftliche Ziele

Zur Beurteilung des wirtschaftlichen Erfolges werden in der Regel Maßstäbe herangezogen, mit deren Hilfe das Erreichen der gesetzten Ziele gemessen werden kann. Solche Maßstäbe sind z. B. Produktivität, Wirtschaftlichkeit, Rentabilität und Liquidität.



### Soziale Ziele

© Marco2811 – stock.adobe.com

Soziale Ziele berücksichtigen vor allem die Interessen und Ansprüche der Arbeitnehmer. Beispiele sind Sicherung der Arbeitsplätze, menschenwürdige Arbeitsbedingungen, gerechte Entlohnung, Mitbestimmung. Diese konkurrieren häufig mit wirtschaftlichen Zielen (Zielkonflikt). Sie müssen – auch in Abhängigkeit von äußeren Bedingungen (z. B. Konjunktur) – konkretisiert und immer wieder überprüft werden.

Das Unternehmen der Zukunft wird nicht nur an der Qualität seiner Leistungen und Produkte, sondern auch an den Maßstäben einer ökologischen Betriebsführung gemessen.

Merke

### Ökologische Ziele

Bewusstseinswandel und Sachzwänge sowie ständig verschärfte gesetzliche Auflagen bewirken eine wachsende Aufmerksamkeit für den Schutz der Umwelt, z. B. Reinhaltung von Luft und Gewässern, Schonung von Ressourcen und Recycling von Wertstoffen in den Betrieben.

Ein vorausschauendes, innovatives betriebliches Umweltkonzept schließt den Ertrag keinesfalls aus. Umweltschutz muss sich an ganzheitlichen Lösungen von der Produktentwicklung bis zum Recycling orientieren. Dies bedeutet eine

Abkehr von einer Unternehmenspolitik des Durchlaufs von Stoffen zu einer Politik der Wiederverwertung. Das hat Auswirkungen auf die gesamte Unternehmenskonzeption von dem unternehmerischen Zielsystem bis zur tatsächlichen Umsetzung in den einzelnen Funktionsbereichen des Unternehmens.

Heute verstehen es schon viele Unternehmen, die Erfordernisse des Umweltschutzes mit den Zielen ihres Unternehmens zu vereinbaren – und mehr noch: Einige profitieren sogar davon.

Insbesondere große Unternehmen haben sogenannte Corporate-Responsibility-Konzepte entwickelt, um transparent zu machen, inwieweit sie ihrer umfassenden unternehmerischen Verantwortung z. B. im Hinblick auf Umwelt, Gesellschaft und Mitarbeiter nachkommen.

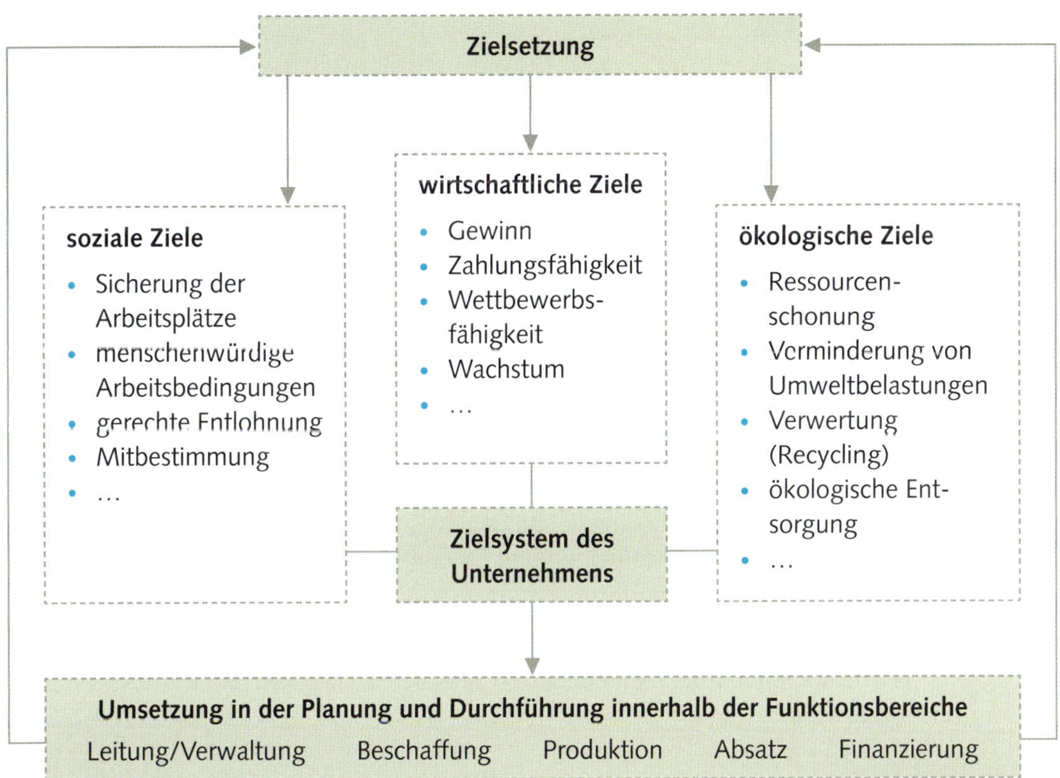




## ■ Zielharmonie, Zielkonflikt, Zielindifferenz

Wirtschaftliche, soziale und ökologische Ziele sind miteinander vernetzt. Ergänzen sich die Ziele, so liegt Zielharmonie vor.

**Beispiel:** *Verbesserungen der Beschaffungsorganisation im Bereich der Transportwege, der Transportträger und der Lagerhaltung führen zu Kostensenkung und Schonung der Umwelt.*

Behindern oder schließen sich die Ziele gegenseitig aus, so liegt ein Zielkonflikt vor.

Beispiel: *Der Wunsch nach z. B. Gehaltserhöhung, verbessertem Kündigungsschutz, Reduzierung der Arbeitszeit bei vollem Lohnausgleich kann bei abflauender Konjunktur die Wirtschaftslage eines Unternehmens gefährden.*

Von Zielindifferenz spricht man, wenn die Verfolgung bestimmter Ziele sich gegenseitig nicht beeinflusst.

Beispiel: *In der Finanzbuchhaltung sollen Kosten gesenkt werden und Werbeausgaben werden erhöht.*

## 3.6 Organisationsstruktur eines Einzelhandelsunternehmens

Die Erreichung und Sicherung der betrieblichen Ziele erfordert ein optimales Zusammenwirken u. a. von Mitarbeitern und Sachmitteln.

Es ist Aufgabe der Organisation eines Einzelhandelsunternehmens, auf Dauer angelegte Regelungen zu schaffen, die die betrieblichen Abläufe zielorientiert steuern. Wiederkehrende Aufgaben können so zeitsparend, rationell und kostengünstig erledigt werden.

Im Rahmen der betrieblichen Organisation unterscheidet man die zwei Teilbereiche Aufbau- und Ablauforganisation. Die Aufbauorganisation schafft die Organisationsstruktur durch die Bildung organisatorischer Einheiten (z. B. Abteilungen) und Hierarchieebenen. Die Ablauforganisation beschreibt die Aufgabenerledigung durch die beteiligten Mitarbeiter und Sachmittel.

Jedes Einzelhandelsunternehmen verfügt über eine solche Struktur, die grafisch in einem sogenannten Organigramm dargestellt werden kann.

## 3.6.1 Aufbauorganisation

Die Aufbauorganisation bildet das hierarchische Gerüst eines Unternehmens (Über- bzw. Unterordnung). Eine optimale Gliederung und Ordnung im Aufbau wird durch Aufspaltung der Gesamtaufgabe in sinnvolle Haupt- und Teilaufgaben und anschließender Bündelung von zusammengehörenden Teilaufgaben zu Stellen herbeigeführt. Den Stellen und Abteilungen werden Zuständigkeiten und Verantwortung sowie Leitungsbefugnisse übertragen.

> Eine **Stelle** ist die kleinste Organisationseinheit in einem Unternehmen.
> Merke

> Durch Zusammenfassung von Stellen entstehen **Abteilungen**.
> Merke

> Stellen, die weisungsbefugt sind, werden als **Instanzen** bezeichnet.
> Merke

Stellen und Abteilungen werden durch Aufgabenanalyse und Aufgabensynthese gebildet.

**Analyse**
Auflösung, Zergliederung eines Ganzen in seine Teile

**Synthese**
Zusammenfügung gleichartiger Teile

### Stellenbildung

Nach Ermittlung der Teilaufgaben durch die Aufgabenanalyse werden in der Aufgabensynthese Teilaufgaben, die dem normalen Leistungsvermögen eines Mitarbeiters (Stelleninhabers) entsprechen, nach sachlichen Gesichtspunkten zu einer Stelle gebündelt.

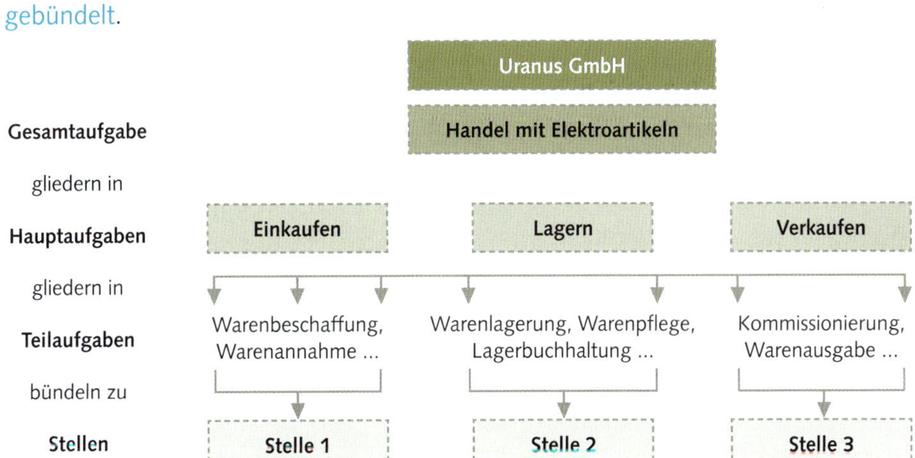

## Abteilungsbildung

Abteilungen entstehen durch die Zusammenfassung von mehreren Stellen zu überschaubaren Bereichen unter einer einheitlichen Leitung (Bsp.: Verkaufsabteilung).

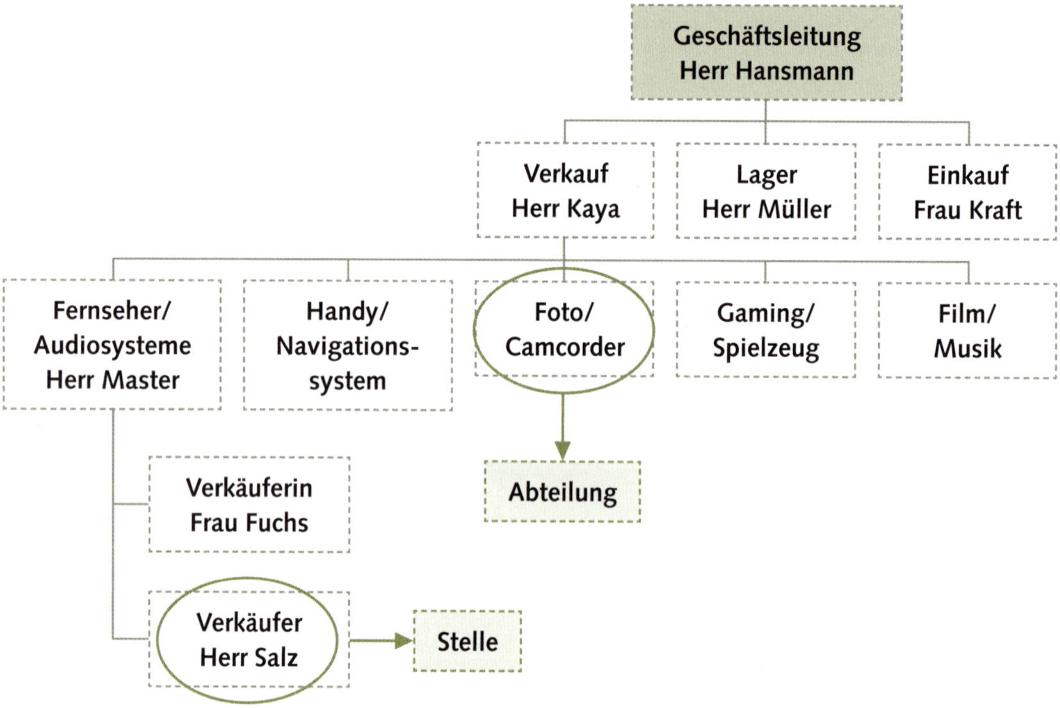




Im Einzelhandelsunternehmen kann die Abteilungsbildung nach unterschiedlichen Gesichtspunkten vorgenommen werden:

- Objekten/Produkten: z. B. Lebensmittelunternehmen → Obst und Gemüse, Tiefkühlkost, Fleisch- und Wurstwaren
- Funktion/Verrichtung: z. B. Verkauf, Einkauf, Lager
- Personen: leitende Arbeit, ausführende Arbeit

## Leitungssysteme

Die Hierarchieebenen eines Unternehmens mit Entscheidungs- und Weisungsbefugnissen (Instanzenaufbau) werden grafisch in Organigrammen dargestellt. Dabei sind Instanzentiefe und Instanzenbreite sowie Linien- und Stabsstellen zu unterscheiden:

- Instanzentiefe beschreibt die Anzahl der Hierachieebenen mit Weisungsbefugnis.
- Instanzenbreite beschreibt die Anzahl der Stellen mit Weisungsbefugnis (Instanzen) auf einer Hierarchieebene.
- Linienstellen sind Stellen mit Weisungsbefugnis, die vertikal in die Betriebshierarchie eingebunden sind.
- Stabsstellen sind Stellen, die ohne Weisungsbefugnis horizontal einem Aufgabenträger zugeordnet sind.

## Einliniensystem

Bei einem Einliniensystem bekommt jede Stelle nur von der unmittelbar vorgesetzten Stelle Anweisungen.

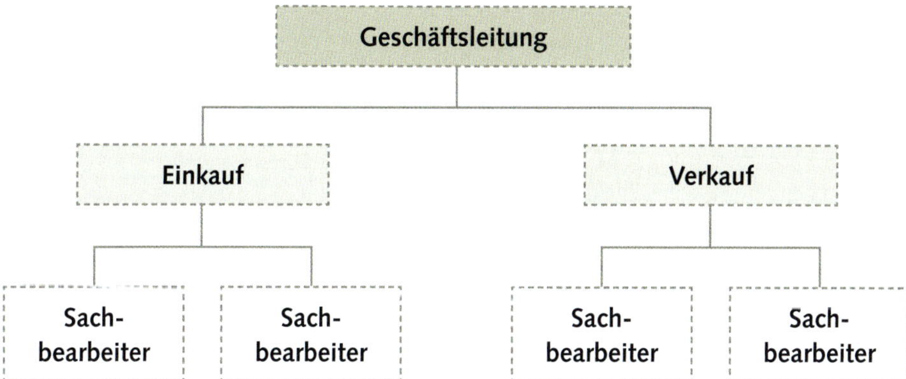


| Vorteile | Nachteile |
| --- | --- |
| • übersichtlicher Aufbau<br>• klarer Dienstweg<br>• keine Kompetenzprobleme | • starre Organisation<br>• lange Kommunikationswege<br>• starke Belastung der Entscheidungsträger |



## Mehrliniensystem

Bei einem Mehrliniensystem hat der Mitarbeiter verschiedene Vorgesetzte, von denen er nach sachlichen Gesichtspunkten seine Anweisungen erhält.

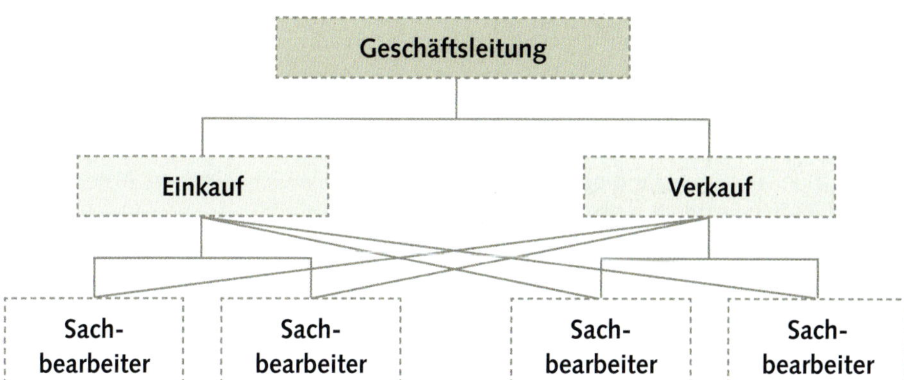


| Vorteile | Nachteile |
| --- | --- |
| • Spezialwissen der Vorgesetzten<br>• kurze Kommunikationswege | • Kompetenzüberschneidungen<br>• hoher Koordinationsaufwand<br>• Anordnungskonflikte |

## Stabliniensystem

Im Stabliniensystem beraten und unterstützen Stabsstellen mit ihrem Spezialwissen (z. B. Rechtswesen, Statistik) die Linienstellen. Stabsstellen haben jedoch keine Weisungsbefugnis. Stabsstellen können in allen Leitungssystemen vorkommen.

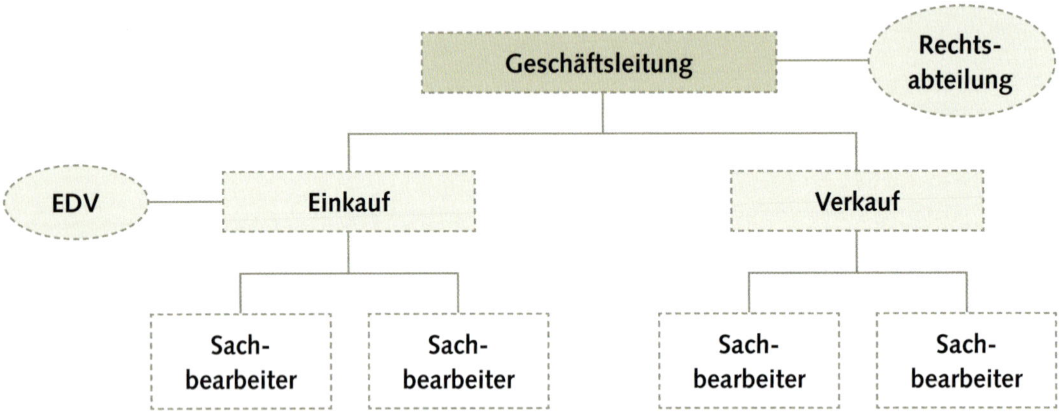


**Vorteile**

- Entlastung der Instanzen
- Nutzung von Fachwissen
- bessere Entscheidungen

**Nachteile**

- hohe Kosten
- Akzeptanzprobleme
- Trennung von Entscheidung und Entscheidungsvorbereitung



## Mischformen

In größeren Unternehmen sind einfache Liniensysteme nicht geeignet, die komplexen Organisationsstrukturen und Entscheidungslinien umzusetzen. Als Mischformen sind die Spartenorganisation und die Matrixorganisation bekannt. In der Spartenorganisation gliedert man das Unternehmen nach Produkten/Produktgruppen (Sparten). Die Spartenorganisation ist eine Form des Einliniensystems, bei der jede Produktgruppe als eigenständiger Geschäftsbereich mit jeweils eigenen Abteilungen geführt wird. Das Strukturprinzip einer Matrixorganisation ist eine Kombination von Funktionen und Produkten; dabei wird die Leitungsfunktion auf zwei gleichberechtigte Instanzen verteilt. So bestimmen z. B. über den Einkauf von Produkt A gemeinsam der entsprechende Einkäufer und der jeweilige Produktmanager.

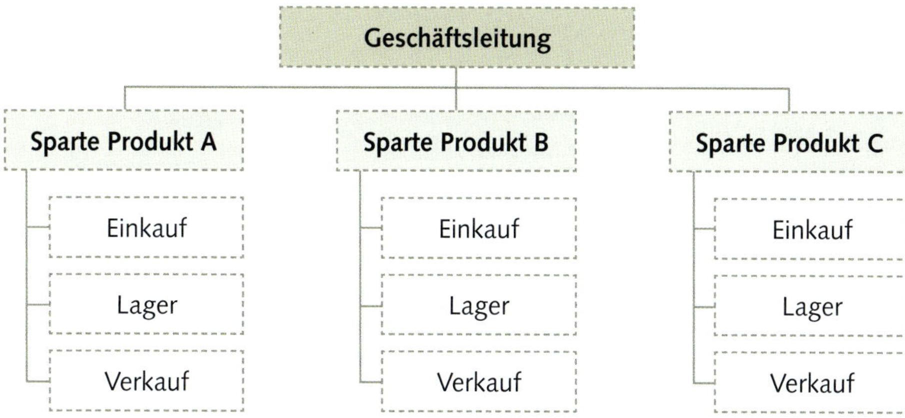


**Spartenorganisation**

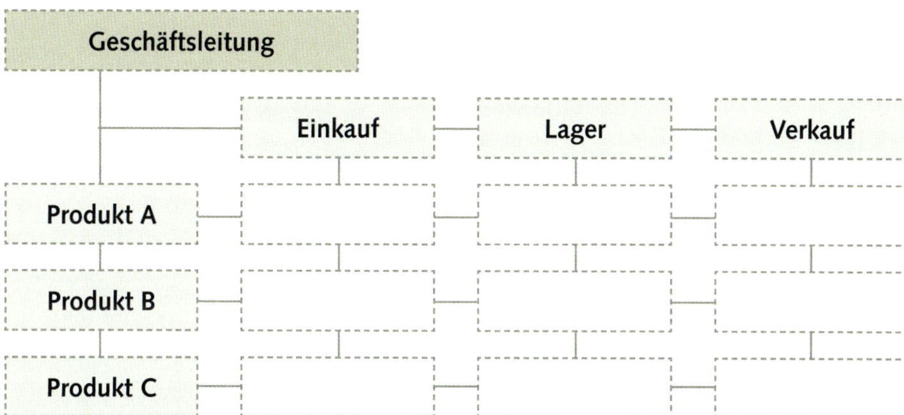


**Matrixorganisation**



## 3.6.2 Ablautorganisation

Die Ablauforganisation befasst sich mit der Strukturierung von Arbeits-/Geschäftsprozessen. Die Erledigung von wiederkehrenden Aufgaben im Betrieb wird unter inhaltlichen, räumlichen und zeitlichen Aspekten beschrieben. Ziel der Ablauforganisation ist die effiziente, zweckmäßige und wirtschaftliche Gestaltung der Arbeitsabläufe.

Die Ablauforganisation legt u. a. fest,
- welche Arbeitsschritte vorgenommen werden,
- wo diese Arbeiten erledigt werden,
- welche Organisationseinheiten zuständig sind,
- in welcher Reihenfolge die Tätigkeiten durchgeführt werden und
- welche Hilfsmittel eingesetzt werden.

**Beispiel:** *Arbeitsablauf bei der Warenannahme:*
*1. Kontrolle der Ware in Anwesenheit des Lieferanten (Verpackung, Anschrift, Menge der Versandstücke); Mängel vom Lieferanten bestätigen lassen*
*2. Mängelprüfung durchführen/ Begleitpapiere mit dem Inhalt der Lieferung prüfen (Menge, Qualität, Beschaffenheit); Mängel der Einkaufsabteilung mitteilen*
*3. Begleitpapiere prüfen (Rechnung, Lieferschein, Auftragsbestätigung); Unstimmigkeiten der Einkaufsabteilung mitteilen*

Aufgaben

1. Warum kann der Kunde die Aufgaben und Funktionen des Einzelhandels nicht selber übernehmen?
2. Zu welcher Betriebsform zählt Ihr Unternehmen? Begründen Sie Ihre Aussage.
3. Erläutern Sie die Betriebsform „Kaufhaus" anhand von drei selbstgewählten Kriterien?
4. Welche Verkaufsform bietet Ihr Unternehmen an? Begründen Sie Ihre Aussage.
5. Welche besondere Anforderung stellt die Verkaufsform „Bedienung" an Sie als Verkäufer/-innen?
6. Erklären Sie den Unterschied zwischen Sortimentstiefe und Sortimentsbreite anhand einer Warengruppe/Artikel aus Ihrem Unternehmen.
7. Erstellen Sie eine Sortimentspyramide anhand einer Warengruppe aus Ihrem Unternehmen.
8. Nennen Sie zu jeder Sortimentsform ein Beispiel.
9. Warum verkauft der Einzelhandel Eigenmarken?
10. Finden Sie heraus, welche Unternehmensziele Ihr Unternehmen verfolgt, und ordnen Sie diese den sozialen, wirtschaftlichen und ökologischen Zielen zu.



# 4 Notwendigkeit von sozialer Sicherung, Arbeits- und Umweltschutz erkennen

## 4.1 Zweige der Sozialversicherungen

Bereits im Jahre 1883 wurde durch den damaligen Reichskanzler Bismarck mit der Einführung von Sozialversicherungen begonnen. Das von ihm eingeführte System der Sozialversicherungen hat sich bis heute erhalten und wurde von vielen Ländern übernommen. Dieses System umfasst fünf Zweige:

**System der gesetzlichen Sozialversicherungen**

- gesetzliche Krankenversicherung (seit 1883)
- soziale Pflegeversicherung (seit 1995)
- gesetzliche Unfallversicherung (seit 1884)
- gesetzliche Rentenversicherung (seit 1889)
- Arbeitslosenversicherung (seit 1927)

Die Grundlage des Systems ist sehr einfach und beruht auf den nachfolgenden Prinzipien:

**Geschäftsleitung**
Alle Arbeitnehmer (außer Beamte) sind Pflichtmitglieder der Sozial-versicherungen

**Solidargemeinschaft**
Ein festgelegter Prozentsatz des Bruttoeinkommens wird in die Kassen der Sozialversicherungen eingezahlt. Mit diesen Beiträgen werden diejenigen Versicherten unterstützt, die Anspruch auf Leistungen der Versicherungen haben. Die Mitglieder bilden also eine Solidargemeinschaft.

**Finanzierung durch Arbeitgeber und Arbeitnehmer**
Die Beiträge für die Sozialversicherungen werden von Arbeitgeber und Arbeitnehmer aufgebracht. Ausnahme: Unfallversicherung, die die Arbeitgeber alleine finazieren müssen.

Die Sozialversicherung ist eine Pflichtversicherung. Die unterschiedlichen Beitragssätze legt der Gesetzgeber hinsichtlich Höhe und Beitragsbemessungsgrenze fest. Die Beiträge zur Kranken-, Pflege-, Renten- und Arbeitslosenversicherung werden in der Regel zur Hälfte vom Arbeitnehmer und vom Arbeitgeber getragen. Die Beiträge zur Unfallversicherung zahlt der Arbeitgeber allein.



**Sozialversicherungen**

| | Versicherte |
|---|---|
| **Krankenversicherung** | • Pflichtversicherte (Arbeitnehmer, Arbeitslose, Landwirte, Rentner, Studenten, Künstler/Publizisten, behinderte Menschen)<br>• freiwillig Versicherte<br>• beitragsfreie Mitversicherung (Familienversicherung)<br>• Versicherungspflichtgrenze (5.212,50 EUR* monatlich alte und neue Bundesländer)  |
| **Rentenversicherung** | • Pflichtversicherte (Arbeitnehmer, Selbständige, Handwerker, Künstler/Publizisten, Kindererziehende, Sozialleistungsempfänger, Pflegepersonen, freiwillig Wehrdienstleistende)  |
| **Pflegeversicherung** | • Pflichtversicherte<br>• Familienversicherte<br>• Weiterversicherte  |
| **Unfallversicherung** | • Arbeitnehmer<br>• einige Selbstständige<br>• Lebensretter<br>• Kinder, Schüler und Studenten  |
| **Arbeitslosenversicherung** | • versicherungspflichtige Beschäftigte<br>• sonstige Versicherungspflichtige  |

▶

| Versicherungsträger | |
|---|---|
| **Kranken-versicherung** | gesetzliche Krankenkassen wie die Allgemeinen Ortskrankenkassen (AOK), Betriebskrankenkassen (BKK), Innungskrankenkassen (IKK), Ersatzkassen (EK), Knappschaft sowie die Landwirtschaftliche Krankenkasse |
| **Renten-versicherung** | öffentlich-rechtliche Körperschaften (Deutsche Rentenversicherung) |
| **Pflege-versicherung** | gesetzliche und private Krankenkassen |
| **Unfall-versicherung** | Berufsgenossenschaften (nach Branchen gegliedert) |
| **Arbeitslosen-versicherung** | Bundesagentur für Arbeit bzw. die zahlreichen örtlichen Arbeitsagenturen |
| **Leistungen** | |
| **Kranken-versicherung** | • Leistungen zur Verhütung von Krankheiten (Zahnerkrankungen, Vorsorgeleistungen …)<br>• Früherkennung von Krankheiten<br>• Leistungen bei Krankheit (z. B. Krankenbehandlung durch Arzt und Zahnarzt, Versorgung mit Arznei, Verbands-, Hilfs- und Heilmitteln, Fahrten zum Krankenhaus, Krankengeld)<br>• Leistungen bei Schwangerschaft und Mutterschaft<br>• Rehabilitationsmaßnahmen |
| **Renten-versicherung** | • Rehabilitation (Medizinische Leistungen, Übergangsgeld)<br>• Rentenarten (Renten wegen verminderter Erwerbsfähigkeit, Altersrente, Witwen- und Waisenrente) |
| **Pflege-versicherung** | • Pflegesachleistungen<br>• Pflegegeld für selbst beschaffte Pflegehilfen, Kombination von Geldleistung und Sachleistung, häusliche Pflege bei Verhinderung der Pflegeperson, teilstationäre Pflege und Kurzzeitpflege, vollstationäre Pflege<br>• Die Beurteilung der Pflegebedürftigkeit erfolgt durch den sogenannten medizinischen Dienst der Krankenversicherung (MDK). |
| **Unfall-versicherung** | • Leistungen bei Unfallfolgen (Heilbehandlung/Verletztengeld, Berufshilfe/Übergangsgeld, Renten) |
| **Arbeitslosen-versicherung** | • Arbeitslosengeld I<br>• Vermittlung von Ausbildungs- oder Arbeitsplätzen<br>• Berufsausbildungsbeihilfe<br>• Förderung der Beruflichen Weiterbildung<br>• Entgeltersatzleistungen (Kurzarbeitergeld, Insolvenzgeld) |
| **Beitragssatz** | |
| **Kranken-versicherung** | Beitragssatz: 14,6 %*, davon<br>Arbeitgeber: 7,3 %* + Hälfte des Zusatzbeitrages der jeweiligen Krankenkasse*<br>Arbeitnehmer: 7,3 % + Hälfte des Zusatzbeitrags der jeweiligen Krankenkasse* |

| | |
|---|---|
| **Renten-versicherung** | Beitragssatz: 18,6 %*<br>Arbeitnehmer: 9,3 %*<br>Arbeitgeber: 9,3 %* |
| **Pflege-vericherung** | Beitragssatz: 3,05 %*<br>Arbeitgeber: 1,525 %* (Besonderheiten für Sachsen: Arbeitgeber: 1,025 %)<br>Arbeitnehmer: 1,525 %* + 0,25 %* (1,775 %) (Besonderheiten für Sachsen:<br>Arbeitnehmer: 2,025 %)<br>(Die 0,25 % bezahlt nur der AN ohne Kinder ab dem 23. Lebensjahr.*) |
| **Unfall-versicherung** | Abhängig von den Gefahrenklassen (Gefährlichkeit der zu verrichtenden Arbeiten) und der Größe der Lohnsumme<br>Beispiel: Handel mit Lebensmitteln Gefahrenklasse 2,51; Tankstelle mit Shop Gefahrenklasse 2,51 |
| **Arbeitslosen-versicherung** | Beitragssatz: 2,4 %*<br>Arbeitnehmer: 1,2 %*<br>Arbeitgeber: 1,2 %* |

## Beitragsbemessungsgrenze

| | |
|---|---|
| **Kranken-versicherung** | 4.687,50 EUR* monatlich<br>Die Beitragsbemessungsgrenze in der Krankenversicherung gilt bundeseinheitlich. |
| **Renten-versicherung** | alte Bundesländer: 6.900,00 EUR* monatlich<br>neue Bundesländer: 6.450,00,00 EUR* monatlich |
| **Pflege-versicherung** | 4.687,50 EUR* monatlich<br>Die Beitragsbemessungsgrenze in der Pflegeversicherung gilt bundeseinheitlich. |
| **Unfall-versicherung** | |
| **Arbeitslosen-versicherung** | alte Bundesländer: 6.900,00 EUR* monatlich<br>neue Bundesländer: 6.450,00 EUR* monatlich (wie Rentenversicherung) |

*Stand März 2020



Die Rentenversicherung beruht seit 1957 auf einem Umlageverfahren, auch Generationenvertrag genannt. Das bedeutet, dass die Renten nicht individuell angespart werden, sondern aus den laufenden Beiträgen der beitragspflichtigen arbeitenden Generation bezahlt wird. Die aktuelle Generation aktiver Arbeitnehmer zahlt somit die Beiträge in das System, um die Rente der aktuellen Rentner zu finanzieren.

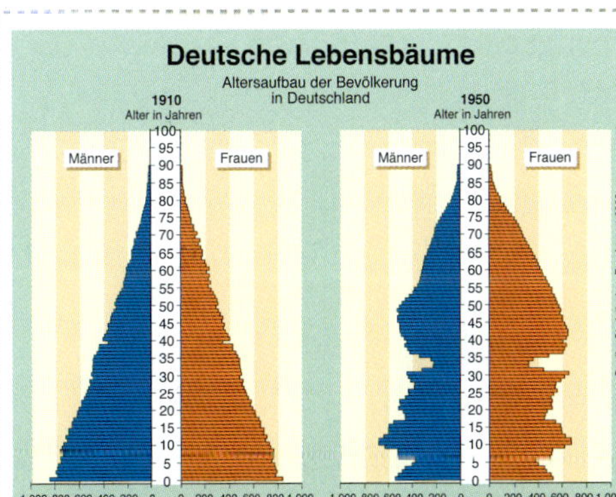

Die Änderung der Bevölkerungsstruktur (demografischer Wandel) hat dramatische Auswirkungen auf die Finanzierung.

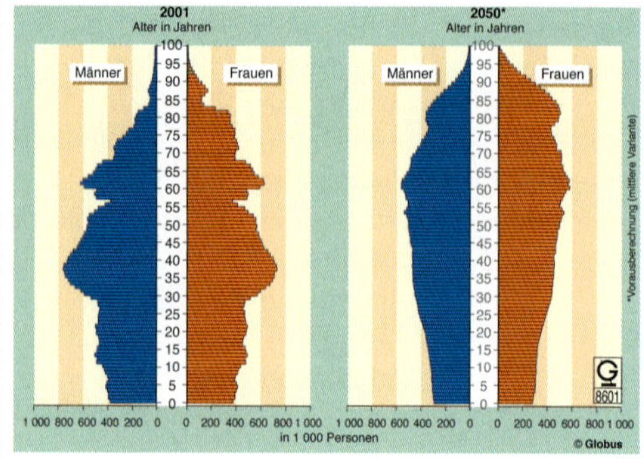


## Berechnung der Sozialversicherungsbeiträge anhand einer Ausbildungsvergütung

Der Auszubildende Peter Müller ist 24 Jahre alt und befindet sich im ersten Ausbildungsjahr. Seine monatliche Ausbildungsvergütung (brutto) beläuft sich auf 800,00 €. Der Zusatzbeitrag der Krankenkasse von Peter beläuft sich auf 1,1 %. Peter ist nicht verheiratet und hat auch keine Kinder.

| | Arbeitnehmeranteil Peter Müller | | Arbeitgeberanteil | |
|---|---|---|---|---|
| **Krankenversicherung** | 7,85 % | 62,80 Euro | 7,85 % | 62,80 Euro |
| **Pflegeversicherung** | 1,775 % | 14,20 Euro | 1,525 % | 12,20 Euro |
| **Rentenversicherung** | 9,3 % | 74,40 Euro | 9,3 % | 74,40 Euro |
| **Arbeitslosenversicherung** | 1,2 % | 9,60 Euro | 1,2 % | 9,60 Euro |

Hinweis: Die Beitragssätze können sich jährlich ändern.



### Berechnung der Krankenversicherung

14,6 %/2 = 7,3 %
1,1 %/ 2 = 0,55 %

Arbeitnehmer: 800,00 Euro × 7,85 % (7,3 % + 0,55 %) / 100 % = 62,80 Euro
Arbeitgeber: 800,00 Euro × 7,85 % (7,3 % + 0,55 %) / 100 % = 62,80 Euro

**Hinweis**

Der Zusatzbeitrag der Krankenkassen kann aktuell von 0 % bis 1,9 % betragen.

### Berechnung Pflegeversicherung

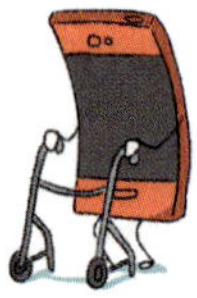

Arbeitnehmer: 800,00 Euro × 1,775 %
[1,525 % + 0,25 %] / 100 % = 14,20 Euro
Arbeitgeber: 800,00 Euro × 1,525 % / 100 % = 12,20 Euro

**Hinweis**

Bei der Berechnung des Pflegeversicherungsbeitrags des Arbeitnehmers muss darauf geachtet werden, ob der Arbeitnehmer kinderlos ist und 23 Jahre alt. Sollte das der Fall sein, muss der Arbeitnehmer 0,25 % mehr zahlen. Davon ausgenommen sind Personen, die vor dem 1. Januar 1940 geboren sind, Bezieher von Arbeitslosengeld II, geringfügig entlohnte Beschäftigte (450,00 Euro) und Wehr- und Zivildienstleistende

### Berechnung Rentenversicherung

Arbeitnehmer: 800,00 Euro × 9,3 % / 100 % = 74,40 Euro
Arbeitgeber: 800,00 Euro × 9,3 % / 100 % = 74,40 Euro

### Berechnung der Arbeitslosenversicherung

Arbeitnehmer: 800,00 Euro × 1,2 % / 100 % = 9,60 Euro
Arbeitgeber: 800,00 Euro × 1,2 % / 100 % = 9,60 Euro

## 4.2 Private Zusatzversicherungen



Sinnvoll wäre es, neben der gesetzlichen Vorsorge eine private Vorsorge zum Schutz zu treffen. Besonders die private Altersvorsorge gewinnt immer mehr an Bedeutung, denn die Menschen werden immer älter und die gesetzlichen Renten reichen z. B. schon heute nicht mehr aus, um den zukünftigen Lebensstandard abzudecken, somit ist zum Beispiel eine private Rentenvorsorge notwendig. Aufgrund der unterschiedlichen Leistungen der gesetzlichen und privaten Krankenversicherung ist es ebenfalls sinnvoll, eine private Krankenvorsorge zu treffen.

**Private Zusatzversicherungen**

**Personenversicherung**

| Versicherungsart | Versicherungsleistungen | Beiträge |
|---|---|---|
| **Riesterrente** | Ist eine staatliche zulagenfinanzierte Rente, d. h. der Beitragszahler bekommt zu der geleisteten Spareinlage eine staatliche Zulage oder eine steuerliche Begünstigung. Ab dem Renteneintritt wird dem Beitragszahler eine zusätzliche Rente ausgezahlt. Die Spareinlage kann in verschiedene Anlageformen investiert werden (Lebensversicherung, Riester-Banksparpläne, Fondsparpläne, Wohn-Riester). | Beitragsbeispiel 2019:<br>zwei Kinder vor 2008 geboren und eine Mutter mit 25.000,00 € sozialversicherungspflichtiges Bruttoeinkommen<br>Zuschlag<br>je Kind 185,00 €, Mutter 175,00 €<br>Summe 545,00 €<br>jährliche Beitragssumme: 4 % vom sozial-versicherungspflichtigen Bruttoeinkommen |

| | | |
|---|---|---|
| | Mindestsparzulage pro Jahr 4 % des sozialversicherungspflichtigen Bruttoendgeldes abzüglich der staatlichen Zulage<br><br>Maximale Sparsumme je Jahr 2.100,00 €<br>Staatliche Zulage:<br>Erwachsene<br>bis 2018 154,00 €<br>ab 2018 175,00 €<br><br>Kinder<br>geboren vor 2008 185,00 €<br>geboren ab 2008 300,00 €<br><br>Die jährlichen Beiträge der Riesterrente können in der Steuererklärung als Sonderausgaben abgesetzt werden.<br><br>Bei der Günstiger-Prüfung wird geprüft, ob der Zuschlag geleistet oder die steuerliche Begünstigung genehmigt wird. Diese Prüfung wird durch die Steuererklärung vorgenommen. | 25.000,00 € × 4 %/100 % =<br>1.000,00 € - 545,00 € =<br>455,00 €/ 12 Monate =<br>37,92 € je Monat |
| **Lebensversicherung**<br>• Risikolebensversicherung (Hinterbliebenenschutz) | Bei der Risikolebensversicherung wird im Todesfall die Versicherungssumme an eine begünstigte Person ausgezahlt. Somit ist diese Person abgesichert (Hinterbliebenenversicherung). | Der Versicherungsbeitrag richtet sich nach dem Eintrittsalter, der Laufzeit und der Todesfallsumme. |
| • Kapitallebensversicherung | Bei der Kapitallebensversicherung wird wie bei der Risikolebensversicherung im Todesfall die Versicherungssumme an den Begünstigten ausgezahlt. Die Beiträge verfallen aber nicht, wenn die Vertragslaufzeit abgelaufen ist und der Versicherte immer noch lebt. Der Versicherte bekommt dann das angesparte Kapital ausgezahlt und sichert sich somit im Alter eine zusätzliche Rentenzahlung. | Der Versicherungsbeitrag richtet sich nach dem Eintrittsalter, der Vertragslaufzeit, dem Bildungsstand, dem Berufsrisiko, den Gesundheitsrisiken (Raucher, Vorerkrankungen) und der Höhe der Versicherungssumme. |

| | | |
|---|---|---|
| **Private Krankenversicherung** | Wird anstelle der gesetzlichen Krankenversicherung bei einigen Berufsgruppen (Beamte, Selbstständige, Arbeitnehmer mit einem Bruttojahreseinkommen ab 60.750,00 € (2019)) eingesetzt. Eine private Zusatzkrankenversicherung kann von jedem Bürger neben der gesetzlichen Krankenversicherung abgeschlossen werden (Zahnzusatzversicherung, Krankenhauszusatzversicherung usw.). Zu den Leistungen der privaten Krankenversicherungen zählen: Kostenübernahme von Chefarztbehandlungen, Zweibettzimmer, ambulanter und stationärer Heilbehandlungen usw. | Beitragshöhe abhängig vom Alter, dem Gesundheitszustand, der Berufsgruppe und den Versicherungsleistungen (nicht abhängig von der Einkommenshöhe). |
| **Private Unfallversicherung** | Bei der Unfallversicherung wird der Versicherte gegen Unfälle in der Freizeit, zu Hause und beim Sport abgesichert. Sollte es zu einer Invalidität oder zu einem Todesfall nach einem Unfall kommen, zahlt der Versicherer verschiedene Invaliditätsleistungen (lebenslange Unfallrente, Leistung im Todesfall, Haushaltshilfe usw.). | Die Beitragshöhe ist abhängig vom ausgeübten Beruf (Gefahrengruppe) und der vereinbarten Versicherungssumme im Schadensfall. |
| **Private Berufsunfähigkeitsversicherung** | Diese Form der Versicherung wird oft neben einer Renten- oder Lebensversicherung abgeschlossen und tritt in Kraft, wenn der Versicherte seinen Beruf nicht mehr ausüben kann (50 %). In diesem Fall zahlt der Versicherungsgeber eine monatliche Rente an den Versicherungsnehmer. | Der Beitrag berechnet sich anhand des Alters, der Versicherungsdauer, der Berufsgruppe und des Gesundheitszustandes. |
| **Sachversicherung** | | |
| **Versicherungsart** | **Versicherungsleistungen** | **Beiträge** |
| **Hausratversicherung** | Bei einer Hausratversicherung sind die Einrichtungs-, Gebrauchs- und Verbrauchsgegenstände gegen Feuer, Leitungswasser, Sturm, Hagel, Einbruchsdiebstahl, Raub und Vandalismus versichert (Wiederbeschaffungswert). | Der Versicherungsbeitrag ist abhängig von der Tarifzone des Versicherungsortes (Einbruchsdiebstahlwahrscheinlichkeit), der Bauartklasse des Wohnhauses (Holzhaus oder Betonhaus) und der Nutzung des Wohnhauses (ständig oder nicht ständig bewohnt). |

**Vermögensversicherung**

| Versicherungsart | Versicherungsleistungen | Beiträge |
|---|---|---|
| **Privathaftpflichtversicherung** | Bei dieser Versicherung werden Schäden, die der Versicherungsnehmer gegenüber Personen oder Sachen zu verantworten hat, versichert (z. B. Glasschäden). | Die Beitragshöhe ist davon abhängig, ob ein hohes individuelles Risiko für einen Schadenseintritt vorhanden ist (statistische Wahrscheinlichkeiten). |
| **Rechtsschutzversicherung** | Bei dieser Versicherung werden die Kosten für die Wahrnehmung von rechtlichen Interessen des Versicherungsnehmers übernommen (Anwaltskosten).<br>Es gibt verschiedene Rechtsschutzversicherungen:<br>• Schadensrechtsschutz<br>• Arbeitsrechtsschutz<br>• Verkehrsrechtsschutz<br>• usw. | Die Höhe der Beiträge ist abhängig von der Wahl der einzelnen Rechtsschutzmöglichkeiten (Leistungen), der Versicherungssumme und der Höhe der Selbstbeteiligung. |



## 4.3 Arbeitsschutz und Arbeitssicherheit

Um den Arbeitsschutz und die Arbeitssicherheit am Arbeitsplatz zu gewährleisten, ist der Arbeitgeber verpflichtet, wichtige Vorschriften wie Gesetze, Verordnungen und Richtlinien einzuhalten.

### Gesetzliche Vorschriften für den Arbeitsschutz und die Arbeitssicherheit

Im Arbeitsschutzgesetz ist verankert, dass der Unternehmer sich selbst und die Beschäftigten vor Gefahren (Sicherheit und Gesundheitsschutz) am Arbeitsplatz schützen muss und die notwendigen Maßnahmen des Arbeitsschutzes einhält und für ihre Umsetzung sorgt. Denn es hilft nicht, wenn das Unternehmen Sicherheitszeichen aufhängt und sich der Beschäftigte daran nicht hält. Wichtig ist auch, dass der Arbeitgeber die Beschäftigten in Sicherheit und Gesundheitsschutz am Arbeitsplatz unterweist.

Der Arbeitgeber muss laut Arbeitssicherheitsgesetz Betriebsärzte und Fachkräfte für die Arbeitssicherheit zur Verfügung stellen. Oft kennen sich die Unternehmer nicht mit den gesetzlichen Vorschriften aus, sie müssen diese aber unbedingt einhalten und können zum Beispiel von den Fachkräften beim Arbeits- und Gesundheitsschutz und bei der Unfallverhütung unterstützt werden.

In der Unfallverhütungsvorschrift wird die Umsetzung der gesetzlichen Vorschriften verankert. Sie werden von den einzelnen Berufsgenossenschaften erlassen. (Berufsgenossenschaft für Handel und Warenlogistik – www.bghw.de)

© Marco2811 – stock.adobe.com

WWW

## ■ Sicherheitskennzeichen und deren Bedeutung

Im beruflichen oder privaten Umfeld stoßen wir regelmäßig auf verschiedene Sicherheitszeichen. Diese Zeichen sollen uns auf Gefahren oder Verbote hinweisen und in Notsituationen helfen. Welche Kennzeichen im Unternehmen aufgehängt werden, ist von der Gefahrenlage abhängig. So werden z. B. in einer Tankstelle mehr Kennzeichen vorhanden sein als in einem Fachgeschäft.

© Heiko Küverling – stock.adobe.com

### Sicherheitszeichen und ihre Bedeutung

| Sicherheitszeichen | Farben/Form | Bedeutung |
|---|---|---|
| **Gebotszeichen** | blau/Kreis | Hier soll auf ein bestimmtes Verbot hingewiesen werden, das eingehalten werden soll. |
|  Hände waschen |  Kopfschutz benutzen |  Fußgängerweg benutzen |
| **Verbotszeichen** | rot/Kreis | Hier soll auf eine Gefahr hingewiesen werden, die durch ein Fehlverhalten entstehen kann und die demnach untersagt ist. |
|  keine offene Flamme zulässig; Feuer, offene Zündquelle und Rauchen sind verboten |  Rauchen verboten |  eingeschaltete Mobiltelefone verboten |
| **Warnzeichen** | gelb/Quadrat | Hier soll vor einer Gefahr oder vor einem Risiko gewarnt werden. |
|  Warnung vor feuergefährlichen Stoffen |  Warnung vor niedriger Temperatur/Frost |  Warnung vor Rutschgefahr |

| | | | |
|---|---|---|---|
| **Brandschutzzeichen** | rot/Quadrat | Hier sind Standorte von Feuermeldern und Feuerlöscheinrichtungen gekennzeichnet, damit man im Brandfall das Feuer löschen kann. | |
|  Brandmeldetelefon |  Feuerlöscher |  Löschschlauch |  Brandmelder (manuell) |
| **Rettungszeichen** | grün/Viereck/ Rechteck | Diese Zeichen kennzeichnen den Rettungsweg und die Notausgänge, die wir im Notfall benutzen sollen, damit wir uns von der Gefahrenstelle so schnell wie möglich entfernen können. | |
|  Notruftelefon |  Erste Hilfe |  Rettungsweg/ Notausgang |  Sammelstelle |

## Verhaltensweisen bei Bränden

Sollte es in einem Verkaufsraum oder in einem Warenlager zu einem Brand kommen, müssen alle Beschäftigten auf diese Situation richtig reagieren können. Dafür müssen sie vorher eine Schulung zum Thema Verhaltensweisen bei Bränden bekommen haben.

Bild Verhaltensweisen bei Bränden (Aushang gemäß der Brandschutzordnung nach DIN 14096,Teil A – (A 224 (b)



## Erste Hilfe: Unfallmeldungen

Nach einem Unfall ist es wichtig, sich richtig zu verhalten. Wie man sich richtig verhält ist in der Rettungskette dargestellt.

**Rettungskette**

| | |
|---|---|
| **Sofortmaßnahmen** | Sicherheit geht vor:<br>• Absicherung der Unfallstelle<br>• Retten aus der Gefahrenzone |
| **Notruf** | Notruf 112 (Rettungsleitdienststelle)<br>Fünf W-Fragen<br>1. Wo ist der Unfall?<br>2. Was ist geschehen?<br>3. Wie viele Betroffene?<br>4. Welche Art der Verletzung?<br>5. Warten auf Rückfragen? |
| **Erste Hilfe** | • bewusstlose Person: Herz-Lungen-Massage<br>• Blutstillung<br>• stabile Seitenlagerung<br>• Schockbekämpfung |
| **Rettungsdienst** | Wenn der Rettungsdienst eintrifft, übernimmt er alle lebensrettenden Maßnahmen. |
| **Krankenhaus** | Die verletzten Personen werden in ein umliegendes Krankenhaus gebracht. |

https://www.erste-hilfe-wissen.com/rettungskette/

DRK-App

https://mobil.drk-intern.de/kleiner-lebensretter.php



# 4.4 Nachhaltigkeit und Umweltschutz

## Umweltschutz

Der Kunde von heute hat ein größeres Umweltbewusstsein entwickelt, weil er erkennt, dass die Umweltverschmutzung immer mehr zunimmt und damit zum Beispiel die Wasserqualität sinkt, der Artenreichtum ausstirbt und der Klimawandel voranschreitet. Deswegen achtet der Kunde beim Kauf von Produkten stärker auf ökologische Aspekte.

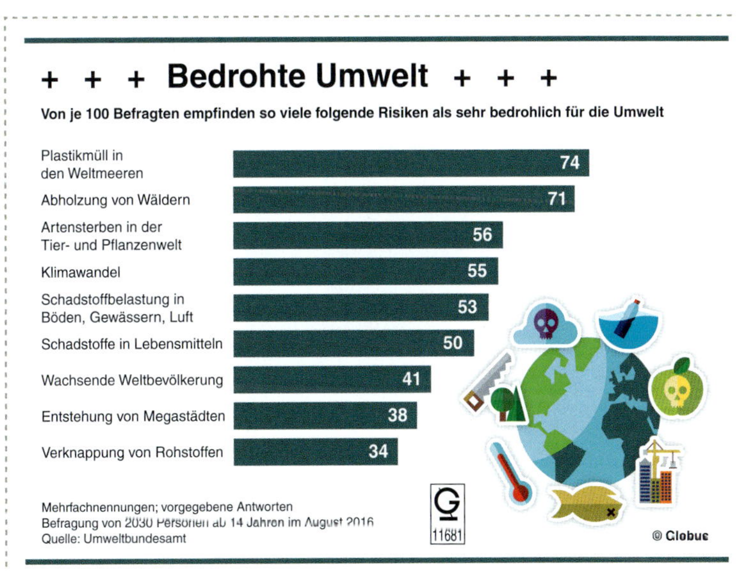

Immer mehr Unternehmen orientieren sich an diesem Wunsch der Kunden und richten ihre Unternehmensziele danach aus. Natürlich hat diese Überlegung auch einen wirtschaftlichen Aspekt, denn, wenn die Unternehmen nicht auf die Wünsche der Kunden eingehen, kaufen die Kunden ihre Produkte bei anderen Unternehmen.

## Umweltschutzmaßnahmen in Unternehmen (Vermeidung von Umtbelastungen)

| | |
|---|---|
| **Beschaffung**  | • Umweltverträglichkeitsprüfung der bezogenen Materialien, z. B. hinsichtlich ihrer ökologischen Folgen bei der Herstellung, Nutzung und Beseitigung<br>• Anlegen ökologischer Maßstäbe bei der Lieferantenauswahl<br>• Ersetzen von umweltschädlichen Einsatzfaktoren, Handelswaren oder Energien durch umweltfreundliche Alternativen<br>• Verbesserung der Beschaffungsorganisation im Bereich der Transportwege, der Transportträger und der Lagerung |
| **Absatz**  | • umweltfreundliche Produktgestaltung (Verpackung)<br>• Informationen für umweltfreundliche Produktnutzung im Ge- und Verbrauch sowie in der Entsorgung<br>• Verwendung von Umweltzeichen für umweltfreundliche und recyclingfähige Produkte<br>• umweltbezogene Preisgestaltung<br>• ökologisch orientierte Absatzwerbung und Öffentlichkeitsarbeit durch eine entsprechende Umweltschutzinformationspolitik oder Zusammenarbeit mit Verbrauchern- und Umweltschutzorganisationen<br>• ökologische Rücknahmesysteme |

## Bekannte Umweltzeichen im Handel und ihre Bedeutung

| Zeichen | Bedeutung |
| --- | --- |
| BLAUER ENGEL – DAS UMWELTZEICHEN | umweltverträgliche Produkte und Dienstleistungen (1978) |
| FSC® | Förderung einer umweltfreundlichen, sozialförderlichen und ökonomisch tragfähigen Bewirtschaftung von Wäldern |
| BIO nach EG-Öko-Verordnung | Produkte aus ökologischem Landbau |
| FAIRTRADE® Das Siegel für Fairen Handel | fair gehandelte Produkte |



### Nachhaltigkeit

Der Begriff Nachhaltigkeit ist ein Begriff aus der Forstwirtschaft. Dort bedeutet er, dass darauf geachtet werden soll, dass nicht mehr abgeholzt wird als nachwachsen kann.

Heute zählen zu Nachhaltigkeit die ökologischen, ökonomischen und sozialen Aspekte in einem Unternehmen.

## Nachhaltigkeit im Unternehmen

**Soziale Aspekte**
**Mitarbeiter/Gesellschaft**
- Familienfreundlichkeit
- gesundheitsfördernder/e Arbeitsschutz und Arbeitssicherheit
- Aufstiegschancen
- Aus- und Weiterbildungsmöglichkeiten
- Gesundheitsmanagement

**Ökonomische Aspekte**
**Lieferketten**
- ressourcensparende Lieferketten
- Einsatz von erneuerbaren Energien
- Einsatz von elektronischen Transportmitteln
- kurze Beschaffungswege

**Ökologische Aspekte**
**Umweltschutz**
- Verwendung von Umweltkennzeichen
- Müllvermeidung
- Energiesparmaßnahmen
- Klimaschutz
- Verpackungsreduzierung

## Beispiele für die Umsetzung von Nachhaltigkeit bei der Müllvermeidung und der Einsparung von Energie

| Beispiel | Erklärungen |
|---|---|
| **Müllvermeidung**<br> | • Einsatz von Mehrweg-Frischnetzen, um loses Obst und Gemüse zu transportieren (Alternative zu Plastiktüten)<br>• wiederverwendbare Beutel oder Taschen (Abschaffung von Plastiktüten)<br>• ressourcenschonende recycelte Tragetaschen<br>• recyceltes Papier<br>• Motto: Kaufe nur das, was du wirklich brauchst, damit du es später nicht wegwerfen musst.<br>• umweltfreundliche Verpackung |
| **Energieeinsparungen im Unternehmen**<br>ÖKOSTROM | • grüner Strom<br>• Glastüren bei Kühlanlagen, damit der Kunde die Produkte sieht und nicht die Tür öffnen muss<br>• Energiesparlampen<br>• Solarzellen auf den Dächern |



Immer mehr Unternehmen verankern den Aspekt der Nachhaltigkeit in ihren Unternehmenszielen. Auf deren Internetseiten kann sich der Kunden darüber informieren.

Aufgaben

1. Berechnen Sie anhand Ihrer Ausbildungsvergütung die einzelnen Sozialversicherungen.
2. Nennen Sie vier Möglichkeiten gegen Altersarmut.
3. Informieren Sie sich über die Riesterrente und nennen Sie deren Vor- und Nachteile.
4. Nennen Sie Gründe, warum es sinnvoll ist, eine private Rentenversicherung abzuschließen.
5. Was ist der Unterschied zwischen Arbeitsschutz und Arbeitssicherheit?
6. Erklären Sie Ihrem Sitznachbarn, was Sie tun müssen, wenn es in Ihrem Verkaufsraum brennt.
7. Was tut Ihr Unternehmen für den Umweltschutz? Informieren Sie sich darüber.
8. Fotografieren Sie Produkte mit einem Umweltschutzzeichen und erklären Sie, was das Zeichen bedeutet.
9. Beschreiben Sie den Begriff „Nachhaltigkeit".
10. Überlegen Sie sich vier Aspekte, wie Sie in Zukunft privat nachhaltiger handeln können.



# 5 Präsentationen erstellen und professionell durchführen

## 5.1 Recherche von Informationen und Bewertung von Informationsquellen

Um den eigenen Betrieb angemessen präsentieren zu können, müssen die hierzu erforderlichen Informationen beschafft werden. Aufgrund der meist im Überfluss vorhandenen Informationen ist vorab eine genaue Überlegung notwendig, um einerseits wirtschaftlich, also mit dem angemessenen Aufwand, vorzugehen, zugleich aber auch zeitnah an die richtigen Informationen zu kommen. Zu bedenken ist auch, dass die beschafften Informationen auf die jeweilige Zielgruppe zugeschnitten sein müssen und in angemessener Form präsentiert werden sollten.

### 5.1.1 Informationsbeschaffungsstrategie

Für die zielgerichtete und planvolle Vorgehensweise ist zunächst der konkrete Informationsbedarf festzulegen. Es ist zu klären, für welche Zielgruppe welche Informationen mit welcher Zielsetzung beschafft werden sollen. Bei der Präsentation des eigenen Betriebes geht es darum,

- die anderen Auszubildenden über den Betrieb zu informieren und
- zu belegen, dass der eigene Betrieb richtig erkundet werden konnte.

© jamdesign – stock.adobe.com

Danach sind die in einem vertretbaren Zeitumfang zu recherchierenden Informationen zu bestimmen.

Anders gesagt: Um sich bei der Informationsbeschaffung nicht zu verzetteln, sollte vorab festgelegt werden, welche Informationen benötigt werden. Grundsätzlich kommen hierzu vor allem die folgenden Quellen in Frage:

- Internet (eigene Homepage und Fremddarstellung)
- Presseberichte über den eigenen Betrieb
- Prospekte des Ausbildungsunternehmens
- Expertenbefragung (z. B. Ausbildungsleiter, Mitglied der Unternehmensleitung),
- eigene Umfragen

Insbesondere durch das Internet stehen heute sehr viele Informationen zur Verfügung. Wegen der enormen Informationsvielfalt des Internets muss zunächst das Wichtige von dem Unwichtigen, das Aktuelle von dem Veralteten, das Glaubwürdige von dem Unglaubwürdigen mühsam getrennt werden. Dabei muss dann nicht nur die jeweilige Information untersucht werden, auch die Informationsquelle ist einzuschätzen. Dies kann schnell zu einem hohen Zeitaufwand führen, der kaum noch im Verhältnis zu den erzielten Ergebnissen steht.

Um für den jeweiligen Informationszweck die richtigen Informationen zusammenstellen zu können, sind die gesammelten Informationen zu bewerten und gezielt auszuwählen. Deshalb spricht man auch von einer selektiven Informationsbeschaffungsstrategie. Die erforderlichen und geeigneten Informationsinhalte müssen aus den Gesamtinformationen herausgelöst werden.

© Astock – stock.adobe.com

Eine planvolle Informationsbeschaffungsstrategie umfasst:
- Zielgruppe und Zielsetzung festlegen
- benötigte Informationen identifizieren
- Informationsquellen auswählen
- zusammengestellte Informationen bewerten
- Informationen für konkrete Zielsetzungen in angemessenem Umfang auswählen

**Merke**

### 5.1.2 Elaborationsstrategie

Die Informationsrecherche führt bei dem Informanten in der Regel zu einer Anhäufung neuer, bislang unbekannter Informationen. Damit diese gesammelten Informationen mit den bisherigen eigenen Erkenntnissen in einen sinnvollen Zusammenhang gebracht und für die Präsentation aufbereitet werden können, ist eine entsprechende eigenständige Bearbeitung der Informationen erforderlich. Dieser Vorgang wird auch als Elaborationsstrategie bezeichnet. Dabei werden aus den zusammengestellten Informationen

- Querverbindungen zwischen bereits vorher Bekanntem und Neuem hergestellt,
- logische Schlussfolgerungen gezogen,
- Formulierungen in eigene Worte gefasst und
- Medien festgelegt, mit denen die Information präsentiert werden sollen.

**Merke**
Elaboration der Informationen: Umsetzung der ausgewählten Informationen in die eigene Sprache und mit eigenständig gestalteten Medien.

Bei der Präsentation des eigenen Betriebes im schulischen Zusammenhang ist bei der Elaborationsstrategie besonders darauf zu achten, dass eine eigenständige Präsentation entsteht, die

- bereits vorhandene Informationen individuell (sachgerecht und zielgruppenadäquat) zusammengestellt und
- in eine allgemein verständliche Sprache „übersetzt".

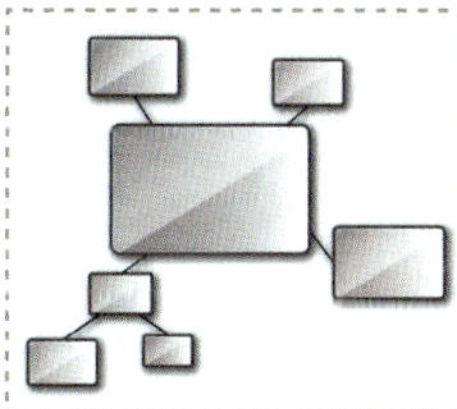


Darüber hinaus sollten alle präsentierten Informationen vom Präsentierenden selbst so gut verstanden worden sein, dass er Rückfragen der Zuhörer selbstständig und sicher beantworten kann.

Die ausgewählten Informationen können dabei folgendermaßen umgesetzt werden:

**Beispiel:** *„PowerPoint-Präsentation, Mind-Map, Plakat, Videopräsentation."*



## 5.2 Auswahl der geeigneten Präsentationsform

Während Ihrer Ausbildung im Betrieb und in der Schule sowie bei Ihrer späteren Tätigkeit im Beruf erhalten Sie häufig den Arbeitsauftrag, Ihre Ergebnisse (z. B. eines Arbeitsprojektes oder eines Unterrichtsprojektes) zu präsentieren. Im Rahmen des Berufsschulunterrichts ist die Lernsituation „Den eigenen Betrieb präsentieren" zu bearbeiten. Sie haben sich unter Berücksichtigung der Ihnen bekannten Strategien Informationen zur Darstellung

Ihres Betriebes beschafft und diese bewertet. Sie kennen den Aufbau des Betriebes, seine Stellung in der Gesamtwirtschaft, das Leistungsspektrum und seine Ziele.

Falls der Arbeitsauftrag zur Präsentation sehr allgemein und offen formuliert ist, werden Sie zuerst einige Vorüberlegungen anstellen müssen.

- Vor welchem Publikum wird die Präsentation gehalten (z. B. Lerngruppe, neue Auszubildende)? Was ist der Präsentationsanlass (z. B. Ausbildungsmesse)?
- Wie viel Präsentationszeit steht zur Verfügung?
- Welche Inhalte sollen präsentiert werden?
- Welche Medien stehen zur Verfügung? Welche Form der Präsentation ist geeignet (z. B. gesprochener Kurzvortrag mit oder ohne Einsatz von Medien)?
- Wie sind Aufbau und Gliederung zu gestalten (z. B. Gestaltung des Einstiegs)?
- Welche Präsentationsregeln sind zu beachten, damit die Aufmerksamkeit des Publikums erregt wird?

Ein weiterer Aspekt, der bereits bei Ihren Vorüberlegungen eine Rolle spielen sollte, betrifft die Bewertung Ihrer Präsentation.

## 5.2.1 Präsentationsformen

Dazu können prinzipiell ein Vortrag bzw. ein Referat, ein Plakat, eine Broschüre oder ein Rollenspiel zweckmäßig sein. Häufig werden aber Medien genutzt, die durch die Möglichkeiten der Visualisierung (z. B. Bilder, Zeichnungen) zu einem besseren Verständnis führen und als Gedächtnisstütze wirken können. Der Einsatz von Medien sollte jedoch mit Bedacht gewählt werden. Es geht dabei nicht um die Darstellung einer reinen Technikkompetenz, sondern um den sachgerechten zielorientierten Einsatz von Medien. Die soundsovielte PowerPoint-Präsentation erweckt da vielleicht nicht mehr die Bedürfnisse und Interessen des Publikums.



### Präsentationsmedien

bis zu 30 Personen

#### Wandtafel/White Board

Die Wandtafel bzw. das White Board ist (in Schulen) fast immer verfügbar, einfach zu handhaben und ermöglicht eine dynamische Entwicklung von Sachverhalten. Das Löschen und Korrigieren ist jederzeit möglich. Sie ist geeignet für farbige Darstellungen von Schrift und Skizzen, zumindest bei einer entsprechenden Qualität der Handschrift. Die Tafelbilder können abgeschrieben werden oder durch Abfotografieren gesichert werden.

## Flipchart

bis zu 30 Personen

Das Flipchart ist ein Block mit großen Papierbögen, der zur Präsentation auf einem Ständer mit einer Klemmvorrichtung angebracht wird. Flipcharts sind einfach in der Handhabung, transportierbar und flexibel aufstellbar. Es besteht die Möglichkeit zur Entwicklung von Sachzusammenhängen während des Vortrags und zur Aufnahme von spontanen Beiträgen. Flipchartbögen können vorbereitet werden und Ergänzungen sind leicht möglich. Erstellte Charts lassen sich gut verwahren und bei Bedarf wiederverwenden. Für die Darstellungen gibt es eine Fülle von Hilfsmitteln wie Klebepunkte, Moderationskarten, bunte Stifte u. a. m. Flipcharts eignen sich aufgrund der Größe und begrenzten Lesbarkeit eher für kleine Gruppen.

## Moderationswand/Pinnwand

bis zu 30 Personen

© MIND AND I – stock.adobe.com

Die Moderationswand/Pinnwand ist i. d. R. eine Stellwand, die in verschiedensten Ausführungen eingesetzt werden kann (z. B. Hochformat, Querformat, Wand-Pinnwand, klappbare Pinnwand, Magnettafel). Ein Moderationskoffer mit unterschiedlichen Materialien (z. B. Plakaten, Karten, Wolken, Pushpins/Nadeln, Stiften, Klebstoff) wird häufig genutzt, um die Ergebnisse einer Teamarbeit zu entwickeln und darzustellen und eine Präsentation vorzubereiten. Ergänzungen und Änderungen sind während eines Vortrags leicht möglich. Je nach Ausführung kann die Moderationswand mehr oder weniger leicht transportiert und flexibel genutzt werden.



## Overheadprojektor/Tageslichtprojektor

jede Gruppengröße

© Matthew Cole – stock.adobe.com

Der Overheadprojektor gehört seit vielen Jahren zu der Standardausstattung in Schulen und Seminarräumen. Er projiziert eine beschreibbare, transparente Folie auf eine Leinwand oder weiße Fläche. Dabei müssen der Projektionsabstand und die Schärfe eingestellt werden. Der Projektor ist relativ einfach zu bedienen und zu transportieren, ermöglicht Blickkontakt zum Publikum und ist für größere Räume geeignet. Allerdings entsteht bei zu starkem oder ungünstigem Lichteinfall ein Verdunkelungsproblem. Die Folien können mit eigener Handschrift (spezielle Folienstifte: permanent oder wasserlöslich) oder als Kopien vorbereitet und mit Bildern und Grafiken ergänzt werden. Dabei ist zu beachten, dass nur wenige gut strukturierte Informationen in hinreichend großer Schrift präsentiert werden können. Hinzufügungen sind während der Präsentation möglich, beeinträchtigen jedoch den Blickkontakt zum Publikum. Die vorbereiteten Folien können wiederverwendet werden.

### PC/Notebook/Beamer

© Dmitry Goygel-Sokol – stock.adobe.com

© LUCKAS – stock.adobe.com

Präsentationen in der Kombination von PC/Notebook und Beamer haben sich als wichtigstes Präsentationsmedium etabliert. Der mit dem PC/Notebook verbundene Beamer zeigt auf der Projektionsfläche die Präsentation, die mit einer Software, z. B. PowerPoint, erstellt wurde. PowerPoint ist weit verbreitet und hat sich auch in Schulen und Betrieben durchgesetzt. Die Präsentationen werden in einer Datei gespeichert, die immer wieder verwendet und problemlos verändert werden kann. Mit dem Programm ist eine Präsentation mit Texten, Bildern, Grafiken, Diagrammen, Filmausschnitten, Hintergrundbildern sowie mit vielen Effekten und Animationen relativ leicht zu erstellen. Das Programm bietet selbst eine Fülle von Vorlagen für die vielfältige Gestaltung der Folien. Dabei besteht aber auch die Gefahr einer Überfrachtung von Stilelementen, Animationen und Effekten. Deswegen ist die Beachtung von Präsentationsregeln für eine gute PowerPoint-Präsentation unerlässlich.

## 5.2.2 Präsentationsregeln



**AHA-Prinzip:**
A = Anfang/Einleitung,
H = Hauptteil und
A = Abschluss

Merke

Aufgabe einer guten Präsentation ist es, die Kommunikation mit der Zielgruppe herzustellen, ihre Interessen und Bedürfnisse zu berücksichtigen, sachlich zu informieren, zu motivieren und zu überzeugen. Entscheidend dafür sind eine klare Struktur, ein logischer Aufbau, eine angemessene Visualisierung sowie ein überzeugender Vortrag.

### ■ Aufbau und Struktur

Der grundlegende Aufbau einer Präsentation besteht immer aus einem Anfang/einer Einleitung (= A), einem Hauptteil (= H) und einem Abschluss (= A). Dies ist das sogenannte AHA-Prinzip.

### Einleitung

Der richtige Einstieg in die Präsentation ist wichtig, um Aufmerksamkeit zu erwecken, zu motivieren und um Interesse hervorzurufen und zum Thema hinzuführen. Eine positive Stimmung zu Beginn einer Präsentation schafft Akzeptanz, gibt Sicherheit, baut Lampenfieber ab und ist mitentscheidend für den Erfolg der Präsentation. Neben einem ernsten, sachlichen Beginn mit einer Begrüßung und direkter Vorstellung des Themas gibt es je nach Anlass verschiedene Möglichkeiten für einen gelungenen wirkungsvollen Einstieg:

- Beginnen Sie mit einer aktuellen Nachricht oder mit einem besonderen Ereignis.
- Kündigen Sie eine Neuheit an.
- Eröffnen Sie mit einem Zitat, Sprichwort oder Aphorismus.
- Starten Sie mit Humor durch das Erzählen einer Anekdote oder einer witzigen Begebenheit (Vorsicht! Wirkung vorher unbedingt testen!).

- Führen Sie durch Illustrationen, Karikaturen oder Sketche zum Thema.
- Stellen Sie eine sachliche oder provozierende Leitfrage.
- Begrüßen Sie Ihr Publikum als fachkompetente Zielgruppe.

Der Einstieg in eine Präsentation sollte möglichst kurz sein, um die Spannung und Erwartungshaltung aus der Eröffnung dynamisch in den Hauptteil zu überführen.

### Hauptteil

Im Hauptteil der Präsentation wird das eigentliche Präsentationsthema ausführlich dargestellt. Eine Erfolg versprechende Struktur erfordert eine deutliche und nachvollziehbare Gliederung der Inhalte und einen logischen Aufbau (z. B. von der Beschreibung der Ist-Situation über die Nennung von Zielen und Problemen bis zu Lösungsvorschlägen). Der Adressat muss die Kernbotschaft wahrnehmen und den roten Faden stets erkennen können. Dabei sollten folgende Tipps beachtet werden:

- Ihre Gliederung muss klar, zielführend und in sich logisch sein.
- Halten Sie die Anzahl der Gliederungspunkte möglichst gering bzw. übersichtlich.
- Wählen Sie nur Informationen, die für die Zielgruppe bedeutsam sind.
- Wiederholen Sie Kerninhalte.
- Verstärken Sie Kernaussagen mit einer geeigneten Visualisierung.
- Lassen Sie Unwichtiges unbedingt weg (Keine Folienschlachten!).
- Stellen Sie den Nutzen für die Adressaten heraus.
- Stellen Sie Sachverhalte möglichst einfach dar. (KISS: Keep it short and simple!)
- Wählen Sie pro Gliederungspunkt nur einen Sachverhalt (Weniger ist mehr!).
- Halten Sie unbedingt den Zeitrahmen ein.



### Schluss

© cirquedesprit – stock.adobe.com

© LUCKAS – stock.adobe.com

Der Schlussteil rundet die Präsentation ab. Empfehlenswert ist eine kurze Zusammenfassung (keine Wiederholung!) der Kernaussagen, um diese beim Zuhörer nochmals zu verstärken. Es können Schlussfolgerungen gezogen werden mit Hinweisen auf offene Fragen und einem Ausblick auf konkrete Maßnahmen, die nun zu ergreifen sind. Gegebenenfalls fordert man das Publikum auf, Fragen zu stellen, oder man eröffnet eine Diskussion. Der Dank für die Aufmerksamkeit und die Verabschiedung gehören selbstverständlich zum Schluss der Präsentation dazu. Die Schlussfloskel „Danke für Ihre Aufmerksamkeit" ist zwar allgemein üblich, aber nicht sehr originell. Ein originelles Ende der Präsentation bleibt beim Publikum am meisten im Gedächtnis (z. B. Cartoon, Zitat).

© XtravaganT – stock.adobe.com

## Visualisierung

Der Einsatz von Präsentationsprogrammen bietet eine Fülle von Möglichkeiten zur Visualisierung mit Texten, Farben, Hervorhebungen, Grafiken, Bildern, Cliparts, Animationen, Geräuschen u. v. a. m. Voreingestellte Layouts und Design-Vorlagen unterstützen die Gestaltung der Folien. Zur Grundregel jeder Visualisierung gehört es jedoch, sparsam mit Texten und Effekten umzugehen. Eine Visualisierung muss immer zweckgebunden sein und darf die Aufmerksamkeit des Publikums nicht ablenken. Ein schlichtes und klar gestaltetes Foliendesign ist deutlich besser geeignet, die inhaltlichen Aussagen klar und verständlich darzustellen, als ein Übermaß an visuellen Elementen (keine fliegenden Buchstaben, keine nervenden Sounds!).

Sparsamkeit bei Texten und Effekten!
Merke

Visualisierung ist kein Selbstzweck! Entscheidend ist die Lesbarkeit!
Merke

- Wählen Sie für alle Vorlagen ein einheitliches Layout.
- Schaffen Sie eine Ordnung durch Anordnung von Zusammengehörigem (Schaffen von Sinnblöcken durch Zeichen, Rahmungen, Farbunterlegungen usw.).
- Erstellen Sie für jede Folie eine prägnante Titelbezeichnung als Überschrift oder Unterschrift oder in der Mitte stehend.
- Vermeiden Sie textlastige Folien. (Das Publikum soll sich nicht mit Lesen beschäftigen. Ganze Sätze sind ein „No-Go"!).
- Langweilen Sie nicht mit ständigen Bulletpoint-Aufzählungen.
- Wählen Sie zur besseren Lesbarkeit eine einfache serifenlose Schrift.
- Nutzen Sie einheitliche Schriftarten, -größen und -farben für die jeweiligen Gliederungsebenen.
- Achten Sie auf lesbare Schriftgrößen.
- Verwenden Sie kontrastreiche Farben (Kontrast zur Hintergrundfarbe), ohne bunt zu werden.
- Setzen Sie Farben funktionsbezogen ein: Gleiche Farbe signalisiert gleiche Bedeutung.
- Arrangieren Sie Text-Bild-Kombinationen. Beide Gehirnhälften werden angesprochen. Dadurch erhöht sich die Informationsaufnahme: Die linke Gehirnhälfte speichert begriffliche Informationen, die rechte Gehirnhälfte verarbeitet bildhafte Eindrücke.
- Bild schlägt Wort: Gestalten Sie aussagekräftig und zweckmäßig und setzen Bilder, Fotos, Diagramme, Grafiken, Tabellen, Demos und Cliparts gut dosiert ein.
- Überfordern Sie das Publikum nicht mit visuellen Elementen, die zusätzlichen Erklärungsbedarf hervorrufen.
- Testen Sie Ihre Präsentation vorab.

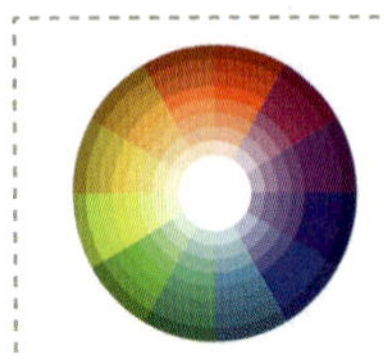

© Uncelsam, Vladgrin – stock.adobe.com

Bereiten Sie Ihren Vortrag gut vor!
Merke

### Vortrag

© rh2010 – stock.adobe.com

Die beste Visualisierung ist ohne einen gelungenen Vortrag nicht viel wert. Visualisierung und Vortrag müssen zueinander passen, die Zielgruppe ist adressatengerecht (z. B. Fachpublikum) anzusprechen. Ungeübte sind häufig nervös und haben die Befürchtung, den Text zu vergessen oder sich zu verhaspeln und beim Publikum nicht anzukommen. Eine intensive Vorbereitung, eine präzise Planung und ein mehrmaliges Üben sind deshalb für ein sicheres Auftreten unerlässlich. Neben einer ansprechenden sprachlichen Vortragstechnik sind auch die Körpersprache, die auch ein Ausdruck für die eigene Selbstsicherheit ist, und das Outfit wichtig für den Erfolg eines Vortrags. Die folgenden Empfehlungen sind Anregungen für die Gestaltung eines guten Vortrags:

© VICKY ANDRIOTIS – stock.adobe.com

- Bereiten Sie Ihren Vortrag mit einem Manuskript vor (z. B. Stichworte auf Karteikarten).
- Halten Sie Blickkontakt zum Publikum. Reden Sie nicht zur Leinwand, zum Laptop oder zum Manuskript.
- Lernen Sie die ersten 2–3 Sätze auswendig.
- Sprechen Sie möglichst frei.
- Sprechen Sie langsam und deutlich, machen Sie Pausen.
- Vermeiden Sie lange Sätze und Füllsel („äähm", „hm").
- Tragen Sie akzentuiert vor (keine monotone Sprechweise).
- Achten Sie auf Ihre Körperhaltung. Zappeln Sie nicht und vermeiden Sie übertriebene Gesten. Stecken Sie die Hände nicht in die Hosentaschen!
- Vermeiden Sie es, Inhalte der Folien vorzulesen.
- Verdecken Sie nicht die Projektionsfläche.
- Halten Sie die Zeitvorgaben ein.



## 5.3 Bewerten von Präsentationen

© pressmaster, Jan Engel – stock.adobe.com

Selbstverständlich werden Präsentationen durch die Zuhörerschaft bewertet – immer! Eine erste, spontane Bewertung geschieht quasi automatisch: Wir können gar nicht verhindern, dass wir einen (wenn auch zunächst nur diffusen) Eindruck gewinnen, ob uns die Präsentation gefallen hat oder nicht. Je nachdem, in welchem Zusammenhang die Präsentation stattgefunden hat, ist es aber sinnvoll, sie nicht nur intuitiv, sondern ausdrücklich (z. B. mittels Fragebogen) zu evaluieren. So lässt sich aus erster Hand erfahren, wie die Zielgruppe die Präsentation wahrgenommen hat, worin die Stärken der Präsentation lagen, aber auch, welchen Verbesserungsbedarf die Zuhörer gesehen haben.

Wenn eine Präsentation besonders wichtig ist, z. B. weil Vorgesetzte unter den Zuhörern weilen werden, empfiehlt sich ein Probevortrag mit anschließender Evaluation, um Zwischenbilanz ziehen und Optimierungen vornehmen zu können. Längerfristiges Ziel ist es, Selbst- und Fremdbild abzugleichen und allmählich immer sicherer darin zu werden, schon beim Erstellen der Präsentation die wahrscheinliche Reaktion der Zuhörer/innen vorwegnehmen und berücksichtigen zu können.

### 5.3.1 Bewertungsmethoden

Um Präsentationen explizit zu bewerten, gibt es unterschiedliche Evaluationsinstrumente. Welches davon geeignet scheint, ist situativ zu entscheiden und u. a. abhängig von der zur Verfügung stehenden Zeit. Üblich für eine schriftliche Evaluation sind zum Beispiel:

#### Kartenabfrage

Jeder Zuhörer erhält zwei Karteikarten, eine für positive Eindrücke, die andere für negative Eindrücke. Auf jede Karte wird nur ein Aspekt notiert. Das hat zwei Vorteile: Die Zuhörer konzentrieren sich auf wesentliche Kritik, und man selbst wird von der Masse an Kritik nicht erschlagen. Wenn die Auswertung öffentlich stattfinden soll, können die Karten z. B. an eine Pinnwand geheftet, sortiert (geclustert) und besprochen werden.



#### Bewertungsbogen

Ein Bewertungsbogen gibt einen differenzierteren Einblick in die Stärken und Schwächen einer Präsentation. Er kann ganz unterschiedlich angelegt sein und z. B. offene Fragen, Ergänzungsfragen oder Ankreuzfragen enthalten. Weil die Auswertung schnell und leicht durchzuführen ist, beschränken sich viele Bewertungsbögen auf Ankreuzfragen: Festgelegte Kriterien werden mittels einer Skala bewertet. Im Berufsalltag ist es wahrscheinlich, dass ein vorgefertigter Bewertungsbogen eingesetzt wird, der also ohne Beteiligung der Zuhörerschaft entstanden ist. Im Kontext Schule kann gemeinsam mit der Zielgruppe überlegt werden, was den Zuhörern wichtig ist. Konsens ist wohl, dass man alle drei Bereiche evaluieren sollte, die bei Präsentationen eine Rolle spielen: Inhalt, Körpersprache/Sprache und Optik der Medien.

Als allgemeingültige Kriterien gelten:

- für den Inhalt: z. B. sachliche Richtigkeit, Verständlichkeit, Konzentration auf das Wesentliche
- für die persönliche Darbietung: z. B. Auftreten (Körpersprache), Sprechweise
- für die optische Darbietung: z. B. Lesbarkeit, Anschaulichkeit

Um aussagefähige Ergebnisse zu erhalten, wird man sinnvollerweise bei der Festlegung der Kriterien eine auf die eigenen Bedürfnisse zugeschnittene Auswahl treffen und Schwerpunkte setzen müssen. Unter anderem ist also festzulegen, ob die o. g. drei Teilbereiche gleich oder unterschiedlich stark gewichtet werden sollen. Nicht zuletzt auch, damit die Zuhörer den Bogen während oder kurze Zeit nach der Präsentation ausfüllen können, sollte der Bogen (auf nicht mehr als einer Seite) zielgerichtet die wesentlichen Kriterien abfragen.

Bei der Festlegung der Skala wird häufig auf eine an Schulnoten angelehnte Einteilung von 1 (sehr gut) bis 6 (ungenügend) zurückgegriffen. Denkbar ist auch eine schlichtere Einteilung z. B. in trifft zu – trifft teilweise zu – trifft nicht zu. Zu überlegen ist aber in jedem Fall, ob man der sogenannten Tendenz zur Mitte durch die Wahl der Skalierung entgegenwirken will. Immer wenn eine Skala eine ungerade Anzahl an Ausprägungen enthält, weist sie zwangsläufig eine Mitte auf, und Menschen neigen dazu, diese Mitte anzukreuzen, weil es sie davon befreit, sich auf die eher positive oder eher negative Seite festzulegen. Möglicherweise führen Skalierungen ohne Mitte also zu einer besseren Aussagefähigkeit.

### ■ Blitzlicht

Für eine spontane, ausschließlich mündliche Evaluation bietet sich das Blitzlicht an: Jeder Zuhörer gibt in einem oder ggf. zwei Sätzen eine Antwort auf eine zuvor festgelegt Frage, z. B. „Was hat Ihnen an der Präsentation besonders gut gefallen?" oder „Was hätten Sie sich anders gewünscht?". Kennzeichen des „Blitzlichtes" ist, dass die Äußerungen nicht kommentiert oder diskutiert werden. Das Blitzlicht braucht nicht weiterbearbeitet zu werden, sondern bleibt als Momentaufnahme so stehen. Damit ist das Blitzlicht ein unaufwändiges Instrument, das eine sehr schnelle, allerdings meist wenig detaillierte Rückmeldung liefert.



## 5.3.2 Bewertungsregeln

Die Notwendigkeit einer ehrlichen Rückmeldung durch die Zuhörer leuchtet ein. Gleichwohl fühlen sich „die Evaluierten" häufig unwohl in ihrer Rolle, weil sie herabwürdigende Kritik befürchten, die sie als verletzend empfänden. Um das möglichst auszuschließen, sollten in der Gruppe vorab Regeln für das Feedback vereinbart werden.

Positives benennen!

Tipp

### ■ Feedback geben

Jeder Vortrag hat Stärken! Diese Stärken zu benennen hat gleich mehrere positive Wirkungen: Die Zuhörer konzentrieren sich nicht ausschließlich auf die Schwächen des Vortrags, sondern sind gezwungen, gut Gelungenes aktiv wahrzunehmen.

Zusätzlich erfährt der Feedback-Nehmer eine Würdigung seiner Leistung. Sich anerkannt zu fühlen, schafft Sicherheit. Ohne diese Grundlage wird man wenig Offenheit für negative Kritik bei ihm erwarten dürfen.

Tipp

Klarstellen, dass man seine individuelle Sicht der Dinge weitergibt!

Dazu eignen sich insbesondere Ich-Botschaften, z. B. „Ich fand …; Mir hat gefallen …; Aus meiner Sicht hat etwas gestört, dass …; Ich hätte gerne noch mehr erfahren über …"

Tipp

Ehrlich, aber nicht verletzend sein!

Das entsprechende Motto sollte lauten: „Ich meine, was ich sage. Aber ich muss nicht alles sagen, was ich meine." Jede Präsentation (und jeder Präsentierende) hat Schwächen. Aber fast jeder reagiert auf negative Kritik empfindlich. Dieses Dilemma lässt sich am ehesten lösen, indem man ausdrücklich eine Sache und nicht die Person kritisiert, z. B. „Die langen Sätze auf den ersten Folien haben mir nicht so gut gefallen. In der Zeit, in der ich sie gelesen habe, konnte ich dem Vortrag gar nicht folgen. Das hat mich gestört, weil ich das Thema eigentlich interessant finde." Auch hierbei punkten Ich-Botschaften. Du-Botschaften (z. B. „Du hast viel zu viel auf eine Folie gepackt.") werden schnell als Angriff auf die eigene Persönlichkeit gewertet, auch, wenn es „gar nicht so gemeint war".

Wenn man sich darauf einigt, dass mit jeder negativen Kritik ein (erster) konkreter Verbesserungsvorschlag zu unterbreiten ist, fällt es i. d. R. leichter, die Kritik anzunehmen. Das verhindert auch, dass „wahllos gemeckert" werden kann.

Tipp

Konstruktiv sein, Verbesserungsvorschläge mitliefern!
Zuhören!

## Feedback annehmen

Fast jeder Präsentierende besitzt (häufig schon während des Vortrags) selbst ein Gefühl dafür, welche Teile der Präsentation gut waren oder nicht so gut angekommen sind. Die Rückmeldung durch ein Feedback kann dennoch sehr hilfreich sein, weil die eigene Reflexion in manchen Punkten vielleicht zu kritisch, gelegentlich aber auch zu unkritisch ausfällt: Die Nervosität, die uns selbst beim Vortrag sehr präsent war, hat möglicherweise niemand von außen annähernd so deutlich bemerkt – oder einfach niemanden gestört. Oder die wesentlichen Erkenntnisse der präsentierten Thematik am Schluss noch einmal zusammenzufassen schien dem Präsentierenden unnötig, weil der Stoff ja leicht verständlich war, den Zuhörern jedoch hätte die Zusammenfassung zum Schluss Sicherheit verliehen, das Wesentliche erfasst und verstanden zu haben.

Der eigene Eindruck (die Selbstevaluation) ist wichtig, die Eindrücke der Zuhörer (der Fremdevaluation) ernst zu nehmen, kann uns zusätzlich bereichern!

Merke

Ausreden lassen!

Tipp

Ausreden lassen ist nicht nur ein Gebot der Höflichkeit, sondern auch deshalb angeraten, weil niemand vorher wissen kann, was genau der andere sagen möchte. Außerdem gewinnt man so Zeit, das Gehörte auch gedanklich zu verarbeiten.

Nachfragen, aber nicht rechtfertigen!

Tipp

Wer ein Feedback einholt, sollte wissen wollen, wie er von anderen wahrgenommen wird! Ist nicht wirklich klar, was der andere meint, können Nachfragen hilfreich sein. Ziel eines Feedbacks ist es keinesfalls, im Nachhinein die Wahrnehmung der Zuhörer durch Rechtfertigungsversuche verändern zu wollen.

Bedeutsames auswählen!

Tipp

Ein gelungenes Feedback wird viele Facetten für Optimierungsmöglichkeiten eröffnen. Das spricht zunächst nicht gegen die Präsentation, sondern für die Qualität des Feedbacks. Dann ist zu entscheiden, welche der kritisierten Aspekte zukünftig verbessert werden sollen. Dabei wird man sich z. B. daran orientieren, wie häufig ein Aspekt kritisiert wurde, welche Wichtigkeit man selbst der Kritik zuschreibt, und nicht zuletzt, wie groß man die Chance einschätzt, etwas tatsächlich verändern zu können.

Letztlich sollte klar sein: Ein **Feedback** ist ein **Angebot**, zu erfahren, inwieweit man seine Zielgruppe erreicht hat. Es ist also nichts anderes als eine **Chance**, dazuzulernen!

Merke

## 5.4 Erstellen eines Handouts

Zu Ihrem Vortrag gehört in der Regel auch ein Handout (hand out: Handreichung, Handzettel, Tischvorlage) mit einem systematischen Überblick über die Inhalte der Präsentation. Handouts werden häufig vor dem Vortrag ausgehändigt, um den Zuhörern das Verständnis zu erleichtern. Sie begleiten die Präsentation, ersparen die Mitschrift, sollten aber Platz für individuelle Notizen lassen. Sie können das Handout auch erst nach dem Vortrag aushändigen, damit die Aufmerksamkeit der Zuhörer nicht durch Lesen abgelenkt wird. Das sollte jedoch vor dem Vortrag angekündigt werden, damit niemand unnötig mitschreibt. Die Frage, wann das Handout ausgeteilt werden soll, ist immer neu zu beantworten: Dürfen die Teilnehmer auf keinen Fall vorauslesen oder sind z. B. Notizen unerlässlich, um den Überblick zu wahren?

Ein Handout hilft Ihnen selbst, Klarheit und Struktur für Ihren Vortrag zu erlangen.

Merke

Das Handout dient auch dazu, dass sich Ihre Zuhörer nach längerer Zeit an Ihren Vortrag erinnern und die Thematik noch einmal nachvollziehen können. Es muss deshalb selbsterklärend, d. h. auch ohne den Vortrag, verständlich sein.

Ein gutes Handout ist aber keine bloße Wiederholung des Vortrags, sondern eine knappe Zusammenfassung der Präsentation. Es sind deshalb nur die zentralen Leitgedanken, Informationen und Zusammenhänge, die für das Verständnis Ihres Themas wichtig sind, darzustellen.

Eine vorangestellte Gliederung trägt zur Orientierung bei und lässt den roten Faden erkennen. Aus Gründen der Platzersparnis kann man zwar auf die separate Darstellung der Gliederungspunkte verzichten, sie müssen dann aber im Text deutlich voneinander abgegrenzt werden, z. B. durch entsprechende Nummerierungen. Der Umfang des Handouts ist möglichst knapp zu halten. Bei Vorträgen bis zu 10 Minuten reichen häufig 1–2 DIN-A4-Seiten (1 Doppelseite) aus.

Die Berücksichtigung der folgenden Tipps für die Erstellung von Handouts verhilft zu einem guten Ergebnis:

Tipp

**Zum Inhalt:**
- Betiteln Sie das Handout mit Ihrem Thema und dem Titel Ihres Vortrags. Geben Sie auch das Datum an.
- Überladen Sie das Handout nicht mit Informationen, nur die wesentlichen Inhalte des Vortrags sind wichtig.
- Vermeiden Sie lange Sätze, und nutzen Sie Stichworte an geeigneter Stelle.
- Bilden Sie Themenblöcke, die Sie optisch voneinander abgrenzen.
- Es ist wichtig, die Gliederungsebenen zu beachten, gleichwertige Informationen gehören auf die gleiche Gliederungsebene.

**Zur Optik:**
- Gestalten Sie das Handout ansprechend und übersichtlich, z. B mit Aufzählungen, Listen, Tabellen, Grafiken, Abbildungen.
- Achten Sie auf eine gute Qualität von Fotos, Screenshots und Scans.
- Fügen Sie bei mehreren Seiten Seitenzahlen ein.

**Sonstiges:**
- Vergessen Sie nicht, alle Quellen anzugeben.
- Stellen Sie ausreichend Exemplare zur Verfügung.



**Aufgaben**

1. Wann spricht man von einer selektiven Informationsbeschaffungsstrategie?
2. Beschreiben Sie in ein bis zwei Sätzen die Elaborationsstrategie.
3. Erklären Sie den Unterschied zwischen den Präsentationsmedien und den Präsentationsformen.
4. Für welche Präsentationsform und welches Präsentationsmedien würden Sie sich entscheiden, wenn Sie die Sozialversicherungen in Deutschland darstellen müssten? Begründen Sie Ihre Entscheidung mithilfe von vier Kriterien.
5. Nennen Sie zwei Vorteile und zwei Nachteile des Einsatzes eines Flipcharts bei einem Vortrag.
6. Erstellen Sie eine Übersicht über die wichtigsten Präsentationsregeln für Ihre Mitschüler.
7. Erstellen Sie einen Bewertungsbogen für die Bewertung der Präsentationen Ihrer Mitschüler.

Aufgaben

8. Nennen Sie vier Eigenschaften, über die ein professioneller Präsentierender verfügen muss?

9. Erstellen Sie eine Präsentation anhand der vorgegebenen Statistik „Ausbildung abgebrochen“. Entscheiden Sie sich für eine Präsentationsform und ein Präsentationsmedium, begründen Sie Ihre Entscheidung.

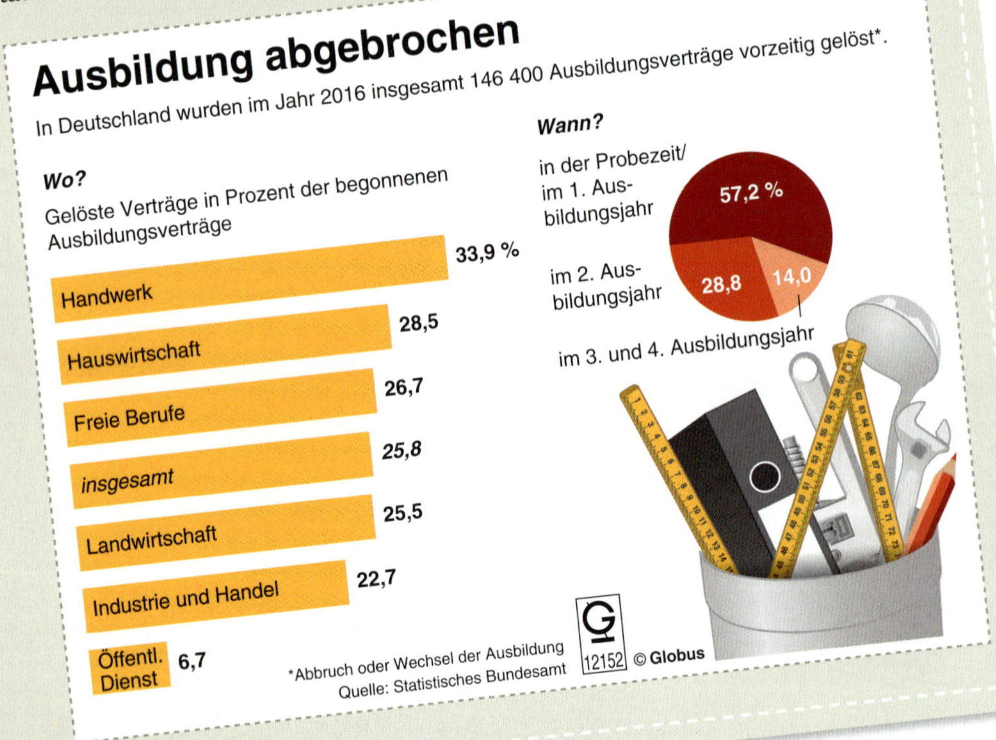

# Verkaufsgespräche kundenorientiert führen

1. Sich kundenorientiert verhalten
2. Erfolgreich mit Kunden kommunizieren
3. Warenkenntnisse erwerben und nutzen
4. Ein Verkaufsgespräch professionell durchführen

# LF 2

# 1 Sich kundenorientiert verhalten

Möchte ein Einzelhändler erfolgreich sein, muss er unbedingt für Kundenzufriedenheit sorgen. Nur ein zufriedener Kunde …

- … bleibt ein dauerhafter Kunde (Kundenbindung).
- … ist bereit, auch mal einen höheren Preis als bei der Konkurrenz zu bezahlen.
- … berichtet in seinem Freundes- und Bekanntenkreis positiv über ein Geschäft (Mundpropaganda).

© vgstudio – stock.adobe.com

Zufriedene Kunden sind somit die Voraussetzung dafür, dass sich ein Einzelhändler langfristig am Markt behaupten kann und sich gegen die Konkurrenz vor Ort und im Internet durchsetzen kann. Seine Kunden sichern ihm seinen Arbeitsplatz.



**Tipp**

Nutzen Sie als Einzelhändler jede Chance, um Ihre Kunden zufriedenzustellen, denn zufriedene Kunden sichern Ihnen Ihr Überleben am Markt!

Doch wie erreichen Sie, dass Ihr Kunde zufrieden ist?
Kundenorientierung ist eines der wichtigsten Ziele unternehmerischen Handelns im Einzelhandel. Sie bedeutet, das Geschäft konsequent an den Bedürfnissen und Erwartungen des Kunden auszurichten.

**Tipp**

Der Kunde ist König!

Die Erwartungen des Kunden lassen sich in zwei Kategorien unterteilen:

### Erwartungen an Geschäft und Sortiment

- bedarfsgerechtes Sortiment
- angemessene Auswahl
- nützliche Produkte
- ansprechendes Design
- hochwertige Produkte
- umweltfreundliche Produkte
- faire bzw. niedrige Preise
- guter Service
- attraktive Warenpräsentation

## Erwartungen an den Verkäufer

- gepflegtes Erscheinungsbild
- angemessene Kleidung
- gute Warenkenntnisse
- Höflichkeit
- Identifikation mit den Problemen des Kunden
- Freundlichkeit
- gute Umgangsformen
- Ehrlichkeit
- individuelle Beratung

Selbstverständlich haben nicht alle Kunden die gleichen Erwartungen. Daher ist es für Sie wichtig, Ihre Kunden zu kennen. Folgende Fragen helfen Ihnen dabei, Ihre Kunden einzuschätzen:

- Verkaufen Sie beratungsintensive Produkte oder „nur" Massenware?
- Sind Ihre Kunden preissensibel?
- Legen Ihre Kunden mehr Wert auf nützliche Eigenschaften oder soll das Produkt einfach nur schön sein?

Sie werden sicherlich nach wenigen Tagen in Ihrem Ausbildungsbetrieb in der Lage sein, diese Fragen zu beantworten.



### Aufgaben

1. Nennen Sie fünf Vorteile, die ein kundenorientiertes Verhalten im Einzelhandel mit sich bringt.
2. Denken Sie an Ihr letztes Verkaufsgespräch zurück:
   a. Welche Erwartungen des Kunden haben Sie erfüllt?
   b. Beschreiben Sie, wie Sie diese erfüllt haben.
   c. Welche Erwartungen des Kunden haben Sie möglicherweise nicht erfüllt?
   d. Beschreiben Sie, was Sie an Ihrem Verhalten noch verbessern können.
3. Erläutern Sie jeweils anhand eines Beispiels…
   a. … wie Sie Identifikation mit dem Kunden zeigen.
   b. … wie Sie Identifikation mit Ihrem Sortiment zeigen.
   c. … wie Sie Identifikation mit Ihrem Betrieb zeigen.
4. Beurteilen Sie folgende Aussage:
   „Discounter wie Aldi und Lidl sind in Deutschland die erfolgreichsten Einzelhändler. Das zeigt doch, dass der Preis viel wichtiger ist als Kundenorientierung!"

# 2 Erfolgreich mit Kunden kommunizieren

© pelzinger – stock.adobe.com

Kommunikation findet überall dort statt, wo sich Menschen begegnen und einander etwas mitteilen. Dabei ist Kommunikation das Mittel, um eine Botschaft zu vermitteln. Das kann auf viele unterschiedliche Arten erfolgen: Ein Gespräch von zwei oder mehreren Menschen, die sich gegenüberstehen, ein Telefonat, eine WhatsApp-Message, ein Brief, eine E-Mail oder aber auch in Form von Kommunikation über die Körpersprache. Wir kommunizieren teils bewusst und gewollt, wenn z. B. eine Arbeitskollegin Ihnen einen guten Tag wünscht, teils aber auch unbewusst oder ungewollt, wenn ein Kunde z. B. Ihre Körpersprache interpretiert, ohne mit Ihnen im Gespräch zu sein. Achten Sie daher auf Ihre Körpersprache. So vermeiden Sie, dass Sie z. B. lustlos oder gelangweilt wirken. Je bewusster Sie verbale und nonverbale Kommunikation einsetzen, umso erfolgreicher werden Sie Gespräche führen.



## 2.1 Kommunikationsmodelle

Kommunikationsmodelle beschreiben auf eine sehr allgemeine und vereinfachte Art, wie Kommunikation abläuft. Sie sind hilfreich, da sie den normalen Kommunikationsprozess erklären und auch mögliche Störungen der Kommunikation aufzeigen und vermitteln, wie diese behoben werden können. Oft reicht allein die Kenntnis über mögliche Störungen aus, um den Informationsaustausch reibungsloser zu gestalten.

### Sender-Empfänger-Modell

Das einfachste Kommunikationsmodell stellt das Sender-Empfänger-Modell nach Shannon/Weaver[1] dar:

Der Sender übermittelt eine Nachricht an einen Empfänger. Der Sender muss die Nachricht dazu in irgendeiner Form übermittelbar machen (codieren). Dies tut er, indem er die Nachricht über Sprache (mündlich oder schriftlich) oder durch Körpersprache ausdrückt. Der Empfänger muss die Nachricht dann auffangen und verstehen (decodieren).

1 Vgl. Shannon, Claude Elwood/Weaver, Warren: Mathematische Grundlagen der Informationstheorie. Oldenbourg, Wien und München, 1976, S. 44.

Dort, wo eine Nachricht codiert oder decodiert wird, sind Störungen der Kommunikation möglich. Wählt ein Sender einen falschen Begriff oder versteht ein Empfänger einen Begriff falsch, ist der Kommunikationsprozess gestört. Auch eine falsche Betonung oder ein schräger Blick kann die eigentliche Botschaft der Nachricht verfälschen.

| Botschaft des Senders | (Fehl-)Interpretation des Empfängers |
|---|---|
| freundliches Lächeln als Zeichen der Sympathie | überhebliches Grinsen |
| „*Das Sofa bietet zusätzlichen Stauraum, den Sie so* (Verkäufer zeigt dem Kunden eine Lasche) *öffnen können.*" | Der Verkäufer hält mich für blöd. Jeder Idiot sieht doch die Lasche. |



## Vier-Ohren-Modell

Eine weiterführende Analyse menschlicher Kommunikation ist mithilfe des Vier-Ohren-Modells von Friedemann Schulz von Thun[2] möglich. Jede Nachricht kann nach diesem Modell auf vier Ebenen betrachtet werden.

2 Friedemann Schulz von Thun: Die Anatomie einer Nachricht. In: Miteinander Reden. 1: Störungen und Klärungen. Allgemeine Psychologie der Komkunikation, Rowohlt, Reinbek, 1996, S. 11ff.

Beispiel: Ein Kunde fragt: *„Wie lange soll ich denn noch auf eine Bedienung warten?“*

| Ebene | Erläuterung | Beispiel |
| --- | --- | --- |
| **Sachinhalt** | Die Sachebene beschreibt die inhaltliche Aussage einer Botschaft. | Der Kunde wartet schon lange. |
| **Selbstoffenbarung** | Die Ebene der Selbstoffenbarung zeigt, was der Sender über sich und seine Gefühle preisgibt. | Der Kunde verrät, dass er über die lange Wartezeit verärgert ist. |
| **Appell** | Die Ebene des Appells beinhaltet eine Aufforderung an den Empfänger. | Der Kunde fordert Sie auf, ihn zu beraten. |
| **Beziehungsebene** | Auf der Beziehungsebene wird deutlich, wie der Sender die Beziehung zwischen ihm und dem Empfänger wahrnimmt. | Der Kunde bezweifelt, ob Sie ihn bedienen möchten. |

Versuchen Sie sich in Kommunikationssituationen diese Ebenen bewusst zu machen. Dies gilt in erster Linie für Gespräche mit Kunden aber auch in Gesprächen mit Vorgesetzten oder Kollegen. Für Sie als Dienstleister ist der Appell von Kunden von großer Bedeutung. Der Kunde möchte in der Regel immer etwas von Ihnen.



Äußert ein Kunde z. B. Kritik, fassen Sie dies als Appell auf und versuchen Sie, ihn zufriedenzustellen. Im oben genannten Beispiel bedeutet dies: Entschuldigen Sie sich beim Kunden für die Wartezeit und versuchen Sie, ihn schnellstmöglich zu beraten.

Vermeiden Sie außerdem einen sehr häufigen Fehler in Kommunikationssituationen: Beziehen Sie einen Sachinhalt oder einen Appell nicht auf sich selbst als Person. So möchte ein verärgerter Kunde in den seltensten Fällen Sie als Person auf der Beziehungsebene angehen, sondern lediglich möglichst schnell eine Beratung erhalten. Selbst boshafte Bemerkungen seitens des Kunden entstehen zumeist aus Unmut über die Situation und nur selten aus Wut über Ihr Verhalten.

Aber auch bei Botschaften, die Sie formulieren, sollte Ihnen klar sein, dass der Empfänger häufig unbewusst die Beziehungsebene zu stark interpretiert.

Eine typische Situation, die von Kunden gerne missverstanden wird, ist die Kontrolle des Einkaufswagens an der Kasse: Sie bitten den Kunden, seine Tasche anzuheben und werfen einen Blick in den Einkaufswagen. Der Kunde versteht dies häufig als Misstrauen bzw. Unterstellung eines Diebstahls. Erläutern Sie dem Kunden daher vorsorglich, dass Sie zu derartigen Kontrollen verpflichtet sind und sie bei allen Kunden durchführen. So vermeiden Sie Missinterpretationen. Auch im Beratungsgespräch gilt es, Fehlinterpretationen auf der Beziehungsebene zu vermeiden. Formulieren Sie daher bewusst vorsichtig, sofern ein Kunde z. B. einen Artikel falsch in den Händen hält oder ihn laienhaft benutzt. Ein wichtiges Instrument, das Sie für die Herstellung einer positiven Beziehungsebene einsetzen können, stellt die Körpersprache dar.

## 2.2 Nonverbale Kommunikation (Körpersprache)

Auch wenn wir nicht sprechen, senden wir ununterbrochen körpersprachliche Signale an unsere Mitmenschen aus. Teils senden wir diese Signale bewusst, wie z. B. wenn wir einem Freund zuwinken, teils aber auch unbewusst, wie z. B. bei einer unmotivierten Körperhaltung. In Verkaufsgesprächen sollte man sich dessen bewusst sein. Hier gilt es, die Körpersprache des anderen zu entschlüsseln und sich seiner eigenen bewusst zu werden.

© contrastwerkstatt – stock.adobe.com

### Blickkontakt

Betritt ein Kunde Ihr Geschäft, sollten Sie ihm ein Signal geben, dass Sie ihn wahrgenommen haben. In der Regel reicht hierzu der Blickkontakt. Sehen Sie Ihren Kunden an, und er weiß, dass er Sie ansprechen kann.

### Mimik

Unter Mimik ist der Ausdruck des Gesichtes, wie z. B. ein Lächeln oder Stirnrunzeln, zu verstehen. Mit der Mimik werden zumeist Gefühle ausgedrückt. Die Mimik ist oft ausschlaggebend, wenn wir beurteilen, ob wir einen Menschen sympathisch finden oder nicht. Nutzen Sie diesen Effekt und erzeugen Sie durch ein Lächeln Sympathie bei Ihren Kunden.

> Das Lächeln, das du aussendest, kehrt zu dir zurück als Glück.
> *Indisches Sprichwort*

Tipp



Auch die Art, wie wir einen Menschen betrachten, zählt zur Mimik. Neben dem Lächeln können Sie aber auch andere Gesichtsausdrücke nutzen, um beispielsweise mit weit geöffneten Augen und gehobenen Augenbrauen Ihr Erstaunen zum Ausdruck zu bringen.

© BillionPhotos.com – stock.adobe.com

Andere Gesichtsausdrücke wie ein skeptisches Stirnrunzeln oder einen herablassenden Blick auf den Kunden sollten Sie hingegen vermeiden. Auch ein gesenkter Blick sowie häufiges Blinzeln (wirkt unsicher) oder ein sehr langer Blickkontakt (wirkt dominant) sind für ein Verkaufsgespräch auf Augenhöhe eher hinderlich.

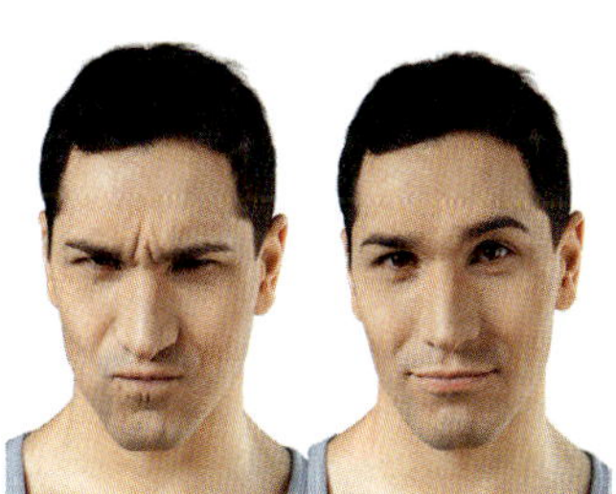

© BillionPhotos.com – stock.adobe.com

### Gestik

Zur Gestik zählen die Bewegungen des Körpers, hauptsächlich der Hände. Bekannte Gesten sind unter anderem das Zeigen des Daumens nach oben oder das Schlagen der Hand vor den Kopf.

Gestikulieren Sie im Verkaufsgespräch nur sparsam, aber zielgerichtet. Zu starkes Gestikulieren wirkt oft hektisch.

© Jeanette Dietl – stock.adobe.com

Im Folgenden sehen Sie eine Übersicht weiterer typischer Gesten, ihrer Wirkung und der Einsatzmöglichkeiten im Verkaufsgespräch

| Geste | Wirkung | Einsatzbeispiele im Verkaufsgespräch |
|---|---|---|
| **sich im Gesicht berühren** | wirkt unsicher/ nachdenklich | Sollte vermieden werden.<br>Griff ans Kinn, wenn man über eine Frage bzw. Anregung des Kunden nachdenkt möglich. |
| **Zeigefinger heben** | wirkt belehrend | Sollte vermieden werden. |
| **erhobener Daumen** | signalisiert Zustimmung | Ein Kunde fasst die wichtigsten Eigenschaften eines Artikels oder Kaufargumente zusammen. |
| **auf bestimmte Dinge zeigen** | unterstreicht die Wichtigkeit | Zeigen Sie einem Kunden Besonderheiten eines Artikels. |
| **Handflächen nach oben drehen** | signalisiert Offenheit | Zeigen Sie sich Ihrem Kunden gegenüber offen, insbesondere zu Beginn des Verkaufsgesprächs. |

## Körperhaltung



Im Gegensatz zur Gestik umfasst die Körperhaltung die statischen (unbeweglichen) Aspekte Ihres Auftretens. Dazu zählt beispielsweise das Verschränken der Arme vor dem Körper. Im Verkaufsgespräch sollten Sie darauf achten, eine offene Körperhaltung einzunehmen und dem Kunden dadurch zu zeigen, dass er willkommen ist. Um eine offene Körperhaltung einzunehmen, sollten Sie folgendes beachten:

- Stehen Sie gerade.
- Stehen Sie aufrecht.
- Drehen Sie Ihren gesamten Körper zum Kunden, sodass sowohl die Füße als auch Ihr Oberkörper und Ihr Gesicht zum Kunden zeigen.
- Öffnen Sie ggf. Ihre Arme (siehe Bild).

## Distanz zum Kunden

Probieren Sie folgende Dinge aus:

1. Gehen Sie auf eine fremde Person zu, bis Sie die Nähe der Person als unangenehm empfinden.
2. Führen Sie ein Gespräch im Stehen. Wählen Sie dabei intuitiv einen für Sie passenden Abstand.
3. Vergrößern Sie den Abstand bei einem Gespräch so weit, bis es für Sie schwierig wird, mit dem Gesprächspartner zu sprechen.

Bei Ihrem ersten Versuch werden Sie feststellen: Ab einer Nähe von ungefähr 60 cm spüren Sie die Person. Sie nehmen die Körperwärme und ggf. den Geruch der Person wahr. Dies ist bei engen Freunden, Familienmitgliedern oder dem Partner angenehm, bei Fremden sollten Sie allerdings auf eine derartige Nähe verzichten. Die Zone von 0 cm bis 60 cm Abstand zum Gesprächspartner wird als intime Zone bezeichnet.

Sprechen Sie mit jemandem, den Sie gut kennen, werden Sie sich bei Ihrem zweiten Versuch vermutlich in einem Abstand von ca. 1 m von Ihrem Gesprächspartner befinden. Die Zone von 0,6 m bis 1,30 m wird daher als persönliche Zone bezeichnet. Hier befinden Sie sich für ein Gespräch schon nah am Gesprächspartner. Diese Zone sollten Sie in einem Verkaufsgespräch nur dann betreten, wenn Sie die Sympathie des Kunden gewonnen haben.

Bei Ihrem dritten Versuch werden Sie festgestellt haben, dass es ab einem Abstand von ca. 4 Metern schwierig wird, mit einer anderen Person zu sprechen. Sie müssen lauter sprechen und sich stark darauf konzentrieren, Ihr Gegenüber zu verstehen. Bedenken Sie auch, dass es in Ihrem Geschäft nicht ruhig ist, sondern andere Gespräche, Musik und Hintergrundgeräusche zu hören sind. Daher endet bei 4 Metern die soziale Zone.

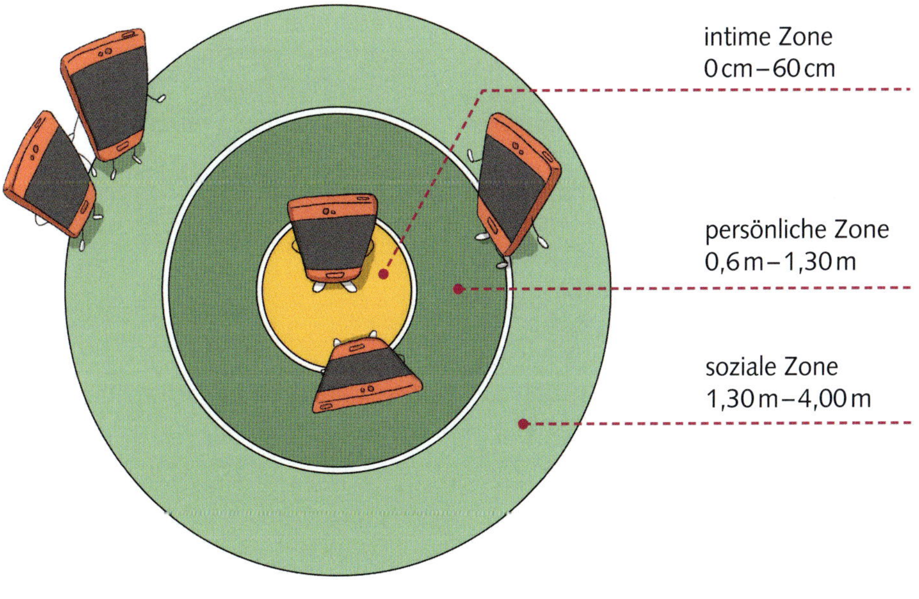

Wie sie auf dem Foto sehen, ist der Abstand zwischen den Kunden, einem Paar, geringer als 60 cm. Die Verkäuferin hält einen Abstand von ca. 1,30 m.

© contrastwerkstatt – stock.adobe.com

PRAXIS Tipp

Beginnen Sie Ihr Verkaufsgespräch immer in der sozialen Zone mit einem Abstand von 1,50 m bis 2 m. Erst wenn Sie merken, dass der Kunde einen Schritt näher kommt oder andere Signale der Sympathie, wie z. B. ein Lächeln, aussendet, können Sie sich weiter nähern. Geht der Kunde daraufhin jedoch einen Schritt zurück, sollten Sie den Abstand wieder etwas größer halten, um nicht als penetrant wahrgenommen zu werden.

Ist es für die Beratung erforderlich, dass Sie näher an den Kunden herantreten, sollten Sie den Kunden stets vorher fragen. Dies kann z. B. beim Ausmessen einer Größe oder beim Anprobieren von Kleidungsstücken erforderlich sein.



## 2.3 Verbale Kommunikation (Sprachverhalten)

Während die Körpersprache sehr wichtig für die Beziehungsebene ist, liefert die Sprache den größten Teil der Sachinformationen.

### Fragetechniken

Als Verkäufer sind Sie darauf angewiesen, dass Ihnen der Kunde mitteilt, welche Wünsche er hat und welche Ansprüche er an ein Produkt stellt. Daher ist es wichtig für Sie, dass Sie die richtigen Fragen stellen. Die Fragen stellen dabei den Schlüssel für wichtige Informationen im Verkaufsgespräch dar. Gerade wenn Kunden noch keine konkreten Produktwünsche haben, sind sie von elementarer Bedeutung für den erfolgreichen Verlauf des Verkaufsgespräches.

Typische Fragetechniken, die in Kundengesprächen eingesetzt werden, sind:

| Frage-technik | Erläuterung | Beispiele | Wann angewandt |
|---|---|---|---|
| **offene Fragen** | Der Verkäufer stellt Fragen, die mehrere Antworten zulassen.<br><br>Oft: W-Fragen (Wer, Wie, Was, Warum, Wo, Wann) | Welche Sportart wollen Sie mit den Sportschuhen betreiben?<br>Zu welchem Gericht möchten Sie den Wein trinken?<br>Wozu möchten Sie Ihren PC nutzen? | Besonders wichtig innerhalb der Bedarfs-ermittlung. |
| **geschlossene Fragen** | Der Verkäufer stellt Fragen, die nur eine kurze Antwort zulas-sen.<br><br>Oft: „Ja" oder „Nein" | Darf ich Ihnen dazu das passende Pflegemittel anbieten?<br>Gefällt Ihnen die Farbe?<br>Haben Sie Unverträglichkeiten gegenüber bestimmten Nahrungs-mitteln?<br>Soll ich Ihnen das Produkt ein-packen? | Eignen sich im Rahmen der Warenvorlage, bei Zusatzange-boten und zum Abschluss eines Verkaufs-gesprächs. |
| **Alternativ-fragen** | Unterkategorie der geschlossenen Fragen<br><br>Der Verkäufer stellt Fragen und gibt ver-schiedene Antwort-möglichkeiten inner-halb der Frage vor. | Möchten Sie lieber das grüne oder das gelbe T-Shirt?<br>Nutzen Sie den Drucker beruflich oder privat?<br>Nutzen Sie Ihre Fußballschuhe hauptsächlich auf Rasen-, Kunst-rasen- oder Ascheplätzen? | Eignen sich insbesondere zum Abschluss eines Verkaufs-gesprächs. |
| **rhetorische Fragen** | Der Verkäufer stellt eine Frage und beant-wortet diese selbst. | Welche Vorteile bietet Kunstleder? Es ist pflegeleicht und günstig.<br>Was ist das besondere an diesem Smartphone? Es ist wasserdicht und besonders robust. | Eignen sich, um seine Aussage zu verstärken. |
| **Suggestiv-fragen** | Der Verkäufer stellt Fragen, die eigentlich nur eine vernünftige Antwortmöglichkeit offenlassen. | Sie möchten doch im Winter nicht frieren?<br>Sie wollen doch sicher, dass Ihr Sofa auch eine Weile hält?<br>Sie wollen doch sicher gesund schlafen? | Eignen sich zur Beeinflussung des Kunden. Sollten sparsam eingesetzt wer-den. |
| **Killerfragen** | Der Verkäufer stellt Fragen, die die Produktauswahl unnötig einschränken. | In welcher Preisklasse suchen Sie?<br>Von welcher Marke soll die Jeans sein?<br>Welche Farbe soll der Teppich haben? | Sollten im Ver-kaufsgespräch vermieden werden. |

## Gesprächs- und Kommunikationsförderer

Aber nicht nur Sie möchten Informationen vom Kunden erhalten. Umgekehrt bittet der Kunde auch Sie um Informationen. Damit diese beim Kunden ankommen, sollten Sie neben den richtigen Fragen auf weitere Aspekte achten, welche das Verkaufsgespräch positiv beeinflussen: die Gesprächs- bzw. Kommunikationsförderer.

Hierzu zählen vor allem:

| Kommunikationsfördererer | Erläuterung | Beispiel |
|---|---|---|
| **aktives und passives Zuhören**  | Lassen Sie den Kunden ausreden (passives Zuhören) und zeigen Sie ihm durch Nicken etc., dass Sie ihm folgen können. Signalisieren Sie Ihrem Kunden zudem Interesse an seinem Anliegen, indem Sie wichtige Aussagen von ihm zusammenfassen bzw. wiederholen (aktives Zuhören). | „Wenn ich Sie richtig verstanden habe, suchen Sie einen bequemen Bürostuhl mit Lederbezug, auf dem Sie mehrere Stunden ohne Rückenschmerzen sitzen können." |
| **gezieltes Nachfragen**  | Fragen Sie den Kunden gezielt nach seinen Vorstellungen und Bedürfnissen. Dadurch gewinnen Sie die für eine Beratung notwendigen Informationen und Ihr Kunde merkt, dass Sie an seinen Äußerungen interessiert sind. | „Sie sagen, Sie joggen nur hobbymäßig. Wie viele Stunden in der Woche joggen Sie in etwa?" |
| **Fokussierung**  | Konzentrieren Sie sich auf Ihren Kunden und auf die wesentlichen von ihm vorgebrachten Punkte. | Ein Kunde erzählt Ihnen von seinen Haustieren, die seine Möbel schmutzig machen. Sie können daraus schließen, dass der Kunde ein robustes, pflegeleichtes Mobiliar benötigt. |
| **Ich-Botschaften senden**  | Sprechen Sie in der Ich-Form und teilen Sie dem Zuhörer so mit, was Sie verstanden haben bzw. wie Sie die Situation sehen. | „Ich habe das nicht richtig verstanden" statt „Sie haben sich da unklar ausgedrückt". |

| Kommunikationsfördererer | Erläuterung | Beispiel |
|---|---|---|
| **Betonung**  | Betonen Sie Worte, die Sie besonders hervorheben möchten, und unterstreichen Sie somit die Kernaussagen. | Durch die kratzfeste Oberfläche hält der Tisch besonders lange (Betonung auf kratzfeste Oberfläche). |
| **Sprache**  | Sprechen Sie in einer Geschwindigkeit, der ein durchschnittlicher Kunde folgen kann. Achten Sie dabei auf eine deutliche Aussprache und bilden Sie kurze Sätze. Passen Sie Ihre Lautstärke dabei der Umgebung und dem Kunden an. | |



## Gesprächs- und Kommunikationsblocker

Allerdings existieren auch Verhaltensweisen, die eine Kommunikation erschweren bzw. fast unmöglich machen, sogenannte Kommunikationsblocker. Diese sollten in einem Verkaufsgespräch auf jeden Fall vermieden werden. Kommunikationsblocker sind zum Beispiel:



| Gesprächsblocker | Erläuterung | Beispiel/ Verbesserung |
|---|---|---|
| **Unterbrechen**   | Unterbrechen Sie Ihr Gegenüber weder verbal (indem Sie ihm ins Wort fallen) noch nonverbal (durch Mimik und Gestik, wie z. B. Stirnrunzeln oder Augen verdrehen). | Lassen Sie Ihren Gesprächspartner stets ausreden. |
| **Bewerten**  | Nehmen Sie die Information Ihres Kunden auf, anstatt diese zu bewerten. | „So wie Sie die Möbel kombinieren wollen, ist es aber schäbig." Besser: Akzeptieren Sie die Wünsche Ihres Kunden und machen Sie nur im Notfall konstruktive Gegenvorschläge, wie z. B. „Ein braunes Sofa würde perfekt zu Ihrer Einrichtung passen." |

| Gesprächs-blocker | Erläuterung | Beispiel/ Verbesserung |
| --- | --- | --- |
| **Belehren**  | Belehren Sie Ihre Kunden nicht! | „Die Bezüge dürfen Sie natürlich nicht in der Maschine waschen, das sollte wirklich jeder wissen“ Besser: Geben Sie dem Kunden auf eine respektvolle Art Tipps. |
| **Bloßstellen**  | Behandeln Sie Ihren Kunden immer mit dem nötigen Respekt. Auch wenn ein Kunde keine Ahnung hat, sollten Sie ihn auf keinen Fall durch Ihre Äußerungen als ahnungslos darstellen. | „Sie halten den Tennisschläger ja wie eine Bratpfanne.“ Besser: Zeigen Sie für Unwissen des Kunden Verständnis. |
| **Drängeln**  | Setzen Sie Ihren Kunden nicht unter Druck. Denn dann setzt häufig eine Art Fluchtreflex ein. | „Ich habe auch noch andere Kunden.“ Besser: Lassen Sie Ihrem Kunden die nötige Zeit. Bei einem hohen Kundenandrang können Sie zwischenzeitlich auch einen anderen Kunden beraten. |
| **Killerphrasen**  | Vermeiden Sie aggressiv wirkende und herablassende Äußerungen. | „Davon haben Sie scheinbar keine Ahnung.“ Besser: Zeigen Sie auch nicht so kompetenten Kunden eine angemessene Wertschätzung. |
| **Lange Monologe**  | Sprechen Sie mit Ihrem Kunden und reden Sie nicht auf ihn ein. | Besser: Führen Sie ein Gespräch mit einem hohen Redeanteil des Kunden. |

Aufgaben

1. Begründen Sie, warum man laut Watzlawick nicht nicht kommunizieren kann.
2. Ein Kunde ruft bei Ihnen im Geschäft an und bittet telefonisch um eine Auskunft. Beschreiben Sie drei mögliche Störungen der Kommunikationssituation.
3. Beschreiben Sie anhand einer beliebigen Aussage im Beratungsgespräch, wie es zu Missverständnissen zwischen Kunde und Verkäufer kommen kann.
4. Analysieren Sie folgende Aussagen mit Hilfe des Vier-Ohren-Modells:
   a) Eine Kundin sagt: „Ich bin mir nicht sicher, ob mir diese Jacke gut steht."
   b) Ein Kollege sagt zu Ihnen: „Könnte heute nicht schon Freitag sein?"
   c) Sie sagen zu einem Kunden: „Wo die Gartenkräuter stehen, kann ich Ihnen nicht sagen."
5. Formulieren Sie Merksätze, worauf Sie im Verkaufsgespräch bei der Körpersprache achten müssen.
6. Erstellen Sie ein Standbild, in welchem Sie die optimale Körpersprache eines Verkäufers darstellen.
7. Erläutern Sie die Bedeutung folgender körpersprachlicher Signale:
   a) Der Kunde verschränkt die Arme.
   b) Der Kunde guckt bei der Warenpräsentation im Geschäft umher.
   c) Der Kunde geht einen Schritt auf die Ware zu.
   d) Der Kunde geht einen Schritt zurück, nachdem der Verkäufer auf ihn zugegangen ist.
   e) Der Verkäufer hat die Hände in den Hosentaschen.
   f) Der Verkäufer zeigt auf den besonderen Lampenschirm einer Stehlampe.
8. Erläutern Sie Ihrem Sitznachbarn die Verwendung eines Produktes aus Ihrem Ausbildungsbetrieb. Beachten Sie dabei (sowohl als Erzähler als auch als Zuhörer) die Regeln erfolgreicher Kommunikation. Geben Sie sich anschließend eine Rückmeldung.
9. Um welche Art von Frage handelt es sich bei den folgenden Beispielen:
   a) Möchten Sie lieber einen herzhaften oder einen milden Käse?
   b) Worauf legen Sie bei einer Küche besonderen Wert?
   c) Wie teuer soll der Schuh denn sein?
   d) Soll der Drucker auch in 3 Jahren noch halten?
   e) Wie bekommen Sie das schwere Möbelstück nach Hause? Mit unserem kostenfreien Lieferservice!
10. Um welche Art von Gesprächsblocker handelt es sich in folgenden Beispielen:
    a) Sie möchten ein HTC-Smartphone? Das iPhone ist aber deutlich besser.
    b) Ich denke, es macht keinen Sinn, dass ich Ihnen die technischen Details erkläre.
    c) Kaufen Sie jetzt, sonst kann ich Ihnen diesen Preis nicht mehr garantieren.
    d) Sie sitzen ja auf dem Fahrrad wie ein Äffchen auf dem Schleifstein.
11. Entwickeln Sie ein kurzes Rollenspiel: Ein Verkäufer verwendet einen oder mehrere Gesprächsblocker. Zeigen Sie sowohl das Verhalten des Verkäufers als auch die jeweilige Reaktion des Kunden. Teilen Sie sich dazu die einzelnen Gesprächsblocker innerhalb der Klasse auf.

# 3 Warenkenntnisse erwerben und nutzen

## 3.1 Bedeutung von Warenwissen

Nicht umsonst gehört der Satz „Wissen ist Macht!“ zu den bekanntesten deutschen Redewendungen. Gerade für Sie als Verkäufer hat das Wissen über die Ware eine zentrale Bedeutung für Ihre alltägliche Arbeit.

Tipp

Machen Sie sich für Ihre Kunden und Ihren Betrieb unverzichtbar!

| | | |
|---|---|---|
| **Wareneinkauf** | Durch umfassende Warenkenntnisse können Sie die richtigen Produkte auswählen, die Qualität und Preise beurteilen. | Ihre Kunden haben eine passende Auswahl an Produkten. Durch angemessene Preise im Einkauf können Sie auch einen fairen Verkaufspreis erreichen. |
| **Warenplatzierung** | Sie kennen sich mit der Verwendung, den saisonalen Bedürfnissen und auch mit ggf. benötigten Zusatzartikeln aus? Durch eine entprechende Platzierung ersparen Sie dem Kunden langes Suchen. | Der Kunde kann schnell finden, was er braucht, und ist zufriedener. Bestimmte Produkte werden durch die entsprechende Platzierung besser verkauft. |
| **Lagerung** | Sie wissen, wie man Produkt schonend lagert, und sorgen so dafür, dass die Qualität der Ware möglichst lange gewährleistet wird. | Der Kunde erhält so frische und qualitativ einwandfreie Ware. Abschreibungen auf verdorbene oder defekte Ware werden verringert. |
| **Kundenberatung** | Im Beratungsgespräch müssen Sie den Bedarf des Kunden ermitteln und passende Produkte vorlegen, die das Problem des Kunden lösen. | Auch gut informierten Kunden können sie so weiterhelfen. Ihre Kompetenz wird sich herumsprechen. |

Das Warenwissen umfasst sowohl Wissen über die Verwendung des Produktes bzw. seine Nutzungseigenschaften als auch über die Qualitätsmerkmale der Ware.

| Warenwissen | | |
|---|---|---|
| Nutzungseigenschaften | | Qualitätsmerkmale |
| Gebrauchswert | Geltungswert | Beschaffenheit und Herkunft der Ware |

Im Hinblick auf die Qualität sollten Sie Kenntnisse über

- Material,
- Produktion,
- Herkunft,
- Haltbarkeit/Belastbarkeit,
- Umweltverträglichkeit und
- Testurteile

erlangen.

Hinsichtlich der Nutzungseigenschaften kann zwischen Gebrauchswert und Geltungswert unterschieden werden.

© Sabine Schönfeld – stock.adobe.com

Unter Gebrauchswert ist der Grundnutzen eines Artikels zu verstehen. So schutzt z. B. eine Jacke vor Kälte, Wind und ggf. Regen. Der Gebrauchswert einer Ware bedient die rationalen Kaufmotive eines Kunden.

Der Geltungswert spiegelt die persönliche Wertschätzung für ein Produkt wieder. Dieser ist nicht objektiv messbar. Hier spielt das Design, die Marke (und das damit verknüpfte Image), die jeweilige Mode und das Prestige eine große Rolle. Der Geltungswert einer Ware bedient in erster Linie die emotionalen Kaufmotive der Kunden.

© millaf – stock.adobe.com

Der Kunde trifft diese Unterscheidung jedoch nicht so bewusst. So muss eine Jacke den Kunden in der Regel sowohl vor Kälte und Regen schützen (Gebrauchswert) und zusätzlich gut aussehen (Geltungswert). Dennoch wird in der Bedarfsermittlung zu Beginn eines Verkaufsgespräches klar, welcher Wert für den Kunden eine bedeutendere Rolle spielt. So kann der Verkäufer zielgerichtet Produkte vorlegen und mit Bezug zu den Kundenansprüchen Verkaufsargumente darlegen.

## 3.2 Quellen für Warenwissen

Zu Beginn Ihrer Ausbildung wird es vermutlich noch häufig vorkommen, dass Sie Kundenfragen nicht oder nur unsicher beantworten können. Oft werden Sie einen erfahrenen Kollegen fragen müssen oder nachsehen müssen, wie die Antwort auf die Frage lautet. Das ist zunächst einmal ganz normal, da sich das Wissen über die Waren Ihres Betriebes nur allmählich über lange Zeit ansammelt.

Nichtsdestotrotz ist es erforderlich, dass Sie sich selbst aktiv und gezielt Warenwissen aneignen. Hierfür steht Ihnen eine Vielzahl von Quellen zur Verfügung, von denen die wichtigsten hier aufgelistet sind:

**Innerbetriebliche Informationsquellen**

- Erfahrungen von Vorgesetzten und Kollegen
- Rückmeldung von Kunden
- Produktinformationen im Warenwirtschaftssystem
- das Produkt selbst*
- Montage und Gebrauchsanleitungen*
- Warensteckbriefe
- Handbücher und Informationsmaterial großer Einzelhandelsketten
- Verkostungen und eigenes Ausprobieren*

**Außerbetriebliche Informationsquellen**

- Internetrecherche
- Fachzeitschriften
- Testberichte
- Verbraucherverbände
- überbetriebliche Weiterbildung
- Messebesuche
- Gesetze und Verordnungen
- Produktschulungen des Herstellers/Großhandels*

(* Diese Punkte können sowohl bei innerbetrieblichen als auch bei außerbetrieblichen Informationsquellen eingeordnet werden.)

### Innerbetriebliche Informationsquellen

In der Regel existiert Ihr Ausbildungsbetrieb nicht erst seit gestern. Auch Ihre Kollegen und Vorgesetzten arbeiten schon über mehrere Jahre in der Branche. So hat sich bei ihnen bereits viel Wissen angehäuft. Nutzen Sie dieses Wissen! Fragen Sie interessiert nach und prägen Sie sich die Antworten ein.

Aber auch Ihre Kunden sind eine wichtige Informationsquelle. Schließlich sind sie diejenigen, die die Produkte verwenden. Gerade Stammkunden geben Ihnen bei ihrem nächsten Besuch meist gerne darüber Auskunft, ob Sie mit dem Produkt zufrieden sind und welche Stärken und Schwächen es hat. Sobald mehrere Kunden voneinander unabhängig das gleiche Urteil über ein Produkt fällen, sollten Sie sich auch diese Erfahrungen merken und für zukünftige Beschaffungsvorgänge und Beratungsgespräche nutzen.

Nutzen Sie das Wissen Ihrer Kollegen.

Auch Kunden kennen sich gut aus.

Für die Aneignung von Wissen über technische Daten, Materialbeschaffenheit und Inhaltsstoffe sowie Produktionsstandorte etc. eignen sich die meist stichpunktartigen Informationen im Warenwirtschaftssystem. Diese Informationen sowie die Verwendungsmöglichkeiten stehen häufig auch auf der Verpackung des Produktes oder in Warensteckbriefen. Vertieft werden diese in Montage- und Gebrauchsanweisungen.

Ergänzend zu diesen Informationen geben Einzelhändler für die Mitarbeiter auch Handbücher und Informationsmaterial, wie z. B. Flyer zu bestimmten Produkten oder Produktgruppen, heraus. Auch hier sind die wichtigsten Informationen zusammengefasst.

Die Informationen, die Sie über die innerbetrieblichen und außerbetrieblichen Quellen erhalten, sollten Sie, sofern es für Sie möglich ist, selbst überprüfen. Probieren Sie Ihre Produkte selbst aus. So können Sie sich von der Qualität und den Nutzungseigenschaften selbst überzeugen. Eventuell bietet Ihnen Ihr Betrieb dazu die Gelegenheit, gerade bei neuen Produkten.



## Außerbetriebliche Informationsquellen

Das Internet bietet Informationen über fast alles. Sie werden dort auch Informationen zu Ihren Produkten finden. Doch seien Sie vorsichtig beim Umgang mit diesen Informationen. Denn nicht alle Seiten, auf denen Sie Informationen finden, sind unabhängig. Oft stecken hinter scheinbar objektiven Testberichten die Marketing-Abteilungen großer Unternehmen. Auch in den sozialen Netzwerken im Internet sind häufig ungefilterte Kundenmeinungen zu finden. Auch hier können Sie sich einen Überblick über Trends und bestimmte Produkte verschaffen, aber seien Sie kritisch bei Ihrer Bewertung.

In den meisten Fällen sind die Internetseiten und andere Veröffentlichungen wie Zeitschriften und Magazine von Stiftung Warentest,

Ökotest oder Verbraucherverbänden objektiv. Sie testen Produkte und geben in der Regel ein unabhängiges Urteil ab.

Überbetriebliche Weiterbildungen werden von verschiedenen Akteuren angeboten und sind nicht auf ein bestimmtes Unternehmen ausgerichtet. Die Qualität und Unabhängigkeit dieser Anbieter ist daher schwer zu durchschauen. Zudem existieren große Unterschiede hinsichtlich der Kosten.

Auf Messebesuchen können Sie sich über neue Produkte einer Branche informieren. Es werden dort in der Regel Fachvorträge gehalten und auch Verkostungen angeboten. Zudem besteht die Möglichkeit, geschäftliche Kontakte zu knüpfen. Bekannte Messen sind unter anderem die Anuga für Nahrungsmittel oder die Ifa für Heimelektronik.



Auch Großhändler und Hersteller bieten Schulungen zu Ihren Produkten an. Hier können Sie insbesondere die Verwendungsmöglichkeiten eines Produktes kennenlernen. Allerdings sind diese Schulungen selten objektiv. Schließlich wollen die Hersteller, dass Sie verstärkt deren Produkte verkaufen und stellen diese somit besonders positiv dar.

Die Verwendung vieler Artikel wird durch gesetzliche Bestimmungen geregelt. Dies gilt z. B. für Rauchmelder, Waffen, bestimmte Chemikalien etc. Als Verkäufer sollten Sie den Kunden über die entsprechenden Regelungen informieren können. Dazu müssen Sie die Gesetze kennen.



## 3.3 Siegel und Produktkennzeichnungen

Für Kunden ist es oft schwer, die Qualität eines Produktes einzuschätzen. Nahezu jeder Hersteller und jeder Verkäufer behauptet von sich, qualitativ hochwertige Produkte anzubieten.

Einige Hersteller unterziehen sich daher zum Teil unabhängigen Tests und Untersuchungen, die sie dazu berechtigen, bestimmte Siegel auf ihren Produkten anbringen zu dürfen.

Die Kunden kennen diese Siegel in der Regel und verbinden sie meist mit positiven Produkteigenschaften. Sie als Verkäufer können die Zeichen als Kaufargument für ein bestimmtes Produkt verwenden. Für die meisten Kunden sind die Qualität sowie die Sicherheit entscheidende Kaufargumente. Kunden verlassen sich nämlich gerne auf die von unabhängigen Instituten bestätigte Qualität. Beispiele für Siegel zur Qualität und Sicherheit sind:

### Siegel für Qualität und Sicherheit

| | |
|---|---|
| **Gütezeichen** | Das Deutsche Institut für Gütesicherung und Kennzeichnung e. V. ist in Deutschland für die Vergabe von Gütezeichen zuständig.<br>In Zusammenarbeit mit Herstellern, Prüfinstituten, Verbraucherverbänden und Behörden werden Kriterien für die Vergabe der Gütezeichen festgelegt.<br>Zu den bekanntesten Gütezeichen zählen das CMA-Gütezeichen, das getestete deutsche Agrarerzeugnisse auszeichnet, und das Gütezeichen „Reine Schurwolle“, welches garantiert, dass es sich ausschließlich um durch Schur gewonnene Wolle handelt. |
| **Herkunftszeichen** | Diese Zeichen garantieren, dass ein Produkt aus einem bestimmten Land oder aus einer bestimmten Region stammt.<br>Bekannt sind hier z. B. die Zeichen für Badischen Wein sowie Spezialtäten aus Bayern. |
| **Prüfzeichen** | Diese Zeichen erhalten Waren, die festgelegte Sicherheitsanforderungen erfüllen und ein entsprechendes Prüfverfahren überstanden haben.<br>Das Zeichen für geprüfte Sicherheit erhalten Produkte, die von einer zugelassenen Stelle (TÜV) überprüft wurden.<br>Das Zeichen des Verbandes der Elektrotechnik (VDE) erhalten Waren, die den Sicherheitsbestimmungen des VDE entsprechen. |
| **Testzeichen** | Gerade die Testzeichen nehmen bei Kunden eine herausragende Stellung ein, da sie die Ergebnisse einer Untersuchung unabhängiger Experten darstellen. Hier wird in der Regel eine Note oder eine Punktzahl vergeben, die dem Kunden den Vergleich mit anderen Produkten erleichtert.<br>Das bekannteste Testzeichen vergibt in Deutschland die Stiftung Warentest. |
| **Markenzeichen** | Einige Unternehmen bieten schon seit vielen Jahren eine gleichbleibend hohe Qualität oder schaffen es durch geschicktes Marketing, eine positive Kundenmeinung zu bilden.<br>Damit der Kunde auf Anhieb erkennt, dass ein Produkt von einem bestimmten Hersteller ist, werden die Produkte und deren Verpackungen mit einem Markenzeichen, in der Regel dem Logo des Herstellers, bedruckt. |





Aber auch ein ethisch korrektes Verhalten der Hersteller, unter dem andere Menschen und Tiere nicht leiden müssen, sowie ein umweltbewusstes Verhalten rücken immer mehr in den Fokus der Verbraucher. Beispiele für Siegel und Kennzeichen für umweltfreundliche und ethische Produkte sind:

## Siegel für Umwelt und Ethik

| | |
|---|---|
| **Bio-Siegel** | Bio-Siegel dürfen solche Unternehmen verwenden, deren Betrieb durch eine Kontrollstelle gemäß der EU-Rechtsvorschriften für ökologischen Landbau geprüft wurde. Bei der Herstellung von Produkten mit Bio-Siegel wurden Mindeststandards für ökologischen Landbau beachtet. |
| **Öko-Tex Standard 100** | Der Öko-Tex Standard 100 garantiert gesundheitliche Unbedenklichkeit textiler Produkte. Die Textilien unterschreiten festgelegte Schadstoffgrenzwerte. |
| **Blauer Engel** | Der „Blaue Engel" wird an Hersteller vergeben, die besonders umweltschonend produzieren. Die Produkte sind umweltfreundlicher als andere Produkte dieser Produktgruppe. |
| **Europäisches Umweltzeichen** | Das europäische Umweltzeichen kennzeichnet Konsumgüter, die besonders umweltfreundlich sind und eine geringe Belastung mit Schadstoffen aufweisen. Es wird in Deutschland unter anderem vom Umweltbundesamt vergeben. |
| **Fairtrade-Zeichen** | Das Fairtrade-Zeichen erhalten Produkte, bei deren Herstellung den Erzeugern ein festgelegter Mindestpreis (z. B. für die Roherzeugnisse) gezahlt wird. So soll z. B. Kaffeebauern ein vernünftiger Lebensstandard ermöglicht werden. |



Seien Sie jedoch auch Siegeln gegenüber kritisch. Häufig stellen diese die Produkte besser dar, als sie in Wirklichkeit sind. So ist ein Produkt mit Fairtrade-Zeichen nicht zu 100 % fair gehandelt.

„Damit ein Mischprodukt das Fairtrade-Siegel tragen darf, müssen alle Zutaten, die als Fairtrade-Rohstoffe verfügbar sind, aus Fairtrade-Quellen bezogen werden. Zusätzlich zu dieser Regelung muss der Anteil aller Fairtrade-Zutaten gemessen am Normalgewicht/-volumen des Endprodukts mindestens 20 Prozent ausmachen." *

Zudem existieren bei einigen Produkten Besonderheiten hinsichtlich:

- der Verwendung
- des Transports
- der Pflege
- der Lagerung

Darauf wird der Kunde entweder durch die entsprechende Kennzeichnung auf der Ware oder der Verpackung oder durch die Betriebsanleitung und im Idealfall durch Sie aufmerksam gemacht.

* Quelle: TransFair e. V. (Hrsg.): Mischprodukte – Fairtrade-Standards bei Mischprodukten, Zugriff am 06.12.2018 unter: https://www.fairtrade-deutschland.de/was-ist-fairtrade/fairtrade-standards/mischprodukte.html

## Weitere Kennzeichnungen

| | |
|---|---|
| **Warnzeichen**  | Warnzeichen geben dem Benutzer und allen, die das Produkt in den Händen halten, einen Hinweis auf eine bestimmte Gefahrenquelle. Gerade bei Lagerung und Transport spielen diese eine wichtige Rolle. |
| **Transport- und Lagerzeichen**  | Viele Produkte dürfen nur auf eine bestimmte Art gelagert und transportiert werden. Gängig sind z. B. die Zeichen für „Vorsicht Glas“ oder für die Lagerung mit einer bestimmten Seite oben. |
| **Pflegekennzeichnung**   | Gerade Textilien erhalten Hinweise, wie die Produkte gewaschen und getrocknet werden dürfen. Der Benutzer wird dabei vor einer Pflege gewarnt, die dem Produkt gegebenenfalls schadet. |



## Aufgaben

1. Stellen Sie für zwei Produkte aus Ihrem Sortiment dar, was Sie über die Ware wissen müssen hinsichtlich…
   a) der Auswahl der passenden Produkte
   b) der Lagerung und Platzierung der Ware
   c) der Kundenberatung und
   d) der Artikeleigenschaften
2. Beschreiben Sie für einen Artikel aus Ihrem Ausbildungsbetrieb den Gebrauchswert und den Geltungswert.
3. Erläutern Sie, warum Sie sich durch Warenwissen als Verkäufer unverzichtbar machen können.
4. Zählen Sie auf, welche innerbetrieblichen Quellen für Warenwissen in Ihrem Ausbildungsbetrieb zur Verfügung stehen.
5. Nennen Sie unterschiedliche Messen, Fachzeitschriften, Internetseiten etc., die bedeutendes Warenwissen für Ihre Branche enthalten.
6. Erläutern Sie an einem Beispiel, welche Rechtsvorschriften die Verwendung und den Verkauf eines Artikels aus Ihrem Sortiment regeln.
7. Beurteilen Sie, inwieweit Produktschulungen der Hersteller eine objektive Quelle für Warenwissen darstellen.
8. Erläutern Sie, wie Sie Produktkennzeichnungen als Verkaufsargument nutzen können.
9. Formulieren Sie in wörtlicher Rede, wie Sie einen Kunden mit einem Siegel nach Wahl überzeugen können.
10. Nehmen Sie zu folgendem Satz kritisch Stellung: „Von dem Spülmittel mit dem Blauen Engel nehme ich immer etwas mehr. Das ist gut für die Umwelt.“
11. Beurteilen Sie, ob es notwendig ist, einem Kunden Hinweise zur Pflege eines Produktes zu geben, obwohl diese schon als Pflegehinweis auf der Verpackung oder dem Produkt angebracht sind.

# 4 Ein Verkaufsgespräch professionell durchführen

Führt man ein Verkaufsgespräch mit einem Kunden, so ist es sinnvoll, bestimmte Punkte in einer logischen Reihenfolge anzusprechen.

In der Regel verläuft ein Verkaufsgespräch in folgenden Phasen:

**1 Begrüßung/Kontaktaufnahme**
Der Verkäufer begrüßt seinen Kunden freundlich.

**2 Bedarfsermittlung**
Der Verkäufer versucht zu erfahren, was der Kunde sucht.

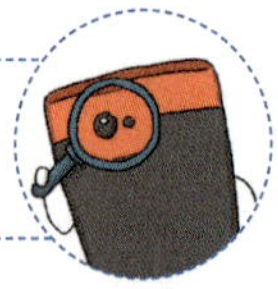

**3 Warenvorlage**
Der Verkäufer zeigt seinem Kunden passende Artikel.

**4 Verkaufsargumentation**
Der Verkäufer erklärt die Vorzüge des Produktes.

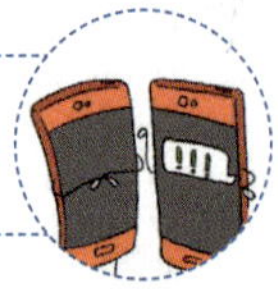

**5 Preisnennung**
Der Verkäufer teilt dem Kunden den Preis mit.

**6 Einwandbehandlung**
Der Verkäufer entkräftet Einwände des Kunden.

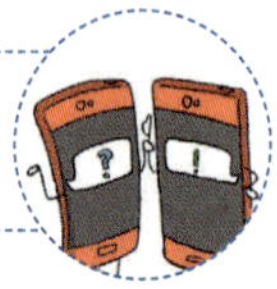

**7 Alternativangebote**
Falls sich der Kunde nicht sicher ist, zeigt der Verkäufer noch andere Artikel.

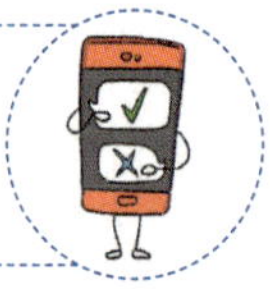

**8 Angebot von Zusatz- und Ergänzungsartikeln**
Der Verkäufer bietet Artikel an, die gut zum Hauptkauf passen.

**9 Verkaufs- und Gesprächsabschluss**
Der Verkäufer erwähnt nochmals die gute Qualität der Ware und bekräftigt die Kaufentscheidung. Er wünscht dem Kunden viel Spaß mit dem Artikel und verabschiedet sich höflich.

## 4.1 Die Begrüßung/Kontaktaufnahme

Betritt ein Kunde Ihr Geschäft, beginnt für Sie das Verkaufsgespräch. Der Kunde hat sich vermutlich ganz bewusst für Ihr Geschäft entschieden und bringt Ihnen somit bereits Vertrauen entgegen.

Der Erfolg des Verkaufsgesprächs hängt nicht selten vom ersten Eindruck ab. Gewinnen Sie deswegen das Vertrauen des Kunden!

> **Tipp**
> Für den ersten Eindruck gibt es keine zweite Chance.

Signalisieren Sie dem Kunden daher stets Gesprächsbereitschaft, indem Sie

- … auf den Kunden zugehen,
- … eine offene Körperhaltung einnehmen,
- … Blickkontakt herstellen,
- … freundlich lächeln und
- … Aufräumarbeiten und Warenpflege unterbrechen.

Vergessen Sie jedoch nicht, dem Kunden ausreichend Zeit zu geben, um sich umzusehen, und achten Sie immer auf eine angemessene Distanz zum Kunden.

Haben Sie dies bereits beachtet, gibt es drei Möglichkeiten der Kundenansprache:

- Die direkte Kundenansprache: Sie fragen hiermit den Kunden direkt nach seinen Wünschen.
  "Guten Tag! Was kann ich für Sie tun?"
- Die Wahrnehmung spiegeln: Sie schildern dem Kunden damit, was Sie beobachten.
  "Ich sehe, Sie suchen ein Regal!"
- Die warenbezogene Kundenansprache: Sie kommen über die Ware ins Gespräch.
  "Da haben Sie ein herrlich bequemes und pflegeleichtes Sofa im Blick. Setzen Sie sich ruhig einmal."

> **Tipp**
> Beachten Sie bei der Kundenansprache immer Alter, Geschlecht, Kleidung und Auftreten der Person und wählen Sie eine angemessene Sprache. So will der Jugendliche in der Regel anders angesprochen werden als der ältere Geschäftsmann im Anzug.

Stammkunden bilden eine besondere Kundengruppe. Da Sie diese bereits namentlich kennen, haben Sie die Möglichkeit, den Kunden mit dem Namen anzusprechen. Unverfängliche persönliche Fragen und Fragen nach den zuletzt gekauften Produkten sorgen für eine langfristige Kundenbindung und eine positive Gesprächsatmosphäre.

Wie genau Sie den Kunden kontaktieren, hängt im Wesentlichen von der Verkaufsform Ihres Geschäftes ab:

**Selbstbedienung**

**Beispiele:** Aldi, Rewe, Saturn

Der Kunde geht selbstständig durch das Geschäft. Der Verkäufer wird nur bei Rückfragen kontaktiert.

© Gorodenkoff – stock.adobe.com

- Kunden erwarten keine Kontaktaufnahme.
- Geben Sie dem Kunden durch Blickkontakt und freundliches Nicken zu erkennen, dass Sie ansprechbar sind.
- Ist es offensichtlich erkennbar, dass Kunden Hilfe benötigen (z. B. auffälliges Umschauen), sollten Sie den Kunden ansprechen.
- Oft entsteht der Kontakt zum Kunden erst an der Kasse. Dann ist gerade hier eine freundliche Begrüßung im Sinne einer langfristigen Kundenbindung erforderlich.

**Vorwahlsystem**

**Beispiele:** Möbelhaus, Peek und Cloppenburg

Der Kunde hat Zugang zur Ware und kann sich frei umsehen. Bei Beratungsbedarf oder Kaufabschluss wird der Verkäufer kontaktiert.

© corepics – stock.adobe.com

- Nutzen Sie die Möglichkeit einer warenbezogenen Ansprache, sofern Kunden bereits Interesse an einem Produkt zeigen.
- Spiegeln Sie dem Kunden Ihre Wahrnehmung, wenn Sie merken, dass der Kunde sich suchend umsieht.
- Geben Sie dem Kunden genug Zeit, sich mit der Ware zu beschäftigen.

**Bedienung/Aushändigungsverkauf**

**Beispiele:** Douglas, Bäckerei, Fleischtheke

Der Kunde hat keinen ungehinderten Zugang zur Ware. Der Verkäufer berät den Kunden und verkauft die Ware an den Kunden.

© corepics – stock.adobe.com

- Begrüßen Sie den Kunden freundlich.
- Eine direkte Kundenansprache bietet sich an, da Sie als Verkäufer oft vorher nicht erkennen können, welche Bedürfnisse dieser hat.
- Häufig äußert der Kunde schon nach der Begrüßung einen konkreten Wunsch wie z. B. „Ich hätte gern 1 kg Hackfleisch!“

# 4.2 Bedarfsermittlung

In einem Verkaufsgespräch müssen Sie als Verkäufer herausfinden, was der Kunde braucht, um ihn bestmöglich beraten zu können. Häufig hat der Kunde selbst keinen konkreten Produktwunsch. Er weiß, dass er gerne einen Schreibtisch kaufen möchte, aber nicht, welchen. Daher ist es wichtig, in einem Gespräch die genauen Bedürfnisse des Kunden zu ergründen.

Tipp

Eine genaue Bedarfsermittlung ist die Grundlage für ein erfolgreiches Verkaufsgespräch.

Um möglichst viele Informationen zu erhalten, müssen Sie das Vertrauen des Kunden gewinnen. Damit haben Sie schon begonnen: Durch Ihre freundliche Begrüßung und Ihre offene Körperhaltung haben Sie den Grundstein gelegt.

Signalisieren Sie dem Kunden nun, dass er sich für das richtige Geschäft entschieden hat. Dazu eignen sich sogenannte Vertrauensauslöser. Durch Sätze wie „Mit Ihrem Wunsch sind Sie bei uns genau richtig!" erzeugen Sie Sicherheit beim Kunden und schaffen eine angenehme Atmosphäre.

Merke

Rationale Kaufmotive werden durch den Verstand gelenkt, emotionale Kaufmotive sind durch Gefühle geprägt.

© bluedesign – stock.adobe.com

## Kaufmotive

Nun gilt es, die Kaufmotive des Kunden zu ergründen. Hier können die durch den Verstand geprägten rationalen Kaufmotive und die durch Gefühle geprägten emotionalen Kaufmotive unterschieden werden. Bei den meisten Käufen existieren parallel sowohl rationale als auch emotionale Kaufmotive.

| Rationale Kaufmotive | Emotionale Kaufmotive |
| --- | --- |
| • Gesundheit: Die Matratze ist rückenschonend.<br>• Langlebigkeit: Die Qualität des Sofas überzeugt.<br>• Preis: Der Preis des Regals ist günstig.<br>• Platz: Ein Schrank bietet viel Stauraum. | • Optik: Die Lampe hat ein tolles Design.<br>• Bequemlichkeit: Ein Sessel ist bequem.<br>• Image: Die Marke Stressless hat einen besonders guten Ruf. |

Bestimmte Kaufmotive können auch in beide Kategorien eingeordnet werden. Beispielsweise kann eine umweltschonende, nachhaltige Produktion für viele Menschen ein rationales, für andere aber auch ein eher emotionales Kaufmotiv darstellen.

Kunden beziehen sich im Verkaufsgespräch in der Regel lieber auf rationale Kaufmotive. Zum einen wollen Menschen gerne vernünftig wirken und zum anderen geben die wenigsten gerne Informationen über ihre Emotionen preis.

Kennt der Verkäufer die Kaufmotive des Kunden, so kann er einen Artikel anbieten, der den Ansprüchen des Kunden genügt. Legt der Kunde, der sich für ein Sofa interessiert, viel Wert auf Design, kann der Verkäufer ihm ein modernes Sofa mit Stoffbezug in einer Trendfarbe anbieten. Steht die Qualität und die Langlebigkeit im Vordergrund, so bietet er eher ein besonders gut verarbeitetes und robustes Ledersofa an.

## Arten der Bedarfsermittlung

Um Kaufmotive und Ansprüche herauszufinden, bieten sich drei verschiedene Vorgehensarten an:

| Direkte Bedarfsermittlung | Erlebnisbezogene Bedarfsermittlung | Indirekte Bedarfsermittlung |
|---|---|---|
| **Wie funktioniert diese Art der Bedarfsermittlung?** | | |
| • Dem Kunden werden direkte Fragen gestellt.<br>• Offene Fragen, insbesondere die W-Fragen, eignen sich hier sehr gut.<br>• Der Kunde sollte einen möglichst hohen Redeanteil haben. | • Form der direkten Bedarfsermittlung.<br>• Der Verkäufer hat das Ziel, mit dem Kunden über Erlebnisse, die im Zusammenhang mit dem Artikel stehen, ins Gespräch zu kommen.<br>• Kunden sprechen i. d. R. gerne über Dinge, die sie beschäftigen. | • Dem Kunden wird testweise ein Artikel vorgelegt.<br>• Aus der Reaktion des Kunden lässt sich schließen, ob der Artikel der richtige ist. |
| Beispiele: *Wie sind Sie Zuhause eingerichtet? Wie häufig bzw. wie lange sitzen Sie auf dem Schreibtischstuhl?* | Beispiele: *Wohin geht es in Ihrem nächsten Wanderurlaub? (Der Kunde sucht Wanderschuhe.)* | Beispiele: *Der Verkäufer zeigt dem Kunden eine Lampe und erkennt am Nicken des Kunden, dass ihm die Lampe gefällt. Der Verkäufer lässt den Kunden an einem Parfüm riechen. Dieser verzieht das Gesicht und guckt sich im Regal schon nach anderen Artikeln um.* |
| **Wann eignet sich diese Art der Bedarfsermittlung?** | | |
| Die direkte Bedarfsermittlung eignet sich insbesondere bei beratungsintensiven Produkten. | Die erlebnisbezogene Bedarfsermittlung eignet sich speziell bei Freizeit- und Hobbyartikeln. | Die indirekte Bedarfsermittlung eignet sich insbesondere, wenn emotionale Kaufmotive im Vordergrund stehen. |

## 4.3 Warenvorlage

Haben Sie den Bedarf des Kunden ermittelt, können Sie dem Kunden einen passenden Artikel vorlegen. Bei der indirekten Bedarfsermittlung geschieht dieser Schritt schon während der Bedarfsermittlung. Bei der Auswahl des richtigen Artikels gibt es folgende Grundsätze zu beachten:

### 1. Wählen Sie den richtigen Zeitpunkt.

Legen Sie den Artikel vor, nachdem Sie den Bedarf des Kunden ermittelt haben. Je genauer Sie den Bedarf des Kunden kennen, umso wahrscheinlicher ist es, dass Sie sofort das richtige Produkt vorlegen.

**Beispiel:** *Eine Kundin möchte eine Lampe kaufen. Nachdem Sie erfragt haben, wo diese hängen soll, wie die Kundin eingerichtet ist und welche weiteren Eigenschaften der Kundin wichtig sind, können Sie der Kundin schnell eine passende Lampe zeigen.*

Ausnahme: Im Falle einer indirekten Bedarfsermittlung oder einer warenbezogenen Kundenansprache (der Kunde steht bereits vor einem Artikel), erfolgt die Warenvorlage deutlich früher.

### 2. Wählen Sie den richtigen Artikel.

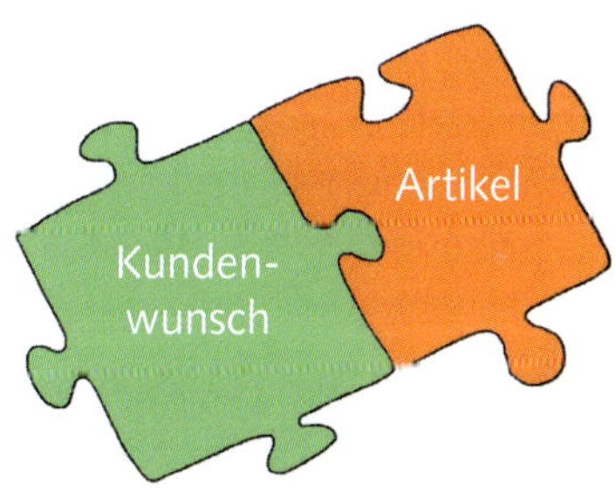


Wählen Sie ein Produkt, dessen Eigenschaften mit den Ansprüchen des Kunden übereinstimmen.

**Beispiele:** *Der Kunde schildert, dass er viel am Schreibtisch sitzt. Der Verkäufer wählt einen bequemen Bürostuhl mit ergonomisch geformter Lehne aus.*

*Eine Kundin, die viele Haustiere hat, sucht einen Bodenbelag. Der Verkäufer zeigt ihr pflegeleichte Fliesen.*

### 3. Wählen Sie ein Produkt in der richtigen Preisklasse.

© eyewave – stock.adobe.com

Beginnen Sie nicht mit dem günstigsten Artikel einer Produktkategorie!

**Beispiele:** *Der Verkäufer führt dem Kunden zunächst eine hochpreisige Küche vor. Falls dem Kunden diese nicht zusagt, kann eine günstigere Alternative gefunden werden.*

*Der Verkäufer wählt zunächst ein Bett der mittleren Preiskategorie. Je nach Kundenreaktion kann er danach eine günstigere oder hochwertigere Alternative wählen.*

**Merke**

Es ist für den Kunden immer angenehmer, wenn der Preis günstiger wird.

**PRAXIS Tipp**

Oft gibt Ihnen der Kunde bereits in der Bedarfsermittlung Hinweise auf die gesuchte Preiskategorie. Benutzt der Kunde Begriffe wie „hochwertig", „Qualität", „exklusiv" etc. spricht dies für eine hohe Preiskategorie.
Erwähnt der Kunde sein Budget oder nutzt Begriffe wie (Sonder-)Angebot, einfach, Auslaufmodell, Restposten etc. so sucht dieser einen günstigen Artikel.

### 4. Bieten Sie dem Kunden eine angemessene Auswahl.

Zeigen Sie dem Kunden eine Anzahl von Artikeln, die ihn nicht überfordert und trotzdem eine Auswahlmöglichkeit bietet. Ein grober Richtwert sind drei Produkte.

**Beispiele:** *Der Verkäufer zeigt dem Kunden zwei bis drei Schreibtische.*

Wissenswert: In einem Experiment wurden Kunden entweder eine kleine (3–5 Pralinen) oder eine große Auswahl an Pralinen gezeigt. Die Kunden mussten sich für eine Praline entscheiden. Im Nachhinein wurden die Kunden befragt, ob sie mit ihrer Wahl zufrieden waren.

Ergebnis: Die Kunden, die sich zwischen wenigen Pralinen entschieden haben, waren zufriedener. Die Kunden mit der großen Auswahl haben sich gefragt, ob nicht eine andere Praline besser gewesen wäre.

**Merke:** Eine zu große Auswahl überfordert den Kunden.

Aber auch nachdem Sie die richtigen Artikel ausgewählt haben, sollten Sie weitere Grundsätze berücksichtigen:

### 5. Gehen Sie sachgemäß mit der Ware um.

Behandeln Sie die Ware immer sorgfältig und vorsichtig. Beachten Sie bei der Vorlage der Ware auch die Erfordernisse des Produktes.

**Beispiele:** *Der Verkäufer fasst eine hochwertige Kamera vorsichtig an.*

*Aus hygienischen Gründen werden hinter der Fleischtheke Einweghandschuhe verwendet.*

6. Sprechen Sie die verschiedenen Sinne des Kunden an.

|  |  |  |  |  |
|---|---|---|---|---|
| **Riechen** | **Fühlen** | **Schmecken** | **Sehen** | **Hören** |
| Der Verkäufer lässt den Kunden am frisch gerösteten Kaffee riechen. | Der Verkäufer gibt dem Kunden ein Kissen in die Hand, damit dieser sich von der Qualität überzeugen kann. | Der Verkäufer bietet der Kundin Lebensmittel zum Probieren an. | Der Verkäufer führt dem Kunden ein LCD-TV vor. | Der Kunde kann den Klang einer Stereo-Anlage testen. |

7. Bieten Sie dem Kunden Zusatz- und Ergänzungsartikel an.

Kap. 4.8

**Beispiele:** *Der Verkäufer bietet die passende Matratze für das ausgewählte Bett an.*

*Der Verkäufer empfiehlt dem Kunden ein passendes Pflegemittel für den ausgesuchten Fußboden.*



8. Erwähnen Sie die Serviceleistungen Ihres Betriebes.

## Serviceleistungen

- Serviceleistungen fangen bereits mit der INFORMATION an. Informieren Sie den Kunden am besten schon im Eingangsbereich des Marktes.

**Beispiele:** *Der Real-Markt hat eine Infotheke im Eingangsbereich. Dort werden Kunden freundlich begrüßt und deren Anliegen behandelt.*

Zudem können Wegweiser und Beschilderungen den Kunden in die richtigen Gänge leiten und Informationstafeln und Monitore können ein Produkt erläutern. Gerade bei beratungsintensiveren Produkten oder unsicheren Kunden ist das Beratungsgespräch eine der wichtigsten Serviceleistungen. Hier können dem Kunden die Vorzüge eines Produktes, die richtige Handhabung bzw. Anwendung oder auch die Pflege eines Produktes erläutert werden. Zudem kommt es häufig vor, dass erst hier das richtige Produkt für den Kunden gefunden wird.

© Trueffelpix – stock.adobe.com

**Beispiele:** *Die Verkäuferin erläutert dem Kunden die Bedienung einer Waschmaschine.*
*Der Kunde benötigt ein Motoröl und schildert, welches Auto er fährt. Der Verkäufer sucht das passende Öl heraus.*

- Aber auch SICHERHEIT ist für den Kunden eine wichtige Serviceleistung. Geben Sie dem Kunden das Gefühl, dass er bei Ihnen nichts falsch machen kann. Dies kann auf der einen Seite über einen technischen Service geschehen, der Wartungs- und Reparaturarbeiten ausführt.

**Beispiel:** *Der Baumarkt Globi beschäftigt einen Mechaniker, der Rasenmäher repariert.*

Aber auch Garantieversprechen des Einzelhandels bieten dem Kunden zusätzliche Sicherheit. Diese gehen über die gesetzliche Gewährleistung hinaus. Garantien sind zudem frei gestaltbar. So kann ein Einzelhändler dem Kunden verschiedene Dinge garantieren.

> **Merke**
> **Gewährleistung:** gesetzlicher Anspruch des Käufers bei mangelhafter Ware.
> **Garantie:** freiwilliges Zusatzangebot vom Händler oder Hersteller.

**Beispiele:**
Frischegarantie: *Kunden erhalten einen 5 Euro Gutschein, falls Sie abgelaufene Ware im Laden finden.*
Geld-zurück-Garantie: *Kunden erhalten innerhalb einer Frist von 4 Wochen ihr Geld zurück, wenn ihnen die Ware nicht gefällt.*
Tiefpreisgarantie: *Sieht der Kunde einen Artikel in einem anderen Geschäft günstiger, bekommt er die Differenz zum Kaufpreis ausgezahlt.*
Garantie der Funktionsfähigkeit: *Kunden können einen Artikel innerhalb von 4 Jahren kostenfrei reparieren lassen oder umtauschen, falls das Gerät defekt ist.*

© abcmedia – stock.adobe.com

- Ein wichtiger Serviceaspekt für den Kunden ist auch die BEQUEMLICHKEIT. Bieten Sie dem Kunden an, dass die Artikel nach Hause geliefert und aufgebaut werden. Viele Kunden sind gerne bereit, einen höheren Preis für diesen Service zu akzeptieren.

**Beispiel:** *Das Möbelhaus bietet seinen Kunden ab einem Einkaufswert von 1 000,00 Euro eine kostenfreie Lieferung und Montage an.*

© Rido – stock.adobe.com



- Es existieren auch zahlreiche Serviceleistungen hinsichtlich der BEZAHLUNG. Im Euroraum ist Bargeld das einzige gesetzliche Zahlungsmittel. Alle weiteren Möglichkeiten, die Ware zu bezahlen, stellen Serviceleistungen des Einzelhändlers dar. Dies können Zahlungen per EC- oder Kreditkarte sein, aber auch die Möglichkeit einer Ratenzahlung.

**Beispiel:** *Für Küchen bietet das Möbelhaus eine 0 % Finanzierung an. Kunden können den Kaufbetrag wahlweise in 12 oder 24 Monaten abzahlen.*

## 4.4 Die Verkaufsargumentation

Warum sollte sich der Kunde für ein bestimmtes Produkt entscheiden? Oder anders: Warum ist ein Produkt genau das richtige für den Kunden? Diesen Fragen widmen Sie sich in der Verkaufsargumentation. Denn viele Kunden stellen sich – nachdem sie das Produkt gesehen haben – selbst diese Fragen. Ihr Ziel ist es daher, dem Kunden die Beantwortung dieser Fragen möglichst einfach zu machen.

Gehen Sie dabei auf die in der Bedarfsermittlung herausgefundenen Kundenansprüche und Kaufmotive ein. Stimmt ein Kundenanspruch mit einer Eigenschaft der Ware überein, entsteht ein Kundennutzen.

**Beispiel:**

| | |
|---|---|
| **Kaufmotiv** | Ein Kunde äußert während der Bedarfsermittlung, dass Kinder und Hunde das aktuelle Sofa stark verschmutzt und beschädigt haben. |
| **Wareneigenschaft** | Der Stoff aus Mikrofaser ist schmutzabweisend und robust. |
| **Kundennutzen / Verkaufsargumentation** | Durch den Bezug aus widerstandsfähigem und pflegeleichtem Mikrofaserstoff, haben Sie lange etwas von dem Sofa und können Verunreinigungen leicht und schnell entfernen. |

Verzichten Sie dabei auf zu viele Argumente. Es ist völlig ausreichend, wenn Sie die in der Bedarfsermittlung genannten Ansprüche bedienen. So müssen Sie nicht zusätzlich erwähnen, dass die Farbe voll im Trend liegt, die Federung besonders weich ist und sich ein zusätzlicher Stauraum unter den Sitzen befindet.

**Merke:** Warenwissen ist die Grundlage einer Verkaufsargumentation!

Für die Verkaufsargumentation sind gute Warenkenntnisse zwingend erforderlich. Nur wenn Sie genug über die Ware wissen, können Sie die passenden Wareneigenschaften erläutern.

Wenn Sie wissen, welche Wareneigenschaften dem Kunden wichtig sind und welchen konkreten Nutzen er daraus zieht, kommt es nur noch darauf an, wie Sie dem Kunden diese nahebringen. Hier gilt es, folgende Grundregeln zu beachten:

1. Argumentieren Sie nutzenbezogen, nicht warenbezogen.

Stellen Sie bei Ihrer Argumentation den Kundennutzen immer in den Mittelpunkt. Auch wenn die Ware noch so spektakuläre Eigenschaften hat, bleibt Sie ein Mittel, um für den Kunden einen Nutzen zu stiften.

**nutzenbezogen argumentieren**

Durch den neuartigen Mikrofaserstoff ist die Couch pflegeleicht und angenehm auf der Haut.

**warenbezogen argumentieren**

Diese Couch besteht aus einem neu entwickelten Mikrofaserstoff, der bisher nur in der Weltraumforschung verwendet wurde.



2. Sprechen Sie den Kunden direkt mit „Sie“ an.

Sprechen Sie den Kunden direkt persönlich mit „Sie“ an. Dadurch wird Ihr Verkaufsargument vom Kunden besser angenommen.

**direkte Ansprache mit „Sie“**

Auf dieser Couch sitzen Sie wegen der qualitativ hochwertigen Federung sehr bequem.

**keine direkte Ansprache**

Auf dieser Couch kann man wegen der qualitativ hochwertigen Federung sehr bequem sitzen.

3. Gehen Sie auf Kundenprobleme ein.

Ihr Kunde hat Ihnen schon einige Hinweise darauf gegeben, was wichtig führ ihn ist. Nutzen Sie diese Hinweise und stellen Sie seine Wünsche und Probleme immer an die erste Stelle. Im folgenden Beispiel hat der Kunde in der Bedarfsermittlung über Rückenprobleme durch langes Sitzen am Schreibtisch geklagt.

| Bezug zum Kundenproblem | ohne Bezug zum Kundenproblem |
| --- | --- |
| Auf diesem Schreibtischstuhl können Sie auch länger sitzen, ohne dass Ihnen der Rücken schmerzt. Die ergonomische Form wurde speziell für anspruchsvolle Kunden entwickelt und wird von Orthopäden empfohlen. | Der Schreibtischstuhl hat ein mehrfach ausgezeichnetes Design. Zudem können Sie zwischen 14 verschiedenen Farben wählen. |

4. Beziehen Sie die Ware in die Argumentation mit ein.

Um den Kunden die Vorteile eines Artikels deutlich zu machen, bietet es sich an, ihn den Artikel ausprobieren zu lassen. So kann er sich selbst vom Produkt überzeugen. Der Kunde kann z. B. auf einem Sofa Platz nehmen, um zu spüren, wie bequem es ist. Er kann auch eine Wolldecke in die Hand nehmen, um zu fühlen, wie flauschig und warm Sie ist.

Im Lebensmittelbereich kann er einen Artikel probieren, um zu schmecken, wie lecker er ist. In nahezu allen Bereichen bietet es sich an, den Kunden in Kontakt mit der Ware zu bringen und so eine sinnesbezogene Wahrnehmung zu ermöglichen.

| gut | noch besser |
| --- | --- |
| Auf diesem Schreibtischstuhl können Sie auch länger sitzen, ohne dass Ihnen der Rücken schmerzt. Die ergonomische Form wird von Orthopäden empfohlen. | Auf diesem Schreibtischstuhl können Sie auch länger sitzen, ohne dass Ihnen der Rücken schmerzt. Die ergonomische Form wird von Orthopäden empfohlen. Setzen Sie sich doch einmal und überzeugen Sie sich selbst!. |



5. Stellen Sie einen Erlebnisbezug her.

Um einen Erlebnisbezug herzustellen, bietet es sich an, die Verkaufsargumentation in drei Schritten durchzuführen: Nennen Sie zunächst ein

- Warenmerkmal (Schritt 1), erläutern Sie den damit verbundenen
- Kundennutzen (Schritt 2) und schildern Sie dem Kunden daraufhin einen
- Erlebnisbezug (Schritt 3).

Beispiele:

**Verkaufsargumentation**

| Schritt 1: Warenmerkmal | Schritt 2: Kundennutzen | Schritt 3: Erlebnisbezug |
|---|---|---|
| Der Esstisch verfügt über eine ausziehbare Tischplatte. | Somit nimmt er im Alltag wenig Platz weg und Sie können dennoch bei Bedarf auch mit größeren Gruppen daran sitzen. | Ihre nächste Familienfeier wird so garantiert zum Erfolg. |
| Die Schuhe verfügen über eine „Memory-Foam"-Sohle. | Dadurch passt sich die Sohle optimal an Ihren Fuß an. | Auch auf längeren Wanderungen bleibt der Schuh daher bequem. |
| Der Kaffeevollautomat verfügt über einen integrierten Milchaufschäumer. | Damit können Sie verschiedene Kaffeespezialitäten zubereiten. | Genießen Sie Ihr Frühstück in Zukunft mit einem leckeren italienischen Cappuccino. |



## 4.5 Die Preisnennung

Der Preis stellt für die meisten Kunden ein äußerst wichtiges Argument für oder gegen den Kauf eines Artikels dar. Überlegen Sie selbst einmal, wie oft Sie sich Dinge nicht gekauft haben, weil sie zu teuer waren, oder wie häufig Sie schon zugeschlagen haben, weil Sie ein gutes Angebot gesehen haben. Sie stellen sicher fest: Der Preis hat im Verkaufsgespräch eine wichtige Bedeutung. Er gibt den in Euro ausgedrückten Wert einer Ware wieder.

**Tipp**

Wenn Sie einen Kunden vom Wert eines Produktes überzeugen, so überzeugen Sie ihn auch vom Preis.

Der Wert, den die Ware für den Kunden hat, spiegelt sich aber nicht nur in einem Euro-Betrag wieder, sondern in seinem Nutzen für den Kunden.

Tipp

Achten Sie daher im Verkaufsgespräch stets darauf, dass Sie den Nutzen immer mit dem Preis verknüpfen und den Preis nie isoliert nennen!

**Preisnennung**

| positive Art | negative Art |
|---|---|
| Für 499,00 Euro erhalten Sie eine Couch, auf der Sie viele schöne Abende verbringen können. | Die Couch kostet 499,00 Euro. |
| Sie erhalten einen Sessel mit hochwertigem Lederbezug für 399,00 Euro. | Für den Sessel bezahlen Sie 399,00 Euro. |

So wird dem Kunden noch einmal deutlich, dass er für den Geldbetrag eine entsprechende Gegenleistung bekommt.

Grundsätzlich sind Kunden daran interessiert, möglichst wenig Geld für ein Produkt auszugeben. Es gibt allerdings auch Ausnahmen:

Ein hoher Preis wird von vielen Kunden als Anzeichen für eine hohe Qualität angesehen. Legt ein Kunde also auf eine hohe Qualität viel Wert, schreckt ihn ein hoher Preis selten ab. Zudem möchten sich einige Kunden auch gerne etwas gönnen.

4,99 Euro für eine Nachttischlampe? Das kann doch nur Ramsch sein!

- Ein hoher Preis signalisiert dem Kunden: Dieser Artikel ist etwas Besonderes.
- Extrem niedrige Preise werden vom Kunden hinterfragt. Der Kunde zweifelt, ob zu dem Preis ein Produkt in der gewünschten Qualität hergestellt und produziert werden kann.

## Methoden der Preisnennung

Um die Leistung bzw. den Nutzen für den Kunden noch stärker in den Vordergrund zu stellen, eignet sich die Sandwich-Methode.

Bei der Sandwich-Methode wird der Preis zwischen zwei Produktvorteilen genannt und rückt somit in den Hintergrund.

**Beispiel:**

Diese stilvolle Wohnzimmerlampe spendet immer ausreichend Licht, …

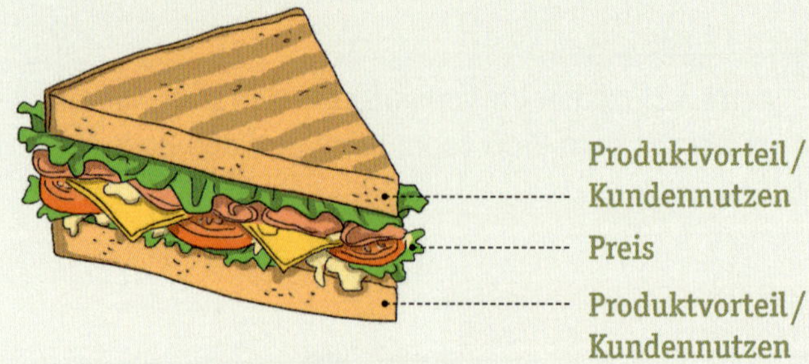


… und ist dank modernster LED-Technologie besonders energiesparend.

… kostet nur 79,00 Euro …

Dennoch wird der Preis klar und offen genannt. Oft werden Kunden jedoch vom Preis abgeschreckt. Dies passiert in der Regel dann, wenn die genannte Zahl dem Kunden sehr hoch erscheint. Aber auch für diesen Fall können Sie sich wappnen, indem Sie eine Methode zur Verhinderung von Preisschocks anwenden. Da mit diesen Methoden versucht wird, den Preis geringer erscheinen zu lassen als er ist, werden diese auch als psychologische Preissenkung bezeichnet.

Puzzle-Methode: Bei der Puzzle-Methode wird ein zusammengehöriger Kauf in einzelne Produkte zerlegt und somit werden auch nur einzelne Preise genannt.

| Gesamtpreis | Einzelpreise / Puzzle-Methode |
| --- | --- |
| Die Wohnzimmergarnitur kostet 1.547,00 Euro. | Die Couch kostet 899,00 Euro, der Sessel 349,00 Euro und der Couchtisch 299,00 Euro. |

Divisionsmethode: Bei der Divisionsmethode wird der Preis durch die Nutzungsdauer oder die Anzahl der Einheiten geteilt.

| Einfache Preisnennung | Divisionsmethode |
| --- | --- |
| Sie erhalten den formschönen Messerblock mit zehn Messern für 69,00 Euro. | Bei diesem hervorragenden Angebot zahlen Sie weniger als 7,00 Euro pro Messer. |

Preisstufenmethode: Bei der Preisstufenmethode wird nur der Mehrpreis zu einem Vergleichsprodukt genannt.

| Einfache Preisnennung | Preisstufenmethode |
| --- | --- |
| Die Küchenzeile kostet mit Spülmaschine 2.299,00 Euro und ohne 2.149,00 Euro. | Für nur 150,00 Euro mehr erhalten Sie zusätzlich eine Spülmaschine.  |

Zahlenverkleinerung: Große Zahlen werden kleiner dargestellt, indem z. B. die Tausenderstellen weggelassen werden.

| Einfache Preisnennung | Zahlenverkleinerung |
| --- | --- |
| Die Küchenzeile kostet mit Spülmaschine 2.500,00 Euro. | Die Küche kostet zwei-fünf.  |

Setzen Sie diese Methoden jedoch nicht zu oft und nur vorsichtig ein, da viele Kunden diese als „Trick" des Verkäufers auffassen.

Ein weiterer wichtiger Aspekt, auf den Sie bei der Preisnennung achten sollten, ist die Art der Formulierung. Achten Sie bei der Formulierung des Preises immer darauf, Begriffe mit positiver Bedeutung zu verwenden und Begriffe mit negativer Bedeutung zu vermeiden.

| Positive Formulierungen bei der Preisnennung | Negative Formulierungen bei der Preisnennung |
| --- | --- |
| günstig, preiswert, hochwertig, wertvoll oder in einem ganzen Satz verpackt:<br>• Es lohnt sich, für einen bequemen Sessel etwas mehr anzulegen.<br>• Die hohe Qualität des Produktes hat einen etwas höheren Preis zur Folge.<br>• Wir geben den Preisvorteil gerne an unsere Kunden weiter. | teuer, billig |

## 4.6 Der Umgang mit Kundeneinwänden

Kundeneinwände können unterschiedliche Ursachen haben und richten sich gegen unterschiedliche Dinge. In der Regel richten Sich Einwände gegen die Ware, das Geschäft, den Preis oder den Verkäufer.

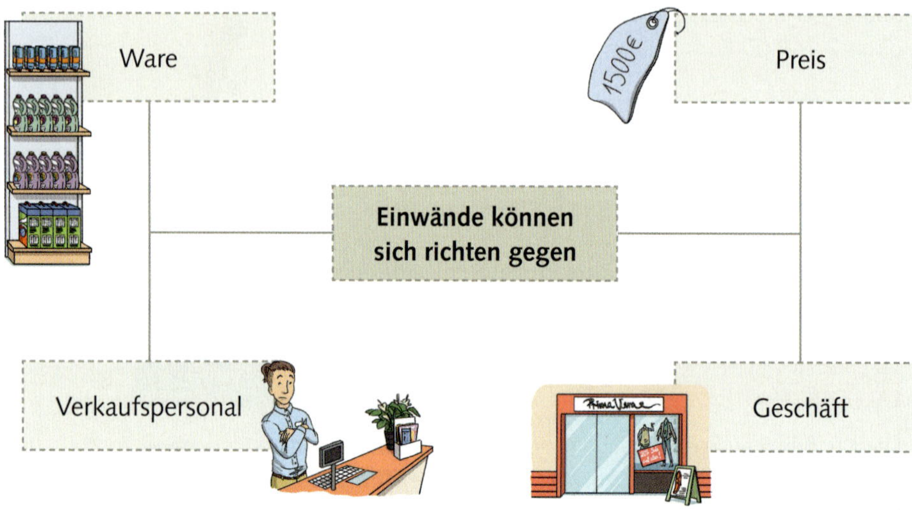




**Tipp**

Jeder Kundeneinwand stellt eine Chance dar.

### Die Ursachen von Kundeneinwänden

Ein echter Kundeneinwand ist sachlich begründet.
**Merke**

Im besten Fall fordert der Kunde durch seinen Einwand lediglich mehr Informationen. Diese Einwände werden vom Kunden häufig als Frage formuliert. Äußerungen wie z. B. „Ist die Couch wirklich so pflegeleicht wie beschrieben?" oder „Lohnt es sich an dieser Stelle wirklich 60,00 Euro mehr für einen Teppich zu investieren?" geben Ihnen die Möglichkeit, den Kunden gut über ein Produkt zu informieren.

Ein unechter Kundeneinwand dient dem Kunden als Ausrede, z. B. weil er sich nicht entscheiden möchte.
**Merke**

In vielen Fällen zeigt der Kunde Ihnen durch seinen Einwand aber, dass er noch nicht sicher ist, ob ein Produkt richtig für ihn ist. Hier äußern Kunden häufig, dass sie von einer bestimmten Eigenschaft der Ware nicht überzeugt sind. „Der Sessel ist extrem bequem aber ich bin mit nicht sicher, ob die Farbe zu meinen Möbeln passt" oder „Ich weiß noch nicht, ob ich so viel für einen Esstisch ausgeben möchte" sind typische Einwände bei unsicheren Kunden.

© Michael Traitov – stock.adobe.com

Im schlechtesten Fall sucht der Kunde über einen (unechten) Einwand nur eine Ausrede, um das Verkaufsgespräch zu beenden. Hier wird im Einwand häufig eine generelle Ablehnung des Produktes deutlich. Zudem zeigt Ihnen der Kunde durch seine Körpersprache, dass er das Gespräch beenden will, indem er auf die Uhr schaut, zum Ausgang blickt oder unruhig ist. In diesem Fall können Sie den Einwand nicht entkräften. Geben Sie dem Kunden das Gefühl, dass er jederzeit wieder willkommen ist.

**Ein Vorurteil ist wie eine Uhr, die steht. Wozu hinsehen, wenn das Ergebnis doch stets das gleiche bleibt?**
David Tatuljan

Auch wenn der Einwand durch ein Vorurteil begründet ist, können Sie als Verkäufer den Einwand kaum entkräften. „Ich kauf doch keine Küchengeräte aus China" oder „Marke X ist immer zu teuer" sind stark gefestigte Meinungen beim Kunden. Hier können Sie als Verkäufer lediglich einen Alternativartikel vorlegen.

Äußert der Kunde einen echten Einwand gegenüber einem Artikel, sagt er Ihnen damit zwei Dinge:

1. „Ich habe grundsätzlich ein Interesse daran, diesen Artikel zu kaufen."
   Der Kunde würde sich nicht die Mühe machen kritisch mit Ihnen über den Artikel zu sprechen, wenn er nicht verstärktes Interesse daran hätte.
2. „Ich habe mich bereits über den Artikel bzw. die Produktkategorie informiert und weiß, was ich will."
   Gut informierte Kunden sind deutlich besser in der Lage, kritisch über einen Artikel zu sprechen. Sie wissen, was ein Artikel können sollte. Ggf. kennen sie Testergebnisse und/oder Alternativartikel.



Bringt ein Kunde einen Einwand vor, muss es Ihr Ziel sein, eine gute Atmosphäre im Verkaufsgespräch beizubehalten und professionell mit dem Einwand umzugehen. Auf keinen Fall sollten Sie daher ungeduldig, genervt, beleidigt oder unhöflich reagieren. Vermeiden Sie es zudem, den Kunden zu belehren oder seinem Einwand rechthaberisch gegenüber zu treten. Sie sollten folgende Regeln beim Umgang mit Kundeneinwänden befolgen:

**Kundeneinwände geben Ihnen wichtige Informationen über den Kunden. Sie sind oftmals positiv für das Verkaufsgespräch.**

**Merke**

**Regeln für den Umgang mit Kundeneinwänden**

1. Lassen Sie den Kunden unbedingt ausreden (auch wenn Sie nach der Hälfte des Satzes schon wissen, was kommt).
2. Zeigen Sie nun Verständnis für den Einwand des Kunden.
3. Versuchen Sie nun, den Einwand zu entkräften oder zumindest abzufedern.

## Methoden, mit Einwänden umzugehen

Vorwegnahme-Methode: Viele Kundeneinwände werden Sie nicht nur einmal hören. In vielen Fällen sind die Kundeneinwände bei bestimmten Produkten sehr ähnlich. Für derartige Einwände eignet sich die Vorwegnahme-Methode. Nennen Sie den Einwand bereits in der Verkaufsargumentation selbst und entkräften Sie ihn direkt im nächsten Satz.

**Beispiel:** *„Viele Kunden fragen sich, ob eine derart leichte Bettdecke auch warm hält. Das tut sie, da sie aus modernster Mikrofaser besteht!"*

Oder:

**Beispiel:** *„Bei der Vielzahl von Funktionen könnte man erwarten, dass das Smart-TV nur von ausgebildeten Programmierern bedient werden kann. Aber keine Angst: Die Menüführung ist intuitiv. Sie müssen nur der Anleitung auf dem Bildschirm folgen."*

Bereiten Sie sich auf derartig häufige Einwände vor und verfassen Sie Ihren persönlichen Einwandkatalog, in welchem Sie häufige Einwände mit einer passenden Entkräftung festhalten.

Die Nachfragemethode: Möchten Sie mehr über den Hintergrund eines Einwandes erfahren, können Sie dies mit der Nachfragemethode erreichen. In erster Linie sollten Sie hier nach den Gründen für einen Einwand fragen.

Kunde: „Der Esstisch erscheint mir sehr klein."

Verkäufer: „Wie viele Personen sollen denn in der Regel am Tisch Platz nehmen können?"

Boomerang-Methode: Bei der Boomerang-Methode (auch Umkehrmethode genannt) wird ein vom Kunde vorgebrachter Einwand in einen Vorteil umgewandelt. Der Einwand des Kunden kommt somit wie ein Boomerang zum Kunden zurück.

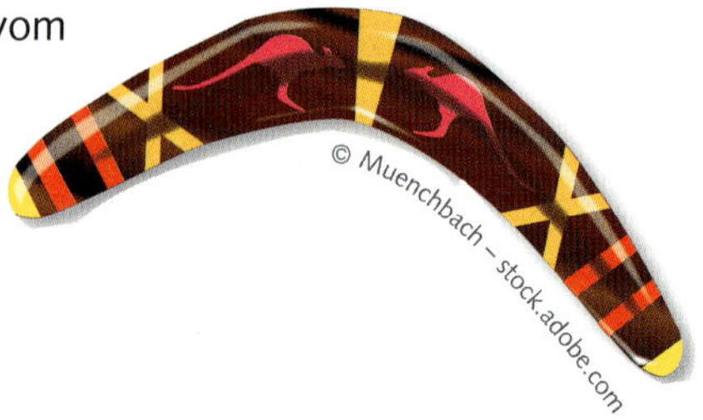

Kunde: „Die Couch erscheint durch das Kunstleder nicht gerade hochwertig."

Verkäufer: „Durch das Kunstleder ist die Couch allerdings besonders robust und pflegeleicht."

Ja/Aber-Methode: Die Ja/Aber-Methode besteht aus zwei Teilen: „Ja" und „Aber".

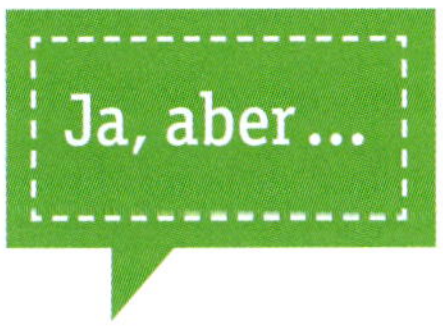


„Ja" steht dafür, dem Kunden erst Recht zu geben. So erhält der Kunden das gute Gefühl, dass seine Informationen und Gedankengänge richtig sind. Es wird vermieden, dass sein Einwand als „Quatsch" abgetan wird.

„Aber" steht dafür, den Einwand durch einen zusätzlichen Aspekt bzw. eine zusätzliche Wareneigenschaft zu entkräften.

Kunde: „Der Preis für diese LED-Lampe ist schon sehr hoch."

Verkäufer: „Das ist richtig. Allerdings sparen Sie damit so viel Strom, dass sich die Lampe innerhalb weniger Jahre rechnet."



PRAXIS Tipp

Das Wort „aber" wird von einigen Kunden als Widerspruch aufgefasst. Noch besser ist es daher, wenn Sie Begriffe wie „allerdings" oder „nichtsdestotrotz" verwenden.

Die Vergleichsmethode: Die Vergleichsmethode eignet sich für Einwände, die nicht zu entkräften sind. Für Sie als Verkäufer gilt es nur, den Kundeneinwand durch einen Vergleich abzuschwächen.

Dabei vergleichen Sie das vorgelegte Produkt mit einem anderen und zeigen auf, dass dieses mehr Vorteile aufweist oder der vom Kunden gebrachte Nachteil bei vergleichbaren Produkten noch deutlicher ausfällt.

Kunde: „Die Küche besitzt kein Ceranfeld."

Verkäufer: „Verglichen mit anderen Küchen dieser Preisklasse ist die Ausstattung allerdings sehr üppig."

## 4.7 Alternativangebote

Nicht immer liegen Sie mit Ihren Produktvorschlägen richtig. Und nicht immer haben Sie in Ihrem Geschäft ein Produkt vorrätig, wenn der Kunde nach einer speziellen Marke, Ausstattungsvariante oder Version eines Produktes fragt.

Teilen Sie in diesem Fall dem Kunden nur mit, dass der gewünschte Artikel nicht vorrätig ist, wird er das Geschäft enttäuscht verlassen. Sie verlieren damit eine Chance auf Umsatz und gegebenenfalls auch auf lange Sicht einen Kunden.

Besser ist es, dem Kunden ein Alternativangebot zu machen. Ist der gewünschte Artikel nicht da oder reagiert der Kunde auf einen vorgelegten Artikel ablehnend, sollten Sie ihm einen Artikel vorlegen, der seinen Anforderungen besser oder genauso gut entspricht. Gelingt Ihnen das, nimmt Ihnen der Kunde in der Regel nicht übel, dass ein Artikel nicht vorhanden ist. Außerdem ist in vielen Fällen der Markenname zur Verkehrsbezeichnung geworden. Möchte ein Kunde Tempos, Tesafilm oder Pampers, meint der damit eigentlich Papiertaschentücher, Klebefilm oder Windeln.

Auch bei Alternativangeboten sollten Sie auf positive Formulierungen achten und negative entsprechend vermeiden. Heben Sie die Vorteile des Alternativprodukts besonders hervor. Der Kunde soll in keinem Fall das Gefühl haben, dass das Alternativprodukt schlechter ist als das ursprünglich gewünschte Produkt. Es ist also wichtig, dass Sie Ihr Warenangebot gut kennen und entsprechende Warenkenntnis besitzen.

### Alternativangebote unterbreiten

| **Positive Formulierungen**  | **Negative Formulierungen**  |
| --- | --- |
| Der Kunde erfährt sofort, dass das vorgelegte Alternativprodukt Vorteile mit sich bringt.<br>Der Kunde bekommt die Zuversicht, dass er ein passendes Produkt erhält. | Begriffe wie „leider“, „nur“ oder „bedauerlicherweise“ geben dem Kunden das Gefühl, dass er die gewünschte Qualität nicht bekommen kann. Dies führt zur Enttäuschung des Kunden. |
| „Wir haben uns dazu entschlossen, Kissen der Marke Kuschel zu verkaufen. Sie bieten eine noch bessere Qualität und sind zudem preiswerter. Fühlen Sie doch mal, wie weich sie sind.“ | „Die Firma Flauschi führen wir leider nicht. Wir haben nur Modelle der Marke Kuschel.“ |

**Alternativangebote unterbreiten**

| Positive Formulierungen  | Negative Formulierungen  |
|---|---|
| „Wir verkaufen bereits das Nachfolgemodell der Power Shot, die Canon Xtreme Shot. Die Bildqualität wurde nochmals verbessert." | „Es tut mir Leid. Die Canon Power Shot ist nicht mehr zu haben." |
| „In unserem Sortiment haben wir einige Artikel, die für Sie noch besser geeignet sind." | „Bedauerlicherweise wird dieses Modell nicht mehr produziert." |

Im Gespräch mit dem Kunden sollten Sie möglichst wenig über nicht vorhandene Artikel sprechen. Stellen Sie dem Kunden deswegen sofort das Alternativangebot vor und geben Sie es ihm, wenn möglich, in die Hand.

Falls Sie sich nicht sicher sind, welches Alternativangebot für den Kunden richtig ist, stellen Sie ihm noch einige präzise Rückfragen, z. B. nach dem Verwendungszweck.

## 4.8 Zusatz- und Ergänzungsartikel

Ein Sofa ohne Kissen? Ein Salat ohne Soße? Ein Drucker ohne Papier? Ein Füller ohne Tinte? Viele Produkte entfalten ihren vollständigen Nutzen erst im Zusammenspiel mit einem weiteren Produkt. Diese Produkte werden Zusatz- und Ergänzungsartikel genannt.

Ergänzungsartikel sind Artikel, welche die Nutzung des Hauptartikels erst möglich machen. Sie sind somit zwingend erforderlich. Für den Drucker benötigen Sie zwingend Papier und für den Füller zwingend Tinte.

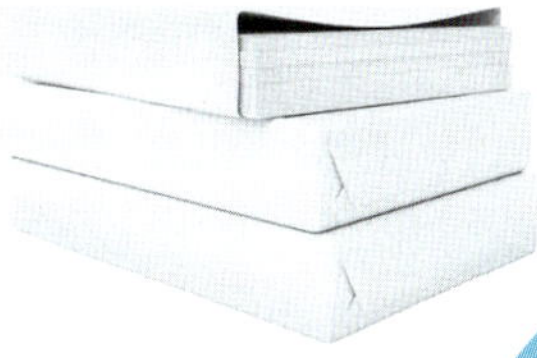

© tarras79, DNY3D – stock.adobe.com

Zusatzartikel erhöhen den Nutzen des Hauptartikels.
Merke

Zusatzartikel erhöhen den Nutzen des Hauptartikels oder besitzen wertsteigernde bzw. werterhaltende Funktionen haben. Das Sofa ist zwar ohne Kissen nutzbar, mit ist es allerdings bequemer. Genauso schmeckt der Salat mit Soße deutlich besser. Pflegemittel (z. B. für Lederschuhe) erhalten den Wert des Hauptartikels. Eine erweiterte Ausstattung, wie z. B. die Speicherkarte für das Smartphone oder die Klimaanlage im Auto, erhöhen ebenfalls den Wert.

PRAXIS Tipp

Lösen Sie das Problem des Kunden!
Dies ist oft mehr als nur der Verkauf eines einzelnen Artikels.

In manchen Fällen ist eine Abgrenzung von Zusatz- und Ergänzungsartikeln schwierig. Dies ist besonders dann der Fall, wenn die Nutzung ohne den Zusatz- bzw. Ergänzungsartikel zwar theoretisch möglich ist, aber kaum üblich. So ist es z. B. möglich, Müsli ohne Milch zu essen oder ohne Bettdecke auf einem Bett zu schlafen. In diesen Fällen lässt sich also darüber streiten, ob die Milch oder die Decke ein Ergänzungsartikel oder ein Zusatzartikel ist.

## Vorteile von Zusatz- und Ergänzungsartikeln

Für Sie als Verkäufer sind Zusatz- und Ergänzungsartikel ein wichtiger Bestandteil eines Verkaufsgespräches. Sie bieten Ihnen …

1. die Möglichkeit, die Kundenzufriedenheit deutlich zu erhöhen:

- Der Kunde wäre unzufrieden, wenn er erst zuhause feststellen würde, dass er den gekauften Artikel so noch gar nicht benutzen kann.
- Der Kunde ist umso zufriedener, wenn er gleich das passende Produkt zur Pflege, Reinigung etc. kaufen kann. So muss er sich keine weiteren Gedanken machen.
- Der Kunde ist auch zufriedener, wenn ein Zusatzartikel die Nutzungsmöglichkeiten deutlich verbessert. So bekommt er sogar noch mehr, als er eigentlich wollte.

- Auch die zusätzliche Information über Möglichkeiten, ihren Artikel noch zu verbessern ist für viele Kunden schon hilfreich.
- Nur in wenigen Fällen empfinden Kunden das zusätzliche Angebot als aufdringlich.

2. die Chance, den Umsatz Ihres Geschäftes zu steigern.

Beachten Sie beim Unterbreiten von Zusatz- und Ergänzungsartikeln folgende Aspekte:

- In der Regel sollten Sie Zusatz- und Ergänzungsartikel erst anbieten, nachdem sich der Kunde zum Kauf entschlossen hat, aber bevor er bezahlt.
- Bedarf der Artikel einer Erklärung, sollte dies noch vor dem Gang zur Kasse erfolgen. Andernfalls können aber auch an der Kasse weitere Artikel angeboten werden. Viele Schuhgeschäfte bieten Einlagen und Pflegeprodukte an der Kasse an.
- In einigen Fällen ist es aber sinnvoll, Zusatzartikel mit in die Verkaufsargumentation einzubeziehen. So ist z. B. die Sortenvielfalt von Kaffeekapseln ein Kaufargument für eine bestimmte Kaffeemaschine.
- Es ist ein nicht zu unterschätzender Mehrwert für den Kunden, wenn er in Fachgeschäften, eine Gesamtlösung angeboten bekommt. So erhält er alles aus einer Hand und muss nicht durch verschiedene Geschäfte laufen. Er erhält außerdem die Garantie, dass die einzelnen Komponenten zueinander passen.

| Einzelartikel | Gesamtlösung |
|---|---|
| Küchenschränke | Küche mit Küchenmöbeln, Elektrogeräten, Armaturen, Lieferung und Montage |
| Digitalkamera | Fotografie-Set mit Digitalkamera, Speicherkarte, Tasche, Stativ und Software für die Bildbearbeitung |
| Balkonpflanzen | Pflanzen, Blumenerde, Blumenkästen und Dünger |



Gibt es keine Komplettangebote von einem Hersteller, kann der Einzelhandel sogenannte Produktbündel selbst zusammenstellen und somit dem Kunden ein „rundum sorglos"-Paket anbieten. Dieses Vorgehen erhöht Kundenzufriedenheit, Kundenbindung und Umsatz gleichermaßen.

## Cross Selling

Eine weitere Möglichkeit, den Umsatz Ihres Geschäftes zu erhöhen, bietet Cross Selling (Querverkäufe). Dabei sollen dem Kunden möglichst viele verschiedene Produkte eines Geschäftes verkauft werden. Diese Produkte müssen nicht in einem direkten Zusammenhang zum Hauptkauf stehen. Es können auch Produkte anderer Abteilungen sein. Nutzen Sie die Tatsache, dass der Kunde bereits in Ihrem Geschäft und mit Ihnen im Gespräch ist. Fragen Sie den Kunden höflich, ob Sie ihm auch ein „ganz besonderes Angebot" oder das „neuste Modell der Marke XY" zeigen können.

# 4.9 Bekräftigung der Kaufentscheidung und Verabschiedung

Sie sind am Ende eines Verkaufsgespräches angekommen. Im Idealfall haben Sie bis jetzt alles richtig gemacht: Den Kunden freundlich begrüßt, sein Vertrauen gewonnen, den Bedarf genau ermittelt, dem Kunden ein passendes Produkt vorgelegt und durch die zahlreichen Kaufargumente ist der Kunde eventuell bereit, den Preis für den Artikel zu bezahlen. Ab hier gibt es nun drei Möglichkeiten, wie sich die Verkaufssituation weiter entwickelt:

1. Der Kunde möchte nichts kaufen.
2. Der Kunde ist noch unsicher.
3. Der Kunde hat sich bereits für den Kauf entschlossen oder steht kurz davor.

Falls die dritte Möglichkeit zutrifft, signalisiert der Kunde dies durch körpersprachliche (nonverbale) und verbale Kaufsignale.

| Körpersprachliche Kaufsignale | Verbale Kaufsignale |
|---|---|
| Der Kunde … | Der Kunde … |
| … betrachtet die Ware wiederholt genau. | … wiederholt die Kaufargumente. |
| … nickt zustimmend bei Kaufargumenten des Verkäufers. | … stimmt dem Verkäufer verbal zu. |
| … nimmt die Ware an sich. | … fragt nach Zahlungsmöglichkeiten. |
| | … fragt nach Zusatzartikeln. |

Äußert der Kunde direkt, dass er den Artikel kaufen will, können Sie den Kunden zur Kasse begleiten.

## Den Kaufabschluss herbeiführen

Äußert der Kunde den Kaufwunsch nur durch oben genannte oder andere Hinweise, stehen Ihnen Abschlusstechniken zur Verfügung.

**Kaufabschluss**

## Abschlusstechniken

### Zusammenfassen der wichtigsten Kaufargumente

**Beispiele:**

*„Da diese Couch besonders pflegeleicht ist und farblich perfekt zu Ihren Möbeln passt, ist sie wie für Sie gemacht."*

*„Die Küche bietet alles, was Sie wünschen: eine Spülmaschine, eine Kühl-Gefrier-Kombi und sogar einen Dampfgarer. Zudem ist eine hochwertige Granitplatte im Preis enthalten."*

### Stellen von Alternativfragen

**Beispiele:**

*„Möchten Sie den dunklen oder den hellen Bezug kaufen."*

*„Sagt Ihnen eher das grüne oder das rote Kissen zu?"*

### Formulieren von Suggestivfragen

**Beispiele:**

*„Den ersten Tisch fanden Sie doch schöner, oder?"*

*„Dieser Esstisch gefiel Ihnen doch besonders gut, stimmt's?"*

### Abgabe einer direkten Kaufaufforderung

**Beispiele:**

*„Bei diesem Preis sollten Sie zuschlagen."*

*„Darf ich Ihnen das Produkt einpacken?"*

Seien Sie mit einer direkten Kaufaufforderung jedoch vorsichtig. Diese kann vom Kunden als aufdringlich wahrgenommen werden.

Der Kunde hat sich entschieden. Dieser Verkauf ist Ihnen sicher! Doch was ist mit dem nächsten? Und wie können wir sicherstellen, dass der Kunde seine Entscheidung nicht bereut? Zudem liegt es auch im Interesse des Einzelhandels, dass der Kunde positiv über das Geschäft berichtet. Empfehlungen von Freunden und Bekannten sind eine kostenlose und sehr wirkungsvolle Werbung für das Unternehmen.

Daher sollten Sie auch auf der Zielgeraden des Verkaufsgesprächs keine Fehler machen und dafür sorgen, dass der Kunde das Geschäft zufrieden verlässt. Auch hier haben sich bestimmte Vorgehensweisen bewährt.

## Kaufabschluss

**Verhalten, nachdem sich der Kunde für den Kauf entschieden hat!**

### Wesentliche Kaufargumente verstärken

Beispiele:

*„Dank der umfangreichen Ausstattung werden Sie viele tolle Gerichte in der Küche zaubern können."*

*„Auf diesem Chefsessel werden Sie sicher bequem sitzen können. Die Rückenschmerzen werden ein Ende haben."*

### Besondere Qualität und Haltbarkeit nochmals hervorheben

Beispiele:

*„Durch das hochwertige Leder werden Sie lange Freude an dem Sofa haben."*

*„Mir haben schon viele Kunden erzählt, wie zufrieden sie mit dem Grill sind. Auch Sie werden damit viel Freude haben."*

### Zusätzliche Verwendungsmöglichkeiten erläutern

Beispiele:

*„In diesem Dampfgarer können Sie nicht nur frische Lebensmittel zubereiten. Auch Pizza oder Lasagne können Sie darin aufwärmen. Sie schmeckt daraus deutlich frischer als aus der Mikrowelle."*

*„Und falls Sie mal etwas Besonderes mit Ihrem Grill machen möchten: Nutzen Sie ihn nicht nur für Steak und Bratwurst, sondern räuchern Sie auch mal eine Forelle oder bereiten im speziellen Einsatz eine köstliche Grillpizza zu!"*

### Pflegehinweise geben

Beispiele:

*„Den Bezug können Sie problemlos in der Waschmaschine waschen, wenn er mal schmutzig wird."*

*„Stellen Sie die Pflanze am besten an einen sonnigen Platz. Dann wird sie schnell wachsen."*

### Zusätzliche Serviceleistungen nennen

Beispiele:

*„Falls irgendwas an der Küche nicht stimmen sollte, können Sie uns unter unserem Servicetelefon jederzeit erreichen."*

*„Wir bieten Ihnen eine 24-monatige Garantie. So sind Sie auf der sicheren Seite."*

Sofern es in Ihrem Geschäft vorgesehen ist, begleiten Sie den Kunden mit der Ware zur Kasse. Dieser Weg bietet Ihnen die Chance, durch ein Gespräch mit dem Kunden zusätzliche Pluspunkte zu sammeln. Nutzen Sie dieses Gespräch am besten für eine der oben geschilderten Vorgehensweisen. Achten Sie aber weiterhin darauf, dass ...

- ... der Kunde seinen Artikel zur Kasse selbst tragen kann. Oft kann der Kunde es kaum erwarten, den gewünschten Artikel zu besitzen. Geben Sie ihm dieses Gefühl so früh wie möglich.
- ... Sie neben dem Kunden hergehen. So haben Sie die beste Möglichkeit miteinander zu sprechen.
- ... Sie Blickkontakt halten und die Freude über das neue Produkt mit ihm teilen. So verknüpft der Kunde Sie und das Geschäft mit etwas Positivem.

## Verabschiedung

Am Schluss eines Verkaufsgespräches steht die Verabschiedung. Signalisieren Sie dem Kunden mit einem Lächeln, dass Sie ihn gerne bedient haben, egal ob der Kunde sich für oder gegen einen Kauf in Ihrem Geschäft entschieden hat.

Der erste Eindruck zählt, der letzte bleibt.

Tipp

Auch wenn ein Kunde heute nichts kauft, soll er sich morgen wieder für Ihr Geschäft entscheiden. Beenden Sie die Verabschiedung mit einem freundlichen Wunsch, wie z. B.

„Viel Spaß mit dem Produkt."

oder

„Ich wünsche Ihnen noch einen schönen Abend/Tag."

Aufgaben

1. Ein Kunde möchte sich in Ihrem Geschäft nur umschauen. Wie verhalten Sie sich?
2. Entwickeln Sie jeweils einen kurzen Begrüßungsdialog für folgende Situationen:
   a) Ein Kunde geht orientierungslos durch einen Baumarkt auf der Suche nach Dübeln.
   b) Ein Kunde betrachtet ein Notebook in einem Elektronik-Fachmarkt.
   c) Sie stehen an der Information eines Verbrauchermarktes. Ein Kunde kommt zielgerichtet auf Sie zu.
   d) Ein Stammkunde betritt Ihr Geschäft.
3. Viele Verkäufer begrüßen den Kunden mit der Frage „Kann ich Ihnen helfen?“. Erläutern Sie, ob diese Frage zielführend ist.
4. Erläutern Sie, weshalb unterschiedliche Bedienungsformen auch unterschiedliche Arten der Kontaktaufnahme erfordern.
5. Begründen Sie, weshalb ein Vertrauensauslöser zu Beginn eines Verkaufsgesprächs sinnvoll ist.
6. Sammeln Sie zu drei Artikeln Ihrer Wahl jeweils fünf Kaufmotive. Unterscheiden Sie hierbei, ob es sich um rationale oder emotionale Kaufmotive handelt.
7. Welche Art der Bedarfsermittlung macht in den folgenden Fällen Sinn? Begründen Sie Ihre Entscheidung.
   a) Ein Kunde kommt in einen Fachmarkt und will eine Digitalkamera kaufen.
   b) An einem Marktstand interessiert sich ein Kunde für verschiedene Dips.
   c) Bei einem Juwelier interessiert sich eine Kundin für einen Ring.
   d) Ein Kunde sucht nach einem passenden Pflegemittel für seine Möbel.
8. Ein Kunde interessiert sich für folgende Produkte:
   a) ein Bett
   b) einen Fernseher
   c) ein Notebook
   d) ein Waschbecken
   e) Hundefutter
   f) Wein

   Formulieren Sie jeweils drei bis fünf Fragen, mit denen Sie den Bedarf des Kunden genauer ermitteln können.
9. Erläutern Sie, wie Sie verschiedene Sinne bei der Vorlage folgender Produkte ansprechen können:
   a) Ledersessel
   b) Notebook
   c) Wein
   d) Brötchen
   e) Bodylotion
   f) Wollpullover

10. Erläutern Sie, wie Ihr Ausbildungsbetrieb verschiedene Sinne der Kunden anspricht.

11. Baumarkt-Azubi Kevin tönt in der Berufsschule: „Will ein Kunde einen Rasenmäher kaufen, zeige ich ihm unsere komplette Auswahl. Diese unterscheidet uns schließlich von der Konkurrenz!" Bewerten Sie diese Aussage.

12. Erläutern Sie einen sachgemäßen Umgang mit der Ware anhand eines Beispiels aus Ihrem Ausbildungsbetrieb.
Tauschen Sie anschließend Ihre Lösung mit einem weiteren Schüler aus der Klasse aus und kennzeichnen Sie, welche Regeln der Verkaufsargumentation von Ihrem Mitschüler berücksichtigt wurden.
Machen Sie – falls nötig – weitere Vorschläge, wie Ihr Mitschüler die Verkaufsargumentation noch besser hätte umsetzen können.

13. Wer schafft mehr? Sammeln Sie für einen Artikel Ihrer Wahl innerhalb von fünf Minuten möglichst viele Verkaufsargumente. Dabei zählen auch verschiedene Begriffe für einen ähnlichen Sachverhalt (z. B. preiswert und günstig) als jeweils ein Punkt.

14. Formulieren Sie für folgende Artikel jeweils ein Warenmerkmal, einen daraus resultierenden Kundennutzen und einen Erlebnisbezug.
   a) Küchenmixer
   b) Fußballschuhe
   c) Gartenmöbel
   d) Holzkohle-Grill
   e) Winterjacke
   f) Playstation
   g) einen Artikel Ihrer Wahl

15. Begründen Sie, weshalb Sie den Preis nie isoliert nennen sollten.

16. Formulieren Sie in wörtlicher Rede eine Preisnennung nach der Sandwich-Methode für drei Artikel Ihres Ausbildungsbetriebes.

17. Wenden Sie eine Methode zur Vermeidung von Preisschocks für folgende Artikel an:
   a) Kaffeeautomaten, der in der Version mit Milchaufschäumer 459,00 Euro kostet und ohne 419,00 Euro.
   b) Eine Druckerpatrone für 6,00 Euro mit der 600 Seiten gedruckt werden können.
   c) Ein Schlafzimmer für 989,00 Euro, bestehend aus Bett, Nachtisch, Kleiderschrank und Kommode.
   d) Eine Wohnwand kostet 3.500,00 Euro.

18. In der Regel möchte der Kunde ein möglichst günstiges Produkt kaufen. Erläutern Sie anhand eines Beispiels, warum in Ausnahmefällen ein hoher Preis positiv vom Kunden wahrgenommen wird.

19. Begründen Sie, warum Sie als Verkäufer keine Panik vor Einwänden Ihrer Kunden haben sollten.

20. Verfassen Sie je zwei Beispiele für einen Kundeneinwand …
… bei dem der Kunde weitere Informationen fordert.
… bei dem der Kunde noch unsicher ist.
… bei dem der Kunde eine Ausrede vorbringt.

Aufgaben

21. Suchen Sie sich ein Produkt aus Ihrem Sortiment aus, gegen das sich häufiger Kundeneinwände richten. Notieren Sie diese Einwände und machen Sie Vorschläge in wörtlicher Rede, wie Sie diese Einwände durch die Vorwegnahme-Methode verhindern können.

22. Beurteilen Sie, wie Sie auf folgenden Einwand reagieren können: „Mikrofaser-Bettwäsche? Auf keinen Fall. Darin schwitzt man ja wie verrückt.“!

23. Wählen Sie ein geeignetes Vorgehen, um mit folgenden Kundeneinwänden umzugehen und formulieren Sie eine Antwort in wörtlicher Rede:
    a) „Der helle Bezug ist bestimmt total empfindlich.“ (Sofa mit abnehmbarem Bezug)
    b) „Boxspringbetten sind aber viel bequemer.“ (Bett für 99,00 Euro)
    c) „Boxspringbetten sind aber viel bequemer“ (Schlafcouch mit Bettkasten)
    d) „Die Jacke wirkt so dünn. Hält die denn auch warm?“ (Outdoor-Jacke für Sportler)
    e) „Diese Hose gefällt mir nicht.“ (Jeans der Marke Camp-David)
    f) „Der Preis für diesen Drucker erscheint mir sehr hoch.“ (Farb-Laserdrucker)
    g) „Der Koffer ist sehr leicht. Ist der überhaupt stabil?“ (Hartschalen-Koffer)

24. Nennen Sie Alternativprodukte zu folgenden Kundenwünschen:
    a) Nutella
    b) Rolex
    c) Persil
    d) Maggi
    e) Soja-Milch
    f) Kaffeepad-Maschine
    g) IPad
    h) Federkern-Matratze

25. Formulieren Sie Ihren Produktvorschlag zu den Beispielen aus Aufgabe 23 in wörtlicher Rede.

26. Erläutern Sie, wie Sie dem Kunden das Gefühl geben, dass ein Alternativprodukt mehr als eine Notlösung ist.

27. Erläutern Sie den Unterschied zwischen Zusatzartikeln, Ergänzungsartikeln und Cross Selling.

28. Begründen Sie, warum Verkäufe neben dem eigentlichen Hauptartikel für Einzelhandelsgeschäfte eine wichtige Rolle spielen.

**29.** Nennen Sie zu folgenden Produkten mögliche Ergänzungs- und Zusatzartikel:
a) Bettgestell
b) Holzkohlegrill
c) Schuhe
d) Notebook
e) Fernseher
f) Katzentoilette
g) Spülmaschine
h) Staubsauger

**30.** Gerade Fachgeschäfte bieten den Kunden verstärkt Komplettlösungen an:
a) Beschreiben Sie ein Komplettangebot aus der Branche Ihres Ausbildungsbetriebes.
b) Erläutern Sie die damit für den Kunden und das Geschäft verbundenen Vorteile.

**31.** Bilden Sie Gruppen zu je 4 Personen. Stellen Sie anschließend in einem Standbild ein körpersprachliches Signal dar, mit welchem der Kunde verstärktes Kaufinteresse zeigt.

**32.** Erleichtern Sie dem Kunden die Entscheidung für folgende Produkte, indem Sie eine geeignete Abschlusstechnik anwenden. Formulieren Sie Ihre Antwort in wörtlicher Rede:
a) Winterjacke
b) Mikrowelle
c) Rinderfilet
d) Joggingschuhe
e) Rasenmäher
f) Bürostuhl

**33.** Sammeln Sie Gründe, weshalb Kunden manchmal kurz vor Abschluss des Verkaufsgespräches noch zögern. Überlegen Sie anschließend, wie Sie am besten auf das Zögern reagieren.

**34.** Die Kunden haben sich für den Kauf der in Aufgabe 32 genannten Artikel entschieden. Beschreiben Sie, welche Punkte Sie auf dem Weg zur Kasse noch ansprechen können.

**35.** Erläutern Sie die Bedeutung des folgenden Satzes im Verkaufsgespräch: „Der erste Eindruck zählt, der letzte bleibt.“.

Aufgaben

**36.** Eine Kundin hat sich im Verkaufsraum für einen hochwertigen Esstisch aus Echtholz entschieden. Da dieser im Lager nicht vorrätig ist, muss er bestellt werden. Der Arbeitsplatz für die Bestellungen ist allerdings gerade durch einen anderen Mitarbeiter belegt, sodass es zu einer ca. fünfminütigen Wartezeit kommt.

a) Sammeln Sie Aspekte, die Sie während der Wartezeit mit der Kundin besprechen können.

b) Verfassen Sie einen Dialog zur Situation aus der Aufgabe.

**37.** Verfassen Sie ein Verkaufsgespräch zu folgenden Situationen:

a) Ein Kunde möchte einen PC für sein Home-Office kaufen. Der Kunde hat keine Ahnung von Technik. Legen Sie in dem Verkaufsgespräch besonderen Wert auf die Bedarfsermittlung, die Verkaufsargumentation und Zusatz- und Ergänzungsartikel.

b) Eine Kundin möchte für ihre Geburtstagsfeier Grillfleisch bestellen. Es kommen 30 Gäste. Legen Sie bei dem Verkaufsgespräch besonderen Wert auf die Bedarfsermittlung und die Verkaufsargumentation.

c) Eine Kundin möchte eine Küchenmaschine kaufen. Sie hat sehr hohe Ansprüche an die Qualität des Gerätes. Daher schlagen Sie ein hochpreisiges Gerät vor. Legen Sie in dem Verkaufsgespräch besonderen Wert auf die Verkaufsargumentation und die Preisnennung.

d) Eine Kundin möchte einen Cross-Trainer kaufen. Sie ist gut informiert, allerdings unsicher hinsichtlich der Eigenschaften des Gerätes. Zudem zögert sie bei der Kaufentscheidung. Legen Sie bei dem Verkaufsgespräch besonderen Wert auf die Einwandbehandlung und den Verkaufsabschluss.

e) Ein Kunde kauft einen Artikel Ihrer Wahl aus Ihrem Ausbildungsbetrieb. Legen Sie bei dem Verkaufsgespräch besonderen Wert auf die Begrüßung und die Warenvorlage. Versuchen Sie zudem mit dem Angebot verschiedener Serviceleistungen zu punkten.

Hinweise

1. Teilen Sie sich die Teilaufgaben a–e innerhalb der Klasse in Kleingruppen auf.
2. Führen Sie die Verkaufsgespräche ein zweites Mal vor und legen Sie dabei zudem ein Augenmerk auf die Körpersprache.

**38.** Nicht immer werden in einem Verkaufsgespräch alle Phasen durchlaufen. Erläutern Sie, auf welche Phasen Sie unter welchen Umständen verzichten können.

## Kunden im Servicebereich Kasse betreuen

1. Tätigkeiten im Kassenbereich zügig und fehlerfrei durchführen
2. Rechtliche Regelungen beim Abschluss von Kaufverträgen beachten
3. Zahlungsnachweise erstellen und umsatzsteuerliche Vorschriften beachten
4. Kunden über die verschiedenen Zahlungsarten informieren
5. Kaufmännische Rechenverfahren einsetzen

© Robert Kneschke – stock.adobe.com

© Drobot Dean – stock.adobe.com

# LF 3

# 1 Tätigkeiten im Kassenbereich zügig und fehlerfrei durchführen

Im Einzelhandel hat der Kassenbereich eine zentrale Bedeutung. Zum einen kommt es hier zu einem letzten (in manchen Verkaufs- und Betriebsformen sogar zu dem einzigen) Kontakt zwischen Kunde und Verkäufer und zum anderen erfolgt bei der Zahlung der Tausch von Geld gegen Ware (Erfüllungsgeschäft).

Die Kasse hat neben der Einnahme des Geldes in der Regel noch eine weitere Funktion: die Erfassung der Verkaufsdaten.

Die Kundenzufriedenheit und die Kundenbindung werden durch die Bedingungen am Kassenbereich stark beeinflusst.

## 1.1 Kassensysteme im Einzelhandel

Kassensysteme nehmen in Einzelhandelsunternehmen eine zentrale Position ein.

© auremar – stock.adobe.com

Sie erfassen alle Geldvorgänge, die mit Warenverkäufen verbunden sind, und sie stellen die Daten der Warenverkäufe zur Verfügung.

Darüber hinaus dienen sie zur Aufbewahrung der Bargeldeinnahmen aus den Warenverkäufen sowie zur Aufbewahrung des Wechselgeldes.

### 1.1.1 Die Entwicklung von Kassensystemen im Einzelhandel

#### ■ Einfache mechanische Registrierkassen

Kassensysteme wurden Ende des 19. Jahrhunderts erfunden. Sie bestanden aus rein mechanischen Registrierkassen mit einem Bargeldfach und hatten die Funktion, die Verkaufssummen sowie den Nachweis des Abverkaufs zu erfassen.

© sugar0607 – stock.adobe.com

Durch deren Einführung wurde die Abrechnung der Kundeneinkäufe vereinfacht sowie der Betrug durch Mitarbeiter vermindert.

Die ersten Kassensysteme waren große, schwere Kassen. Die Informationseingabe erfolgte über das Drücken eines seitlichen Hebels.

## Erste elektronische Kassensysteme

Die ersten elektronischen Kassen wurden in den 1960er-Jahren eingeführt. Die Preisangaben wurden durch einen Leuchtbalken angezeigt. Elektronische Kassen mit Monitor-Display und einem eigenen Betriebssystem folgten in den 1970-er- und 1980er-Jahren. In dieser Zeit bildeten elektronische Kassensysteme die zentrale Grundlage, um Manager mit aktuellen Informationen zu versorgen und die Wirtschaftlichkeit bei der Abwicklung des Kassiervorgangs zu steigern. (vgl. www.enzyklopaedie-der-wirtschaftsinformatik.de/)

www

## Moderne Registrierkassen und Scanner

Einen neuen Meilenstein stellte die Entwicklung von Scannern (POS-Technologie) für die Handelskassen in den 1970er-Jahren dar. Gleichzeitig erfolgte die Einführung der EAN-Strichcode. (Bis 2009: European Article Number. Ablösung ab 2009 durch: GTIN – Global Trade Item Number)

Durch die Verbreitung der Scannerkassensysteme im Einzelhandel wurden bereits Anfang der 1980er-Jahre die über Scanner ermittelten Daten der Abverkäufe für die interne als auch für die betriebsübergreifende Marktforschung interessant.

40181 700982



**Merke**

Der Vorteil der elektronischen Datenerfassung lag vor allem in der Geschwindigkeit und Genauigkeit der Erfassung, ohne dass der Kassierer alle Warenkurzcodes im Kopf haben musste oder er diese per Tastatur eingeben musste.

157

## 1.1.2 Bestandteile der Kassensysteme im Einzelhandel

Das Kassensystem ist im Regelfall ein IT-System. Es besteht aus den folgenden Komponenten:

**Programmlogik**

Die einzelnen Systeme werden zunehmend komplexer und weisen eine hoch entwickelte, dem Bedarf des Einzelhandelsunternehmens entsprechende Programmlogik auf.

**Bargeldlade**

Die Bargeldlade dient der Aufbewahrung des Bargeldes.

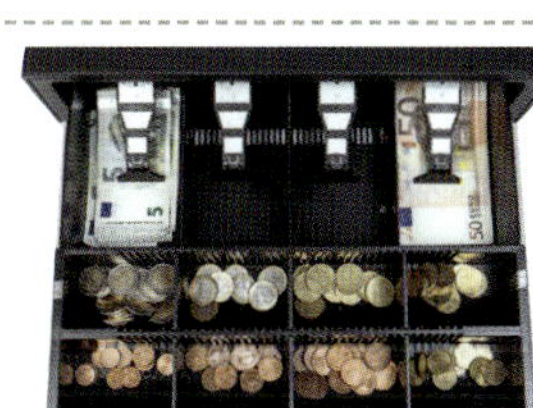



▶

**Erfassungseinheit (z. B. Tastatur, Scanner, Lesegerät)**

Bei diesem Kassensystem ist ein Scanner die Erfassungseinheit. Die Daten werden von dem Scanner an das Programm weitergegeben und verarbeitet.

**Bondrucker**

LF 10

Mithilfe des Bondruckers wird der Kassenbon für den Kunden ausgedruckt.
Dieser wird auch im Falle einer Reklamation oder eines Umtausches benötigt.

### 1.1.3 Das Kassensystem als Teil des Warenwirtschaftssystems (WWS)

Unter dem Warenwirtschaftssystem (WWS) versteht man eine Software für die mengen- und wertmäßige Erfassung und Kontrolle der Warenströme eines Unternehmens. Somit liefert das Warenwirtschaftssystem dem Einzelhändler wertvolle Informationen.

LF 6



Jeder Kassiervorgang, der mit einem an ein Warenwirtschaftssystem angebundenes Kassensystem getätigt wird, liefert dem Einzelhändler wertvolle Daten über:

- den Kunden (bei Kartenzahlung): Kundendaten, Kaufgewohnheiten etc.
- den Artikel: vorhandene Menge, wann nachbestellt werden muss, wie schnell sich der Artikel verkaufen lässt usw.

Diese Informationen werden auf dem Computer, der sogenannten Zentraleinheit, erfasst und angezeigt. Diese Zentraleinheit ist mit anderen Geräten, den sogenannten Peripheriegeräten, verbunden. Diese Peripheriegeräte können z. B. Datenkassen, Scanner, Tastaturen oder Touchscreens, Tablets, mobile Daten-Erfassungsgeräte (MDE), elektronische Waagen oder Zahlungsterminals sein.

*Die zentralen Bereiche eines WWS sind:*
1. *der Verkauf von Ware*
2. *die Beschaffung von Ware*
3. *der Wareneingang*
4. *die Lagerhaltung*

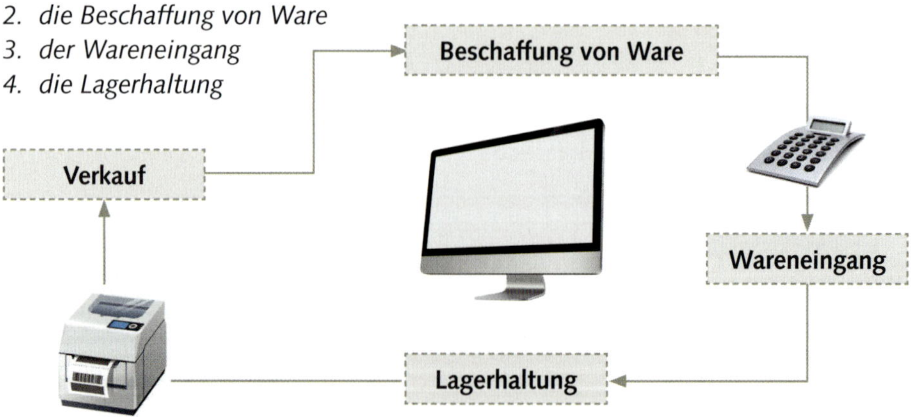

**Bei dem Warenwirtschaftssystem wird unterschieden:**

| | |
|---|---|
| 1. geschlossenes Warenwirtschaftssystem | Hier werden alle Warenbewegungen eines Einzelhandelsunternehmens wert- und mengenmäßig erfasst von der Bestellung der Ware beim Lieferanten über die Lagerhaltung bis zum Warenausgang. |
| 2. integriertes Warenwirtschaftssystem | Hier werden neben dem ursprünglichen Warenwirtschaftssystem weitere Informationssysteme, z. B. der Lieferanten oder der Banken, genutzt. Um diese Systeme nutzen zu können, muss das Internet verfügbar sein. |

§ Dem Schutz der personenbezogenen Daten kommt eine besondere Bedeutung zu. Der § 1, Absatz 1 des BDSG (Bundesdatenschutzgesetzes) lautet: „Zweck dieses Gesetzes ist es, den Einzelnen davor zu schützen, dass er durch den Umgang mit seinen personenbezogenen Daten in seinem Persönlichkeitsrecht beeinträchtigt wird".

Seit dem 25. Mai 2018 gilt die EU-Datenschutzgrundverordnung (DSGVO) für alle Unternehmen verbindlich. Die DSGVO soll das Datenschutzrecht an die technische Entwicklung angleichen und für ein einheitliches Datenschutzniveau innerhalb der Europäischen Union sorgen. Das Ziel der Datenschutzgrundverordnung ist der Schutz der Kundinnen oder Kunden vor Datenmissbrauch durch die zunehmende Digitalisierung (z. B. Zahlung mit Karte oder Einsatz von Kundenkarten). Eine Datenverarbeitung von personenbezogenen Daten wie Name, Geburtsdatum oder IP-Adresse ist nach Artikel 5 der DSGVO grundsätzlich verboten. Erlaubt ist dies erst dann, wenn die betreffende Person ihre Zustimmung erteilt.

Um die erhobenen Daten vor Verlust, Missbrauch, unberechtigtem Zugriff oder Verfälschung zu schützen, sind Maßnahmen zum Datenschutz notwendig. Eine dieser Maßnahmen ist die Bestellung eines Datenschutzbeauftragten. Dies ist seit der Gültigkeit der Datenschutzverordnung Pflicht bei Unternehmen, in denen mindestens 10 Personen personenbezogene Daten verarbeiten. Zu den Aufgaben der Datenschutzbeauftragten zählen u. a.:

- Überwachung der Einhaltung der Datenschutzverordnung
- ordnungsgemäße Anwendung der Datenverarbeitungsprogramme
- Überwachung der Einhaltung unternehmensinterner Regeln für den Schutz personenbezogener Daten
- Schulung und Sensibilisierung von Mitarbeitern

## 1.1.4 Fortschrittliche und zeitgemäße Kassensysteme

Fortschrittliche Kassensysteme sind sehr komplex und eignen sich für den Einsatz in Filialen großer Einzelhandelsketten. Durch deren Einsatz werden die Verkaufsdaten der einzelnen Filialen zusammengetragen und verarbeitet.

Bei diesen Kassensystemen wird zunehmend auf eine Tastatur verzichtet. Das Kassenpersonal wird in seiner Arbeit unterstützt, indem beim jeweiligen Kassierprozess nur die unbedingt benötigten Tasten auf dem Touch-Screen-Display angezeigt werden.

Auch viele andere Aufgaben sind mit dem Kassensystem durch die Integration in die Warenwirtschaft durchführbar. So können Kassierende beispielsweise an Ort und Stelle Preise überprüfen oder die Bestände und Lieferungsmöglichkeiten abfragen.

Moderne Kassen erlauben es dem Kunden, bereits während des Scannens seinen Kleingeldvorrat in die Münzeinheit einzuwerfen, die den Betrag umgehend zählt und auf dem Display anzeigt. Das Wechselgeld wird in der besten Stückelung zurückgegeben. Im Tagesablauf wird der über dem erforderlichen Wechselgeldvorrat liegende Bargeldbestand automatisch in eine sichere Transportkassette umgefüllt, wobei das Gerät die Echtheit der Scheine prüft und die Geldbestände zentral registriert.

Durch spezielle Apps können Tablets in Kassensysteme verwandelt werden. Diese erledigen Kassiervorgänge und ermöglichen die bedienerfreundliche Abwicklung der Produkt-Bestandspflege.

**Tipp**

Die Entwicklung der Kassensysteme schreitet immer weiter fort. Wer sich für den Fortschritt und die aktuellen Kassensysteme interessiert, kann sich auf den entsprechenden Internetseiten der Anbieter informieren.

Wie vielfältig die Aufgaben sind, die ein Kassensystem zu erfüllen hat, ist u. a. abhängig von der Unternehmensgröße, dem eventuellen Einsatz in Filialbetrieben und der Verkaufsform.

**Merke**

### 1.1.5 Die Kasse als Geldautomat

Was vor einigen Jahren undenkbar war, ist schon heute in einigen Supermärkten ein alltägliches Vorgehen: Kunden zahlen an der Kasse nicht nur für ihre Ware, sondern sie heben auch Bargeld ab. Auch das Einzahlen von Bargeldmünzen ist zunehmend im Kassenbereich möglich. Das Kassenpersonal übernimmt Aufgaben von Banken.

**Abheben von Bargeld**

Das Abheben des Bargeldes erfolgt durch die Vorlage der Girocard. Mittlerweile ist es auch möglich, mithilfe eines Strichcodes auf dem Smartphone zu bezahlen. (vgl. www.barzahlen.de)

Kap. 4.4.1

www

**Einzahlung von Bargeldmünzen**

Durch den Einsatz von Coincashern wird der Einzelhandel zunehmend zu einer Anlaufstelle für Kunden, die in Sparschweinen, Gläsern oder Schubladen Bargeldmünzen anhäufen.
Wie bei einem Leergutautomaten können die Kunden in den Coincasher die Münzen einwerfen und erhalten einen Beleg. Der dort aufgeführte Wert kann bar ausgezahlt oder gegen Ware verrechnet werden.

Tipp

Obwohl diese Serviceleistungen für den Einzelhandel zusätzliche Aufgaben darstellen, ist der Kundennutzen hoch: Viele Kunden erledigen ihre Einkäufe dort, wo diese Serviceleistungen angeboten werden.

## 1.2 Die Aufgaben des kassierenden Verkäufers

### 1.2.1 Freundliche und aufmerksame Kundenbetreuung

Das „Kassieren" kann sich für den Kunden auf unterschiedliche Art und Weise gestalten. Dies ist abhängig von der Verkaufs- und Betriebsform des Einzelhandels.

Bei einem Einkauf von Lebensmitteln in einem Supermarkt erlebt der Kunde an der Kasse oft den einzigen persönlichen Kontakt zum Verkäufer. Lässt der Kunde sich hingegen in einem Fachgeschäft, z. B. einer Parfümerie oder einem Schmuckfachhandel, von einem Verkäufer beraten, dann wird dieser häufig auch das Kassieren übernehmen oder den Kunden zur Kasse begleiten.

Hier findet vermutlich der **erste und letzte** Kontakt zwischen Kunde und Verkäufer statt.

Hier wurde der Kunde bereits **vor** dem Kassieren von einer Verkäuferin beraten.

**Beispiel:**
*An der Kasse vom „Bio-Shopping-Paradies" fragt Herr Kern seine Kunden, ob sie mit dem Einkauf zufrieden waren. Häufig weist er auf weitere Serviceleistungen, wie zum Beispiel den Einpack- oder Transportservice oder die Bargeldauszahlung, hin. Jedem Kunden wünscht er noch einen schönen Tag.*

**Merke:** Damit die Kunden den Einkauf positiv in Erinnerung behalten, sollte der Verkäufer an der Kasse den Kunden freundlich verabschieden.



**Tipp:** Wenn sich der „Kassierer" freundlich und aufmerksam gegenüber den Kunden verhält, werden die Kunden das Einzelhandelsunternehmen mit einem guten „Bauchgefühl" verlassen. Sie werden auch in Zukunft gerne wiederkommen. Möglicherweise werden sie das Einzelhandelsunternehmen auch ihren Freunden und Bekannten weiterempfehlen.

Ein zügiges und kundenfreundliches Kassieren stellt besondere Anforderungen an den verantwortlichen Verkäufer. Hierzu gehören:

- das Durchführen von vorbereitenden Tätigkeiten an der Kasse
- das Anbieten von Serviceleistungen LF 2
- das Unterbreiten von Zusatzangeboten (Ergänzungsangebote)
- kundenfreundliche Verabschiedung
- die konsequente Einhaltung von Kassieranweisungen und -regeln
- die sorgfältige Durchführung der Kassenabrechnung

## 1.2.2 Vorbereitende Tätigkeiten an der Kasse

Vor der Öffnung des Einzelhandelsunternehmens sollte der Kassenbereich in einem Zustand sein, der ein zügiges Kassieren ermöglicht und Verzögerungen vermeidet. Deshalb hat der verantwortliche Kassierer vorbereitende Tätigkeiten durchzuführen.

**Vorbereitende Tätigkeiten an der Kasse:**

© oneblink1 – stock.adobe.com

1. Der Kassenbereich sollte ordentlich aufgeräumt sein.
2. Es sollte ausreichend viel Wechselgeld vorhanden sein.
3. Die Kartenlesegeräte sollten funktionsfähig sein.
4. Verpackungsmaterial und Transportmöglichkeiten sollten bereitliegen. Plastiktüten werden immer seltener und werden in vielen Geschäften nicht mehr kostenlos herausgegeben.
5. Vordrucke für Quittungen, Personalkaufbelege, Gutscheine, Kassenrollen und Stifte zum Ausfüllen oder zum Unterschreiben sollten bereitliegen.
6. Die Preislisten für Stückpreise sollten stets auf dem aktuellen Stand sein.

Werden diese vorbereitenden Tätigkeiten nicht sorgfältig und vollständig ausgeübt, kann es zu starken Verzögerungen beim Kassieren kommen. Kassenrollen müssten dann erst im Bürobereich gesucht und geholt werden oder es wäre kein Wechselgeld vorhanden. Unnötige Wartezeiten würden entstehen und die Kunden wären zu Recht verärgert.

© Robert Kneschke – stock.adobe.com



**Beispiel:**

*Sofort nach dem Öffnen des „Bio-Shopping-Paradieses" kommt der erste Kunde in das Geschäft. Er will ganz schnell vor Antritt seiner Dienstreise Zahnpasta kaufen, die er nur hier erhält. Seine Arbeitskollegin wartet im Auto auf ihn. Schnell greift er im Regal nach der Zahnpasta und ist in weniger als einer Minute an der Kasse. Die Verkäuferin begrüßt ihn freundlich und nennt den zu zahlenden Betrag: „… dann hätte ich gerne 3,45 EUR von Ihnen!" Der Kunde legt der Verkäuferin einen 20-Euro-Schein hin. Sie sagt: „Bitte zahlen Sie den Betrag passend, ich kann nicht wechseln!" Der Kunde sagt, dass er kein Kleingeld dabei hat und in Eile ist. Die Verkäuferin erwidert: „Das tut mir leid! Aber wir müssen auf meine Kollegin warten. Erst dann kann ich im Büro Wechselgeld holen. Ich kann die Kasse jetzt nicht alleine lassen." Der Kunde ist sehr verärgert, weil er unnötig lange warten muss.*

Kundenfreundliches und fachkompetentes Verhalten im Kassenbereich sorgt für Kundenzufriedenheit und schafft Kundenbindung.

**Merke**

## 1.2.3 Kassieren nach Kassieranweisungen

Jedes Einzelhandelsunternehmen ist unterschiedlich organisiert. Entsprechend unterscheiden sich auch die Kassieranweisungen bzw. Kassierregeln. So verschieden diese jedoch sein können, streben sie doch alle die Verhinderung von Kassendifferenzen und Kassierfehlern an. Darüber hinaus sollen sie auch dazu beitragen, dass der Kassiervorgang so zügig wie möglich abläuft.

© Robert Kneschke – stock.adobe.com

**Beim Kassieren sind deshalb folgende Abläufe und Regeln zu beachten:**

1. Den Kunden freundlich begrüßen.
2. Die Ware vollständig erfassen (eventuell auch Sichtkontrolle des Einkaufskorbs oder -wagens).
3. Dem Kunden die Gesamtsumme des Einkaufs nennen und gegebenenfalls an der Kasse zeigen.
4. Je nach betrieblichen Bedingungen den Kunden nach Parkschein (zum Abstempeln), Kundenkarte, Payback-Karte etc. fragen.
5. Nur die vom Unternehmen akzeptierten Zahlungsarten annehmen und dem Kunden gegebenenfalls erläutern.
6. Zahlungsvorgang tätigen (je nach Zahlungsart unterschiedlich). Bei der Barzahlung mit Papiergeld beachten: Scheine zunächst auf Echtheit prüfen, danach sichtbar an die Kasse klemmen. Das Wechselgeld vorzählen und dem Kunden geben. Den Geldschein erst nach Beendigung der Zahlung in die Kasse einsortieren!
7. Darauf achten, dass keine kundenbezogenen Daten von anderen Kunden eingesehen werden können.
8. Die Ware und den Kassenbon nach der Zahlung übergeben.
9. Den Kunden freundlich verabschieden.



Kap. 3.5

Durch zügiges Kassieren werden längere Wartezeiten vermieden. Das führt zu einer erhöhten Kundenzufriedenheit.
Merke

Zur Vorbeugung von Misstrauen gegenüber dem Kassenpersonal sollten eigene Einkäufe sowie die Einkäufe von nahen Angehörigen nicht selber kassiert werden. Auch sollte man kein eigenes Geld im Kassenbereich dabei haben.
Merke

**Beispiel:** *Im „Bio-Shopping-Paradies" werden alle Mitarbeiter an den Kassen angewiesen, eigene Einkäufe oder Einkäufe von Familienmitgliedern nicht selber zu kassieren und während der Tätigkeit an der Kasse kein eigenes Geld dabei zu haben. Dies beugt Misstrauen und falschen Verdächtigungen vor.*

## 1.2.4 Kassenabrechnung und Kassenbericht

© Klaus Eppele – stock.adobe.com

Zu den Aufgaben an der Kasse gehört auch die Erstellung eines Tageskassenberichts (Tageslosung = Summe der Bareinnahmen). In der Regel wird dieser am Ende der Dienstschicht eines Kassierers durchgeführt. Aufgrund der längeren Öffnungszeiten im Einzelhandel erfolgt der Personaleinsatz an der Kasse immer häufiger im Schichtdienst. Somit findet die Übergabe der Kasse mehrmals am Tag sowie am Tagesende statt. Hat der Kassierer einen hohen Bestand an Bargeld in der Kasse, nimmt er häufig Bargeld aus der Kasse und legt dieses in den Verwaltungsbereich, bringt es zur Bank oder legt es in einen Tresor (Barentnahmen bzw. Kassenabschöpfung). Damit bringt er das Geld „in Sicherheit".

Bei den elektronischen Kassensystemen erfolgt der Kassenbericht in der Regel innerhalb weniger Sekunden per Knopfdruck und sieht wie folgt aus:

**Bargeldbestand am Ende des Tages**

\+ Bargeldentnahmen (z. B. Kassenabschöpfung, Barzahlung von Betriebsausgaben, Barauszahlung von Aushilfskräften)
– Kassenbestand zu Beginn des Tages
– weitere Bareinlagen während des Tages (z. B. Einlage von weiterem Wechselgeld)

**= Tageslosung**

© Patryk Kosmider – stock.adobe.com

Nicht selten ist im Einzelhandelsunternehmen ein sogenannter Kassensturz notwendig. Hierbei handelt es sich um eine ungeplante Kassenkontrolle. Der Kassierer vergleicht den Kassen-Ist-Bestand (den zum betrachtenden Zeitpunkt in der Kasse tatsächlich vorhandenen Bargeldbestand) mit dem Kassen-Soll-Bestand (Betrag, der im Kassenbericht steht).

Tipp

Die Durchführung eines Kassensturzes sollte immer von einer weiteren Verkaufsperson beaufsichtigt werden!

Entspricht die Tageslosung dem aktuellen Bargeldbestand in der Kasse, ergeben sich keine Differenzen. Liegen keine Differenzen vor, kann daraus geschlossen werden, dass das Wechselgeld korrekt herausgegeben worden ist, dass kein Kassendiebstahl vorgenommen wurde und keine Kassierfehler unterlaufen sind.

**Soll-Bestand > Ist-Bestand**

Stellt sich heraus, dass der Soll-Bestand der Kasse höher ist als der Ist-Bestand, dann fehlt Geld in der Kasse.

Die Ursachen dafür können sein: Es wurde zu viel Wechselgeld herausgegeben, es wurde Geld aus der Kasse gestohlen oder unterschlagen oder es ist ein Kassierfehler unterlaufen (indem ein höherer Betrag eingegeben worden ist).

**Soll-Bestand < Ist-Bestand**

Ergibt sich, dass der Soll-Bestand geringer ist als der Ist-Bestand, dann befindet sich zu viel Geld in der Kasse.

Die Ursachen können sein: Es wurde zu wenig Wechselgeld herausgegeben oder es ist ein Kassierfehler unterlaufen (indem ein geringerer Betrag eingegeben worden ist).



Zum Kassensturz kann es aus verschiedenen Gründen kommen:

- Der Kunde beschwert sich, weil er angeblich zu wenig Wechselgeld erhalten hat.
- Es besteht der Verdacht, dass ein Mitarbeiter Geld gestohlen oder unterschlagen hat.
- Beim Kassieren hat sich ein Fehler eingeschlichen.

## 1.2.5 Sichere Bedienung der Kassensysteme

Die sichere Bedienung des entsprechenden Kassensystems ist eine wichtige Voraussetzung für einen zügigen und fehlerfreien Kassiervorgang. Zu den Anforderungen der zügigen Bedienung einer Kasse gehören auch die Stornierung von getätigten Eingaben sowie die Herausgabe von Wechselgeld. Je nach technischer Ausstattung des im Einzelhandelsunternehmen vorhandenen Kassensystems bedarf es bei der Einarbeitung von neuen Mitarbeitern einer intensiven Einführungsphase, die mit Verzögerungen im Kassenbereich verbunden sein kann.

**Merke**

Zur Vermeidung von langen Wartezeiten sollte die Einarbeitung in ein neues Kassensystem nicht während der verkaufsintensiven Zeiten erfolgen.

**Beispiel:**

*Im Bio-Shopping-Paradies weist eine erfahrene Mitarbeiterin eine neue Kollegin in das Kassensystem der Lebensmittelabteilung ein.*

## 1.2.6 Serviceleistungen an der Kasse anbieten

LF 2

Hat der Kunde eine Kaufentscheidung (Phasen eines Verkaufsgespräches) getroffen, geht er an die Kasse, um die Ware zu bezahlen. Auch der „letzte Eindruck“ sollte für den Kunden angenehm sein und ihn zum Wiederkommen einladen. Neben der Berücksichtigung der oben erwähnten Aspekten zur Kundenfreundlichkeit und zum zügigen Ablauf des Kassierens sollten dem Kunden deshalb noch weitere kundenorientierte Serviceleistungen angeboten werden.

LF 1

Abhängig von der Betriebsform, der Verkaufsform und des Sortimentes werden an der Kasse unterschiedliche Serviceleistungen angeboten.

Die an der Kasse angebotenen Serviceleistungen können sich auf die Ware, die Zahlung oder den Nachkauf beziehen.

**1. Serviceleistungen an der Kasse, die sich auf die Ware beziehen**

| | | **Erläuterungen und Beispiele** |
|---|---|---|
|  © JenkoAtaman – stock.adobe.com | **Geschenke-Verpackungs-service** | Kaufen die Kunden Geschenke, sind sie froh, wenn diese auch verpackt werden.<br>**Beispiel:**<br>Besonders vor Weihnachten werden Einpackstationen eingerichtet. |
|  © georgerudy – stock.adobe.com | **Verpackungs-service** | Das Einpacken der gekauften Ware ist für die Kunden häufig sehr mühsam.<br>**Beispiel:**<br>An der Kasse kann der Verkäufer dem Kunden helfen, die Ware in entsprechende Transportbehälter (z. B. Taschen) einzupacken. |
|  © Minerva Studio – stock.adobe.com | **Waren-zustellung** | Schwere oder sperrige Ware wird nach Vereinbarung eines Liefertermins kostenlos nach Hause geliefert.<br>**Beispiel:**<br>Besonders ältere Kunden schätzen es, wenn schwere Ware nach Hause geliefert wird. |

| | | |
|---|---|---|
| <br>© John Maldoror – stock.adobe.com | **Änderungs-service** | Sollte die Ware nicht passen, kann diese durch eine Änderung angepasst werden.<br>**Beispiel:**<br>Zu lange Hosen können gekürzt oder zu weite Kleider enger gemacht werden. |
| <br>© auremar – stock.adobe.com | **Informations-service** | Der Kassierer kann den Kunden über Besonderheiten informieren.<br>**Beispiel:**<br>Der Kunde wird über Sonderangebote oder Rabattaktionen informiert. |

## 2. Serviceleistungen an der Kasse, die sich auf die Zahlung beziehen

| | | |
|---|---|---|
| <br>© Drobot Dean – stock.adobe.com | **Kunden-karte** | Der Kunde kann die Kundenkarte nur in diesem Einzelhandelsunternehmen einsetzen. Er kann damit bezahlen, Rabatte in Anspruch nehmen oder er wird über Aktionen und Angebote informiert.<br>**Beispiel:**<br>In einer bestimmten Aktionswoche erhalten Kunden auf die Bezahlung mit der Kundenkarte 10 % Rabatt. |
| <br><br>© GrafKoks – stock.adobe.com | **Kredit-beratung bei Kreditkauf/ Ratenkauf** | Bei höheren Kaufbeträgen haben die Kunden die Möglichkeit, einen Kredit aufzunehmen, also Geld zu leihen, oder die Ware auf Raten zu kaufen (der Kaufpreis wird durch kleinere Geldbeträge bezahlt).<br>**Beispiel:**<br>Der Kaufpreis für ein E-Bike kann von dem Kunden nicht sofort bezahlt werden. Er entscheidet sich für einen Ratenkauf und zahlt innerhalb von zwei Jahren jeden Monat 30 EUR. |

LF 14
LF 6

**3. Serviceleistungen an der Kasse, die sich auf den Nachkauf (nachdem der Kauf getätigt worden ist) beziehen**

| | | |
|---|---|---|
|  © auremar – stock.adobe.com | **Umtausch** | Wenn der Kunde mit der gekauften Ware nicht zufrieden ist, kann er sie zurückbringen und sie wird gegen andere Ware umgetauscht oder der Kunde erhält einen Gutschein bzw. Bargeld.<br><br>**Beispiel:**<br>Die Kundin hat eine Lavendelseife als Geschenk für eine Freundin gekauft. Erst zu Hause ist ihr eingefallen, dass die Freundin den Duft von Lavendel nicht mag. Sie tauscht die Lavendelseife gegen Zitronenseife um. |
| 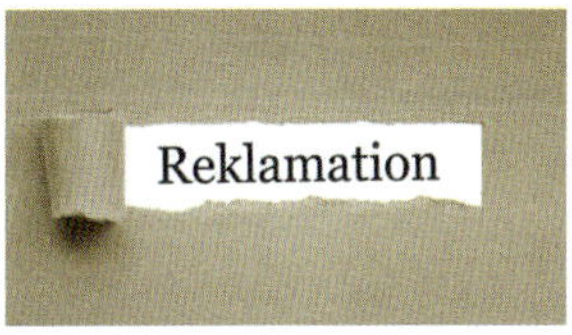  © Coloures-Pic – stock.adobe.com | **Reklamation** | Wenn die gekaufte Ware fehlerhaft ist, kann diese reklamiert werden.<br><br>**Beispiel:**<br>Der Kunde reklamiert Schuhe, die er vor einer Woche gekauft hat. Bei den Schuhen löst sich die Sohle ab. |

LF 10

LF 10



## 1.2.7 Zusatzangebote an der Kasse unterbreiten

LF 2

Häufig werden an den Kassenzonen preislich erschwingliche Ergänzungsartikel oder auch Süßigkeiten angeboten.

Die Warenpräsentation an der Kassenzone wird auch die Quengelzone genannt, weil die Ware aufgrund des erschwinglichen Preises für Spontaneinkäufe geeignet ist.

Insbesondere die Süßigkeiten lösen bei Kindern häufig einen dringenden Kaufwunsch aus. Wenn die Eltern nicht auf diesen Wunsch eingehen wollen, kommt es vor, dass die Kinder anfangen zu „quengeln“.

In der Quengelzone befinden sich Artikel, die preislich erschwinglich sind und Impulskäufe auslösen können.

Merke

Aufgaben

1. Im Bio-Shopping-Paradies beobachten Sie, wie Ihr Kollege an der Kasse recht unfreundlich einen Kunden verabschiedet. Sie bekommen noch mit, dass der Kunde sagt: "Ein solches Verhalten muss ich mir nicht bieten lassen!" Sie sprechen Ihren Kollegen auf die Situation an. Dieser erwidert: „Der hat für 150,00 EUR hier gekauft – dann wollte er, dass ich ihm die Sachen einpacke. Natürlich hatte ich dazu keine Lust. Das ist doch kein Grund sich aufzuregen."

   Wie beurteilen Sie die Situation?

2. An der Kasse des Bio-Shopping-Paradieses herrscht Aufregung. Ein Kunde beschwert sich lautstark über das Wechselgeld: „Sie haben mir 30,00 EUR zu wenig an Wechselgeld gegeben. Bitte geben Sie mir jetzt die noch fehlenden 30,00 EUR!" Walter Kern, der Verkäufer, antwortet: „Das kann doch gar nicht sein, Sie haben mir 20,00 EUR gegeben. Bei einem Einkauf in Höhe von 9,90 EUR bekommen Sie 10,10 EUR zurück und die habe ich Ihnen gegeben!" Der Kunde ist sehr wütend und beharrt auf seinem Standpunkt, dass er noch 30,00 EUR zu bekommen hat. Walter Kern ruft seinen Abteilungsleiter, um das weitere Vorgehen zu besprechen. Der Abteilungsleiter stellt fest, dass Walter Kern ein Fehler unterlaufen ist: Er hat den Geldschein, den der Kunde ihm gegeben hat, bereits in die Kasse eingeräumt.

   a) Wie sollte ein Kassierer grundsätzlich beim Kassieren vorgehen, um eine solche Situation zu vermeiden?
   b) Was könnte Walter Kern jetzt unternehmen, um die Situation zu retten?
   c) Walter Kern hat sich entschieden, einen Kassensturz durchzuführen. Wie sollte er rechnerisch hierbei vorgehen und was muss er beachten?

3. Stellen Sie Ihrer Klasse im Detail vor, wie Sie in Ihrem Ausbildungsbetrieb kassieren.

   a) Welche Kassieranweisungen haben Sie zu berücksichtigen?
   b) Beschreiben Sie Situationen, die nicht alltäglich sind. Wie sind Sie hierbei vorgegangen?

4. Stellen Sie Ihrer Klasse das Kassensystem aus Ihrem Unternehmen vor. (Hierfür können Sie eine PowerPoint-Präsentation erstellen oder ein Plakat gestalten.)

   Gehen Sie hierbei auf die Komponenten des Kassensystems ein und beschreiben Sie die Informationen, die das Warenwirtschaftssystem Ihrem Unternehmen liefert.

# 2 Rechtliche Regelungen beim Abschluss von Kaufverträgen beachten

Kaufverträge können nur dann zustande kommen, wenn die rechtlichen Voraussetzungen erfüllt sind. Um dies zu überprüfen, bedarf es einer genaueren Auseinandersetzung mit den Rechtssubjekten, der Rechts- und Geschäftsfähigkeit, der Rechtsobjekte, der Rechtsgeschäfte und Willenserklärungen, dem Verpflichtungs- und Erfüllungsgeschäft, der Vertragsfreiheit und der Nichtigkeit und Anfechtbarkeit von Rechtsgeschäften.

## 2.1 Rechtssubjekte

Rechte können nur durch Rechtssubjekte ausgeübt werden. Rechtssubjekte sind alle Träger von Rechten und Pflichten. Träger von Rechten und Pflichten sind natürliche und juristische Personen.

**Rechtssubjekte**

| natürliche Personen | juristische Personen |
|---|---|
| alle Menschen | • des Privatrechts (z. B. Kapitalgesellschaften (GmbH, AG) oder eingetragene Vereine (e.V.)<br>• des öffentlichen Rechts (z. B. Bund, Länder, Gemeinden, Kammern, IHK, gesetzliche Krankenkassen) |

© vegefox.com – stock.adobe.com

171

## 2.2 Rechtsfähigkeit

Rechtsfähigkeit bedeutet die Fähigkeit, Träger von Rechten und Pflichten zu sein. Diese Fähigkeit können alle Menschen, als natürliche Personen, ausüben. Rechtsfähig sind aber auch juristische Personen im Sinne des Privatrechts (Kapitalgesellschaften, Genossenschaften, eingetragene Vereine, private Stiftungen) und des öffentlichen Rechts (Bund, Länder, Gemeinden, Universitäten, Schulen, IHK).

**§ 1 BGB: Beginn und Ende der Rechtsfähigkeit**

| | | |
|---|---|---|
|  © salajean – stock.adobe.com | **Natürliche Personen** | Die Rechtsfähigkeit beginnt bei allen natürlichen Personen mit der Vollendung der Geburt und sie endet mit dem Tod der natürlichen Person. |
|   © styleuneed – stock.adobe.com | **Juristische Personen des Privatrechts** | Die Rechtsfähigkeit beginnt bei juristischen Personen des Privatrechts mit der Gründung bzw. mit der Eintragung in das entsprechende öffentliche Register (Handelsregister, Vereinsregister). Die Rechtsfähigkeit endet mit der Löschung aus diesem Register. |
|   © Heike Jestram – stock.adobe.com | **Juristische Personen des öffentlichen Rechts** | Die Rechtsfähigkeit beginnt bei juristischen Personen des öffentlichen Rechts durch eine staatliche Verleihung. Die Rechtsfähigkeit endet mit der Auflösung. |

## 2.3 Geschäftsfähigkeit

Die Rechtsfähigkeit einer natürlichen oder juristischen Person sagt nichts darüber aus, inwieweit diese Person in der Lage ist, ihren Willen in Selbstverantwortung zum Ausdruck zu bringen. Hierfür wird eine gewisse geistige Entwicklung und Reife vorausgesetzt. Auch juristische Personen können nur durch Menschen handeln, die als „gesetzlicher Vertreter" oder als „Organ" bezeichnet werden. Deshalb werden bei der Geschäftsfähigkeit verschiedene Stufen unterschieden, die größtenteils an das Alter gebunden sind.

Anders als bei der Rechtsfähigkeit muss bei der Geschäftsfähigkeit im Einzelfall entschieden werden, ob die Geschäftsfähigkeit vorliegt.

Bei der Geschäftsfähigkeit werden die folgenden Altersgruppen und Menschen mit einer dauerhaften Geistesstörung unterschieden:

**Geschäftsfähigkeit** ist die Fähigkeit, Rechtsgeschäfte selbstständig wirksam abzuschließen.

Merke

## Stufen der Geschäftsfähigkeit

| 0–6 Jahre und dauerhaft Geistesgestörte | 7–17 Jahre | ab 18 Jahre |
|---|---|---|
|   |  |   |
| © Syda Productions, bernanamoglu – stock.adobe.com | © Monkey Business, Mike Uhlemann – stock.adobe.com | |

### Alter: 0–6 Jahre

| | |
|---|---|
| **Geschäftsfähigkeit nach BGB** | geschäftsunfähig (§ 104) |
| **Rechtsgeschäfte nach BGB** | Willenserklärungen (WE) sind unwirksam. |
| **Besonderheiten nach BGB** | Kauft ein Geschäftsunfähiger im Auftrag des gesetzlichen Vertreters, handelt er als Bote. Er überbringt die Willenserklärung des gesetzlichen Vertreters. Damit wäre z. B. ein Kauf gültig. |

### Alter: 7–17 Jahre

| | |
|---|---|
| **Geschäftsfähigkeit nach BGB** | beschränkt geschäftsfähig (§ 106) |
| **Rechtsgeschäfte nach BGB** | Willenserklärungen (WE) sind schwebend unwirksam. |
| **Besonderheiten nach BGB** | Ausnahmen (Zustimmung der Erziehungsberechtigten ist nicht erforderlich; WE sind auch ohne Zustimmung des gesetzlichen Vertreters wirksam):<br>1. rechtlicher Vorteil (§ 107)<br>2. laufendes Taschengeld (§ 110)<br>3. Dienst- oder Arbeitsverhältnis (§ 113); Vorsicht: Ausbildungsverhältnisse zählen nicht zu Dienst- und Arbeitsverhältnissen und sind durch § 113 BGB nicht erfasst.<br>4. Erwerbsgeschäft (§ 112)<br><br>Zustimmung der Erziehungsberechtigten ist erforderlich: Liegt eine Einwilligung vorher vor oder wird eine Genehmigung nachträglich durch den gesetzlichen Vertreter erteilt, wird die Willenserklärung wirksam.<br>Liegen weder Einwilligung noch Genehmigung des gesetzlichen Vertreters vor, wird die Willenserklärung unwirksam. |

### Alter: ab 18 Jahre

| | |
|---|---|
| **Geschäftsfähigkeit nach BGB** | voll geschäftsfähig (§ 2) |
| **Rechtsgeschäfte nach BGB** | Willenserklärungen (WE) sind wirksam. |

## 2.4 Rechtsobjekte

Als Rechtsobjekt wird ein Gegenstand bezeichnet, auf den sich eine Rechtshandlung bezieht. Ein Gegenstand im rechtlichen Sinne können Sachen, Tiere oder Rechte sein. Personen können keine Rechtsobjekte sein.

**Rechtsobjekte**

**Sachen**

| unbewegliche Sachen | bewegliche Sachen |
|---|---|
| 1. Grundstücke<br>2. Gebäude<br>3. … | 1. Büromöbel<br>2. Smartphone<br>3. Kugelschreiber<br>4. … |

**Rechte**

| absolute Rechte | relative Rechte |
|---|---|
| 1. Eigentumsrechte<br>2. Urheberrechte<br>3. … | 1. Kaufpreiszahlung<br>2. Sorgerecht<br>3. … |
| Absolute Rechte müssen von allen Personen beachtet werden. | Relative Rechte richten sich nur an die Vertragspartner. |

| vertretbare Sachen | nicht vertretbare Sache |
|---|---|
| sind beweglich und nach Maß, Zahl oder Gewicht bestimmt<br>→ können durch andere vertretbare Sachen ersetzt werden | sind individuell angefertigt oder gebraucht<br>→ sie können nicht ersetzt werden |
| 1. Milch<br>2. Jeanshose (Massenproduktion)<br>3. … | 1. auf Maß angefertigtes Kleid von einer Schneiderin<br>2. Gebrauchtwagen<br>3. … |
| Vertretbare Sachen sind nach der Gattung bestimmt (Massenproduktion). | Nicht vertretbare Sache sind Einzelstücke. |

## 2.5 Besitz und Eigentum

Welche Rechte verschiedene Personen an Sachen ausüben, lässt sich insbesondere durch die Begriffe „Besitz“ und „Eigentum“ beschreiben.

| Besitz (§ 845 BGB) | Eigentum (§ 903 BGB) |
|---|---|
| tatsächliche Verfügungsgewalt über eine Sache | rechtliche Verfügungsgewalt über eine Sache |
| **Beispiel:** Ein Auto wird in einem Autohaus auf Raten gekauft. Die Finanzierung erfolgt durch die Hausbank des Autohauses. | |
| Der Käufer verfügt über das Auto, indem er das Auto und den Schlüssel erhält und das Auto benutzen (fahren) darf. Der Käufer hat die tatsächliche Verfügungsgewalt über das Auto. | Der Fahrzeugschein und der Fahrzeugbrief bleiben bei dem Vertragspartner (die Hausbank des Autohauses). Die Hausbank des Autohauses bleibt Eigentümer des Autos. Die Hausbank des Autohauses hat die rechtliche Verfügungsgewalt über das Auto. |
|  © grafikplusfoto – stock.adobe.com |   © VRD – stock.adobe.com |
| Der Käufer hat jetzt seine letzte Rate gezahlt. | Mit Zahlung der letzten Rate wird der Käufer Eigentümer des Autos und er erhält den Fahrzeugbrief (bzw. Zulassungsbescheinigung II). |



## 2.6 Rechtsgeschäfte

An jedem Tag werden Rechtsgeschäfte getätigt, häufig ist dies den entsprechenden Personen jedoch nicht einmal bewusst. Jeder Einkauf an der Supermarktkasse, jedes Ausleihen bzw. Verleihen eines Gegenstandes an die Freundin oder den Freund löst eine Rechtsfolge aus.

Rechtsgeschäfte bestehen aus mindestens einer Willenserklärung, die Auswirkungen auf die Rechtsverhältnisse haben.

Eine Willenserklärung ist im rechtlichen Sinne eine Äußerung einer Person, die auf die Herbeiführung einer gewünschten Rechtsfolge gerichtet ist.

Merke

| Beispiele von Rechtsgeschäften | Rechtsfolgen der Willenserklärung |
|---|---|
| Ein Miet- oder Arbeitsvertrag wird unterschrieben. | Begründen eines Rechtsverhältnisses |
| Ein Miet- oder Arbeitsvertrag wird gekündigt. | Auflösen eines Rechtsverhältnisses |
| In einem Testament wird ein weiterer Erbe hinzugefügt. | Ändern eines Rechtsverhältnisses |

## 2.6.1 Arten von Rechtsgeschäften

Es werden grundsätzlich zwei Arten von Rechtsgeschäften unterschieden: die einseitigen und die zweiseitigen Rechtsgeschäfte.

**Arten von Rechtsgeschäften**

| **einseitige Rechtsgeschäfte** | **zweiseitige Rechtsgeschäfte** |
|---|---|
| empfangsbedürftig: bei Empfang wirksam, z. B. Kündigung, Anfechtung eines Vertrages   | einseitig verpflichtend: z. B. Schenkung 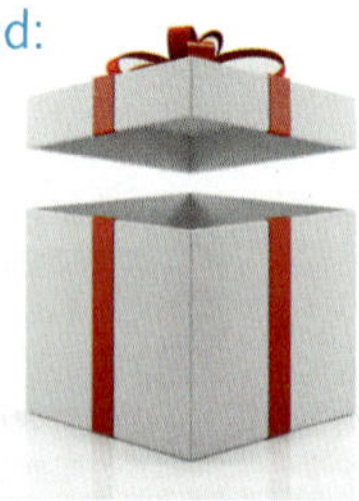 |
| nicht empfangsbedürftig: bei Abgabe wirksam, z. B. Testament   | zweiseitig verpflichtend: z. B. Kaufvertrag, Mietvertrag, Pachtvertrag  |



## 2.6.2 Form von Rechtsgeschäften

Grundsätzlich ist die Abgabe einer Willenserklärung an keine Form gebunden. Auf Wunsch kann aber zwischen den Vertragspartnern eine bestimmte Form vereinbart werden.

### Wie können Willenserklärungen abgegeben werden?

**schriftlich:**
- per Post
- per Fax
- per E-Mail

**durch schlüssiges (konkludentes) Handeln:**
- Ware wird auf Kasse gelegt
- Taxi wird durch Handzeichen bestellt

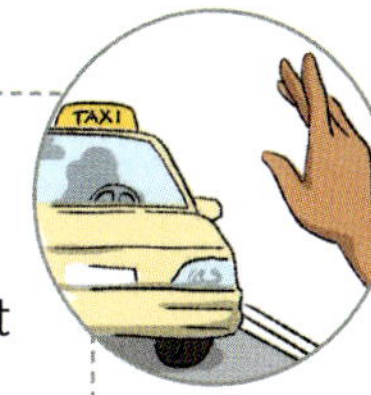

**mündlich/ fern-mündlich:**
- telefonisch
- persönliches Gespräch

**durch Schweigen:**
- übliche Geschäfte unter Kaufleuten
- Billigung geschäftlicher Handlungen

Jedoch nicht alle Rechtsgeschäfte können auf dem „schnellen" Weg erfolgen. Bei wichtigen Rechtsgeschäften schreibt der Gesetzgeber eine bestimmte äußere Form vor. Diese sogenannten Formvorschriften dienen zum Schutz der Vertragspartner. Sie dienen der Beweissicherung und der Vermeidung von übereilten Geschäftsabschlüssen. Besonders strenge gesetzliche Regelungen gelten bei Grundstücksübertragungen (Immobilien) oder Eheverträgen.



### Gesetzliche Formvorschriften nach dem BGB

| | | |
|---|---|---|
| **Schriftform (§ 126)**  | Hier ist eine eigenhändige Unterschrift notwendig. | Kündigung eines Miet- oder Arbeitsvertrages, Testament, Bürgschaft, Schuldanerkenntnis |
| **öffentliche Beglaubigung (§ 129)**   | Hier wird die Echtheit der Unterschrift einer Erklärung beglaubigt. | Zeugnisse, Antrag auf Eintrag in das Handelsregister |
| **notarielle Beurkundung (§ 128)**   | Hier werden bestimmte Verträge oder Urkunden in einer Niederschrift abgefasst und in Anwesenheit eines Notars den beteiligten Vertragspartnern vorgelesen und von diesen genehmigt. Diese Genehmigung wird von dem Notar in Anwesenheit aller Beteiligten unterschrieben. | Schenkungsversprechen (§ 518), Ehevertrag (§ 1410), Grundstücksverkauf oder -übertragung (§ 311b), Erbvertrag (§ 2276) |

# 2.7 Vertragsfreiheit

Grundsätzlich sieht die Deutsche Gesetzgebung vor, Vertragsverhandlungen zu führen, die einen fairen Vertragsabschluss ermöglichen und dabei die unterschiedlichen Interessen der Vertragspartner zu einem Ausgleich bringen.

© Dron – stock.adobe.com

Die im deutschen Recht geltende Vertragsfreiheit soll dies mit den folgenden Grundsätzen gewährleisten:

## 1. Gestaltungsfreiheit

Der Inhalt des Vertrages und die damit verbundenen rechtlichen Verpflichtungen dürfen von den Vertragsparteien grundsätzlich selber frei gestaltet werden. Allerdings nur dann, wenn die Inhalte rechtlich nicht gegen ein gesetzliches Verbot verstoßen.

→ Ausnahme:
Verstoß gegen ein gesetzliches Verbot

## 2. Abschlussfreiheit

Der Vertragsabschluss liegt in der Hand des Vertragspartners. Er kann entscheiden, ob, wann und mit wem er als Vertragspartner einen Vertrag abschließen will.
Für bestimmte Berufsgruppen, wie z. B. der Arzt, der Apotheker, die Post und die Bahn, gilt die Abschlussfreiheit nicht. Hier besteht ein sogenannter Abschlusszwang (Kontrahierungszwang).

→ Ausnahme:
Kontrahierungszwang

## 3. Formfreiheit

Die Form, wie Verträge abgeschlossen werden, spielt grundsätzlich keine Rolle. Sie können mündlich, schriftlich oder durch konkludentes Handeln abgeschlossen werden (siehe oben). Ausgenommen sind hierbei die gesetzlich geregelten Formvorschriften (siehe oben).

→ Ausnahme:
gesetzlich geregelte Formvorschriften nach dem BGB

# 2.8 Nichtigkeit und Anfechtbarkeit

Nicht immer kommt es zu gültigen, rechtskräftigen Vertragsabschlüssen. Manche Rechtsgeschäfte sind von Anfang an nichtig (ungültig), andere können im Nachhinein durch Anfechtung für ungültig erklärt werden.

## 2.8.1 Nichtige Rechtsgeschäfte

Nichtige Rechtsgeschäfte sind aufgrund gesetzlicher Vorschriften von Anfang an nicht gültig. Die Rechtsgeschäfte sind nicht zustande gekommen und haben demnach auch keine Rechtsfolgen. Es ist so, als ob das Rechtsgeschäft niemals zustande gekommen ist.

**Merke:** Nichtige Rechtsgeschäfte sind von Anfang an so, als wäre das Rechtsgeschäft nicht zustande gekommen.

| Nichtige Rechtsgeschäfte | | Beispiel |
|---|---|---|
| **Geschäftsunfähigkeit** | Eine Willenserklärung wird von einem Geschäftsunfähigen abgegeben. | Ein fünfjähriger Junge kauft alleine in einem Kaufhaus ein Spielzeug. Eine Willenserklärung der erziehungsberechtigten Personen liegt nicht vor, er ist kein Bote. |
| **vorübergehende Störung der Geistestätigkeit** | Eine Willenserklärung wird von einer Person abgegeben, die zu diesem Zeitpunkt eine geistige Störung aufweist. | Ein stark Betrunkener unterschreibt einen Kaufvertrag für ein hochpreisiges E-Bike. |
| **Scheingeschäft** | Eine Willenserklärung wird nur zum „Schein" (Vortäuschen falscher Tatsachen) abgegeben. | Um bei einem Möbelkauf Umsatzsteuer zu sparen, wird ein deutlich geringerer Betrag auf der Rechnung ausgewiesen als vereinbart wurde – die Differenz wird bar gezahlt. |
| **Scherzgeschäft** | Eine Willenserklärung ist nicht ernsthaft und wird nur zum Scherz abgegeben. | Aus Freude über den unerwarteten Sieg des Lieblingsfußballclubs verspricht ein Fan impulsiv, für alle Stadionbesucher ein Trikot zu kaufen. |
| **Sittenwidrigkeit** | Das Rechtsgeschäft verstößt gegen die guten Sitten. Häufig sind die Rechtsgeschäfte auch „Wucher". | Ein Vertragspartner nutzt die schlechte finanzielle Situation eines Freundes aus und gibt ihm einen Kredit von 1.000,00 EUR. Als Zinssatz fordert er 25 %. |
| **Formverstoß** | Ein Rechtsgeschäft verstößt gegen die Formvorschriften. | Ein Grundstück wird per Handschlag verkauft. |
| **Verstoß gegen ein Gesetz** | Das Rechtsgeschäft verstößt gegen gesetzliche Vorschriften. | Vor einer Realschule verkauft ein Kiosk Alkohol an Schüler und Schülerinnen im Alter von 12 bis 16 Jahren. |

## 2.8.2 Anfechtbare Rechtsgeschäfte

| Anfechtungsgründe | | Beispiel |
|---|---|---|
| **Erklärungsirrtum** | Die Willenserklärung entspricht nicht dem Willen des Vertragspartners. Er hat sich versprochen oder verschrieben. | Anstelle von 100,00 EUR schreibt ein Einzelhändler einen Preis von 50,00 EUR. |
| **Inhaltsirrtum** | Bei der Willenserklärung weiß der Vertragspartner nicht, was das Gesagte bedeutet. | Es werden ein Dutzend hochpreisige Gartenleuchten bestellt, obwohl nur zwei Stück benötigt werden. Irrtümlicherweise wurde angenommen, dass einem Dutzend zwei Stück entsprechen. |
| **Eigenschaftsirrtum** | Bei der Willenserklärung geht der Vertragspartner von falschen Eigenschaften einer Person oder Sache aus. | Ein Einzelhändler stellt einen neuen Kassierer ein und erfährt erst später, dass dieser bereits mehrfach Geld aus den Kassen verschiedener Arbeitsstellen entwendet hat und deshalb auch vorbestraft ist. |
| **Übermittlungsirrtum** | Die Inhalte einer Willenserklärung sind (versehentlich) falsch übermittelt worden. | Aufgrund eines hohen Geräuschpegels ist der Preis einer bestellten Ware falsch übermittelt worden. |
| **arglistige Täuschung** | Eine Willenserklärung wurde durch eine arglistige Täuschung erschlichen. | Ein Auto wird als unfallfrei verkauft, obwohl vor einem Jahr nach einem Unfall ein Totalschaden festgestellt wurde. |
| **widerrechtliche Drohung** | Eine Willenserklärung wurde widerrechtlich durch eine Drohung erzwungen. | Ein Kaufvertrag über eine Couch wurde unter Androhung von Gewalt abgeschlossen. |

Anfechtbare Rechtsgeschäfte sind zunächst gültige Rechtsgeschäfte. Erst nach **Anfechtung** werden diese rückwirkend unwirksam.

Merke



Liegt bei einem Rechtsgeschäft ein Irrtum im Motiv vor, ist das Rechtsgeschäft gültig und kann nicht angefochten werden.

Merke

**Beispiel:**

*Im Rahmen einer Sonderaktion werden im „Bio-Shopping-Paradies" Bilder junger Künstler verkauft. Eine Kundin kauft ein solches Bild, weil sie auf eine schnelle Wertsteigerung hofft. Nach drei Jahren ist der Wert des Bildes immer noch nicht gestiegen.*

© Fotomanufaktur JL – stock.adobe.com

Aber Vorsicht: Bei der Anfechtung von Rechtsgeschäften müssen bestimmte **Fristen** eingehalten werden.

**Fristen für die Anfechtung von Rechtsgeschäften**

| Anfechtungsgrund | Wann muss das Rechtsgeschäft angefochten werden? |
|---|---|
| → Inhaltsirrtum<br>→ Übermittlungsirrtum | unverzüglich (sofort) nach Entdeckung |
| → arglistige Täuschung<br>oder<br>→ widerrechtliche Drohung | innerhalb eines Jahres nach Entdeckung oder Wegfall der Zwangslage. *Aber:* Wenn zehn Jahre ab Abgabe der Willenserklärung vergangen sind, ist eine Anfechtung nicht mehr möglich. |

# 2.9 Kaufvertrag

Für alle Einzelhandelsunternehmen ist der Abschluss eines Kaufvertrags das bedeutsamste Rechtsgeschäft. Die durch den Kaufvertrag entstehenden Umsätze sichern die Existenz des Unternehmens.

Ein Kaufvertrag kommt durch **zwei übereinstimmende Willenserklärungen** zustande.

Merke

## 2.9.1 Zustandekommen eines Kaufvertrages

| Erste Willenserklärung | Zweite Willenserklärung |
|---|---|
| • Antrag (= Angebot vom Verkäufer) oder<br>• Bestellung (= Angebot auf Vertragsschluss vom Käufer) | • Annahme des Antrags |
| Beispiel: *Das Angebot einer Ware von einem Unternehmen stellt die Willenserklärung des Unternehmens dar, die Ware zu den entsprechenden Konditionen an die Bio-Shopping-Paradies GmbH (Preis, Menge, Qualität, Lieferbedingungen etc.) zu verkaufen.* | Beispiel: *Die Bio-Shopping-Paradies GmbH ist mit dem zugesendeten Angebot einverstanden und nimmt den Antrag an. Hierzu wird eine Bestellung schriftlich oder mündlich mitgeteilt oder durch schlüssiges Handeln (gelieferte Ware wird angenommen und bezahlt) zum Ausdruck gebracht.* |

**Übereinstimmend** sind die Willenserklärungen dann, wenn es inhaltlich keine Abweichungen gibt.

Beispiel: In der Bestellung sind Lieferzeitpunkt, Preise, Mengen und sonstige Konditionen aufgeführt. Diese entsprechen dem Angebot.

Der Antrag und die Annahme eines Kaufvertrages können sowohl von dem Käufer als auch von dem Verkäufer ausgehen.

## Beispiel 1: Der Antrag geht von dem Käufer aus (Bestellung)

Wenn der Antrag vom Käufer ausgeht, kommt der Vertrag durch eine verbindliche Bestellung (durch den Käufer) und der Annahme der Bestellung (durch den Verkäufer) zustande.

**Beispiel:**

*Ein Kunde des Bio-Shopping-Paradieses bestellt telefonisch für eine anstehende Geburtstagsfeier 50 Flaschen Bio-Wein. Durch eine telefonische Auftragsbestätigung vonseiten der Bio-Shopping-Paradies GmbH kommt der Kaufvertrag zustande.*

> Ein Antrag allein, also ohne Annahme durch den Verkäufer, ist unverbindlich und rechtlich unwirksam.
>
> **Merke**

**Zustandekommen eines Kaufvertrages: Antrag durch den Käufer (Bestellung)**

Verkäufer

Käufer

1. Willenserklärung (Antrag) = Bestellung ←

2. Willenserklärung (Annahme) = Bestellungsannahme →

Kaufvertrag

## Beispiel 2: Der Antrag geht von dem Verkäufer aus (Angebot)

Wenn der Antrag von dem Verkäufer ausgeht, liegt ein Angebot vor. Ein Angebot ist eine einseitige Willenserklärung des Lieferanten bzw. Verkäufers, Ware zu den genannten Bedingungen zu verkaufen.

Es ist an eine bestimmte Person (Personengruppe) gerichtet und bindet den Verkäufer rechtlich an das Angebot.

**Zustandekommen eines Kaufvertrages: Antrag durch den Verkäufer (Angebot)**

Verkäufer

1. Willenserklärung (Antrag) = Angebot →

2. Willenserklärung (Annahme) = Bestellung ←

Käufer

Kaufvertrag

**Merke:** Der Verkäufer ist rechtlich an das Angebot gebunden.

**Merke:** Prospekte, Auslagen in Schaufenstern und Zeitungsanzeigen sind Anpreisungen und keine Angebote.



## 2.9.2 Stellung der Vertragspartner

Je nach der rechtlichen Stellung der Vertragspartner wird unterschieden:

§

| | |
|---|---|
| **bürgerlicher Kauf (§§ 433 ff.)** | Beide Vertragspartner sind Endverbraucher (Privatpersonen). |
| **einseitiger Handelskauf (§§ 373–376, 380 HGB in Verbindung mit § 345 HGB)** | Ein Vertragspartner ist Kaufmann, der zweite Vertragspartner ein Endverbraucher. |
| **zweiseitiger Handelskauf (§§ 373–382 HGB)** | Beide Vertragspartner sind Kaufleute (Händler). |

## 2.9.3 Inhalte eines Kaufvertrages

Damit es beim Kauf von Ware keine Unklarheiten gibt, müssen die folgenden Angaben im Kaufvertrag stehen:

© PhotographyByMK – stock.adobe.com

**Inhalte des Kaufvertrages**

| Inhaltsbereiche | Bedeutung | Beispiele |
|---|---|---|
| **Ware** | Güte und Beschaffenheit | Die Yogamatten sollen ökologisch einwandfrei, rutschfest und hautfreundlich sein. Die Matten sollen in Länge und Breite flexibel sein. |
| **Menge** | Stückzahl/Gewicht | Es werden 150 Yogamatten bestellt. |
| **Preis** | Preisabzüge:<br>Rabatte, Bonus, Skonto | Mit dem Lieferanten der Yogamatten wurde vereinbart: „Ab der Bestellung von 100 Yogamatten wird ein Rabatt von 15 % vereinbart. Skonto wird bei einer Zahlung innerhalb von 15 Tagen in Höhe von 3 % gewährt." |
| **Lieferbedingungen** | Verpackungskosten<br>(gesetzliche Regelung: Käufer trägt die Kosten der Versandpackung, Verkäufer trägt die Kosten der Verkaufsverpackung, vertragliche Regelungen möglich)<br>Frachtkosten<br>(vertragliche Regelungen sind nötig, siehe Lieferbedingungen) | Die Lieferkosten entfallen bei einer Bestellung ab 100 Yogamatten. |
| **Zahlungsbedingungen** | Hier geht es um die bedeutende Frage, wann die Zahlung erfolgen soll:<br>• vor der Lieferung der Ware<br>• bei der Lieferung der Ware<br>• nach der Lieferung der Ware | Es wurde mit dem Lieferanten der Yogamatten vereinbart, dass die Zahlung nach der Lieferung per Überweisung erfolgen soll. |
| **Vertragserfüllung** | Der gesetzliche Erfüllungsort für die Ware ist der Ort des Verkäufers und der gesetzliche Erfüllungsort für das Geld ist der Ort des Käufers.<br>Im Kaufvertrag kann jedoch eine andere, vertragliche Regelung gefunden werden, auf die sich die beiden Vertragspartner einigen können. | Die Bio-Shopping-Paradies GmbH hat ihren Sitz in Köln. Somit ist Köln der gesetzliche Erfüllungsort. |

LF 6

# 2.10 Verpflichtungs- und Erfüllungsgeschäft

Mit dem Zustandekommen eines Kaufvertrages ergeben sich für die beiden Vertragspartner, dem Verkäufer und dem Käufer, bestimmte Rechte und Pflichten.

## Verpflichtungsgeschäft

Die Verpflichtungen sind im § 433 BGB geregelt: Sowohl der Verkäufer als auch der Käufer gehen bei Abschluss eines Kaufvertrages ein Verpflichtungsgeschäft ein:

Pflichten des Verkäufers:

1. Ware (mangelfrei und an dem vereinbarten Liefertermin) liefern bzw. übergeben
2. das Eigentum an der Ware übertragen
3. den Kaufpreis annehmen

Pflichten des Käufers:

1. Ware bei Lieferung annehmen
2. den Kaufpreis rechtzeitig zahlen

## Erfüllungsgeschäft

Werden die „Verpflichtungen" von beiden Vertragspartnern wie vereinbart erfüllt, dann greift das sogenannte Erfüllungsgeschäft:

Verkäufer:

1. Lieferung und Übergabe
2. Eigentum an der Ware übertragen
3. den Kaufpreis annehmen

Käufer:

1. Ware bei Lieferung annehmen
2. den Kaufpreis rechtzeitig zahlen

Bei den sogenannten Handkäufen (Einkäufe des täglichen Lebens) in Ladengeschäften fallen Verpflichtungs- und Erfüllungsgeschäft zusammen.

**Beispiel:**
*Eine Kundin kauft in der Bio-Shopping-Paradies GmbH Äpfel und Gemüse.*

*Verpflichtungsgeschäft:*
*Der Verkäufer hat die Verpflichtung, die Äpfel und das Gemüse der Kundin zu übergeben, das Eigentum zu übertragen und den Kaufpreis anzunehmen.*
*Die Kundin hat die Verpflichtung, die Äpfel und das Gemüse anzunehmen und den Kaufpreis zu zahlen.*

*Erfüllungsgeschäft:*
*Der Verkäufer übergibt der Kundin tatsächlich die Äpfel und das Gemüse, er überträgt der Kundin tatsächlich das Eigentum an den Äpfeln und dem Gemüse und nimmt den Kaufpreis tatsächlich an.*
*Die Kundin nimmt die Äpfel und das Gemüse tatsächlich an und sie zahlt tatsächlich den Kaufpreis (bar oder bargeldlos).*

## 2.11 Allgemeine Geschäftsbedingungen (AGB)

Die meisten Verträge, die innerhalb eines Unternehmens abgeschlossen werden, unterscheiden sich inhaltlich nicht. Um Zeit und Arbeit zu sparen, formulieren Unternehmen deswegen die Allgemeinen Geschäftsbedingungen (AGB) vor.

Die Allgemeinen Geschäftsbedingungen enthalten folgende Regelungen:

- Liefer- und Zahlungsbedingungen
- Gewährleistungen
- Haftungsfragen
- Eigentumsvorbehalte
- Erfüllungsort und Gerichtsstand etc.

AGB sind vorformulierte Vertragsbedingungen, die sich in der Zusammenarbeit mit den meisten Vertragspartnern wiederholen.

Merke

Die Allgemeinen Geschäftsbedingungen sind der Regel sehr umfangreich und werden meist in kleiner Schrift formuliert. Deshalb werden sie auch „das Kleingedruckte" genannt.

Merke

Gültig sind die AGB allerdings nur, wenn diese dem Kunden oder der Kundin bekannt sind. Dies kann durch die folgenden Handlungen erfolgen:

- deutlich sichtbaren Aushang der AGB
- ein ausdrücklicher Hinweis auf die AGB
- Möglichkeit zur Kenntnisnahme einräumen
- Einverständnis der Kunden und Kundinnen einholen

Vor allem beim einseitigen Handelskauf (ein Einzelhändler verkauft an eine Privatperson) besteht die Gefahr, dass Privatpersonen benachteiligt werden können. Nicht selten werden z. B. unwirksame Klauseln in den AGB formuliert.

Das BGB (Bürgerliches Gesetzbuch) hat es sich zur Aufgabe gemacht, die Kunden und Kundinnen zu schützen (§ 308 ff., Verbraucherschutz).

Im BGB sind die folgenden unwirksamen Klauseln geregelt:

© bennetsteiner – stock.adobe.com

© XtravaganT – stock.adobe.com

| | Beispiele |
|---|---|
| • **kurzfristige Preiserhöhungen (innerhalb von vier Monaten nach Vertragsabschluss)** | Die Auszubildende Petra F. hat ein neues Fahrrad bestellt und wird darauf hingewiesen, dass kurzfristige Preiserhöhungen möglich sein werden. |
| • **Verkürzung der gesetzlichen Gewährleistungspflicht. Die gesetzliche Gewährleistungsfrist beträgt 24 Monate.** | Im Kaufvertrag liest Petra F. den Hinweis: Unsere Gewährleistungspflicht beträgt sechs Monate. |
| • **Ausschluss der Haftung für zugesicherte Eigenschaften** | Petra F. liest den Hinweis: Sollten die für das Produkt zugesicherten Eigenschaften nicht zutreffen, übernehmen wir keine Haftung. |
| • **Überraschungsklauseln (an den Kauf sind bestimmte Verpflichtungen gebunden)** | Der Kauf des Fahrrades verpflichtet Petra F., regelmäßige Wartungsarbeiten bei einem genannten Vertragsunternehmen kostenpflichtig durchführen zu lassen. |
| • **Vereinbarung einer Vertragsstrafe** | Sollte Petra F. den Verkaufspreis von 399,00 EUR nicht innerhalb von drei Tagen zahlen, fällt für sie eine Vertragsstrafe in Höhe von 25 % des Warenwertes an. |

Aufgaben

1. Was versteht man unter Rechtssubjekten?
2. Ein größeres Warenhaus feiert sein 50-jähriges Firmenjubiläum. Die Feier soll heute Abend in einem größeren Kreis stattfinden. Auch Premiumkunden werden anwesend sein. Es liegt eine Genehmigung vor, dass in der Zeit von 21.00 bis 22.30 Uhr ein Verkauf stattfinden darf. Damit auch beim Verkauf alles nach gesetzlichen Vorschriften ablaufen kann, werden Sie gebeten, die Rechtsfähigkeit einzelner Personen zu überprüfen und Ihre Entscheidung zu begründen. Hierzu haben Sie die Anmeldeliste der Premiumkunden vorliegen:
   a) Markus, Maximilian, Konstantin, Martin (haben 2010 zusammen Abitur gemacht)
   b) Fußballclub „1. Kalker FC e. V."
   c) Kundin Laura F. (54 Jahre alt, lebt in einem Pflegeheim und ist dauerhaft geistig behindert)
   d) Nicole B. (32 Jahre alt, begleitet Laura F. zu dem Firmenjubiläum)
   e) Sam (der Hund von Laura F.)
3. Überprüfen Sie bei den folgenden Situationen die Rechtslage und begründen Sie Ihre Ergebnisse.
   a) Die fünfjährige Dorothea nimmt 1,50 EUR aus ihrer Spardose und will sich im Supermarkt „Süßes" kaufen.
   b) In Dorotheas Portemonnaie befinden sich zusätzlich 5,00 EUR, die sie von ihrer Mutter zum Kauf von Milch und Butter bekommen hat. Einen kleinen Brief für die Kassiererin, in dem die Mutter erklärt, dass sie Dorothea erlaubt, 2 Liter Milch und ein Paket Butter zu kaufen, ist ebenfalls beigelegt.
   c) Im Supermarkt trifft Dorothea Klaus, ihren siebenjährigen Nachbarn. Dieser hat sich gerade ein Taschenbuch für 6,50 EUR gekauft.
   d) Die beiden gehen zusammen nach Hause. Auf dem Weg treffen sie auf Dieter, den 14-jährigen Bruder von Klaus. Er hat sich gerade ein neues Smartphone gekauft. Er bittet seinen Bruder, den Eltern nichts von seinem Kauf zu erzählen. Er ist sich ziemlich sicher, dass die Eltern gegen einen solchen Kauf sind. Das Geld hat er sich von seinem letzten Geburtstags- und Weihnachtsgeld und seinem Taschengeld der letzten Monate zusammengespart.
4. Was versteht man unter einem Rechtsobjekt?
5. Worin besteht der Unterschied zwischen einer empfangsbedürftigen und einer nicht empfangsbedürftigen Willenserklärung? Nennen Sie Beispiele.
6. Nennen Sie drei Grundsätze der Vertragsfreiheit und erläutern Sie diese.
7. Worin unterscheiden sich anfechtbare Rechtsgeschäfte von nichtigen Rechtsgeschäften? Nennen Sie jeweils drei Beispiele.
8. Wann kommt ein Kaufvertrag zustande?
9. Was versteht man unter einem Verpflichtungs- und einem Erfüllungsgeschäft?
10. Formulieren Sie mit Ihren eigenen Worten, was die AGB bedeuten.
11. Welche Voraussetzung muss gegeben sein, damit die AGB wirksam werden?
12. Welche allgemeinen Regelungen können die AGB enthalten?
13. Nennen Sie fünf mögliche unwirksame Klauseln der AGB. Nennen Sie jeweils ein Beispiel.

# 3 Zahlungsnachweise erstellen und umsatzsteuerliche Vorschriften beachten

## 3.1 Umsatzsteuer

In den meisten Industriestaaten dieser Welt wird das Entgelt für Waren und Dienstleistungen im Rahmen einer Umsatzsteuer besteuert. Die Umsatzsteuer wird prozentual vom Umsatz berechnet und dem Kunden in Rechnung gestellt.

Kap. 4.1.1

### 3.1.1 Umsatzsteuer nach Steuersätzen

Die Umsatzsteuer ist eine der bedeutendsten Einnahmequellen des Staates. Auf Belegen wie Quittungen oder Rechnungen wird häufig auch der veraltete Begriff „Mehrwertsteuer" verwendet.

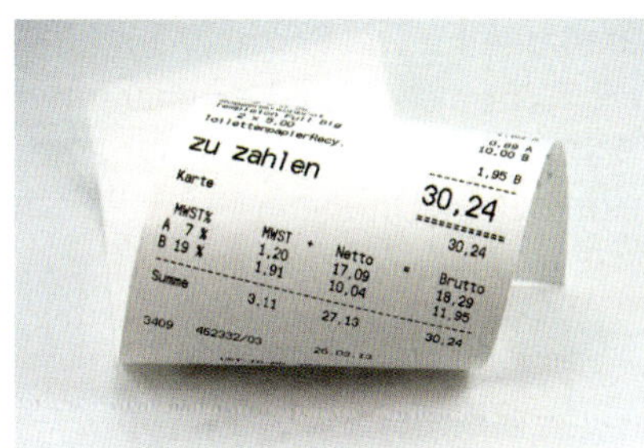




Steuerschuldner sind u. a. Einzelhandelsunternehmen. Diese sind verpflichtet, die von den Kunden bezahlte Umsatzsteuer an das Finanzamt zu zahlen.

Wirtschaftliche Träger der Umsatzsteuer sind jedoch die Kunden: Sie zahlen auf jede in Anspruch genommene Leistung einen Umsatzsteueranteil. Steuerschuldner und wirtschaftliche Träger der Steuern sind somit verschiedene Personen. Deshalb ist die Umsatzsteuer eine sogenannte indirekte Steuer: Sie kann nicht direkt einer Person zugeordnet werden.

Die Umsatzsteuer erfasst wirtschaftliche Vorgänge, nämlich die Umsätze. Zu ihr zählen:

- Lieferungen (hier: Warenverkäufe)
- sonstige Leistungen (kostenpflichtige Dienstleistungen, z. B. Änderungs- und Reparaturleistungen, Lieferung von Ware)
- Eigenverbrauch eines Unternehmers für den privaten Konsum

Die Berechnung der Umsatzsteuer erfolgt durch die Bemessungsgrundlage (Nettopreis) und den Steuersatz. Die Höhe des allgemeinen Steuersatzes (Regelsteuersatz) beträgt zurzeit 19 %, der ermäßigte Steuersatz beträgt zurzeit 7 %.

**Beispiel:**

*Für ein Bettgestell aus nachhaltiger Forstwirtschaft, mit umweltverträglichen Ölen und Wachsen veredelt und in Naturtönen gebeizt, zahlt eine Kundin im Bio-Shopping-Paradies brutto 1.428,00 EUR. In diesem Preis sind 19 % MwSt., also 228,00 EUR, enthalten. Die Kundin zahlt den Bruttobetrag von 1.428,00 EUR, das Bettgestell kostet netto 1.200,00 EUR. Die Bio-Shopping GmbH überweist die eingehaltene Umsatzsteuer in Höhe von 228,00 EUR an das Finanzamt.*

Nach dem ermäßigten Steuersatz von 7 % werden in der Regel die folgenden Waren und Leistungen besteuert (§ 12 Steuersätze, UStG):

- Lebensmittel (für Getränke gilt allgemein der Steuersatz von 19 %, Ausnahmen mit 7 % sind: Milch und Mineralwasser)
- Kulturangebote (Bücher, Zeitungen, Konzert-, Theater- und Museumskarten)
- Beförderung von Personen im öffentlichen Verkehr, wenn die Beförderungsstrecke nicht mehr als 50 Kilometer beträgt
- Kunstgegenstände
- Hotelübernachtungen



**Merke**

In der Gastronomie oder im Lebensmittelbereich eines Einzelhandelsbetriebs unterliegt Essen zum Mitnehmen dem ermäßigten Steuersatz von 7 %, während Speisen, die im Lokal verzehrt werden, mit dem allgemeinen Steuersatz von 19 % besteuert werden.

**Beispiel:**

*Neben der Theke für frische Salate und gegrilltem Gemüse hat die Bio-Shopping-Paradies GmbH einen kleinen Bistrobereich eingerichtet, damit Gäste die Speisen in einem stilvollen Ambiente essen können. Die Speisen, die an der Frischtheke gekauft und mitgenommen werden, unterliegen einem Steuersatz von 7 % USt., während auf Speisen, die im Bistro gegessen werden, 19 % USt. entfallen.*

## 3.1.2 Steuerfreies Einkaufen (Tax Free)

Internationale Kunden, die in deutschen Einzelhandelsunternehmen einkaufen, aber außerhalb der EU leben, sind zum umsatzsteuerfreien Einkauf berechtigt. Diese Möglichkeit des steuerfreien Einkaufs besteht aber nur, wenn der Kunde die Ware für den privaten Gebrauch kauft, sich nicht länger als drei Monate in Deutschland aufhält und die Ware innerhalb von drei Monaten persönlich ausführt.

Häufig sprechen die Kunden beim Kauf der Ware die Einzelhändler auf Tax Free an oder der Verkäufer macht den Kunden auf diese Möglichkeit aufmerksam. Im Einzelhandel zahlt der Kunde den Bruttopreis (also auch die enthaltende Umsatzsteuer). Zur Rückzahlung der bereits kassierten Umsatzsteuer an den Kunden hat der Einzelhändler verschiedene Möglichkeiten.

© contrastwerkstatt – stock.adobe.com

Eine Möglichkeit ist, dass der Einzelhändler dem Kunden eine Ausfuhr- und Abnehmerbescheinigung für Umsatzsteuerzwecke ausfüllt. Diese schickt der Kunde, nachdem er wieder in seinem Heimatland ist, mit einem Zollstempel versehen an den Einzelhändler zurück. Von diesem bekommt er dann den Umsatzsteuerbetrag zurückerstattet. Bei dieser Möglichkeit entstehen keine zusätzlichen Kosten, es kann allerdings lange dauern, bis das Geld zurückerstattet wird.



Auszug aus einer Ausfuhr- und Abnehmerbescheinigung für Umsatzsteuerzwecke:

**Ausfuhr- und Abnehmerbescheinigung für Umsatzsteuerzwecke**
**bei Ausfuhren im nichtkommerziellen Reiseverkehr (§ 6 Abs. 3 a UStG)**
(§ 17 UStDV, Abschnitt 6.11 UStAE)

| | | | |
|---|---|---|---|
| | **Angaben des Unternehmers** (Zutreffendes bitte ankreuzen [X])<br>Dieser Abschnitt ist leserlich auszufüllen (möglichst in Maschinenschrift oder Druckschrift) und durch Unterschrift zu bestätigen. | | |
| 1 | Name/Firma und Anschrift des liefernden Unternehmers<br>(Straße, Hausnummer, Postleitzahl, Ort) | 2 | Angaben zur Identität des Abnehmers:<br>– Bitte Hinweise auf der Rückseite beachten –<br>Name, Vorname des Abnehmers im Drittland |
| | | | Anschrift: Land, Wohnort, Straße, Hausnummer |
| | | | |
| | | | |
| | | | Pass- bzw. Ausweisnummer: |
| 3 | **Gelieferte Gegenstände (oder Hinweis auf beigefügte Rechnungen oder Kassenzettel):**<br>Für die Angabe der Gegenstände ist die handelsübliche Bezeichnung zu verwenden. Handelsübliche Sammelbezeichnungen reichen aus (z.B. Waschmittel), nicht dagegen Bezeichnungen allgemeiner Art (z.B. Geschenkartikel) oder die Verwendung nicht allgemein verständlicher Abkürzungen. Wird auf beigefügte Rechnungen oder Kassenzettel verwiesen, muss sich die handelsübliche Bezeichnung der Gegenstände aus diesen Belegen ergeben. | | ☐ **Kaufpreis** (einschl. Umsatzsteuer)<br>☐ **Entgelt** (Kaufpreis abzüglich Umsatzsteuer) |

Der Einzelhändler kann aber auch ein Dienstleistungsunternehmen einschalten, das am Grenzübergang oder auf Flughäfen tätig ist. Gegen Aushändigung der zollamtlich bestätigten Ausfuhrbelege zahlt das Dienstleistungsunternehmen den Steuerbetrag nach Abzug eines Bearbeitungsentgelts an den ausländischen Kunden aus. Das Dienstleistungsunternehmen, das in Vertragsbeziehungen zum Einzelhandelsunternehmen steht, lässt sich wiederum gegen Vorlage der Ausfuhrbelege vom inländischen Einzelhandelsunternehmen die ausgezahlten Steuerbeträge erstatten.

Tipp

Global Blue ist ein Finanzdienstleister, der Transaktionen zwischen Einzelhändlern und ihren internationalen Kunden erleichtert. Als Erfinder des Tax Free Shopping-Prinzips vor 30 Jahren und als weltweit größter Mehrwertsteuer-Rückerstatter ist das Unternehmen unter seinem alten Namen Global Refund und mit dem blau-weißen Tax Free-Logo Händlern und Reisenden gleichermaßen bekannt.

www

(vgl. www.einzelhandel.de/index.php/component/k2/item/108258-globalblue)



## 3.2 Zahlungsnachweise

Der Kunde erhält als Nachweis, dass er bezahlt hat, einen Zahlungsnachweis. In der Regel handelt es sich hierbei um einen Kassenbon. In besonderen Fällen wird auch eine Quittung oder eine Rechnung ausgestellt.

Seit dem 1. Januar 2020 ist die Ausgabe des Kassenbons bzw. Belegausgabepflicht sogar gesetzlich verpflichtend. Alle Unternehmen sind zur sofortigen Ausstellung eines Kassenbons verpflichtet.



### 3.2.1 Der Kassenbon

Der Kassenbon wird von der Kasse beim Bezahlungsvorgang gedruckt und dem Kunden ausgehändigt. Ein Kassenbon erhält in der Regel die folgenden Informationen:

1.

Muster GmbH
Musterstrasse 77
61381 Musterort
Tel. 06175 3455678
USt.-IdNr.: 016 828 02325
Rechnung: 00005

3.

| | | | |
|---|---|---|---|
| 3x Mineralwasser | 3,00 | 3,00 | 19 % |
| 3x Mehrwegpfand | 0,75 | 0,75 | 19 % |
| 1x Äpfel | 2,50 | 2,50 | 19 % |
| 1x Brot | 1,50 | 1,50 | 19 % |

Summe EUR: 7,75

2.

| MwSt. | % | Brutto | Netto | Steuer |
|---|---|---|---|---|
| A = | 19 % | 7,75 | 6,25 | 1,50 |

Zahlart: Bar 7,75 EUR
Datum: 24.12.2019 12:58:50
Bediener: 2
Kasse: 1

Zahlungsmethode: Barzahlung

Vielen Dank für Ihren Einkauf!
Besuchen Sie uns wieder.
Auf Wiedersehen!

1. **Einzelhandelsunternehmen:**
   - Name
   - Anschrift
   - Telefonnummer
2. **unternehmensinterne Informationen:**
   - Verkäufer
   - Umsatzsteuer-Identifikationsnummer (USt-IdNr.)
   - Ausstellungsdatum
   - Ausstellungszeit
3. **Ware:**
   - Artikelnummer
   - Warenbezeichnung
   - Menge
   - ab einem Warenwert von 150,00 EUR: enthaltene Umsatzsteuer

## 3.2.2 Die Quittung

Wenn der Kunde eine Quittung wünscht, dann muss diesem Wunsch nachgegangen werden. Hierbei sollte der Einzelhändler sicherstellen, dass die Nummerierung auf den Quittungen lückenlos fortgeführt wird.

Nach BGB § 368 ist der Einzelhändler verpflichtet, auf Wunsch des Kunden eine Quittung auszustellen.

**Merke**

Eine Quittung enthält die folgenden Mindestangaben:

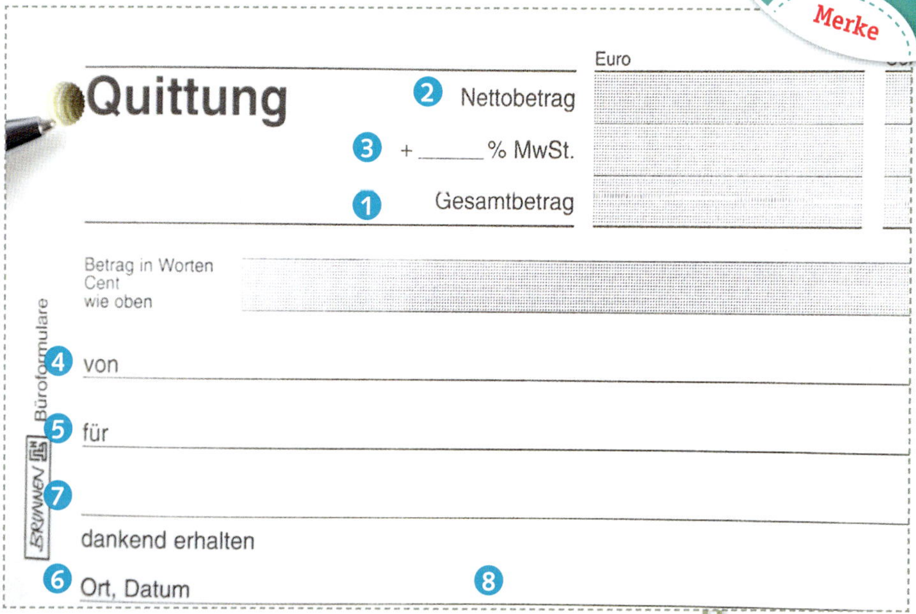
Quittung
2 Nettobetrag
3 + ____ % MwSt.
1 Gesamtbetrag
Euro
Betrag in Worten
Cent
wie oben
4 von
5 für
7
dankend erhalten
6 Ort, Datum
8
Büroformulare
BRUNNEN





1. Gesamtbetrag: Zahlen und Buchstaben
2. Nettobetrag: Zahlen
3. Umsatzsteuer (USt.) oder Mehrwertsteuer (MwSt.): 7 % oder 19 %; beträgt der Kaufpreis mehr als 150,00 EUR, dann muss der Umsatzsteuer- oder Mehrwertsteuerbetrag in Zahlen ausgedrückt eingetragen werden
4. Name der zahlenden Person (z. B. Kunde)
5. Zahlungsgrund
6. Ort und Datum der Quittungsausstellung
7. Unterschrift des Zahlungsempfängers
8. Bestätigung des Empfangs

Beträgt der Kaufpreis (brutto) mehr als 150,00 EUR, dann muss der Mehrwertsteuerbetrag auf dem Zahlungsnachweis (Kassenbon, Quittung oder Rechnung) ausgewiesen werden.

**Merke**

Kap. 3.6

## 3.2.3 Die Rechnung

Auch bei der Sofortzahlung an der Kasse kann als Zahlungsnachweis eine Rechnung ausgestellt werden. Wie bei dem Kassenbon und bei der Quittung muss auch auf der Rechnung die im Bruttopreis enthaltene Umsatzsteuer ab einem Warenwert von 150,00 EUR ausgewiesen werden.

Das Umsatzsteuergesetz (UStG) stellt an die Erstellung einer ordnungsgemäßen Rechnung die folgenden Anforderungen:

Ihr Logo

Ihr Firmenname GmbH | Musterweg 1 | 12345 Musterstadt

1 **Kunden GmbH & Co. KG**
Herr Max Mustermann
Musterstrasse 1
12345 Musterstadt

| Kundennummer | Liefer- /Leistungsdatum | Rechnungsdatum |
|---|---|---|
| YYYYYYYYYYYY | TT.MM.JJJJ | TT.MM.JJJJ |

Rechnung Nr. 12345

Wir bedanken uns für die gute Zusammenarbeit und stellen Ihnen vereinbarungsgemäß folgende Lieferungen und Leistungen in Rechnung:

| Pos. | Bezeichnung | Menge | Einzel (€) | Gesamt (€) |
|---|---|---|---|---|
| 1 | **Fernseher 40 Zoll** Musterartikel | 1 Stück | 1.000,00 | 1.000,00 |
| 2 | **Anfahrt und Aufbau** | Pauschal | 120,00 | 120,00 |

(4)

5

| | |
|---|---|
| Summe Netto | € 1.120.00 |
| Umsatzsteuer 19,00% | € 212,80 |
| **Rechnungsbetrag** | **€ 1.332,80** |

Zahlung innerhalb von 14 Tagen ab Rechnungseingang ohne Abzüge an die unten angegebene Bankverbindung.

Mit freundlichen Grüßen
Mathilda Musterfrau

3

2 Ihr Firmenname GmbH
Musterweg 1
12345 Musterstadt
Ust-IdNr.: DE123456789

Tel.: (+49) 1234/98 76 54
Fax: (+49) 1234/98 76 55
E-Mail: mail@musterfirma.com
Web: www.musterfirma.com

Volksbank Musterstadt
IBAN: DE34233004333401
BIC: GENODE61FR1
Kto. Inh.: Mathias Muster

Powered by lexoffice

| | |
|---|---|
| 1. **Informationen über den Kunden** | Name, Adresse |
| 2. **Informationen des leistenden Unternehmens** | Name, Anschrift, Telefonnummer, Kontaktperson |
| 3. **Unternehmensinterne Informationen** (des leistenden Unternehmens) | Bankverbindung, IBAN, Steuernummer bzw. Umsatzsteuer-Identifikationsnummer (USt-IdNr.), fortlaufende Rechnungsnummer, Ausstellungsdatum, evtl. Lieferdatum |
| 4. **Informationen über die Ware** | Bezeichnung der Ware, Artikelnummer, gekaufte Menge, Preis der Ware |
| 5. **Steuerliche Informationen** (bedeutsam ab einem Warenwert von 150,00 EUR) | Nettorechnungsbetrag, Steuersatz (7 % oder 19 %), Steuerbetrag |



Aufgaben

1. Eine Kundin möchte in der Bio-Shopping-Paradies GmbH einen Wellness-Artikel in Höhe von 180,00 EUR kaufen. Es herrscht großer Andrang an der Kasse. Als sie endlich an der Reihe ist, bittet Sie die Kassiererin um eine Quittung. Die Kassiererin antwortet: „Wenn ich jedem Kunden eine Quittung ausstellen würde, dann wären die Warteschlangen an der Kasse nicht mehr zu verantworten. Der Kassenbon sollte Ihnen genügen."
   a) Wie beurteilen Sie die Situation aus rechtlicher und aus kaufmännischer Sicht?
   b) Welche Inhalte müssen mindestens in einer Quittung enthalten sein?
   c) Welcher Steuersatz wird in dieser Situation bei der Umsatzsteuer zugrunde gelegt?
   d) Wie hoch ist die in dem Bruttopreis enthaltene Umsatzsteuer?
2. Eine Kleingruppe chinesischer Kunden will von einer Verkäuferin der Bio-Shopping-Paradies GmbH wissen, wie das steuerfreie Einkaufen funktioniert. Die Chinesen erzählen, dass sie in zwei Tagen wieder zurück nach China fliegen. Dann waren sie insgesamt drei Wochen in Europa, wo sie eine Rundreise gemacht haben. Formulieren Sie, was die Verkäuferin den Chinesen inhaltlich zum steuerfreien Einkaufen erklären kann!

# 4 Kunden über die verschiedenen Zahlungsarten informieren

Einkäufe werden im Einzelhandel in der Regel sofort an der Kasse bezahlt. Welche Zahlungsart die Kundin oder der Kunde wählt, ist unterschiedlich.

Grundsätzlich sind die bare, halbbare oder bargeldlose Zahlung möglich.

Aber nicht immer kann zwischen allen Zahlungsarten frei gewählt werden. Denn diese hängen von gewissen Voraussetzungen ab, wie z. B. das Vorhandensein eines Kontos.

## 4.1 Barzahlung

Bei der Bezahlung mit Bargeld benötigt keiner der beiden Vertragspartner ein Konto. Die Zahlung erfolgt von „Hand zu Hand".

© Robert Kneschke – stock.adobe.com

Gesetzliche Zahlungsmittel in Deutschland sind die Euro-Münzen und die Euro-Scheine (Banknoten), nur dieses **Münzgeld** und nur diese **Geldscheine** muss der Einzelhandelsbetrieb akzeptieren.

Merke

Tipp

Der Einzelhandelsbetrieb kann die Annahme von mehr als 50 Münzen verweigern.

Bei der Annahme von Euro-Geldscheinen ist das Kassenpersonal angewiesen, die Geldscheine auf Echtheit zu überprüfen. Immer häufiger ist Falschgeld (sogenannte „Blüten") im Umlauf. Die Überprüfung der Geldscheine auf „Echtheit" erfolgt durch die Beachtung sogenannter Sicherheitsmerkmale.

© bluedesign – stock.adobe.com

Die EZB (Europäische Zentralbank) und die nationalen Zentralbanken haben eine zweite Serie von Euro-Banknoten mit verbesserten Sicherheitsmerkmalen entwickelt. Dadurch wird die Sicherheit der Banknoten erhöht und das Vertrauen der Öffentlichkeit in den Euro gestärkt.

In den neuen Euro-Banknoten werden die Fortschritte der Banknoten-Technologie deutlich. Ihre neuen Sicherheitsmerkmale bieten einen besseren Schutz vor Fälschungen. Jeder Bargeldbesitzer, Banken, aber auch Personen, die im Einzelhandel mit Bargeld arbeiten, müssen in der Lage sein, gefälschte Geldscheine zu erkennen. Auf diese Weise unterstützen sie das Eurosystem bei der Falschgeldbekämpfung.

Die zweite Euro-Banknotenserie ist nach Europa, einer Gestalt aus der griechischen Mythologie, benannt. Ihr Porträt kann man im Wasserzeichen, aber auch in Hologrammstreifen der neuen Banknoten erkennen. Die wesentlichen Bildelemente und die Farbgebung der Banknoten aus der ersten Banknoten-Serie blieben erhalten. Das Leitmotiv „Zeitalter und Stile“ mit der Darstellung typischer europäischer Baustile wurde leicht abgewandelt.

**Tipp**

Die Bundesbank empfiehlt die folgende Vorgehensweise zur diskreten und schnellen Überprüfung der Echtheit der Geldscheine:

- Fühlen
- Sehen
- Kippen

Mit technischen Hilfsmitteln wie einer UV-Lampe oder einem Infrarotlesegerät kann Falschgeld diskret erkannt werden.

## Sicherheitsprüfung von Euro-Geldscheinen

| Sicherheitsmerkmal | Bedeutung | Überprüfung |
|---|---|---|
| Fühlbares Relief/ tastbare Linien  | Das Papier fühlt sich griffig und fest an. Auf der Vorderseite lässt sich am linken und rechten Rand jeweils eine Reihe kurzer erhabener Linien ertasten. Bei Hauptmotiv, Schrift und großer Wertzahl ist auch ein Relief spürbar. | Fühlen |
| Porträt-Wasserzeichen/-Hologramm  | Beim Betrachten der Banknote gegen das Licht wird ein Porträt der Europa, die Wertzahl und das Hauptmotiv sichtbar, das im Hologramm enthaltene Fenster mit dem Porträt der Europa wird beidseitig durchsichtig. | Sehen |
| Sicherheitsfaden  | Beim Betrachten der Banknote gegen das Licht erscheint der Sicherheitsfaden als dunkler Streifen. Auf ihm werden das €-Symbol und die Wertzahl der Banknote in sehr kleiner, weißer Schrift sichtbar. | Sehen |

| | | |
|---|---|---|
| Porträt-Fenster  | Im Gegenlicht wird das Fenster am oberen Rand des Hologramms durchsichtig. Dort ist das Porträt der Europa beidseitig zu erkennen und beim Kippen des Scheins auch die von regenbogenfarbenen Linien umgebene Wertzahl. Auf der Rückseite erscheint die kleine regenbogenfarbene Wertzahl mehrfach im Fenster. | Kippen |
| Satelliten-Hologramm/Streifen  | Das Hologramm als Teil des silbernen Streifens im rechten Teil der Vorderseite zeigt ein Porträt der mythologischen Gestalt Europa, das EUR-Symbol, das Hauptmotiv und die Wertzahl der Banknote. | Kippen |
| Smaragd-Zahl  | Beim Kippen der Banknote sieht man links unten eine glänzende Zahl, auf der sich ein Lichtbalken auf und ab bewegt. Außerdem verändert die Zahl ihre Farbe von Smaragdgrün zu Tiefblau. Bei den neuen 100-EUR- bzw. 200-EUR-Banknoten sind auf der Smaragdzahl auch kleine EUR-Symbole zu erkennen. | Kippen |

https://www.ecb.europa.eu/euro/banknotes/security/html/index.de.html und https://www.bundesbank.de/de/aufgaben/bargeld/falschgeld/falschgelderkennung/falschgelderkennung-599486

Tipp

Die Bundesbank bietet auf Ihrer Homepage umfangreiche Informationen und kostenlose Schulungen zur Erkennung gefälschter Euro-Banknoten an: https://www.bundesbank.de/de/aufgaben/bargeld/falschgeld

www



## Erneut weniger falsche Banknoten in Deutschland

24.01.2020 EN

Die Bundesbank hat im Jahr 2019 rund 55.200 falsche Euro-Banknoten im Nennwert von 3,3 Millionen Euro registriert. Die Zahl der Fälschungen sank gegenüber dem Vorjahr um 5 Prozent. Rein rechnerisch entfielen damit sieben falsche Banknoten auf 10.000 Einwohner.

Die 50 Euro-Scheine wurden 2019 am häufigsten nachgemacht – Anzahl: 31.028 Scheine.

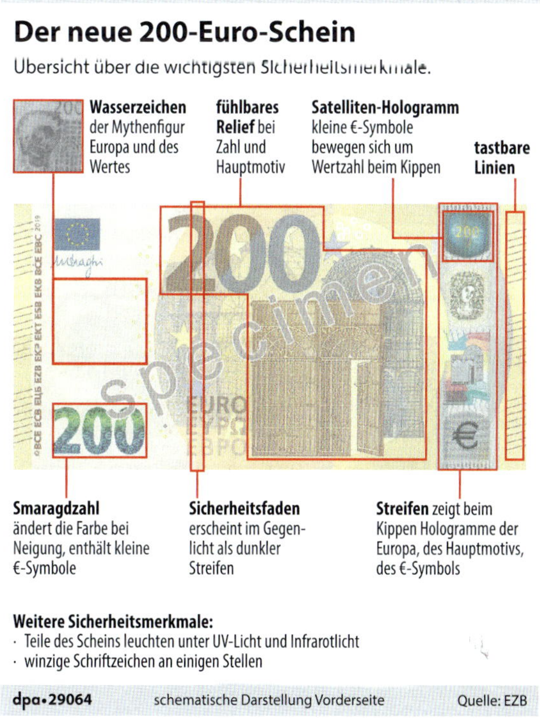

Die Barzahlung hat für den Einzelhändler und für den Kunden sowohl Vorteile als auch Nachteile:

© stokkete – stock.adobe.com

## Vor- und Nachteile der Barzahlung

| Perspektive Einzelhändler | | Perspektive Kunde | |
|---|---|---|---|
| **Vorteile** | **Nachteile** | **Vorteile** | **Nachteile** |
| • Das Geld ist sofort in der Kasse.<br>• Mahnungen bei verspäteter Zahlung sind nicht notwendig.<br>• Risiken der Kartenzahlungen entfallen (siehe Kartenzahlungen), z. B. Kundenkonto ist nicht gedeckt.<br>• Es fallen keine Bankgebühren bei der Zahlung an. | • Risiko, Falschgeld anzunehmen<br>• Risiko von Diebstahl<br>• Risiko einer falschen Geldherausgabe<br>• Risiko des Verlustes<br>• Risiko von Umsatzrückgängen, weil Spontankäufe von Kunden ausbleiben | • bessere Übersicht über die Ausgaben<br>• keine Bankgebühren bei der Zahlung | • Geld muss immer passend dabei sein.<br>• Risiko des Verlustes<br>• Risiko von Diebstahl<br>• Spontankäufe sind nicht immer möglich. |

# 4.2 Halbbare Zahlung

Bei der halbbaren Zahlung benötigt einer der beiden Vertragspartner ein Konto bei einem Kreditinstitut.

Bei der halbbaren Zahlung ist es möglich, dass entweder der Kunde oder das Einzelhandelsunternehmen ein Konto bei einem Kreditinstitut hat:

**1. Möglichkeit**

Die Bio-Shopping-Paradies GmbH erweitert das Angebot ihres Teesortiments. Dazu bestellt ein Mitarbeiter bei einem türkischen Botaniker ein spezielles Kräutersortiment für 200,00 EUR. Da der Botaniker kein Geschäftskonto hat, kann die Bio-Shopping-Paradies GmbH über die Western Union (oder einem ihrer Vertriebspartner) Geld online versenden, das der Empfänger dann in einer Filiale vor Ort bar abholen kann. Dabei bekommt der Botaniker sein Geld automatisch in türkischer Lira. Diesen Service bietet z. B. die Postbank an. Die Transfergebühren betragen ca. 5,00 EUR.

**2. Möglichkeit**

Ein Kunde verfügt über kein Girokonto, möchte aber telefonisch bei der Bio-Shopping-Paradies GmbH Waren (verschiedene Tee-Mischungen) im Wert von 50,00 EUR bestellen. Die Bio-Shopping-Paradies GmbH vereinbart eine Lieferung per Nachnahme.
Die Ware wird eine Woche später durch einen Postboten geliefert.
An der Haustür übergibt der Kunde dem Boten den Rechnungsbetrag (einschließlich der Nachnahmegebühr) bar. Das Geld wird dann auf das Konto des Verkäufers gutgeschrieben.



Die halbbare Zahlung hat für den Einzelhändler und für den Kunden sowohl Vor- als auch Nachteile:

**Vor- und Nachteile der halbbaren Zahlung**

| Perspektive Einzelhändler | | Perspektive Kunde | |
|---|---|---|---|
| **Vorteile** | **Nachteile** | **Vorteile** | **Nachteile** |
| • man kann mit Kunden, die über kein Konto verfügen, Geschäfte betreiben | • umständliches Zahlungsverfahren<br>• es fallen zusätzliche Gebühren an | • Kunden müssen über kein Konto verfügen<br>• Kunden, die bei einem Anbieter ohne Kontoverbindung kaufen, können Geschäfte tätigen<br>• bei Nachnahme kann man sich die Ware vorher ansehen | • bei Nachnahme muss der Kunde vor Ort sein und ausreichend Bargeld vorhalten<br>• Gebühren höher als bei bargeldloser Zahlung |

## 4.3 Bargeldlose Zahlung

Bei der bargeldlosen Zahlung benötigen beide Vertragspartner ein Konto. Die Bezahlung kann hierbei auf verschiedene Arten erfolgen:

- SEPA-Überweisung
- Dauerauftrag
- SEPA-Lastschriftverfahren
- kartengestützte bargeldlose Zahlung
- Online-Banking und andere Zahlungsformen über das Internet
- Zahlung mit dem Smartphone

© Kaspars Grinvalds, Rawpixel.com, ladysuzi – stock.adobe.com



### 4.3.1 SEPA-Überweisung

Unter den bargeldlosen Zahlungsarten ist die SEPA-Überweisung besonders stark verbreitet. Bei dieser Zahlungsart wird der Geldbetrag vom Konto des Schuldners, des Zahlenden (hier: Kunde), auf das Konto des Gläubigers, des Zahlungsempfängers (hier: Verkäufer), übertragen. Der Geldbetrag wird von dem Konto des Zahlenden abgebucht (abgezogen) und auf dem Konto des Zahlungsempfängers gutgeschrieben (hinzugefügt).

Hinweis
www

https://de.wikipedia.org/wiki/Europäischer_Zahlungsraum

**Beispiel:** *Ein Kunde der Bio-Shopping-Paradies GmbH erhält eine Rechnung in Höhe von 245,50 EUR. Er überweist den Betrag von seinem Konto auf das Konto der Bio-Shopping-Paradies GmbH. Von dem Konto des Kunden werden nun 245,50 EUR abgezogen, d. h. der Kontostand ist nach der Überweisung um 245,50 EUR geringer. Auf dem Konto der Bio-Shopping-Paradies GmbH werden 245,50 EUR gutgeschrieben, d. h. der Kontostand ist um 245,50 EUR höher.*

© nmann77 – stock.adobe.com

In das Überweisungsformular müssen folgende Inhalte eingetragen werden:
- Name des Zahlungsempfängers
- IBAN (für Überweisungen ins Ausland zusätzlich auch die BIC) des Zahlungsempfängers
- Zahlungsbetrag
- Verwendungszweck
- Name des Kontoinhabers
- IBAN des Inhabers
- Datum und Unterschrift

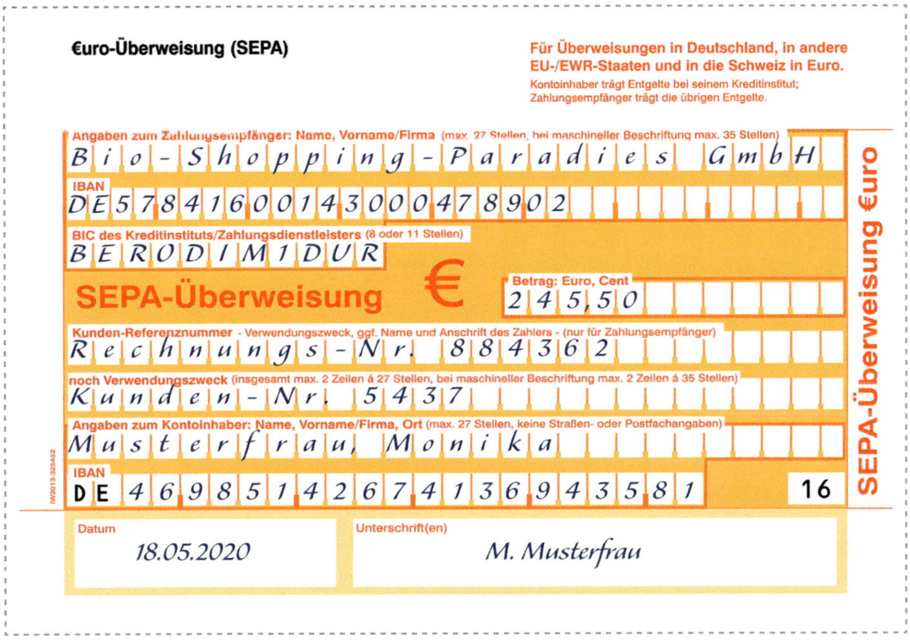
€uro-Überweisung (SEPA)

Für Überweisungen in Deutschland, in andere EU-/EWR-Staaten und in die Schweiz in Euro.
Kontoinhaber trägt Entgelte bei seinem Kreditinstitut; Zahlungsempfänger trägt die übrigen Entgelte.

Angaben zum Zahlungsempfänger: Name, Vorname/Firma (max. 27 Stellen, bei maschineller Beschriftung max. 35 Stellen)
Bio-Shopping-Paradies GmbH

IBAN
DE57841600143000478902

BIC des Kreditinstituts/Zahlungsdienstleisters (8 oder 11 Stellen)
BERODIM1DUR

SEPA-Überweisung €

Betrag: Euro, Cent
245,50

Kunden-Referenznummer - Verwendungszweck, ggf. Name und Anschrift des Zahlers - (nur für Zahlungsempfänger)
Rechnungs-Nr. 884362

noch Verwendungszweck (insgesamt max. 2 Zeilen á 27 Stellen, bei maschineller Beschriftung max. 2 Zeilen á 35 Stellen)
Kunden-Nr. 5437

Angaben zum Kontoinhaber: Name, Vorname/Firma, Ort (max. 27 Stellen, keine Straßen- oder Postfachangaben)
Musterfrau, Monika

IBAN
DE46985142674136943581 16

Datum
18.05.2020

Unterschrift(en)
M. Musterfrau

SEPA-Überweisung €uro

© Stefan Yang – stock.adobe.com



Die IBAN steht für International Bank Account Number (Kontonummer) und setzt sich aus einem Länderkennzeichen, einer zweistelligen Prüfziffer, der Bankleitzahl (BLZ) und der Kontonummer zusammen. BIC steht für Bank Identifier Code (Internationale Bankleitzahl). Die Angabe der BIC ist bei Überweisungen im Inland nicht notwendig.

**Beispiel:**

| Länderkennzahl | zweistellige Prüfziffer | BLZ | Kontonummer (zehnstellig) |
|---|---|---|---|
| DE | 84 | 3704004<br>(z. B. Commerzbank Köln) | 1542 8675 00 |

Wird per SEPA-Überweisung bezahlt, verlangen Kreditinstitute je nach Kontovertrag unterschiedliche hohe Gebühren. Bei online geführten Konten werden häufig keine oder nur geringe Gebühren pro Überweisung erhoben. Für jugendliche Kontoinhaber werden meist keine Gebühren erhoben. Als Zahlungsnachweis dient der Eintrag auf dem Kontoauszug.

Die Abbuchung des Geldbetrags von dem Konto des Zahlenden erfolgt i.d.R. an dem Tag, an dem die Überweisung erfolgt ist. Die Gutschrift auf das Konto des Empfängers erfolgt

- bei Echtzeitüberweisungen sofort,
- bei beleglosen SEPA-Überweisungen (in Euro innerhalb des SEPA-Raums) in maximal einem Geschäftstag und
- bei beleghaften SEPA-Überweisungen innerhalb zwei Tagen.

Für Überweisungen in Fremdwährungen innerhalb des SEPA-Raums gilt eine Ausführungsfrist von vier Tagen. Für Überweisungen in Länder außerhalb des SEPA-Raums gibt es keine festgelegten Ausführungsfristen.

## 4.3.2 Dauerauftrag

Werden Zahlungen zu regelmäßigen Terminen in gleicher Höhe fällig, dann ist es sinnvoll, einen Dauerauftrag bei dem kontoführenden Kreditinstitut (das Kreditinstitut, bei dem man ein Konto hat) einzurichten. Ein Dauerauftrag ist die Anweisung an das eigene Kreditinstitut, eine Überweisung regelmäßig und in immer gleicher Höhe durchzuführen.

Die Einrichtung eines Dauerauftrags bei dem kontoführenden Kreditinstitut ist kostenlos. Durch die Einrichtung des Dauerauftrags spart der Zahlende Zeit, weil er die entsprechende Zahlung nicht immer wieder neu veranlassen muss. Gleichzeitig ist sichergestellt, dass der Geldbetrag pünktlich auf dem Konto des Empfängers gutgeschrieben wird.

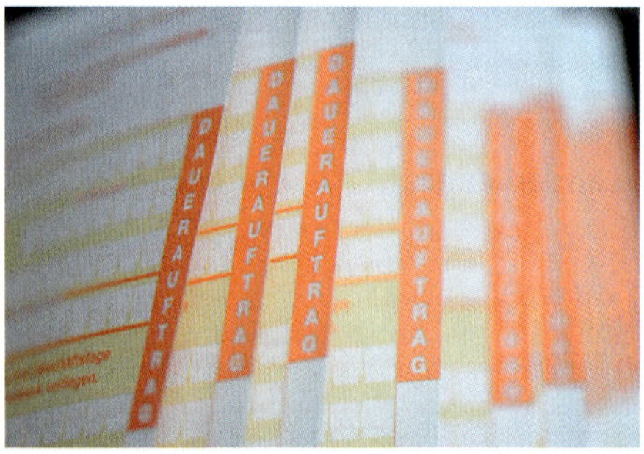




**Beispiel:** *Die monatliche Mietzahlung beträgt 450,00 EUR. Dieser Betrag muss jeden ersten Tag eines Monats auf dem Konto des Vermieters sein. Damit diese Zahlung sichergestellt werden kann, wird ein Dauerauftrag eingerichtet. Das Kreditinstitut überweist daraufhin die 450,00 EUR jeden Monat zu einem festen Termin auf das Konto des Vermieters.*

### 4.3.3 SEPA-Lastschriftverfahren

Werden regelmäßige Zahlungen in unterschiedlicher Höhe fällig, kann das SEPA-Lastschriftverfahren genutzt werden.

Dabei erteilt der Zahlungspflichtige dem Zahlungsempfänger die Erlaubnis, einen Rechnungsbetrag einmalig oder wiederholt von seinem Konto einziehen zu dürfen. Diese Erlaubnis wird als SEPA-Lastschriftmandat bezeichnet und ist in ihrem Inhalt genau vorgeschrieben.

© andyller – stock.adobe.com

**Beispiel:** *Der Grundpreis eines Festnetzanschlusses beträgt 17,99 EUR. Dieser Preis enthält eine Internetflat sowie eine Telefonflat für Anrufe in das deutsche Festnetz. Anrufe in Mobilnetze und in ausländische Netze werden zusätzlich berechnet.*

*Die Monatsrechnung des Telefonanbieters fällt mit diesen vertraglichen Vereinbarungen jeden Monat anders aus, je nach dem Telefonverhalten des Benutzers.*

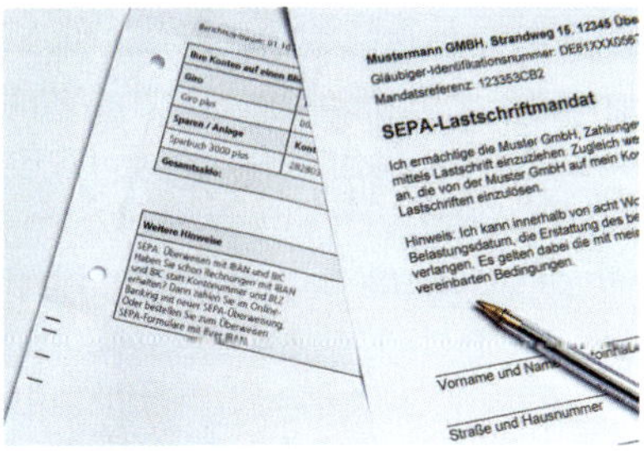


© peno-zenofoto.de – stock.adobe.com

Sollte der Zahlungsempfänger bei einem Verbraucher (Basis-Lastschriftmandat) höhere Geldbeträge einziehen, als vereinbart wurden, besteht von Seiten des Zahlenden die Möglichkeit, sein Kreditinstitut zu beauftragen, diesen Betrag zurück zu buchen. Eine geleistete Zahlung kann nur innerhalb einer Frist von acht Wochen rückgängig gemacht werden. Fehlt das Mandat, hat der Kunde eine Widerspruchsfrist von 13 Monaten. Ist der Zahlungspflichtige ebenfalls ein Unternehmer (Firmenlastschrift-Mandat), ist die Rückgabe einer Lastschrift über das Kreditinstitut nicht möglich.

## 4.4 Kartengestützte bargeldlose Zahlung

Eine weitere Form der bargeldlosen Zahlung ist die Zahlung mit Karten, die von Kreditkartengesellschaften oder Kreditinstituten ausgegeben werden. Diese Zahlungskarten können aus Kunststoff, in Einzelfällen aus anderen Materialien (z.B. Apple-Card aus Titan) ausgegeben werden oder in digitaler Form auf dem Smartphone in einer App gespeichert werden. Physikalische Karten speichern die Informationen auf dem Magnetstreifen und auf einem Chip. In Deutschland werden überwiegend die Chipdaten bei der Zahlung verwendet. Mit der kartengestützten Methode können Waren und Dienstleistungen gezahlt werden. Dazu wird die jeweilige Karte lediglich beim Händler eingelesen und der fällige Betrag über ein entsprechendes Zahlungssystem abgerechnet. Dieser Ablauf wird in den folgenden Unterkapiteln näher erläutert.

## 4.4.1 Girocard und Maestro

Eine Debitkarte ist eine Zahlungskarte, die von Banken und Sparkassen zur bargeldlosen Bezahlung oder zum Abheben von Bargeld am Geldautomaten ausgegeben wird.

Die Funktionen dieser Karte sind vielfältig:

- die bargeldlose Zahlung mit „girocard" und PIN-Eingabe (früher EC-cash) erfolgt an sogenannten POS-Terminals (Point of Sale), dabei wird der Betrag direkt vom Girokonto abgebucht, der Händler erhält nach der PIN-Bestätigung eine Zahlungsgarantie,
- das Abheben von Bargeld an Geldautomaten national und international (zum Teil kostenpflichtig),
- die Abfrage und das Ausdrucken der Kontoauszüge (beim eigenen Geldinstitut),
- das kontaktlose Bezahlen (z. B. mit *girogo*) bei Einkäufen bis zu 50,00 EUR ohne PIN-Eingabe und Unterschrift,
- die Zahlung als SEPA-Lastschrift, auch als elektronisches Lastschriftverfahren (ELV) bezeichnet, dabei wird (offine) aufgrund der auf der girocard vorhandenen Daten eine kundenbezogene Lastschrift erstellt, die der Kunde mit seiner Unterschrift auf dem Beleg oder dem digitalen Unterschriftsfeld autorisiert.

Maestro ist ein weltweit verwendeter Kartenzahlungsdienst von MasterCard Worldwide, einem der weltweit führenden Anbietern von Zahlungsverkehrsdienstleistungen. Maestro wird in Form von Debitkarten ausgestellt, bei deren Verwendung direkt auf das Guthaben eines Girokontos bzw. den Verfügungsrahmen des Karteninhabers zugegriffen wird. Maestro-Karten können zum Zahlen im stationären Handel, im Internet oder zum Geldabheben am Bankautomaten eingesetzt werden. Die Maestro-Funktionalität einer Debitkarte kann am bekannten Maestrologo erkannt werden.

Während Karten mit dem Maestro-Zeichen weltweit einsetzbar sind, können Karten mit dem V-Pay-Zeichen nur in den europäischen SEPA-Ländern verwendet werden.

## 4.4.2 Zahlung mit Girocard und PIN

Die Zahlung mit der Girocard erfolgt direkt am Ort des Verkaufs (POS = Point of Sale), und zwar überall dort, wo das Symbol angezeigt wird. Voraussetzung für diese Nutzung ist, dass auf dem Chip der Girocard ein Garantiebetrag der Bank gespeichert ist. Das Kreditinstitut garantiert bei Zahlung die Gutschrift bis zu diesem Betrag.

Nachdem der Verkäufer den zu zahlenden Betrag an der Kasse eingegeben hat, wird der Kunde gebeten, die Bankkarte in das Kartenlesegerät zu stecken. Auf dem Kartenlesegerät wird der zu zahlende Betrag angezeigt. Mit der PIN-Eingabe (Personal Identification Number) und der Bestätigung endet der Zahlungsvorgang. Alternativ können Rechnungsbeträge bis zu 50,00 EUR auch kontaktlos (ohne PIN-Eingabe) bezahlt werden, wenn die Debitkarte mit einer NFC-Schnittstelle ausgerüstet ist. Die Karteninformationen und die PIN werden online an die zuständige Bank übermittelt

Kap. 4.7

und überprüft. Wenn die PIN mit den Informationen auf der Karte übereinstimmt, die Karte gültig ist und der zu zahlende Betrag garantiert wird, dann wird die Zahlung ausgeführt und durch einen Hinweis auf dem Lesegerät angezeigt. Der Kunde erhält einen Zahlungsnachweis. Die Zahlung ist in der Regel gebührenfrei.

Da das Konto des Kunden sofort belastet wird, hat der Händler bei dieser Zahlungsform immer eine Zahlungsgarantie. Voraussetzung für den Einzelhändler sind ein Kartenlesegerät und eine Onlineverbindung. Hierbei fallen Kosten für das Kartenlesegerät an (Kauf oder Mietzahlung), für die Onlineverbindung sowie Gebühren für die getätigten Umsätze, die je nach Kreditinstitut unterschiedlich ausfallen. Beim Kunden ist es möglich, dass für die Buchung auf dem Girokonto Kosten entstehen.

**Beispiel:** *Sven Nickel steht an der Kasse im Bio-Shopping-Paradies und muss für seinen Einkauf 75,00 EUR bezahlen. Er gibt dem Kassierer seine Debitkarte mit dem Girocard-Zeichen. Nachdem der Kassierer die Karte in das Kartenlesegerät gesteckt hat, wird Sven gebeten, seine PIN einzugeben.*

### 4.4.3 Kartenzahlung als SEPA-Lastschrift

Der Kunde zahlt bei diesem Verfahren (SEPA-ELV) mit der Girokarte, wobei die Zahlung aber nicht durch die Eingabe der PIN in Gang gesetzt wird (frühere Bezeichnung: POZ, Point of Sale ohne Zahlungsgarantie).

SEPA Lastschrift

Nach Eingabe des Rechnungsbetrages an der Kasse wird dieser an das Kartenlesegerät übertragen. Der Kunde steckt dann seine Bankkarte in das Lesegerät ein. Bei diesem Zahlungssystem wird der Magnetstreifen mit den Informationen über die IBAN von dem Kartenlesegerät offline ausgelesen. Daraufhin werden zwei Lastschriftbelege ausgedruckt. Durch seine Unterschrift erteilt der Kunde dem Händler ein einmaliges SEPA-Mandat für den Geldeinzug.

Der Kassierer vergleicht die Unterschrift auf dem Beleg mit der Unterschrift auf der Karte, bei Bedarf wird die Identität des Kunden mit einem Lichtbildausweis überprüft. Zur Kontrolle erhält der Kunde den zweiten Zahlungsbeleg und die Bankkarte zurück. Bei diesem offline-Verfahren kann die Kontodeckung nicht geprüft werden, es gibt keine Zahlungsgarantie. Die Bank des Einzelhändlers zieht den Betrag von dem Konto des Kunden ein.

**Beispiel:** *Sven Nickel kauft eine Woche später wieder im Bio-Shopping-Paradies ein. Diesmal muss er für seinen Einkauf 105,00 EUR bezahlen. Er gibt dem Kassierer seine Debitkarte mit dem Girocard-Zeichen. Nachdem der Kassierer die Karte in das Kartenlesegerät gesteckt hat, wird Sven gebeten, einen Zahlungsbeleg zu unterschreiben. Er bekommt seine Karte zurück und erhält einen Beleg. Mit der Ware verlässt er das Einzelhandelsunternehmen.*

Für den Einzelhändler ergeben sich aus der Kartenzahlung mit Unterschrift Risiken:

- Konto des Zahlenden könnte nicht gedeckt sein, der Betrag wird daher nicht gutgeschrieben
- Unterschrift könnte gefälscht sein, weil die Girocard missbräuchlich verwendet wird
- Kunde könnte der Lastschrift widersprechen und den Geldbetrag wieder zurückbuchen lassen; allerdings bleibt die Forderung des Unternehmens auf Begleichung des Zahlungsbetrages bestehen.

**Beispiel:** *Sven Nickel steckt seine Girocard in seine Hosentasche. Sie wird ihm daraus gestohlen und der Dieb ahmt die auf der Rückseite der Karte vorhandene Unterschrift von Sven Nickel nach und zahlt mit der Karte 240,00 EUR im Bio-Shopping-Paradies. In der Zwischenzeit hat Sven Nickel den Diebstahl bemerkt und die Karte sperren lassen. Den Betrag von 240,00 EUR hat er zurückbuchen lassen.*

Das Risiko der Rückbuchung lässt sich nicht ganz ausschließen, insbesondere wenn man sich nicht den Ausweis des Zahlenden zeigen lässt oder eine zweite Unterschrift verlangt. Dass Unternehmen dennoch diese unsichere Zahlungsform anbieten, liegt in den deutlich geringer anfallenden Kosten (anstelle einer Kartenzahlung mit PIN).

## 4.4.4 Zahlung mit einer Prepaid-Karte

Der Begriff „prepaid" heißt übersetzt, etwas im Voraus bezahlt zu haben. Es bedeutet, dass der Besitzer einer Prepaid-Karte ein „Guthaben" über eine bestimmte Höhe erwirbt, das auf der Karte bzw. auf einem Chip gespeichert wird; diese Prepaid-Variante ist beispielsweise von der Mobiltelefonie oder von Telefonkarten bekannt, sie wird aber auch bei einigen Zahlungsformen angeboten, z. B. bei der Girocard oder bei bestimmten Kreditkarten.



Stellvertretend für eine Vielzahl von Prepaid-Karten werden hier die Geldkarte und die Prepaid-Kreditkarte vorgestellt.

Die Geldkarte ist meist an das Girokonto gebunden. Wenn auf der Vorderseite einer Girocard ein goldener Chip zu sehen ist und auf der Rückseite das Geldkartenlogo, dann lässt sich die Geldkarten-Funktion nutzen. An einem Geldautomaten oder online (mit entsprechender technischer Ausstattung) lassen sich dann maximal 200,00 EUR aufladen.

© www.geld-karte.de/

Es gibt auch Geldkarten, die nicht an ein Girokonto gekoppelt sind. Zum Bezahlen wird die Geldkarte in ein entsprechendes Händler-Terminal an der Kasse oder (bei Automaten) in den Kartenschlitz geschoben. Bis 25 EUR kann ein Betrag bei allen Akzeptanzstellen auch kontaktlos bezahlt werden, sofern die Karte über die girogo-Funktion verfügt. Neben der abgebildeten Variante gibt es auch Geldkarten, die nicht an ein Girokonto gebunden sind.

Der Betrag auf einer Geldkarte kann bei Verlust oder Diebstahl missbräuchlich genutzt werden, da beim Bezahlen keine PIN-Eingabe notwendig ist. Die Geldkarte hat keine große Bedeutung unter den Prepaid-Zahlungssystemen.

© www.post-bank.de

Auch auf einer Prepaid-Kreditkarte muss ein Betrag im Voraus aufgeladen werden; der Name Kreditkarte ist allerdings nicht korrekt, da im Gegensatz zu „echten" Kreditkarten kein Kredit gewährt wird, sondern nur der aufgeladene Betrag verfügbar ist. Einsetzen lassen sich Prepaid-Kreditkarten wie gewöhnliche Kreditkarten, allerdings mit einigen Einschränkungen. So kann man mit dieser Karte im Internet einkaufen, Flüge buchen, sich Geld im Inland oder Ausland am Automaten auszahlen lassen oder einfach nur shoppen gehen. Prepaid-Kreditkarten kommen meist von Visa oder MasterCard und bieten als solche den Vorteil, weltweit Geld abheben zu können. Besonders im Ausland ist eine aufladbare Kreditkarte ein idealer Reisebegleiter.

Abhebungen sind an allen Geldautomaten möglich, an denen das Visa- oder MasterCard-Zeichen zu sehen ist. Somit ermöglichen Prepaid Karten denselben flächendeckenden Bargeldbezug wie herkömmliche Kreditkarten.

**Beispiel:** *Der 17-jährige Auszubildende Finn Peters nimmt an einem drei monatigen Auslandspraktikum in den USA teil. Da er dort vor Ort kein Konto hat und nicht so viel Bargeld dabeihaben möchte, überlegt er, wie er sein Geld diebstahlsicher verwalten und nutzen kann. Sein Ausbilder rät ihm, sich eine Prepaid-Kreditkarte zu besorgen. Die Aufladung kann Finn per Lastschrift oder Überweisung, per Bareinzahlung oder über einen Online-Dienstleister machen.*

**Vorteile Prepaid-Kreditkarte**

- sinnvoll für Minderjährige und Personen, die keine andere Kreditkarte erhalten können
- Kunden mit schlechter Schufa-Bewertung können trotzdem die Kreditkartenvorteile nutzen (keine „Bonitätsabfrage")
- durch die Begrenzung des Geldbetrages bessere Kostenkontrolle
- auch kontounabhängige Prepaid-Karten möglich
- Aufladung + Abfrage der Kreditkartendaten online möglich

**Nachteile Prepaid-Kreditkarte**

- höhere Gebühren und Kosten als bei „normalen" Kreditkarten
- eingeschränkte Flexibilität beim Karteneinsatz
- bei Hotel- und Mietwagenbuchung häufig Akzeptanzprobleme
- bei manchen Anbietern lauern versteckte Kosten
- meist Fremdwährungsgebühr
- bei Kartenverlust Missbrauch und Verlust des aufgeladenen Betrages möglich

Wenn man als Kunde die beschriebenen Nachteile vermeiden möchte, ist eine „normale" Kreditkarte zu empfehlen.

## 4.4.5 Kreditkarte

AMERICAN EXPRESS

Kreditkarten von Kreditkartengesellschaften (z. B. American Express, MasterCard, Visa) werden meist über das eigene Kreditinstitut beantragt und nach Prüfung der Bonität ausgegeben. Dazu ist ein Girokonto und ein regelmäßiges Mindesteinkommen notwendig. Kreditkarten gibt es als Standardkarten oder mit Zusatzvorteilen, z. B. inkludierten Versicherungsleistungen.

Zahlt ein Kunde einen Betrag mit einer Kreditkarte, erhält er lediglich einen Buchungsbeleg mit allen notwendigen Daten, die Kreditkartengesellschaft übernimmt zuerst diese Bezahlung (als Kredit), sammelt alle monatlichen Umsätze und bucht diese dann vom Girokonto des Kunden ab.

Kreditkarten werden grundsätzlich im In- und Ausland (weltweit) zur Zahlung akzeptiert, da der Händler eine Zahlungsgarantie erhält. Einzelne Händler lehnen die Bezahlung mit einer Kreditkarte ab oder akzeptieren eine Zahlung erst ab einer gewissen Umsatzhöhe, weil diese für den Einzelhändler hohe Kosten verursacht (Transaktions- und Fixkosten). Vorteilhaft für den Einzelhändler ist aber eine Zahlungsgarantie von den Kreditinstituten. Es wirkt sich auch positiv auf die Umsätze des Einzelhändlers aus, wenn die Kunden Spontankäufe tätigen, die mit der Kreditkarte bezahlt werden können.

**Vorteile für den Kartenbesitzer**

- weltweit einsetzbar
- gut und bequem bei Onlinekäufen
- sie ermöglicht eine hohe Flexibilität, insbesondere im Ausland und bei Internetkäufen
- kein Währungstausch bei kurzen Aufenthalten im Ausland
- die Abbuchung der durch die Kreditkarte ausgegebenen Geldbeträge erfolgt zeitlich erst Tage bzw. Wochen später

**Nachteile für den Kartenbesitzer**

- Karte kostet i. d. R. eine Jahresgebühr
- Karte verleitet möglicherweise zum Geldausgeben
- Mindesteinkommen notwendig, um eine Kreditkarte zu bekommen
- bei Auslandseinsatz müssen auch vom Kartenbesitzer anteilig Gebühren bezahlt werden
- Missbrauch bei Diebstahl möglich

**Beispiel:** *Sven Nickel erhält am Ende des Monats seine Kreditkartenabrechnung: Er ist schockiert über seine Geldausgaben.*

*Erst durch die Auflistung jeder einzelnen Zahlung wird ihm klar, dass er viel zu „locker" mit seiner Kreditkarte umgegangen ist.*

## 4.4.6 Kundenkreditkarte

In Deutschland werden im Einzelhandel vermehrt Kundenkreditkarten (Co-Branding-Karten) eingesetzt. Die von den Einzelhandelsunternehmen kostenlos herausgegebenen Kundenkarten, die mit einem Bonusprogramm (z. B. beim Erreichen eines bestimmten Jahresumsatzes erhält der Kartennutzer am Jahresende einen Rabatt auf alle Einkäufe) und weiteren Serviceleistungen verbunden sind, schließen häufig eine Kreditkarte mit ein.

Herausgeber dieser Kreditkarten sind Partnerbanken oder Kreditkartengesellschaften. Zahlung und Abrechnung erfolgt wie bei der Kreditkarte (siehe oben).

Die Vorteile einer solchen Kundenkreditkarte für die Kunden sind zusätzliche Serviceleistungen (z. B. Informationen über Sonderaktionen oder Firmenevents) und höhere Preisnachlässe. Für den Kartennutzer ergeben sich allerdings auch Nachteile: Da durch die Karte viele Informationen über den Kunden gesammelt werden, wird der Nutzer zum „gläsernen Kunden". Zudem besteht die Gefahr von zu hohen Ausgaben, z. B. durch Spontankäufe und einer daraus folgenden Verschuldung.

Die Vorteile für die Einzelhandelsunternehmen liegen in einer engeren Kundenbindung und der Gewinnung wertvoller Kundendaten (Einkaufsgewohnheiten, Kontaktdaten).

Tipp

Kundenkreditkarten wurden von „Deutschland Test" nach den folgenden Kategorien bewertet:
(1) Jahresgebühr
(2) Akzeptanzstellen
(3) Bargeld/Zinsen und
(4) Leistungen/Bonusprogramm
(www.deutschlandtest.de/kundenkreditkarten)

www

## 4.5 Online-Banking (Electronic Banking)

Beim Online-Banking erfolgt eine Zahlung mithilfe eines Computers oder eines mobilen Endgeräts. Das Online-Banking erfolgt einfach und schnell, ohne dass man in das entsprechende Kreditinstitut gehen muss.

© VRD – stock.adobe.com

Vorteile des Online-Banking sind:

- Konto kann von allen Endgeräten mit Internetverbindung (PC, Laptop, Tablet, Smartphone) aus geführt werden
- Öffnungszeiten des Kreditinstituts müssen nicht beachtet werden
- Zugang zum Konto besteht rund um die Uhr

Mit der neuen EU-Richtlinie PSDE2 haben sich Änderungen und Verbesserungen im Zahlungsverkehr und im Online-Banking ergeben, insbesondere durch die Faktor-Authentifizierung. Händler dürfen für einzelne Bezahlmethoden wie Überweisungen, Lastschrift oder Kreditkarte keine Extragebühren mehr verlangen.

Merke

Beim Online-Banking werden hohe Anforderungen an die Sicherheit der Kontoinhaber gestellt. So muss immer sichergestellt werden, dass die Person, die auf einem bestimmten Konto eine Geldbewegung (Transaktion) auslöst, dazu auch berechtigt (legitimiert) ist. Um die Sicherheit bei der Legitimation zu gewährleisten, gibt es verschiedene Möglichkeiten:

**Möglichkeiten der Legitimation beim Online-Banking**

| | |
|---|---|
| **mTAN** | Für jede Überweisung, die man tätigen möchte, wird eine TAN angefordert. Man erhält diese als SMS auf sein Mobiltelefon, um sie dann für den Banking-Vorgang einzusetzen.<br>Die Methode ist relativ sicher, aber das Handy kann gestohlen oder die TAN kann abgefangen werden. |
| **Push-TAN** | Auch hier wird für jede Überweisung, die man tätigen möchte, die TAN angefordert. Hierbei nutzt man eine spezielle App, in der die TAN generiert wird.<br>Das Verfahren bietet hohe Sicherheit, wenn für App und Onlinebanking verschiedene Apps oder Geräte verwendet werden. |

| | |
|---|---|
| **App-TAN** | Startet man eine Überweisung, reagiert die App auf dem Smartphone. Hier muss man sich mit einem vorher gewählten Passwort einloggen. Eine TAN wird zwar im Hintergrund generiert und übergeben, man bekommt sie aber nicht zu sehen.<br>Die App-TAN bietet eine hohe Sicherheit, wenn für App und Onlinebanking verschiedene Apps oder Geräte verwendet werden. |
| **Chip-TAN** | Das Chip-TAN-Verfahren kommt nur für den Einsatz von zu Hause in Betracht. Bei diesem Verfahren kommt ein TAN-Generator in Kombination mit dem Chip auf der Bankkarte zum Einsatz. Der Generator ermittelt durch Auslesen eines flackernden Feldes auf dem Bildschirm die jeweils erforderliche TAN.<br>Auch dieses Verfahren bietet eine hohe Sicherheit, da zwei getrennte Geräte verwendet werden und zusätzlich die Bankkarte nötig ist. |
| **Photo-TAN** | Das Photo-TAN-Verfahren unterscheidet sich vom Chip-TAN-Verfahren nur darin, dass hier eine Grafik statt eines flackernden Feldes zum Einsatz kommt, die mit einer App auf dem Smartphone ausgelesen wird.<br>Auch das Photo-TAN-Verfahren bietet eine hohe Sicherheit, sofern nicht für App und Onlinebanking das gleiche Smartphone verwendet wird. |



## 4.6 Online-Bezahlverfahren (E-Payment)

Online-Shopping wird immer attraktiver. Online-Händler bieten verschiedene Zahlungsmöglichkeiten an, die der Zahlende immer im Hinblick auf Anwenderfreundlichkeit und Sicherheit abwägen sollte.



### 4.6.1 Online kaufen – bar bezahlen

Trotz der Vielzahl von Sicherheitssystemen sehen viele Kunden die Online-Bezahlung kritisch und haben Bedenken, die Informationen ihrer Bank- und Kreditkarten zu versenden. Für diese Kunden bietet das Unternehmen Cash Payment Solutions GmbH mit „Barzahlen" eine Lösung an.

Bestellt ein Kunde in einem Online-Shop und wählt die Zahlungsart Barzahlen (bis max. 999 EUR), dann bekommt er einen ausdruckbaren Zahlschein oder er erhält per SMS einen Barcode. An der Kasse zahlreicher Barzahlen-Partnerfilialen kann er den Betrag bar bezahlen.

## 4.6.2 Bargeldlose und kartengestützte Zahlungsarten

Neben der Barzahlung mit Zahlschein stehen dem Kunden für seine Einkäufe im Internet noch viele weitere Zahlungsmöglichkeiten zur Verfügung:

1. Zahlung mit Kreditkarte
2. Zahlung mit Geldkarte
3. Zahlung durch Nachnahme
4. Zahlung durch Lastschrift
5. Zahlung gegen Vorkasse
6. Zahlung gegen Rechnung
7. Gesicherter Rechnungs- bzw. Ratenkauf
8. Zahlung durch Onlinebezahldienste

Alle Daten (persönliche Angaben und die Informationen zur Bankverbindung) müssen über eine sichere SSL-Verbindung verschlüsselt übertragen werden. Dies lässt sich in der URL-Zeile (Adresszeile) des Browsers erkennen: Statt **http** wird bei der sicheren SSL-Verbindung **https** am Anfang der Webadresse angezeigt.

Merke

Aber welches Bezahlsystem kann im Internet ohne Sicherheitsrisiken benutzt werden?

Tipp

Aufgrund der Zweiten Zahlungsdienstrichtlinie (Payment Service Directive 2, kurz PSD2) wird das Bezahlen online sicherer. Händler müssen die Kunden beim Bezahlen im Internet über zwei Faktoren identifizieren, die auch Kundenauthentifizierung beziehungsweise Zwei-Faktor-Authentifizierung genannt wird. Die zwei Faktoren müssen aus verschiedenen Kategorien kommen. Die Kategorien sind:
- Wissen, also zum Beispiel Passwörter oder PIN;
- Besitz, beispielsweise die Kreditkarte oder das Smartphone;
- Inhärenz (Eigenschaft oder Verhalten), dazu gehören Fingerabdrücke oder Bewegungen.

(https://www.bundesbank.de/de/aufgaben/unbarer-zahlungsverkehr/psd2/psd2-77543)

www



### Zahlung mit Kreditkarte

Bei der Bezahlung von Interneteinkäufen mit Kreditkarte muss der Kunde folgende Kartendaten eingeben:
- Kreditkartennnummer
- Gültigkeitsdauer
- Prüfziffer (dreistellige Ziffer auf der Kartenrückseite, bei American Express vierstellige Ziffer auf der Vorderseite).

© stokkete – stock.adobe.com

Der Zahlungsvorgang wird dann nach Überprüfung der Kreditkartendaten und nach erfolgreicher zusätzlicher Sicherungskontrolle (z. B. Visa Secure) abgeschlossen.

### ■ Zahlung mit Geldkarte

Der Kunde kann auch online mit dem Chip der Geldkarte, der sich auf der Bankkarte befindet, bezahlen. Die hierfür benötigten Voraussetzungen sind allerdings sehr kostenintensiv, sodass sich die Nutzung der Geldkarte als Zahlungsmittel für Onlinekäufe noch nicht verbreitet hat.

Für das Aufladen der Karte und das Bezahlen mit der Karte im Internet ist ein „Chipkartenleser der Sicherheitsstufe 3" erforderlich und es muss ein Java-Applet in den Browser des Kunden installiert werden. (www.bsi-fuer-bueger.de/BSIFB/DE/DigitaleGesellschaft/EinkaufenImInternet/BezahlenImInternet/bezahlen)

WWW

Hat sich der Kunde für eine Zahlung mit der Geldkarte entschieden, erzeugt der Online-Händler eine virtuelle Rechnung. Diese wird über den Rechner des Kunden zum Chipkartenleser geleitet. Hat der Kartenleser die Geldkarte erkannt, wird der zu zahlende Betrag im Kartenlesegerät angezeigt. Der Kunde kann nun den Zahlungsvorgang über die Tastatur des Kartenlesegerätes bestätigen.

### ■ Zahlung durch Nachnahme

Der Kunde bezahlt bei der Zahlung durch Nachnahme die Ware dann, wenn er diese von der Post oder dem beauftragten Logistikunternehmen empfängt.

© derKranich.com – stock.adobe.com



Bei der Nachnahme besteht für den Händler das Risiko, dass der Kunde die Ware nicht abnimmt und er die Kosten für die Lieferung übernehmen muss. Für den Kunden besteht kein Zahlungsrisiko, weil er die Ware zuerst sehen kann, bevor er die Warensendung annimmt und sie bezahlt wird. Nachteilig ist jedoch, dass der Kunde bei Warenlieferung anwesend sein und den Geldbetrag im Haus haben muss.

### ■ Zahlung durch Lastschrift (Bankeinzug)

Der Kunde bezahlt bei der Zahlung durch Lastschrift, indem er dem Händler die Erlaubnis erteilt, den vereinbarten Betrag von seinem Konto abzubuchen.

© derKranich.com – stock.adobe.com

Für den Händler kann das Risiko bestehen, dass das Konto des Kunden nicht gedeckt ist.

### ■ Zahlung gegen Vorkasse

Der Kunde bezahlt bei der Zahlung durch Vorkasse zuerst den Geldbetrag. Ist der Geldbetrag auf dem Konto des Händlers eingegangen, wird die Ware geliefert.

© derKranich.com – stock.adobe.com

Diese Zahlungsart ist für den Händler risikofrei. Für den Kunden ist das Risiko jedoch groß. Der Kunde sollte sich sorgfältig über den Händler informieren und seine Vertrauenswürdigkeit prüfen. Hierzu dienen die Allgemeinen Geschäftsbedingungen oder Foren im Internet.

## Zahlung gegen Rechnung

Der Kunde erhält vom Händler eine Rechnung mit den entsprechenden Zahlungsinformationen. Der Kunde zahlt diese Rechnung durch Überweisung oder Bareinzahlung in einem Kreditinstitut.

© derKranich.com – stock.adobe.com

Je nach Vorgabe des Händlers, kann die Rechnung auch durch Vorkasse oder durch Nachnahme beglichen werden. Hierbei gelten die entsprechenden Risiken dieser Zahlungsformen.

## Gesicherter Rechnungs- bzw. Ratenkauf

Das Verfahren des gesicherten Rechnungs- bzw. Ratenkaufs sieht folgendermaßen aus:

1. Der Kunde initiiert den Kauf auf Rechnung beim Händler.
2. Die Daten des Kunden und der Rechnung werden vom Händler an den Dienstleister übermittelt.
3. Es erfolgt eine Risikoprüfung durch den Dienstleister.
4. Der Dienstleister meldet dem Händler die Bestätigung der Risikoübernahme.
5. Der Dienstleister stellt dem Kunden eine Rechnung.
6. Der Kunde löst die Zahlung an seine Bank aus.
7. Die Hausbank des Kunden überweist die Zahlung an den Dienstleister.
8. Der Dienstleister zahlt den Betrag an die Bank des Händlers aus.

Ein bekannter Dienstleister für den gesicherten Rechnungskauf bzw. Ratenkauf ist z. B. das Unternehmen Klarna.

© Klarna

## Zahlung durch Onlinebezahldienste

Zur Nutzung dieser Zahlungsart benötigt der Kunde ein Girokonto bei einem Kreditinstitut. Durch die Freischaltung des Onlinebankings kann der Kunde den Rechnungsbetrag für seine Onlinekäufe direkt auf das Konto des Händlers überweisen. Beispiele für diese Zahlart sind: paydirekt und giropay.

### paydirekt

Paydirekt ist ein Online-Bezahlverfahren verschiedener teilnehmenden deutschen Banken und Sparkassen. Kunden können sich über ihren Onlinebanking-Zugang als Nutzer für paydirekt registrieren.

Nach der Registrierung erfolgt der Bezahlvorgang für Internetkäufe über einen vorher festgelegten Nutzernamen und das Passwort. In seltenen Fällen wird die Bezahlung durch eine TAN-Abfrage überprüft. Wie giropay ist paydirekt kein Drittanbieter, sondern eine Zusatzfunktion des Girokontos. Der Zahlvorgang belastet direkt das Konto des Kunden und schreibt den Zahlbetrag dem Konto des Händlers zu.

## giropay

giropay wurde entwickelt, damit Kunden Online-Einkäufe sicher durchführen können. Es wurde von einigen Banken der deutschen Kreditwirtschaft entwickelt und unterstützt.

Kunden, die giropay nutzen, müssen ihr Online-Konto für giropay legitimieren (berechtigen). Zur Durchführung der Zahlung werden die Kunden von der Website des Online-Shops über eine sichere Verbindung zum Online-Banking ihrer Bank weitergeleitet. Mit den gewohnten Zugangsdaten können sich die Kunden dort anmelden und mithilfe der gewohnten PIN und TAN die Zahlung durchführen. Nach Durchführung der Zahlung erhält der Kunde eine Bestätigung über die erfolgreiche Zahlung. Mit der Zahlung durch giropay erhält der Händler eine Zahlungsgarantie.

Die Zahlung durch giropay hat für den Kunden und für den Händler sowohl Vor- als auch Nachteile:

**Vor- und Nachteile der Zahlung mit giropay**

| Perspektive Kunde | | Perspektive Händler | |
|---|---|---|---|
| **Vorteile** | **Nachteile** | **Vorteile** | **Nachteile** |
| • Die Zahlung erfolgt über das gewohnte Online-Banking.<br>• Informationen der Bank- oder Kreditkarte werden nicht weitergeleitet.<br>• Es muss kein neues Konto angelegt werden.<br>• Eine schnelle Zahlung ist möglich.<br>• Der Dienst ist kostenlos. | • Nur möglich für Online-Einkäufe innerhalb Deutschlands.<br>• Es besteht die Gefahr, Opfer von Phishing-Attacken zu werden (s.o.). | • Es besteht eine hohe Zahlungsgarantie.<br>• Die geringeren Risiken für die Kunden bewirken mehr Internetkäufe und damit mehr Umsätze. | • Es fallen Transaktionsgebühren an.<br>• Die Daten liegen auf Servern in den USA.<br>• Es besteht die Gefahr, Opfer von Phishing-Attacken zu werden. |

Quelle: vgl. www.giropay.de/

### 4.6.3 Zahlung über Bezahlsystem-Anbieter (PayPal, E-Wallets oder Cyberwallets)

Immer häufiger werden Zahlungen im Internet über Dienstleister, die Bezahlsysteme anbieten, abgewickelt. Die Bezahlsysteme erleichtern dem Kunden die Bezahlung der Interneteinkäufe und vermindern gleichzeitig die Risiken der Internetbezahlung.

Für die Kunden sind die meisten Bezahlsysteme kostenlos, die Händler zahlen dagegen vereinbarte Gebühren. Mittlerweile existieren zahlreiche Bezahlsysteme, die hier nicht alle aufgeführt werden können.

> Auf der Internetseite von Finanzscout24 ist eine umfangreiche Übersicht der Online-Bezahlsysteme zu finden. (www.financescout24.de/wissen/ratgeber/online-bezahlsysteme)

Tipp

www

## ■ E-Wallets oder Cyberwallets

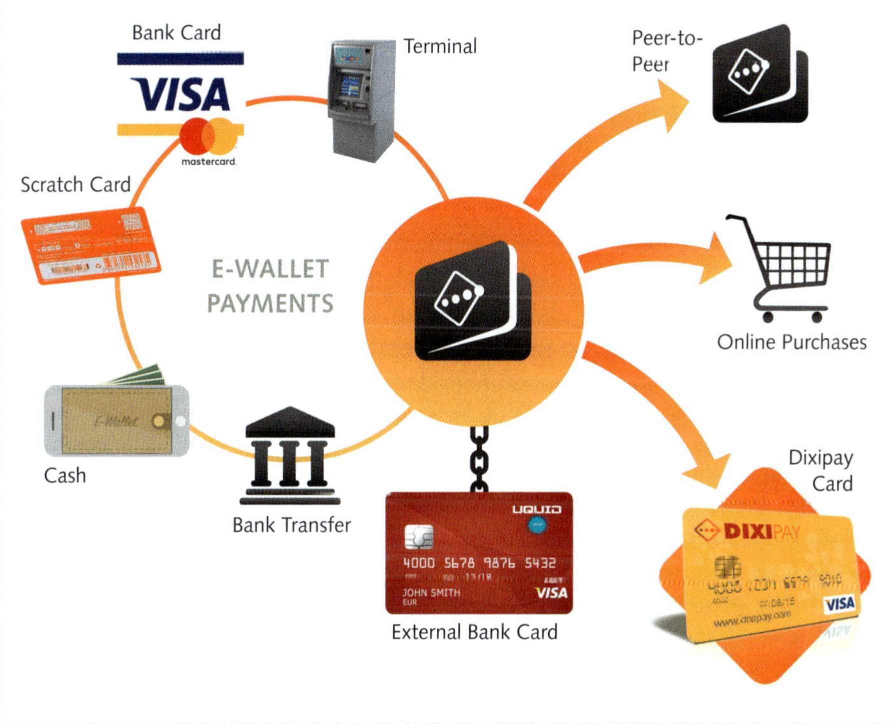


E-Wallets oder auch Cyberwallets dienen als elektronische Geldbörse.

Durch die Tätigung einer Überweisung von dem eigenen Bankkonto kann sich der Kunde Geld auf sein E-Wallet laden und damit Produkte und Dienstleistungen im Internet bezahlen.

Die Zahlung erfolgt mit dem E-Wallet, ohne dass der Kunde seine Bankdaten angeben muss.

Das Risiko des Geldverlustes ist reduziert, da maximal nur der Betrag verloren gehen kann, der sich auf dem E-Wallet befindet (vergleichbar mit der Geldkarte).

Ein Nachteil der Nutzung von E-Wallets ist, dass Zahlungen an den Anbieter gebunden sind. Zahlungen können nur an Händler oder Kunden erfolgen, die bei demselben Anbieter des E-Wallets sind (z. B. PayPal). Ein weiterer Nachteil ist, dass die Kunden mit der Registrierung bei einem E-Wallet persönliche und sensible Daten an ein Unternehmen weitergeben. Hat das Unternehmen seinen Sitz in einem Land außerhalb der EU, hätte das deutsche bzw. europäische Recht, insbesondere auch zum Datenschutz, keine Gültigkeit.

Eine bekannte Lösung für E-Wallets ist zum Beispiel PayPal. Durch die Nutzung von E-Wallets können internationale Zahlverfahren sehr schnell durchgeführt werden. Bei internationalen Zahlungsvorgängen können Gebühren anfallen.
www (www.bezahlen.de/e-wallets.php)

## ■ PayPal

Mit dem Bezahlsystem PayPal sind Zahlungen von Einkäufen in Online-Shops oder auch Überweisungen möglich. Zur Durchführung der Zahlung wird man auf die Bezahlseite von PayPal weitergeleitet. Damit PayPal die Zahlung auf das Konto des Händlers weiterleiten kann, müssen die Kunden die Informationen eines Bankkontos oder einer Kreditkarte hinterlegen.

Geschäftsfähige Personen können bei PayPal ein Konto anlegen, in dem die Informationen zum Bankkonto oder zur Kreditkarte gespeichert werden. Die so registrierten Kunden erhalten individuelle Zugangsdaten. Bei weiteren Käufen in Internetshops werden diese Zugangsdaten von den Kunden eingegeben. Die Kunden werden direkt zur Website von PayPal geleitet und bestätigen nur noch die Bezahlung. Die Eingabe der Informationen über das Bankkonto oder die Kreditkarte entfällt dann.



Nachdem die Kunden den Kauf und die Bezahlung bestätigt haben, wird von PayPal das Geld vom Kundenkonto abgebucht und sofort auf das Konto (PayPal-Konto oder Bankkonto) des Händlers überwiesen. Damit ist die Zahlung der Ware abgeschlossen.

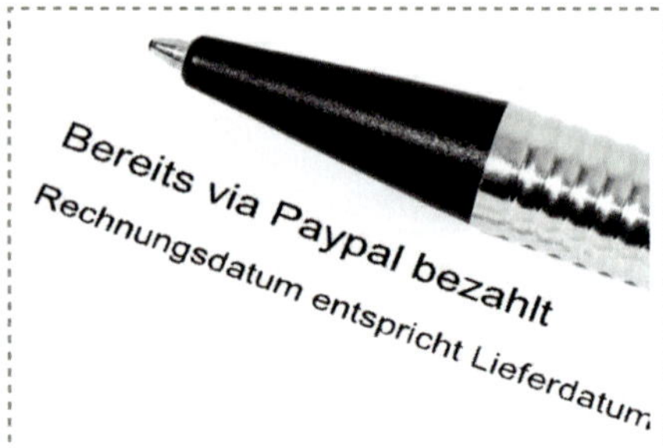

Die Bezahlung durch PayPal hat für den Kunden und für den Händler sowohl Vor- als auch Nachteile:

**Vor- und Nachteile der Zahlung mit PayPal**

| Perspektive Kunde | | Perspektive Händler | |
|---|---|---|---|
| **Vorteile** | **Nachteile** | **Vorteile** | **Nachteile** |
| • Informationen von Bank- bzw. Kreditkarten werden nicht an den Händler übermittelt.<br>• Der Datentransfer (Übermittlung) erfolgt sicher.<br>• PayPal kann auch Überweisungen tätigen.<br>• Der Dienst ist kostenlos.<br>• Es besteht eine hohe Verbreitung weltweit.<br> | • Es gibt keine zusätzliche Absicherung durch beispielsweise ein TAN-System.<br>• Geraten Passwörter an Unberechtigte, können Internetkäufe von Dritten durchgeführt werden.<br>• Die Daten liegen auf Servern in den USA.<br>• Es besteht die Gefahr, Opfer von Phishing-Attacken zu werden. Phishing bedeutet, dass Daten von Internetnutzern beispielsweise über gefälschte E-Mails, Webseiten oder SMS abgefangen werden. Hierbei wollen die Betrüger persönliche Daten, Zugangsdaten und Passwörter erlangen und missbrauchen. | • Es besteht eine hohe Verbreitung weltweit.<br>• Die geringeren Risiken für die Kunden bewirken mehr Internetkäufe. Dies führt zu höheren Umsätzen.<br>  | • Es fallen Transaktionsgebühren an.<br>• Die Daten liegen auf Servern in den USA.<br>• Es besteht die Gefahr, Opfer von Phishing-Attacken zu werden.<br>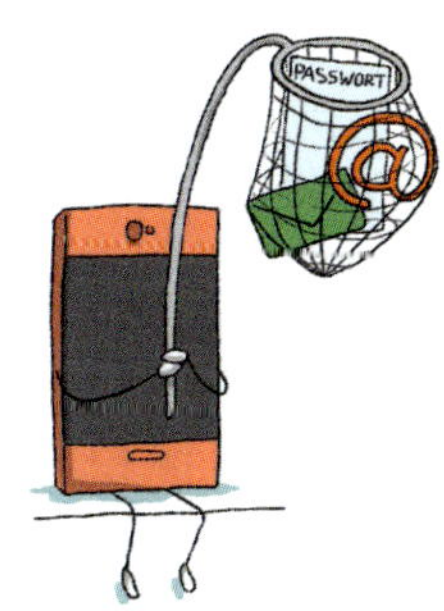  |

Quelle: vgl. www.financescout24.de/wissen/ratgeber/online-bezahlsysteme



## 4.7 Kontaktloses Bezahlen

Das kontaktlose Bezahlen beschreibt eine Zahlungsfunktion, bei der kein direkter Kontakt mit dem Lesegerät erforderlich ist. Über verschiedene Technologien ist es dem Kunden möglich, einen Datenaustausch zwischen seinem Smartphone oder einer Giro- bzw. Kreditkarte und dem Händler durchzuführen.

## 4.7.1 Kontaktloses Bezahlen mit dem Smartphone (Mobile Payment)

Die Personengruppe, die über ein Smartphone verfügt, ist sehr groß. Insbesondere der Lebensmittelhandel geht davon aus, dass auch die Anzahl von Nutzern steigen wird, die über das Handy Bezahlvorgänge abwickeln.

© ladysuzi – stock.adobe.com

Einzelhandelsunternehmen und Kunden haben verschiedene Möglichkeiten, ihr Handy zur Bezahlung zu nutzen:

- Near-Field-Communication (NFC)
- Quick-Response (QR-Code)

Tipp

www

Anbieter und mögliche Sicherheitsrisiken sind auf der folgenden Homepage zusammengefasst: http://praxistipps.chip.de/bezahlen-mit-handy-smartphone-einrichten-leicht-gemacht_41896.

### Near-Field-Communication (NFC-Technik)

NFC heißt auf Deutsch Nahfeldkommunikation. Hierbei handelt es sich um einen Übertragungsstandard, der den kontaktlosen Datenaustausch per Funk über kurze Strecken ermöglicht.

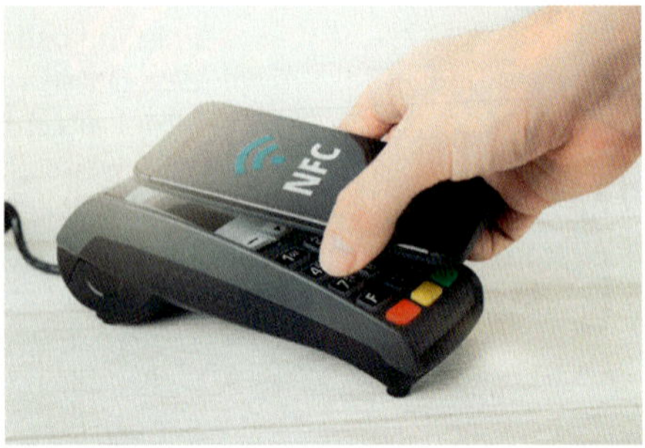


© Proxima Studio – stock.adobe.com

Durch einen NFC-Chip wird diese Technik (die benötigte Software) in ein Smartphone eingebaut.

Ein Smartphone oder eine NFC-fähige Kreditkarte muss dann nur noch an das entsprechende Terminal gehalten werden, um den Geldbetrag zu begleichen. Die Übertragung der Daten funktioniert sehr sicher und schnell.

### Quick-Response (QR-Code)

QR-Code heißt auf Deutsch „schnelle Antwort“. Hierbei handelt es sich um einen zweidimensionalen Strichcode. Dieser wird mit dem Smartphone durch Auslesen entschlüsselt.

© Poobest – stock.adobe.com

Durch eine entsprechende Lesesoftware für den QR-Code können die Informationen des QR-Codes eingelesen werden.

Die Bezahlung an der Kasse im Einzelhandelsunternehmen funktioniert folgendermaßen: An der Kasse des Einzelhandelsunternehmens wird der QR-Code auf dem Bildschirm generiert. Der Code wird mit einer entsprechenden App auf dem Smartphone eingescannt und die Zahlung wird bestätigt. Voraussetzung ist allerdings eine funktionsfähige Datenverbindung.

Für Einzelhändler und für Kunden hat das Verfahren den Vorteil, dass es in der Datenübertragung und -auslesung sehr sicher ist und die benötigte App schnell und in der Regel kostenlos installiert werden kann.

Von Nachteil ist, dass das QR-Verfahren deutlich langsamer als NFC und ohne Internetzugang nicht durchführbar ist. Insbesondere in größeren Einkaufszentren und Supermärkten kann dies aufgrund der schwächeren Internetverbindung ein Problem darstellen. (vgl. www.financescout24.de/wissen/ratgeber/mobile-payment) www

- **Google Pay**

Seit Juni 2018 ist es möglich, in Deutschland mit einem Android-Handy durch den Bezahldienst Google Pay in einigen Geschäften kontaktlos zu bezahlen.

- **Apple Pay**

Im Dezember 2018 startete in Deutschland der Bezahldienst Apple Pay. Dieser Bezahldienst kann von iPhone-Nutzern und Besitzern einer Apple Watch genutzt werden. Voraussetzung zur Nutzung des Bezahldienstes ist es, dass der Nutzer ein Konto bei einem der teilnehmenden Geldinstituten hat. (vgl. www.apple.com) www



## 4.7.2 Kontaktloses Bezahlen mit der Girokarte oder Kreditkarte mit Wellensymbol

Auch mit der Plastikkarte ist das kontaktlose Bezahlen möglich. Das wellenförmige Symbol auf der Plastikkarte zeigt an, dass diese Zahlung mit der entsprechenden Karte möglich ist.

Zum Bezahlen wird die Plastikkarte vor das Lesegerät an der Ladenkasse gehalten.

Girocards und Kreditkarten, auf deren Vorderseite das Symbol für kontaktlose Anwendungen ausgewiesen ist, kommunizieren mittels NFC-Technik mit dem Lesegerät. Die Zahlung wird folgendermaßen getätigt: Kap. 4.7

Wenn das Kassenterminal den fälligen Betrag anzeigt, wird die Karte in einer Entfernung von höchstens vier Zentimetern an das Lesegerät gehalten. Der Chip, der in der Karte eingebaut ist, und das Lesegerät tauschen die zum Bezahlen nötigen Daten (Kartennummer, Gültigkeitsdatum und Betrag) aus. Durch ein kurzes Piepen oder durch ein optisches Signal wird die Zahlung bestätigt. Der Betrag wird der Bank des Kunden gemeldet, sein Konto wird belastet und das Geld dem Händler gutgeschrieben.

© Davizro Photography – stock.adobe.com

Bei Zahlungsbeträgen bis 50,00 EUR wird bei Kreditkartenzahlung und i. d. R. auch bei Zahlung mit der Girocard keine PIN verlangt. Sind die Beträge höher, muss die Zahlung mit einer PIN oder Unterschrift bestätigt werden. Einige Kreditkartenanbieter bauen zur Sicherheit eine Zufallsabfrage ein: Sporadisch oder nach einer bestimmten Anzahl von Bezahlvorgängen wird auch bei Summen unter 50,00 EUR eine PIN oder Unterschrift gefordert. (vgl. www.test.de/Kontaktlos-bezahlen-per-Funk-mit-Karte-zahlen-so-funktionierts-5082480-0)

www

Kap. 5.6.1

Angelehnt an das Prinzip der Geldkarte können über die girogo-Funktion Beträge bis zu 25,00 EUR kontaktlos bezahlt werden. Die Karte wird an das Lesegerät gehalten, dann erfolgt eine Abbuchung von dem Prepaid-Guthaben. Das Prinzip ist das Gleiche wie bei der Geldkarte: Auf den Kartenchip einer Prepaid Karte können maximal 200,00 EUR geladen werden. Diese 200,00 EUR können dann auch nur ausgegeben werden. Ein Überziehen der Karte durch höhere Auszahlungen ist nicht möglich. (vgl. www.girogo.de/privatkunden/ueber-girogo)

www



## 4.8 Bonusprogramme

© dpa

Bestimmte Bonusprogramme, z. B. die Paypack-Karte, bieten ihren Kunden zusätzlich einfaches und sicheres Bezahlen mit ihren gesammelten Bonuspunkten an (Cashback).

Zum einen können Kunden durch das Einlösen von Gutscheinen, die es durch das Tauschen von Bonuspunkten gibt, bezahlen. Zum anderen können Kunden auch direkt mit der Kundenkarte bezahlen.

Mithilfe einer Smartphone-App können die Kunden mobil in bestimmten Unternehmen bezahlen und weitere Punkte sammeln. Die bargeldlose Zahlung erfolgt mit dem Smartphone. Im Vorfeld muss der Nutzer ein SEPA-Lastschriftmandat (siehe oben) erteilen. Dies erfolgt durch die Eingabe seiner IBAN-Nummer und der Bestätigung der Einzugsermächtigung vom Konto. Danach legt der Kunde eine vierstellige PIN fest, mit der die Zahlfunktion in der App aktiviert wird.
(vgl. www.payback.de/app/pay)

www

© picture alliance / ZB

1. Was verstehen Sie unter der baren, halbbaren und bargeldlosen Zahlung? Erläutern Sie die Zahlformen und nennen Sie jeweils ein Beispiel.

2. Welches der folgenden Merkmale einer Banknote gehört nicht zu den vorgeschriebenen Sicherheitsmerkmalen von Geldscheinen?
   - ❑ Farbwechsel beim Kippen des Scheins
   - ❑ Sicherheitsfaden
   - ❑ Angabe des Euro-Wertes auf der Note
   - ❑ Hologramm
   - ❑ Durchsichtsregister

3. Nennen Sie die Vor- und Nachteile der Barzahlung aus der Perspektive der Kunden.

4. Ordnen Sie die folgenden Zahlungswege den nachfolgenden Beschreibungen zu:

   1 Zahlung mit Girocard + Unterschrift
   2 Zahlung mit Girocard + PIN
   3 kontaktlose Zahlung mit Girocard
   4 Zahlung per Nachnahme
   5. Zahlung mit einem iPhone oder iPad

| | |
|---|---|
| Hierbei erteilt der Zahlende per SEPA-Lastschrift eine Einzugsermächtigung. | ❑ |
| Hierbei legt der Zahlende seine Girokarte auf das Kartenlesegerät; bei Beträgen unter 50,00 EUR auch ohne PIN. | ❑ |
| Hierbei autorisiert der Zahlende mit einem Apple-Gerät der neusten Generation, seiner Apple_ID und seinem Fingerabdruck den Zahlungsvorgang. | ❑ |
| Hierbei gibt der Zahlende seine vierstellige Identifikationsnummer in das Kartenlesegerät. | ❑ |
| Hierbei wird der Zahlungsbetrag bar an einen Boten übergeben. | ❑ |

Aufgaben

# 5 Kaufmännische Rechenverfahren einsetzen

Zu den vielfältigen Aufgaben im Kassenbereich gehört auch das Erstellen von Quittungen und Rechnungen unter Beachtung von umsatzsteuerlichen Vorschriften. Außerdem müssen Kassenabrechnungen durchgeführt werden, Kassenberichte erstellt und ausgewertet werden und weitere Berechnungen durchgeführt werden. Hierfür setzen Sie bereits bekannte, gängige Rechenverfahren ein wie die Dreisatzrechnung, die Prozentrechnung und die Durchschnittsrechnung.

## 5.1 Dreisatz

Häufig ergeben sich im Rahmen der Tätigkeiten im Einzelhandel Aufgabenstellungen, bei denen drei Größen bekannt sind und eine vierte, unbekannte Größe ermittelt werden soll. Die Lösung derartiger Aufgabenstellungen erfolgt mithilfe der Dreisatzrechnung.

Bei der Dreisatzrechnung werden unterschieden:

- einfacher Dreisatz mit geradem (proportionalem) Verhältnis
- einfacher Dreisatz mit ungeradem (antiproportionalem) Verhältnis



### 5.1.1 Einfacher Dreisatz mit geradem Verhältnis (proportional)

Ein gerades oder auch proportionales Verhältnis zeigt an, dass die Veränderung einer Größe eine Veränderung der anderen Größe in die gleiche Richtung bewirkt:

| Mindestanforderungen | Erklärungen |
|---|---|
|  | Je mehr gekauft wird (gegebene Größe), desto mehr muss bezahlt werden (gesuchte Größe). |
| 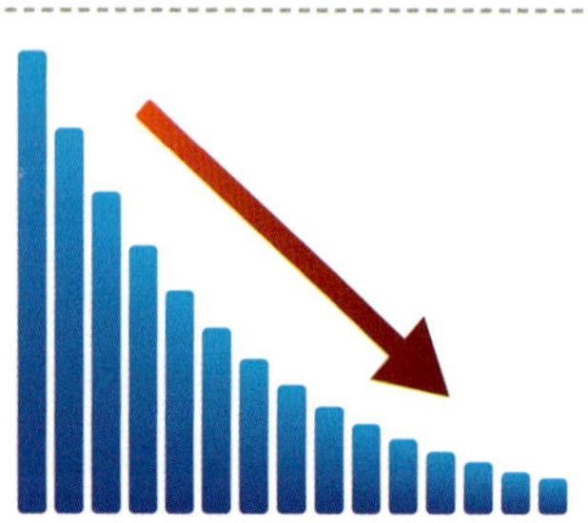 | Je weniger gekauft wird (gegebene Größe), desto weniger muss bezahlt werden (gesuchte Größe). |

**Beispiel:** *Im Bio-Shopping-Paradies werden drei Baby-Shirts für 9,00 EUR angeboten. Es werden insgesamt 14 Baby-Shirts benötigt.*

© denisismagilov – stock.adobe.com

| **Wie viel Euro müssen für die 14 Baby-Shirts bezahlt werden?** | | | |
|---|---|---|---|
| **Angabe:** Was ist gegeben? | 3 Stück | Baby-Shirts kosten | 9,00 EUR |
| **Frage:** Was wird gesucht? | 14 Stück | Baby-Shirts kosten | x EUR |
| **Lösung:** | $x = \frac{9 \times 14}{3} = 42{,}00$ EUR | | |
| **Anwortsatz:** | Für 14 Baby-Shirts müssen 42,00 EUR bezahlt werden. | | |

Je mehr benötigt wird, desto mehr muss bezahlt oder aufgewendet werden.

**Merke**



**Beispiel:** *Die Obstabteilung des Bio-Shopping-Paradieses hat 40 kg Aprikosen für 112,00 EUR bestellt. Aufgrund von Ernteschwierigkeiten werden statt der bestellten 40 kg Aprikosen nur 25 kg Aprikosen geliefert.*

© by-studio – stock.adobe.com

| **Wie viel Euro müssen für die 25 kg bezahlt werden?** | | | |
|---|---|---|---|
| **Angabe:** | 40 kg | Aprikosen kosten | 112,00 EUR |
| **Frage:** | 25 kg | Aprikosen kosten | x EUR |
| **Lösung:** | $x = \frac{112 \times 25}{40} = 70{,}00$ EUR | | |
| **Anwortsatz:** | Für 25 kg Aprikosen müssen 70,00 EUR bezahlt werden. | | |

Je weniger benötigt wird, desto weniger muss bezahlt oder aufgewendet werden.

**Merke**

## 5.1.2 Einfacher Dreisatz mit ungeradem Verhältnis (antiproportional)

Ein ungerades oder auch antiproportionales Verhältnis zeigt an, dass die Veränderung einer Größe eine Veränderung der anderen Größe in die entgegengesetzte Richtung bewirkt:

- Je mehr Mitarbeiter für Inventurarbeiten eingesetzt werden (gegebene Größe), desto weniger Zeit wird benötigt (gesuchte Größe).
- Je weniger Mitarbeiter für Inventurarbeiten eingesetzt werden (gegebene Größe), desto mehr Zeit wird benötigt (gesuchte Größe).

© Oleksandr Yuhlichek – stock.adobe.com

**Beispiel:** *Im Bio-Shopping-Paradies wurden im letzten Jahr fünf Mitarbeiter für Inventurarbeiten eingesetzt. Hierfür benötigten sie zwölf Stunden. In diesem Jahr sollen sechs Mitarbeiter eingesetzt werden.*

© Robert Kneschke – stock.adobe.com

**Wie viel Stunden werden die sechs Mitarbeiter für die Inventurarbeiten benötigen?**

| | | | |
|---|---|---|---|
| **Angabe:** | 5 Mitarbeiter | benötigen | 12 Stunden |
| **Frage:** | 6 Mitarbeiter | benötigen | x Stunden |
| **Lösung:** | $x = \frac{5 \times 12}{6} = 10$ Stunden | | |
| **Anwortsatz:** | Sechs Mitarbeiter werden zehn Stunden benötigen. | | |

# 5.2 Prozentrechnen

Im Einzelhandel müssen Preisnachlässe berechnet werden. Beim Ausfüllen einer Quittung muss die im Verkaufspreis enthaltene Mehrwertsteuer herausgerechnet werden, Verkaufsprovisionen von Mitarbeitern müssen ermittelt werden, die Verkaufspreise müssen festgelegt werden (Verkaufskalkulation). All dies geschieht mithilfe der Prozentrechnung.

Die Prozentrechnung ermöglicht den relativen Vergleich verschiedener Zahlenverhältnisse. Mithilfe der Prozentrechnung kann das Ausmaß von Wertänderungen (z. B. bei Euro und Kilogramm) mit einer Zahl ausgedrückt werden.

**Beispiel:** *Das Bio-Shopping-Paradies musste aufgrund gestiegener Bezugspreise für Mandeln bei den folgenden drei Artikeln die Verkaufspreise erhöhen:*

© gitusik – stock.adobe.com

| Artikel | ursprünglicher Preis | neuer Preis | Preiserhöhung (absolut) | Preiserhöhung (relativ) |
|---|---|---|---|---|
| Mandelmus | 4,90 EUR | 5,90 EUR | 1,00 EUR | 20,41 % |
| Mandeltorte | 12,65 EUR | 13,65 EUR | 1,00 EUR | 7,90 % |
| Mandeltaler | 2,10 EUR | 3,10 EUR | 1,00 EUR | 47,62 % |

Auf dem ersten Blick fällt auf, dass bei allen drei Produkten die Preiserhöhung 1,00 EUR beträgt (absolut).

Im relativen Vergleich ist die Preiserhöhung bei den Mandeltalern am höchsten, denn 1,00 EUR ist ein höherer Anteil von 2,10 EUR als von 12,65 EUR und von 4,90 EUR.

Um das Ausmaß der Preiserhöhung für die einzelnen Artikel vergleichen zu können, muss die absolute Preiserhöhung von 1,00 EUR auf eine einheitliche Vergleichs- oder Bezugsgröße bezogen werden. Diese ist bei der Prozentrechnung die Zahl 100.

Prozent (%) leitet sich von dem lateinischen Ausdruck pro centum (pro 100) ab.

Merke

Lösungswege:

**Wie hoch ist die relative Preiserhöhung bei dem Mandelmus?**

| | | | | |
|---|---|---|---|---|
| **Angabe:** | ursprünglicher Preis | 4,90 EUR | absolute Preiserhöhung entspricht | 1,00 EUR |
| **Frage:** | Wie hoch wäre die absolute Preiserhöhung, wenn der ursprüngliche Preis 100,00 EUR betragen würde? | 100,00 EUR | absolute Preiserhöhung entspricht | x EUR |
| **Lösung:** | $x = \frac{1{,}00 \text{ EUR} \times 100}{4{,}90 \text{ EUR}} = 20{,}41 \text{ EUR}$ | | | |
| **Anwortsatz:** | Bei dem Artikel Mandelmus entspricht die Preissteigerung auf den absoluten Betrag von 100,00 EUR bezogen 20,41 EUR. Auf die Vergleichszahl 100 bezogen ergeben sich 20,41 % (pro 100). | | | |

**Wie hoch ist die relative Preiserhöhung bei der Mandeltorte?**

| | | | | |
|---|---|---|---|---|
| **Angabe:** | ursprünglicher Preis | 12,65 EUR | absolute Preiserhöhung entspricht | 1,00 EUR |
| **Frage:** | Wie hoch wäre die absolute Preiserhöhung, wenn der ursprüngliche Preis 100,00 EUR betragen würde? | 100,00 EUR | absolute Preiserhöhung entspricht | x EUR |
| **Lösung:** | $x = \frac{1{,}00 \text{ EUR} \times 100}{12{,}65 \text{ EUR}} = 7{,}90 \text{ EUR}$ | | | |
| **Anwortsatz:** | Bei dem Artikel Mandeltorte entspricht die Preissteigerung auf den absoluten Betrag von 100,00 EUR bezogen 7,90 EUR. Auf die Vergleichszahl 100 bezogen ergeben sich 7,90 % (pro 100). | | | |

| Wie hoch ist die relative Preiserhöhung bei den Mandeltalern? | | | | |
|---|---|---|---|---|
| **Angabe:** | ursprünglicher Preis | 2,10 EUR | absolute Preiserhöhung entspricht | 1,00 EUR |
| **Frage:** | Wie hoch wäre die absolute Preiserhöhung, wenn der ursprüngliche Preis 100,00 EUR betragen würde? | 100,00 EUR | absolute Preiserhöhung entspricht | x EUR |
| **Lösung:** | $x = \frac{1{,}00 \text{ EUR} \times 100}{2{,}10 \text{ EUR}} = 47{,}62 \text{ EUR}$ | | | |
| **Anwortsatz:** | Bei dem Artikel Mandeltaler entspricht die Preissteigerung auf den absoluten Betrag von 100,00 EUR bezogen 47,62 EUR. Auf die Vergleichszahl 100 bezogen ergeben sich 47,62 % (pro 100). | | | |

In den oben betrachteten Beispielen waren die absoluten Preiserhöhungen der Mandelprodukte (Mandelmus, Mandeltorte, Mandeltaler) bekannt. Dann wurde jeweils die relative (prozentuale) Preiserhöhung berechnet. Dadurch kann die Aussage getroffen werden, dass der Preis um den errechneten Prozentsatz gestiegen ist:

- Der Preis des Mandelmuses ist um 20,41 % gestiegen.
- Der Preis der Mandeltorte ist um 7,90 % gestiegen.
- Der Preis der Mandeltaler ist um 47,62 % gestiegen.

In der Prozentrechnung sind neben der Fragestellung nach der prozentualen Preiserhöhung noch weitere Fragestellungen möglich:

1. Frage nach der relativen (prozentualen) Preiserhöhung:
   Um wie viel Prozent ist der Preis gestiegen?
2. Frage nach der absoluten Preiserhöhung:
   Um wie viel Euro hat sich der Preis erhöht?
3. Frage nach dem ursprünglichen Preis (Grundwert, s. u.):
   Wie hoch war der Preis vor der Preiserhöhung?

In der folgenden Übersicht werden diese Fragestellungen näher erläutert:

| **Grundsätzlich werden in der Prozentrechnung die folgenden Größen unterschieden:** | | | |
|---|---|---|---|
| **Größe** | **Was sagt die Größe aus?** | **Wo findet sich die Größe in dem genannten Beispiel?** | **Wie berechnet man die Größe?** |
| Prozentwert | Der Prozentwert ist der absolute Betrag, um den sich der Grundwert verändert. | In dem oben dargestellten Beispiel wurde bei allen drei Mandelprodukten eine Preiserhöhung von absolut gesehen 1,00 EUR vorgenommen. Diese absolute Preiserhöhung entspricht dem Prozentwert. Auf die Beispiele bezogen ist der Prozentwert 1,00 EUR. | $\text{Prozentwert} = \frac{\text{Grundwert} \times \text{Prozentsatz}}{100}$ |
| Grundwert | Der Grundwert ist die Vergleichs- oder Bezugsgröße, auf die sich der Prozentsatz bezieht. | In dem oben dargestellten Beispiel entspricht der Grundwert dem jeweiligen alten Preis der drei Mandelprodukte. | $\text{Grundwert} = \frac{\text{Prozentwert} \times 100}{\text{Prozentsatz}}$ |
| Prozentsatz | Der Prozentsatz wird in Prozent (%) angegeben und bedeutet von 100. Der Prozentsatz gibt an, welcher Teil des Grundwertes zu berechnen ist. | In dem oben dargestellten Beispiel entspricht der Prozentsatz den jeweiligen berechneten relativen Preiserhöhungen der drei Mandelprodukte. | $\text{Prozentsatz} = \frac{\text{Prozentwert} \times 100}{\text{Grundwert}}$ |



## 5.2.1 Prozentwert

Eine typische Aufgabenstellung zur Berechnung des Prozentwertes zeigt das folgende Beispiel:

**Beispiel:** *Am letzten Tag ihres Praktikums im Bio-Shopping-Paradies erhält Ayse einen Personalrabatt von 30 % auf einen Artikel ihrer Wahl. Sie entscheidet sich für eine topmodische Handtasche. Diese sieht aus wie geflochtenes Leder, ist aber aus biologischen Materialien hergestellt. Die Tasche kostet 165,00 EUR. Wie hoch ist der absolute Preisnachlass für Ayse in Euro?*

| Größen in der Prozentrechnung | | | | | |
|---|---|---|---|---|---|
| **Grund-wert:** | 165,00 EUR | **Prozent-satz:** | 30 % | **Prozent-wert:** | x EUR |
| **Angabe:** | 100 % entspricht dem Grundwert → 165,00 EUR | | | | |
| **Frage:** | 30 % entsprechen wie viel Euro? → x EUR | | | | |
| **Lösung:** | $\text{x EUR} = \frac{165{,}00 \text{ EUR} \times 30}{100} = 49{,}50 \text{ EUR}$ | | | | |
| **Ergebnis:** | Ayse erhält auf die Tasche einen Personalrabatt in Höhe von 49,50 EUR. Für die Tasche muss sie jetzt 115,50 EUR bezahlen (165,00 EUR - 49,50 EUR = 112,50 EUR). | | | | |

## 5.2.2 Grundwert

Eine typische Aufgabenstellung zur Berechnung des Grundwertes wird in dem folgenden Beispiel dargestellt.

**Beispiel:** *Ayse kann ihr Glück kaum fassen. Jetzt erhält sie noch 145,00 EUR als Umsatzprämie in Höhe von 1,5 % von ihrem Umsatz, den sie während ihres Praktikums erwirtschaften konnte. Wie hoch war der Umsatz, den Ayse für das Bio-Shopping-Paradies erzielt hat?*

| Größen in der Prozentrechnung | | | | | |
|---|---|---|---|---|---|
| **Grund-wert:** | x EUR | **Prozent-satz:** | 1,5 % | **Prozent-wert:** | 145,00 EUR |
| **Angabe:** | 1,5 % entspricht dem Grundwert → 145,00 EUR | | | | |
| **Frage:** | 100 % entsprechen wie viel Euro? → x EUR | | | | |
| **Lösung:** | $\text{x EUR} = \frac{145{,}00 \text{ EUR} \times 100}{1{,}5} = 9.666{,}67 \text{ EUR}$ | | | | |
| **Ergebnis:** | Ayse hat während ihres Praktikums einen Umsatz von 9.666,67 EUR erzielt. | | | | |

Besonders im Einzelhandel kommen Problemstellungen vor, deren Lösungen mit dem einfachen Grundwert (= 100 Prozent) nicht errechnet werden können. Hierfür muss der vermehrte oder der verminderte Grundwert berechnet werden.

## Berechnung des vermehrten Grundwertes:

Ein Beispiel für die Berechnung des vermehrten Grundwertes ist das Ausfüllen einer Quittung (siehe Zahlungsarten).

**Beispiel:** *Martin Klein ist Stammkunde im Bio-Shopping-Paradies. Heute hat er einen Koffer gekauft, den er ausschließlich für Dienstreisen benutzt. Das Geld, brutto 425,00 EUR, wird sein Arbeitgeber ihm erstatten. Hierzu benötigt er eine Quittung mit dem Ausweis der MwSt.*

Der Bruttobetrag ist an der Ware oder am Regal ausgezeichnet und kann deshalb problemlos in dem Quittungsblock eingetragen werden. Doch wie geht es weiter?

1. Wie wird die in dem Bruttobetrag enthaltene Mehrwertsteuer (in der Regel 7 % oder 19 %) in Euro ausgewiesen?
2. Wie wird der Nettobetrag ermittelt?

### Berechnung des vermehrten Grundwertes

**Grundwert**

**Problem:** Der Grundwert entspricht dem Warenwert (netto). Dieser ist aber nicht bekannt und muss ermittelt werden. Bekannt ist, dass der Grundwert zuzüglich der Mehrwertsteuer (in diesem Beispiel 19 %) dem Bruttopreis (hier: 425,00 EUR) entsprechen. Der im Beispiel angegebene Bruttopreis entspricht demnach dem vermehrten Grundwert. Dieser entspricht allerdings nicht 100 %, sondern in diesem Beispiel 119 %.

Der vermehrte Grundwert liegt stets über 100 %.

Ist der vermehrte Grundwert bekannt, so lässt sich der Grundwert berechnen. Hierzu muss der Prozentsatz oder der Prozentwert gegeben sein.

**Vermehrter Grundwert =**

| | | |
|---|---|---|
| | Warenwert x EUR | = 100 % (Grundwert) |
| + | Umsatzsteuer | = 19 % (Prozentsatz) |
| = | Bruttopreis 425,00 EUR (vermehrter Grundwert) | = 119 % (100 + Prozentsatz) |

$$\text{Grundwert} = \frac{\text{vermehrter Grundwert} \times 100}{(100 + \text{Prozentsatz})}$$

$$\text{Prozentwert} = \frac{\text{vermehrter Grundwert} \times \text{Prozentsatz}}{(100 + \text{Prozentsatz})}$$

| **Lösung 1: Ermittlung der ausgewiesenen MwSt. in Euro** | | | | | |
|---|---|---|---|---|---|
| **Vermehrter Grundwert:** | 425,00 EUR (119 %) | **Prozentsatz:** | 19 % | **Prozentwert:** | x EUR |
| **Angabe:** | 119 % entspricht dem vermehrten Grundwert → 425,00 EUR | | | | |
| **Frage:** | 19 % entsprechen wie viel Euro? → x EUR | | | | |
| **Lösung:** | $x \text{ EUR} = \frac{425{,}00 \text{ EUR} \times 19}{119} = 67{,}86 \text{ EUR}$ | | | | |
| **Ergebnis:** | Die in der Quittung auszuweisende MwSt. entspricht 67,86 EUR. | | | | |

| **Lösung 2: Ermittlung des Nettobetrages in Euro** | | | | | |
|---|---|---|---|---|---|
| **Vermehrter Grundwert:** | 425,00 EUR (119 %) | **Prozentsatz:** | 19 % | **Grundwert:** | x EUR |
| **Angabe:** | 119 % entspricht dem vermehrten Grundwert → 425,00 EUR | | | | |
| **Frage:** | Was entspricht dem Grundwert (Nettopreis = 100 %)? → x EUR | | | | |
| **Lösung:** | $x \text{ EUR} = \frac{425{,}00 \text{ EUR} \times 100}{119} = 357{,}14 \text{ EUR}$ | | | | |
| **Ergebnis:** | Der in der Quittung auszuweisende Nettobetrag entspricht 357,14 EUR. | | | | |

Der vermehrte Grundwert liegt stets **über** 100 %.

Merke



## Verminderter Grundwert

Eine typische Situation für die Berechnung des verminderten Grundwertes ist die Ermittlung des Preises einer Ware nach der Preisminderung.

**Beispiel:** *Kaum zu glauben: Marken-Jeanshosen für 35,00 EUR! Bei den Jeanshosen gab es eine Preisminderung von 40 %. Die Kundin Bettina Klein, denkt darüber nach, gleich zwei Hosen zu kaufen. Gerne hätte sie gewusst, wie der Preis (in Euro) vor der Preisminderung war.*

© Gina Sanders – stock.adobe.com

## Berechnung des verminderten Grundwertes

### Grundwert

**Problem:** Der Grundwert entspricht dem Warenwert. Dieser ist aber nicht bekannt und muss ermittelt werden. Was wir wissen ist, dass der Grundwert abzüglich der Preisminderung von 40 % dem jetzigen Verkaufspreis (hier: 35 EUR) entspricht. Der im Beispiel angegebene reduzierte Verkaufspreis entspricht demnach dem verminderten Grundwert. Dieser entspricht allerdings nicht 100 % sondern in diesem Beispiel 60 % (100 % - 40 %).

Der verminderte Grundwert liegt stets unter 100 %.

Ist der verminderte Grundwert bekannt, so lässt sich der Grundwert berechnen. Hierzu muss der Prozentsatz oder der Prozentwert gegeben sein.

**Verminderter Grundwert =**

| | | |
|---|---|---|
| | Warenwert x EUR | = 100 % (Grundwert) |
| - | Preisminderung | = 40 % (Prozentsatz) |
| = | reduzierter Verkaufspreis 35,00 EUR (verminderter Grundwert) | = 60 % (100 - Preisminderung) |

$$\text{Grundwert} = \frac{\text{verminderter Grundwert} \times 100}{(100 - \text{Prozentsatz})}$$

$$\text{Prozentwert} = \frac{\text{verminderter Grundwert} \times \text{Prozentsatz}}{(100 - \text{Prozentsatz})}$$

**Lösung 1: Ermittlung des Preises vor der Preisminderung**

| **Verminderter Grundwert:** | 35,00 EUR (60 %) | **Prozentsatz:** | 40 % | **Grundwert:** | x EUR |
|---|---|---|---|---|---|
| **Angabe:** | 60 % entspricht dem verminderten Grundwert → 35,00 EUR | | | | |
| **Frage:** | 40 % entsprechen wie viel Euro? → x EUR | | | | |
| **Lösung:** | $x \text{ EUR} = \frac{35{,}00 \text{ EUR} \times 100}{60} = 58{,}33 \text{ EUR}$ | | | | |
| **Ergebnis:** | Der Preis vor der Preissenkung betrug 58,33 EUR. | | | | |

| **Lösung 2: Ermittlung des Betrages der Preissenkung in Euro** | | | | | |
|---|---|---|---|---|---|
| **Verminderter Grundwert:** | 35,00 EUR (60 %) | **Prozent-satz:** | 40 % | **Prozent-wert:** | x EUR |
| **Angabe:** | 60 % entspricht dem verminderten Grundwert → 35,00 EUR | | | | |
| **Frage:** | Was entspricht dem Betrag der Preissenkung (40 %) in EUR? → x EUR | | | | |
| **Lösung:** | $x \text{ EUR} = \frac{35{,}00 \text{ EUR} \times 40}{60} = 23{,}33 \text{ EUR}$ | | | | |
| **Ergebnis:** | Die Jeanshosen sind jeweils um 23,33 EUR reduziert worden. | | | | |

Der verminderte Grundwert liegt stets **unter** 100 %.

Merke

## 5.2.3 Prozentsatz

Eine typische Aufgabenstellung zur Berechnung des Prozentsatzes zeigt das folgende Beispiel:

**Beispiel:** *Als sich Ayse von einem Kollegen aus der Schuhabteilung verabschieden will, ist dieser gerade in einem Kundengespräch. Ein Kunde hat sich für ein Paar Fußballschuhe entschieden.*

*Diese haben ursprünglich 110,00 EUR gekostet und sind um 45,00 EUR reduziert worden. Jetzt kosten sie noch 65,00 EUR. Um wie viel Prozent wurden diese Fußballschuhe reduziert?*

| **Größen in der Prozentrechnung** | | | | | |
|---|---|---|---|---|---|
| **Grund-wert:** | 110,00 EUR | **Prozent-satz:** | x % | **Prozent-wert:** | 45,00 EUR |
| **Angabe:** | 100 % entspricht dem Grundwert → 110,00 EUR | | | | |
| **Frage:** | 45,00 EUR entsprechen wie viel Prozent? → x % | | | | |
| **Lösung:** | $x\,\% = \frac{100 \times 45}{110} = 40{,}91\,\%$ | | | | |
| **Ergebnis:** | Die Fußballschuhe sind um 40,91 % reduziert worden. | | | | |

# 5.3 Durchschnittsrechnung

Im Einzelhandel kommt die Durchschnittsrechnung in vielen kaufmännischen Aufgaben zur Anwendung. Mithilfe der Durchschnittsrechnung werden wirtschaftliche Kennzahlen in verschiedenen Unternehmensbereichen ermittelt, wie z. B. dem Lager (durchschnittliche Lagerdauer oder der durchschnittliche Lagerbestand) oder dem Personalbereich (durchschnittlicher Umsatz pro Mitarbeiter oder durchschnittliche Arbeitszeit pro Mitarbeiter).

Die Durchschnittsrechnung wird immer dann angewendet, wenn aus mehreren Werten ein Mittelwert ermittelt werden soll.

Unterschieden wird hierbei:

- der einfache Durchschnitt
- der gewogene Durchschnitt

## 5.3.1 Der einfache Durchschnitt

Der einfache Durchschnitt wird berechnet, wenn sich die vorliegenden Einzelwerte auf gleiche Bezugsgrößen (z. B. Umsätze, Zeitangaben, Preise, Mengen, Geldeinheiten) beziehen.

**Beispiel:** *Die Personalabteilung vom Bio-Shopping-Paradies benötigt zu einer Umsatzanalyse die durchschnittlichen Umsätze von Festangestellten und Aushilfen im Monat September aus der Obst- und Gemüseabteilung.*

*Hierzu liegen die folgenden Daten vor:*

**Umsätze der Obst- und Gemüseabteilung im Monat September**

| Angestellte | Umsatz in EUR | Aushilfen | Umsatz in EUR |
|---|---|---|---|
| 1. Frau Koch | 6.780,00 | 1. Herr Fritzki | 6.965,00 |
| 2. Frau Röhring | 5.560,00 | 2. Frau Drilling | 2.985,00 |
| 3. Herr Rath | 6.675,00 | 3. Frau Fuß | 3.450,00 |
| 4. Herr Gröner | 5.367,00 | 4. Frau Schult | 1.852,00 |
| 5. Frau Brunek | 2.637,00 | 5. Frau Everhart | 1.245,00 |
| | | 6. Frau Link | 5.967,00 |
| | | 7. Frau Mertens | 4.897,00 |
| | | 8. Frau Yilmaz | 3.879,00 |

**Wie wird der Durchschnitt der einzelnen Umsätze ermittelt?**

**1. Schritt: Addition der einzelnen Umsatzwerte**

| | | | | | |
|---|---|---|---|---|---|
| | | 6.780,00 | | | 6.965,00 |
| | + | 5.560,00 | | + | 2.985,00 |
| | + | 6.675,00 | | + | 3.450,00 |
| | + | 5.367,00 | | + | 1.852,00 |
| | + | 2.637,00 | | + | 1.245,00 |
| **Summe Angestellte** | | **27.019,00** | | + | 5.967,00 |
| | | | | + | 4.897,00 |
| | | | | + | 3.879,00 |
| | | | **Summe Aushilfen** | | **31.240,00** |

**2. Schritt: Division der Summe der jeweiligen Umsatzwerte durch die Anzahl der Werte**

$\frac{27.019{,}00 \text{ EUR}}{5 \text{ Angestellte}} = 5.403{,}80 \text{ EUR}$ $\frac{31.240{,}00 \text{ EUR}}{8 \text{ Aushilfen}} = 3.905{,}00 \text{ EUR}$

**Ergebnis:** Der durchschnittliche Umsatz pro Angestelltem beträgt 5.403,80 EUR.
Der durchschnittliche Umsatz pro Aushilfe beträgt 3.905,00 EUR.



Hinweis

Hier geht es ausschließlich um ein Rechenbeispiel. Analysen sollen an dieser Stelle nicht erfolgen.

Einfacher Durchschnitt = Summe der Einzelwerte/Anzahl der einzelnen Werte

Merke

## 5.3.2 Der gewogene Durchschnitt

Der gewogene Durchschnitt wird berechnet, wenn sich die vorliegenden Einzelwerte auf unterschiedliche Bezugsgrößen (z. B. Preise, Umsätze, Mengen, Zeitangaben, Geldeinheiten) beziehen.

**Beispiel:** *Für die Herbst- und Wintersaison werden verschiedene Nussarten zusammen gemischt und in dekorativen naturbelassenen Beuteln zusammengepackt. Die Praktikantin Ayse hat die Aufgabe, die Nüsse zu mischen und so in dem dekorativen Beutel zu verpacken, dass jeder Beutel 1 kg wiegt. Auch den Preis für 1 kg soll sie berechnen.*

*Ayse wirft einen Blick auf die Eingangsrechnung der vorliegenden Nüsse:*

| Artikel | Menge in kg | Preis je kg in EUR | Menge × Preis | Gesamtpreis in EUR |
|---|---|---|---|---|
| Haselnüsse | 14 | 7,30 | 14 × 7,30 | 102,20 |
| Mandeln | 12 | 6,40 | 12 × 6,40 | 76,80 |
| Walnüsse | 18 | 9,90 | 18 × 9,90 | 178,20 |
| Erdnüsse | 13 | 6,30 | 13 × 6,30 | 81,90 |
| | **57** | | | **439,10** |

*Problem für Ayse: Das Bio-Shopping-Paradies hat die 4 Sorten Nüsse in unterschiedlichen Mengen bestellt. Auch die Preise je kg sind verschieden. Damit Ayse für die abgepackte Nussmischung von 1 kg den Durchschnittpreis ermitteln kann, muss sie den gewogenen Durchschnitt berechnen.*

| **Lösungsweg:** | |
|---|---|
| **1. Schritt:** | Die Werte jeder Nusssorte werden gewichtet, indem die Menge mit dem Preis multipliziert wird. So erhält man den Gesamtpreis jeder einzelnen Nusssorte. |
| **2. Schritt:** | Die Gesamtpreise jeder einzelnen Nusssorte werden addiert: 102,20 EUR + 76,80 EUR + 178,20 EUR + 81,90 EUR = 439,10 EUR |
| **3. Schritt:** | Die gelieferte Menge der einzelnen Nussarten wird addiert: 14 kg + 12 kg + 18 kg + 13 kg = 57 kg |
| **4. Schritt:** | Jetzt ist bekannt, dass 57 kg Nüsse 439,10 EUR kosten. Der Preis für 1 kg Nüsse wird bestimmt, indem der Gesamtpreis durch die Gesamtmenge dividiert wird: $\frac{439{,}10\text{ EUR}}{57{,}00\text{ kg}} = 7{,}70\text{ EUR}$ |
| **Lösung:** | Ein von Ayse verpackter 1 kg-Beutel von der Nussmischung kostet 7,70 EUR. |

Gewogener Durchschnitt = Summe der gewichteten Werte/Anzahl

**Merke**

1. Sie kaufen in einem Supermarkt ein und sehen das folgende Angebot: Für vier große Zierkürbisse bezahlen Sie 6,00 EUR. Für die Dekoration Ihrer geplanten Geburtstagsfeier benötigen Sie 16 Zierkürbisse. Wie viel Euro müssen Sie für die16 Zierkürbisse bezahlen?

2. In einem Onlineshop haben Sie acht Stühle für 320,00 EUR bestellt. Aufgrund von Lieferschwierigkeiten werden Ihnen anstatt der bestellten acht Stühle nur sechs Stühle geliefert. Wie viel Euro müssen Sie für die gelieferten sechs Stühle bezahlen?

3. In Ihrem Ausbildungsbetrieb wurden im letzten Jahr 14 Mitarbeiter für Inventurarbeiten eingesetzt. Hierfür benötigten sie insgesamt 18 Stunden. In diesem Jahr sollen 11 Mitarbeiter eingesetzt werden. Wie viele Stunden werden die 11 Mitarbeiter für die Inventurarbeiten benötigen?

4. Ein Bekleidungshaus hat die Preise von Kleidungsstücken einer bestimmten Marke erhöht: Jeans kosten jetzt 65,00 EUR (vorher 59,00 EUR); Herren-Hemden kosten jetzt 45,00 EUR (vorher 35,00 EUR) und Damen-Strickjacken kosten jetzt 95,00 EUR (vorher 85,00 EUR). Um wieviel Prozent sind die Preise bei den jeweiligen Artikeln erhöht worden?

5. In Ihrem Ausbildungsunternehmen gibt es einen Frühlingsrabatt für alle Mitarbeiter – jeder Mitarbeiter erhält 25 % für einen Artikel seiner Wahl. Sie entscheiden sich für die topmodischen Schuhe einer bestimmten Firma. Die Schuhe kosten 125,00 EUR. Wie hoch ist der absolute Preisnachlass für die Schuhe in Euro?

6. Ein bekanntes Möbelhaus bietet hochwertige Sessel zu einem Preis von 125,00 EUR an. Bei den Sesseln gab es eine Preisminderung von 60 %. Die Kundin Juli H. denkt darüber nach, gleich zwei Sessel zu kaufen. Gerne hätte sie gewusst, wie hoch der Preis vor der Preisminderung war und wie hoch der Eurobetrag der Preissenkung ist. Berechnen Sie den Preis vor der Preisminderung und den Eurobetrag der Preissenkung.

7. Heute haben Sie in Ihrer Berufsschule Ihre Klassenarbeit zurückbekommen. Mit Ihrer Not „gut" sind Sie zufrieden. Ihr Ausbilder fragt Sie nach dem Notendurchschnitt der Klassenarbeit. Sie haben sich die Notenverteilung notiert: 2 x sehr gut; 5 x gut; 6 x befriedigend; 3 x ausreichend;
2 x mangelhaft; 1 x ungenügend!
Ermitteln Sie nun den Notendurchschnitt der Klassenarbeit!

8. Ein Stammkunde hat heute hat einen Koffer gekauft, den er ausschließlich für Dienstreisen benutzt. Das Geld, brutto 475,00 EUR, wird sein Arbeitgeber ihm erstatten. Hierzu benötigt er eine Quittung mit dem Ausweis der MwSt.! Wie hoch ist die MwSt.? Berechnen Sie!

Aufgaben

**9.** Sie haben eine Gehaltsübersicht der folgenden Mitarbeiter/-innen nach Gehaltsgruppen vorliegen.

| **Gruppe** | **Anzahl der Mitarbeiter** | **Gehalt** |
|---|---|---|
| I | 95 | 1.764,00 EUR |
| | 36 | 2.074,00 EUR |
| II | 14 | 2.292,00 EUR |
| | 11 | 2.586,00 EUR |
| III | 21 | 2.853,00 EUR |
| | 4 | 3.151,00 EUR |
| IV | 2 | 3.558,00 EUR |
| | 3 | 4.050,00 EUR |

Berechnen Sie:

a) Das durchschnittliche bezahlte Gehalt.

b) Wie viel Prozent der Angestellten verdienen weniger als 2.500,00 EUR und wie viele zwischen 3.0000,00 EUR und 4.000,00 EUR?

c) In den beiden unteren Gehaltsgruppen soll es ab dem kommenden Monat eine Gehalterhöhung um 1,2 % geben. Wie viel werden die Mitarbeiter/-innen aus diesen Gehaltsgruppen nach der Gehaltserhöhung verdienen?

**10.** Ein Einzelhändler analysiert seine Warenumsätze der letzten drei Jahre. Der Warenumsatz stieg im Jahr 2 gegenüber dem Jahr 1 um 15 % auf 845.000,00 EUR an. Im Jahr 3 ging er gegenüber dem Jahr 2 um 9 % zurück. Wie hoch war der Warenumsatz in EUR im Jahr 3?

**11.** Sie sollen eine Quittung für die folgenden Kunden ausstellen und die MwSt. ausweisen. Entscheiden Sie, welcher MwSt.-Satz berücksichtigt werden muss und berechnen Sie die auszuweisende MwSt.!

| **Kunden** | **gekaufte Artikel** | **MwSt.: 19 % oder 7 %?** | **Verkaufspreise (netto oder brutto)** | **auszuweisende MwSt.?** |
|---|---|---|---|---|
| A | 2 Bücher aus der Bestseller-Liste | | 50,25 EUR (brutto) | |
| B | 1 Rucksack | | 50,45 EUR (brutto) | |
| C | 5 Mineralwasser (1,5 Liter) | | 4,50 EUR (netto) | |
| D | 2 Flaschen italienischer Rotwein | | 11,50 EUR (netto) | |

# Waren präsentieren

1. Die Kundenansprüche bei der Warenplatzierung und -präsentation berücksichtigen
2. Das Innere des Geschäftes kundenorientiert und verkaufsfördernd gestalten
3. Das Äußere des Geschäftes kundenorientiert und verkaufsfördernd gestalten

© greentellect – stock.adobe.com

© Ingo Bartussek - stock.adobe.com

LF 4

# 1 Die Kundenansprüche bei der Warenplatzierung und -präsentation berücksichtigen

Die Einkaufsatmosphäre spielt für viele Kunden eine wesentliche Rolle bei der Wahl eines Einzelhandelsgeschäftes.

Merke

Kunden erwarten von einem Einzelhandelsgeschäft nicht nur, dass sie von freundlichen Mitarbeitern kompetent beraten werden oder dass die angebotenen Waren ihren Qualitätsvorstellungen entsprechen. Kunden möchten sich auch als „Gäste im Einzelhandel" verstehen und achten deswegen besonders auf Übersichtlichkeit, Ordnung und Sauberkeit im Geschäft. Ihnen ist wichtig, dass der Einzelhändler ihnen einen angenehmen und optisch ansprechenden und anregenden Einkauf ermöglicht; ihnen also eine besondere Einkaufsatmosphäre bietet.

Hinweis

Wenn der Einzelhändler sich als „Gastgeber" in seinem Geschäft versteht, berücksichtigt er die Wünsche und Bedürfnisse seiner „Gäste" (Kunden).

© JackF – stock.adobe.com



Dies stellt aber eine große Herausforderung für den Einzelhändler dar: Denn er möchte einerseits die Ansprüche der Kunden umsetzen und andererseits die eigenen unternehmerischen Ziele verfolgen. Das bedeutet: Wenn der Einzelhändler seinen Kunden eine besondere Einkaufsatmosphäre verschafft, ist das für ihn mit Kosten verbunden. Als Einzelhändler muss er aber auf Kostendeckung und Gewinnerzielung achten, um sich langfristig am Markt zu halten und zu behaupten.

**Beispiel:** *Durch diesen übergroßen und reichlich geschmückten Weihnachtsbaum schafft das Warenhaus eine Atmosphäre, die das Einkaufen zum Erlebnis für die Kunden in der Weihnachtszeit werden lässt. Gleichzeitig entstehen dem Einzelhändler sowohl direkte Kosten für den Baum als Dekoration, als auch indirekte Kosten durch die in Anspruch genommene Verkaufsfläche.*

© Clarini – stock.adobe.com

Kundenansprüche verändern sich aber auch mit der Zeit. Während Kunden früher z. B. ihren Wocheneinkauf als das Versorgen mit Lebensmitteln angesehen haben, das es schnell zu erledigen galt, erwarten Kunden heute eher ein Einkaufen mit Erlebnischarakter. Die Kunden möchten angeregt und „unterhalten" werden und hierfür nehmen sie sich gerne Zeit. Hierauf muss sich der Einzelhändler einstellen, wenn er neben den vielen Konkurrenzgeschäften nicht nur bestehen, sondern sich von diesen deutlich absetzen möchte. Er muss die Ansprüche seiner Kunden kennen und sie aus unternehmerischer Sicht beurteilen (Kosten-/Nutzenbetrachtung) und konkret umsetzen, um seine Kunden an sein Geschäft zu binden. Nehmen die Kunden dies bewusst oder auch unbewusst wahr, fühlen sie sich diesem Einzelhandelsgeschäft verbunden und die Wahrscheinlichkeit für weitere Einkäufe dort steigt.

Beispiel für ein erlebnisorientiertes Einkaufen im Lebensmitteleinzelhandel

Der Einzelhändler kann die Ansprüche der Kunden in Bezug auf diese Bereiche betrachten:

- Warenplatzierung (1.1)
- Warenpräsentation (1.2)



Der Einzelhändler kann seine Kunden nur dauerhaft binden, wenn er ihre Ansprüche kennt und diese bei seinen unternehmerischen Entscheidungen berücksichtigt.

Merke

## 1.1 Die Warenplatzierung

Bei der Warenplatzierung geht es darum, wo die Artikel des Sortiments im Verkaufsraum des Einzelhandelsgeschäftes und in den Warenträgern (z. B. in den Regalen, Auslagen, Vitrinen) den Kunden angeboten werden.

Der Einzelhändler kann sich bei der Warenplatzierung u. a. daran orientieren, welche Ansprüche die Kunden an den Ort der angebotenen Waren haben.

Die Warenplatzierung beantwortet die Frage nach dem „WO?"!

Merke

## Ansprüche der Kunden an die Warenplatzierung

| | | |
|---|---|---|
| Kunden möchten nicht lange nach einem gewünschten Produkt suchen. Ihnen ist wichtig, dass die Waren so platziert sind, dass sie im Verkaufsraum schnell gefunden werden können. |  | **Beispiel:** *Durch die Beschilderung sind die Warengruppen Käse und Fisch schnell zu finden.* |
| Innerhalb der Regale erwarten die Kunden nicht nur, dass sie ein Produkt schnell finden. Ihnen ist auch wichtig, dass eine Auswahl geboten wird, die einen schnellen Überblick über den gewünschten Sortimentsbereich ermöglicht. So ist auch ein direkter Vergleich der Produkte einfach möglich. |  | **Beispiel:** *Das umfangreiche und gut sortierte Weinsortiment bietet dem Kunden die Möglichkeit, Weine auszuwählen und zu vergleichen.* |
| Kunden wollen beim Einkauf angeregt und auf neue oder ähnliche Produkte aufmerksam gemacht werden. Sie erwarten daher vom Einzelhändler, dass er die Artikel so im Verkaufsraum und in den Regalen platziert, dass sie Impulse für ungeplante Einkäufe erhalten. |  | **Beispiel:** *Eine Verkostung bietet den Kunden die Gelegenheit, neue Produkte zu testen.* |
| Viele Kunden erwarten, ihre bevorzugten Produkte dort zu finden, wo sie es gewohnt sind (Gewohnheitstrieb). |  | **Beispiel:** *Die Kundin findet das gewünschte Produkt am gewohnten Platz im Regal.* |



**Ansprüche der Kunden an die Warenplatzierung**

- Waren schnell finden können
- schnellen Überblick über das Sortiment bekommen
- Produkte leicht vergleichen können
- Kaufanregungen erhalten
- Produkte an unveränderten Standorten vorfinden

## 1.2 Die Warenpräsentation

Bei der Warenpräsentation muss der Einzelhändler überlegen, wie er seinen Kunden die Waren vorteilhaft präsentieren kann.

Bei der Warenpräsentation sollte sich der Einzelhändler auch an den Wünschen und Erwartungen der Kunden orientieren.

Die Warenpräsentation beantwortet die Frage nach dem „WIE?“!

Merke

### Ansprüche der Kunden an die Warenpräsentation

| | | |
|---|---|---|
| Kunden möchten das Gefühl haben, dass ihnen ihr Einkauf leicht gemacht wird. Das kann man u. a. erreichen durch ausreichend breite Gänge zwischen den Regalen und Warenträgern (z. B. Tische, Vitrinen), die ein leichtes Zugreifen ermöglichen, ohne dass der Kunde sich bücken oder recken muss. |  | **Beispiel:** *Die Kunden können in diesem Gang alle Waren gut erreichen.* |
| Auch beim Einkauf gilt: „Das Auge kauft mit ein.“ Sauberkeit und Ordnung spielen für Kunden eine große Rolle, insbesondere beim Einkauf von Lebensmitteln. |  | **Beispiel:** *Kunden schätzen gut geordnetes und sauber gehaltenes Obst.* |
| Farbliche Akzente bei der Verkaufsraumgestaltung und dekorierte Regale oder Auslagen vermitteln dem Kunden ein gutes Einkaufsgefühl. Er möchte den Eindruck haben, dass der Einzelhändler sich auf ihn als „Gast“ freut. |  | **Beispiel:** *Die Auslage und Dekoration des Fleisches wirkt appetitlich und lädt zum Kauf ein.* |
| Die Einzelhändler werben häufig mit Aktionen, Rabatten, Zugaben usw. Auch bei der Warenpräsentation im Geschäft achten die Kunden darauf, ob diese Werbeaussagen umgesetzt und gut kenntlich gemacht werden. |   | **Beispiel:** *Der Sonderstand mit dem Rabattschild kann von den Kunden gut wahrgenommen werden.* |

**Ansprüche der Kunden an die Warenpräsentation**

- leicht auf Waren zugreifen können
- Verkaufsraum und Regale sauber vorfinden
- Ordnung und Struktur wahrnehmen
- durch Dekoration und Farben angesprochen werden
- Besonderheiten (z. B. Sonderangebote) optisch erkennen

## 1.3 Der Erfolgsfaktor Kundenzufriedenheit

Alle Entscheidungen und Maßnahmen hinsichtlich der Warenplatzierung und der Warenpräsentation sollte der Einzelhändler in wechselseitiger Abstimmung treffen und durchführen.

**Beispiel:** *Impuls- oder Aktionsartikel, die zu Spontankäufen anregen, brauchen einen gut sichtbaren Platz im Verkaufsraum. Durch abgestimmte Dekoration oder auffällige Hinweisschilder werden diese Artikel den Kunden kaufanregend präsentiert.*

Warenplatzierung ↔ Warenpräsentation

↓

Kundenzufriedenheit

↓

**Erfolg für den Einzelhändler**

Das Aufeinanderabstimmen von Warenplatzierung und Warenpräsentation stellt einen wichtigen Erfolgsfaktor für den Einzelhändler dar. Waren, die von Kunden im Verkaufsraum leicht gefunden werden und die durch die Art ihrer Präsentation im Regal positiv auf ihn wirken, haben eine größere Chance, gekauft zu werden. Dieses Prinzip sorgt nicht nur dafür, dass die Kunden zufrieden sind, sondern auch dafür, dass sich der Umsatz des Einzelhändlers positiv entwickeln kann.

**Merke**

Die Kundenzufriedenheit in Bezug auf die Platzierung und Präsentation der Waren im Geschäft ist ein entscheidender Erfolgsfaktor für den Einzelhändler.

1. Was bedeutet es, wenn sich der Einzelhändler als „Gastgeber" in seinem Geschäft versteht?
2. Unterscheiden Sie die Begriffe „Warenplatzierung" und „Warenpräsentation".
3. Denken Sie an die Kunden in Ihrem Ausbildungsbetrieb. Welche Ansprüche haben Ihre Kunden an die Warenplatzierung und die Warenpräsentation in Ihrem Verkaufsraum?
4. Beschreiben Sie, wodurch sich Kundenzufriedenheit bei der Warenplatzierung und Warenpräsentation erreichen lässt.
5. Wo sehen Sie Grenzen für den Einzelhändler bei der Berücksichtigung der Kundenansprüche in seinem Verkaufsraum?

Aufgaben



# 2 Das Innere des Geschäftes kundenorientiert und verkaufsfördernd gestalten

Der Einzelhändler hat verschiedene Möglichkeiten, das Ladeninnere, also den Verkaufsraum, kundenorientiert und verkaufsfördernd zu gestalten. Welche Möglichkeiten er im Einzelnen hat und was er dabei alles berücksichtigen sollte, wird nach folgendem Überblick ab dem Kapitel 2.1 näher beschrieben.

Der Verkaufsraum sollte im Hinblick auf die Gestaltung von Fußböden und von Wänden und Decken mit Farben und Materialien betrachtet werden. Auch Grundgedanken zur Beleuchtung dürfen nicht fehlen. Der fertig gestellte Verkaufsraum sollte ebenfalls mit Warenträgern (z. B. Regale, Vitrinen, Ständer) ausgestattet werden. Hierbei kann der Einzelhändler schon Einfluss darauf nehmen, wie seine Kunden zukünftig sein Geschäft durchlaufen sollen. Ist der Verkaufsraum mit Warenträgern gefüllt, müssen schließlich die Waren ihren Platz in den Warenträgern finden. Auch hierbei überlässt der Einzelhändler nichts dem Zufall. Sind die Waren an ihren vorgesehenen Plätzen im Regal platziert, müssen sie mit bestimmten Informationen (z.B. Preis, Güte, Zutaten) gekennzeichnet werden. Mithilfe von grundlegenden Präsentationskonzepten kann der Einzelhändler die Verweildauer und die Kaufbereitschaft der Kunden positiv beeinflussen.

Kap. 2.1.1 1 Gestaltung von Fußböden, Wänden und Decken

Kap. 2.1.2 2 Einsatz von Beleuchtung

Kap. 2.2 3 Ausstattung mit Warenträgern

Kap. 2.3 4 Platzierung der Waren in den Warenträgern

Kap. 2.4 5 Kennzeichnung der Waren

Kap. 2.5 6 Präsentationskonzepte, die den Verkauf fördern sollen

## 2.1 Verkaufsraumgestaltung

Grundsätzlich spielen Farben bei jeder Gestaltung eine große Rolle. Auch wenn Farben von jedem Menschen anders wahrgenommen werden, lassen sich einzelne Farben in ihrer Wirkung allgemein beschreiben. Der Einzelhändler kann Farben unter Beachtung folgender Wirkungsweisen einsetzen:

**ROT**
auffällig, wird schnell wahrgenommen, aktivierend

**BLAU**
sachlich, strahlt Ruhe aus

**GELB**
sommerlich, freundlich, verbreitet Heiterkeit

**GRÜN**
beruhigende Wirkung, erfrischend, Naturverbundenheit

**WEISS**
elegant, festlich, neutral, sauber

**SCHWARZ**
geheimnisvoll, elegant, sachlich

Natürlich ist der Verkaufsraum insgesamt als Einheit zu sehen. Die Kunden sollen das Farbkonzept des Einzelhändlers als stimmig empfinden. Daher sind die jeweiligen Farben z. B. für die Wand- und Deckengestaltung oder den Fußboden wechselseitig abzustimmen.

## 2.1.1 Fußböden, Wände und Decken

### Fußböden

Die Auswahl der Farbe und des Materials des Fußbodens hängen wesentlich von der Branche des Einzelhandelsgeschäftes ab:

**Anforderungen an einen Fußboden in verschiedenen Branchen des Einzelhandels**

| Lebensmittel, Tierfutter, Haushaltswaren, ... | Baustoffe, Werkzeug, ... | Textilien, Wohnaccessoires, Schmuck, ... |
|---|---|---|
| **Anforderungen**<br>rutschfest, leicht zu reinigen, hygienisch, hell | **Anforderungen**<br>robust, rutschfest | **Anforderungen**<br>Fußboden als Bestandteil des Wohlfühlens und zur Repräsentation des Geschäftes |
| **Material**<br>Fliesen, PVC | **Material**<br>Steinfußboden, Beton | **Material**<br>Parkett, Teppich, Marmor |
|  |  |  |



Die Materialwahl eines Fußbodens kann auch von der Betriebsform des Einzelhandelsgeschäftes abhängig sein. Während in Lebensmittel-Discountern eher ein kostengünstiger funktionaler Fußbodenbelag gewählt wird, kann ein Feinkost-Fachgeschäft mit hochwertigem Granit- oder Marmorboden die Exklusivität des Geschäftes und der angebotenen Ware hervorheben.

> Ein exklusiver Fußbodenbelag wie Marmor oder Parkett unterstreicht die Hochwertigkeit eines Sortimentes.
>
> **Merke**

Der Fußboden kann im Verkaufsraum zudem sowohl als Orientierungshilfe für Kunden als auch zur Dekoration bestimmter Artikel dienen.

**Beispiel:** *Durch den Einsatz unterschiedlicher Materialien und Farben bei der Fußbodengestaltung können für den Kunden Hauptlaufwege zur Orientierung im Geschäft angezeigt werden.*

© .shock – stock.adobe.com

© Bumann – stock.adobe.com

**Beispiel:** *In Sportartikelgeschäften kennzeichnen häufig Laufbahnen wie auf Sportplätzen den Weg für die Kunden durch den Verkaufsraum.*

© THINK b – stock.adobe.com

**Beispiel:** *Einzelhändler wählen auch gerne einen dekorativen Fußboden-Belag wie etwa Kunstrasen, um den Kunden die Laufschuhe in ihrer Verwendungsumgebung zu präsentieren.*



### Wände und Decken

Bei der Auswahl der Farben und Materialien für die Wände und Decken sind ähnliche Aspekte zu beachten wie bei der Fußbodengestaltung. Die Farben und Materialien sollten im Hinblick auf den gesamten Verkaufsraum sinnvoll abgestimmt werden.

Gerade in Geschäften mit unterschiedlichen Warengruppen oder Abteilungen kann es vorteilhaft sein, die verschiedenen Bereiche mit unterschiedlichen Wandfarben zu gestalten.

**Beispiel:** *Die Warengruppe „Bio- und Naturkost" im Lebensmittelbereich könnte grünlich gestaltet werden. So wird den Kunden die Verbundenheit der Waren mit der Natur vermittelt. Möchte ein Einzelhändler seine Frühjahrs- und Sommerkollektion saisonbezogen präsentieren, kann eine gelbliche Wandgestaltung im Hintergrund eine entsprechend frühlingshafte und sommerliche Atmosphäre erzeugen.*

© Kzenon – stock.adobe.com

Grundsätzlich muss bei der Wahl der Materialien, insbesondere für die Wände, wiederum die Branche betrachtet werden:

**Wandgestaltung in verschiedenen Branchen des Einzelhandels**

**Lebensmittel, ...**
- Fliesen oder Putz
- Spiegel zur optischen Verdoppelung des Warenangebotes

**Möbel, Wohnaccessoires, ...**
- Tapete oder Feinputz
- Vorhänge
- Dekoration, z. B. Bilder, Blumen

**Textilien, Schmuck, ...**
- edle Tapete
- Glas
- Spiegel

Auch die Wand- und Deckengestaltung wird von der Betriebsform beeinflusst.

**Beispiel:** *In einem Weinfachgeschäft werden die teuren Weine in edlen Wandregalen aus Holz präsentiert.*

**Beispiel:** *Discounter und Selbstbedienungsgeschäfte bevorzugen eher eine reduzierte und schlichte Wand- und Deckengestaltung.*

Gerade im Lebensmittel-Einzelhandel ist zu beobachten, dass z. B. Super- oder Verbrauchermärkte zunehmend beide Aspekte umsetzen. Sie kombinieren eine schlichte Gestaltung des Verkaufsraumes mit einzelnen Hervorhebungen bestimmter Sortimentsteile auf abgegrenzten Flächen. Durch einen anderen Fußboden-Belag oder die Wahl einer bestimmten Wandfarbe soll der Kunde diesen Sortimentsbereich stärker wahrnehmen.

Das Angebot hochwertiger Sortimentsteile wird vorzugsweise vor hochwertigen und elegant wirkenden Wänden präsentiert.

Merke

### 2.1.2 Beleuchtung

Aufgrund großer innenliegender Verkaufsflächen und der üblichen Warenträgeranordnung an den Außenwänden fällt wenig bis gar kein natürliches Licht in einen Verkaufsraum. Daher muss mit gezielter Beleuchtungstechnik gearbeitet werden:

- Eine Grundbeleuchtung von oben oder eine indirekte Beleuchtung gewährleisten, dass der gesamte Verkaufsraum ausreichend hell erscheint. Kann ein Kunde beispielsweise die Zutatenliste auf einer Lebensmittelverpackung oder die Pflegehinweise an einem Kleidungsstück nicht erkennen, wird er dies als negativ empfinden. Natürlich können abgedunkelte Verkaufsräume auch zum Vermarktungskonzept des Geschäfts gehören, wie das beispielsweise bei einigen Textilfachgeschäften für „junge Mode" der Fall ist.

© victor zastol'skiy – stock.adobe.com

- Eine gezielte Beleuchtung (Akzentbeleuchtung) z. B. durch Spots oder LEDs kann dafür sorgen, dass bestimmte Warenträger als Ganzes oder auch einzelne Waren in den Warenträgern auffallen und gesehen werden. Diese gezielte Beleuchtung rückt die Ware sprichwörtlich „ins rechte Licht". Den Kunden ist es möglich, Farben oder Details der Ware gut zu erkennen.

**Merke:** Eine gut geplante Beleuchtung verbessert nicht nur die Produktwahrnehmung der Kunden, sondern auch deren Wohlgefühl im Verkaufsraum.

**Beispiel:** *Hier ist die Wirkung der Akzentbeleuchtung bei den durch Spots angestrahlten Halsketten im Vergleich zu den nicht gezielt beleuchteten Halsketten deutlich sichtbar.*

© Robert Kneschke – stock.adobe.com

## 2.2 Warenplatzierung im Verkaufsraum

Ist die Gestaltung des Verkaufsraumes abgeschlossen, muss sich der Einzelhändler Gedanken machen, wo die Kunden welche Waren im Verkaufsraum finden sollen. Hierbei helfen folgende Fragestellungen:

- Welche Verhaltensweisen zeigen Kunden beim Gang durch das Geschäft?
- Welche Bereiche im Geschäft werden von Kunden wie wahrgenommen? Wie kann der Einzelhändler darauf reagieren?
- Wie können Warenträger im Verkaufsraum angeordnet werden?
- Welche besonderen Verkaufsraumelemente können verkaufsfördernd eingesetzt werden?

## 2.2.1 Verhaltensweisen der Kunden

Kunden zeigen beim Gang durch einen Verkaufsraum bestimmte Verhaltensweisen. Diese lassen sich wie folgt beschreiben und darstellen:

1. Kunden durchschreiten den Verkaufsraum bevorzugt gegen den Uhrzeigersinn. Dies wird als Linkslauf bezeichnet.
2. Die Blick- und Greifrichtung ist nach rechts orientiert. Die rechtsseitig vom Kundenlauf stehenden Warenträger werden stärker wahrgenommen. Hierbei wird der mittige Teil eines Warenträgers eher betrachtet als die Außenbereiche links und rechts.
3. Kunden laufen gerne an den Außenwänden entlang. Zur Ladenmitte müssen sie an Gangkreuzungen den Hauptlauf verlassen.
4. Grundsätzlich durchlaufen Kunden den Verkaufsraum in eine Richtung. Sie stoppen ungern ihren Lauf, um eine Kehrtwendung zu machen und zurück zu gehen.
5. Ladenecken suchen die Kunden nicht gerne von sich aus auf.
6. Im Eingangsbereich betreten die Kunden schnellen Schrittes das Geschäft. Während ihres Einkaufs im Geschäft verlangsamen sie ihren Gang, um das Warenangebot wahrnehmen zu können. Ist alles im Einkaufswagen, eilen die Kunden in Richtung Kasse, um das Geschäft schnell verlassen zu können.

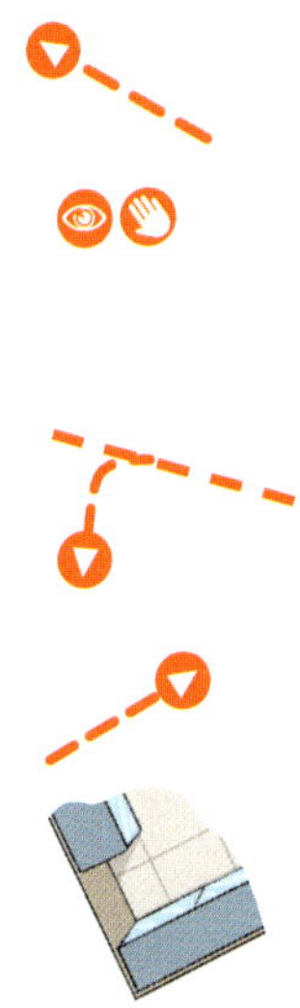

schnell
langsam
schnell

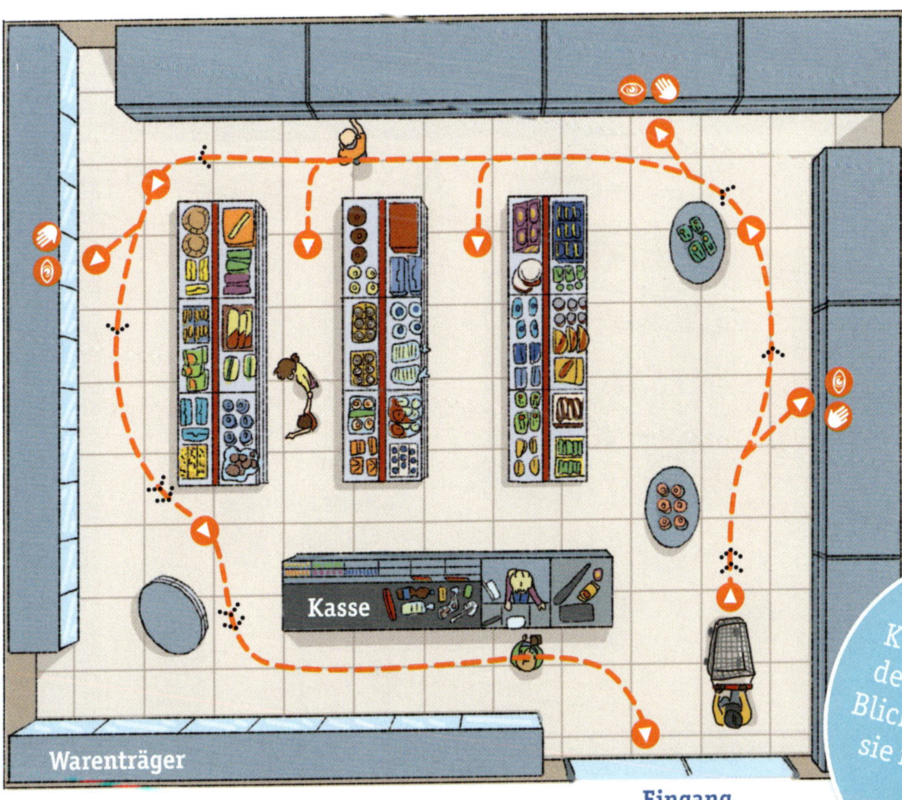


Kunden bevorzugen den Linkslauf. Ihren Blick und Griff richten sie nach rechts aus.

Merke

## 2.2.2 Platzierungsstrategien

Der Einzelhändler sollte das Wissen um die Verhaltensweisen der Kunden im Verkaufsraum für sich strategisch nutzen und entsprechend eine Einteilung in verkaufsstarke und verkaufsschwache Bereiche im Geschäft vornehmen. Nach dieser Einteilung muss der Einzelhändler dann entscheiden, wie und wo er bestimmte Waren platziert.

### Verkaufsstarke Bereiche

- Warenträger und Flächen, die sich rechtsseitig vom Kundenlauf befinden → siehe A
- Hauptwege (meistens entlang der Außenwände) → siehe B
- Gangkreuzungen → siehe C
- Warenträger oder Flächen, auf die der Kunde direkt zuläuft → siehe D
- Kassenbereich → siehe E
- mittiger Teil eines Warenträgers → siehe F

### Verkaufsschwache Bereiche

- Eingangsbereich, da die Kunden schnellen Schrittes das Geschäft betreten → siehe G
- Warenträger und Flächen, die sich linksseitig vom Kundenlauf befinden → siehe H
- Nebengänge als Abbiegung vom Hauptweg → siehe I
- Ladenecken und Ladenmitte → siehe J
- hinten im Verkaufsraum liegende Verkaufsbereiche → siehe K
- links und rechts außen liegende Bereiche eines Warenträgers → siehe L



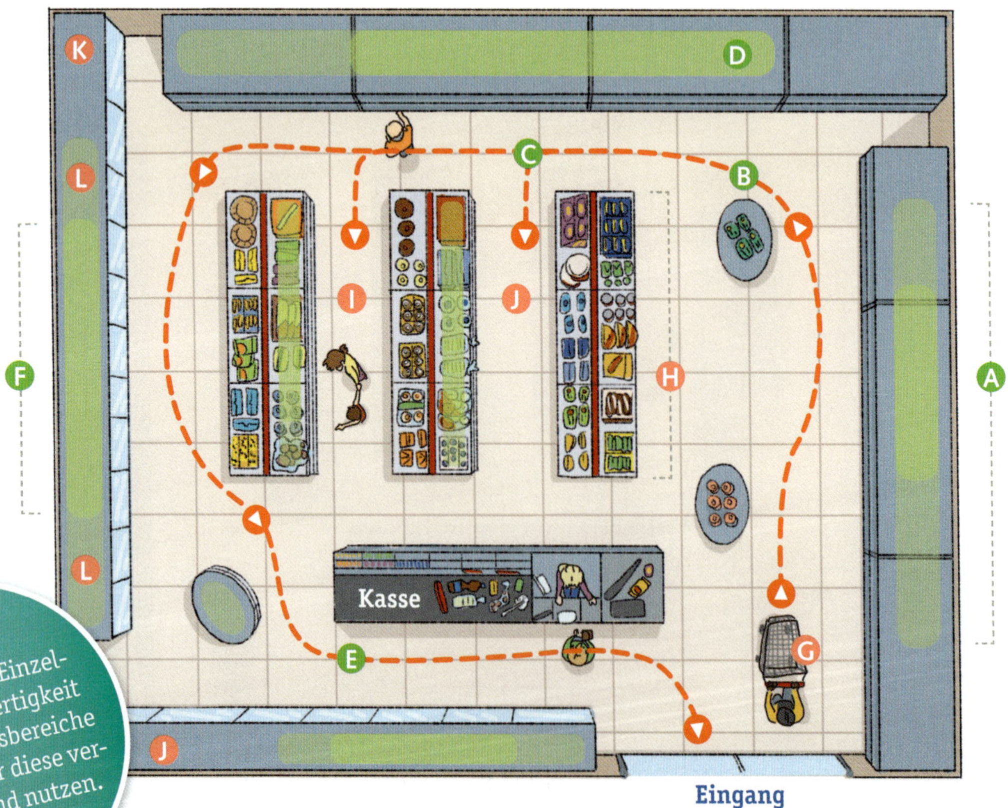


Nur, wenn der Einzelhändler die Wertigkeit seiner Verkaufsbereiche kennt, kann er diese verkaufsfördernd nutzen.
Merke

Der Einzelhändler kann entsprechend der Wertigkeit der Verkaufsbereiche folgende Warenplatzierungen im Verkaufsraum vornehmen:

**Strategien zur Warenplatzierung im Verkaufsraum**

| Bereiche im Verkaufsraum | zu platzierende Artikel |
|---|---|
| A B D F | • Artikel mit hoher Gewinnspanne<br>• Impulsartikel (= Artikel, die der Kunde spontan kauft)<br>• Artikel, die abverkauft werden sollen<br>• Produktneuheiten |
| C | • Aktionsplatzierungen (z. B. Waren zur Verkostung mit Verweis auf entsprechende Waren in den Nebengängen. So können Kunden in die Mitte des Geschäftes gelockt werden.)<br>• Zweitplatzierungen (= zweiter Standort einer Ware im Geschäft) |
| E | • Impulsartikel (z. B. preisreduzierte Waren, Zeitschriften)<br>• Impulsartikel für Kinder, die sogenannte „Quengelware"<br>• zweitplatzierte Waren, wie z. B. Schoko-Riegel und Batterien (zusätzliche Platzierung im Kassenbereich) |
| G | • Aufsteller mit z. B. Sonderangeboten mittig in den Eingangsbereich, damit die Kunden „abgebremst" werden (= „Stopper") |
| H I J K L | • Suchartikel (= Artikel, die von Kunden gezielt gesucht werden, wie z. B. Grundnahrungsmittel)<br>• Sonderangebote und Aktionsplatzierungen, um die Aufmerksamkeit der Kunden auf diese verkaufsschwachen Bereiche zu lenken<br>• Bedientheken, wie z. B. Fleisch und Käse |

## 2.2.3 Anordnung der Warenträger

Bei der Entscheidung des Einzelhändlers, wie er die Warenträger im Verkaufsraum anordnet, kann die Vorgehensweise in zwei Schritten helfen:

1. In einem ersten Schritt muss der Einzelhändler überlegen, wie „frei“ sich seine Kunden im Verkaufsraum bewegen dürfen. Hierzu gibt es zwei grundsätzliche Optionen:

### Kundenlaufwege durch den Verkaufsraum

**Zwangsablauf**

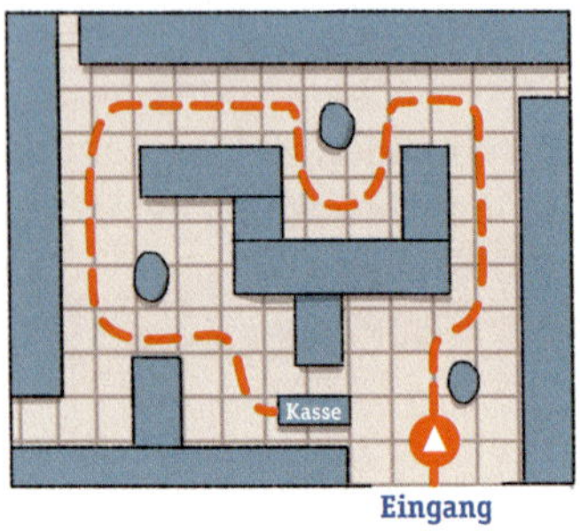


Jeder Kunde muss das ganze Geschäft bis zur Kasse durchlaufen. Abkürzungen auf schnellem Weg zur Kasse sind nicht gewünscht.

| Vorteil | Nachteil |
| --- | --- |
| Die Kunden kommen an vielen Waren vorbei. Dadurch steigt die Wahrscheinlichkeit von Impulskäufen. | Auf Kunden kann sich dies negativ auswirken, da sie nicht frei entscheiden können, welchen Weg sie im Geschäft gehen. |

**Individualablauf**

Der Kunde ist völlig frei in seiner Entscheidung, wie er das Geschäft durchlaufen möchte. Kurze Wege direkt vom Eingang zur Kasse sind möglich.

| Vorteil | Nachteil |
| --- | --- |
| Für Kunden ist ein „schneller“ Einkauf möglich, da sie kurze Wege wählen können. | Viele Produkte werden von Kunden möglicherweise nicht wahrgenommen. Der Impulskauf wird dadurch eingeschränkt. |



Jeder Einzelhändler muss für den Ablauf in seinem Verkaufsraum die Aspekte „Kundenorientierung“ und „Absatzorientierung“ gut gegeneinander abwägen.

Merke

2. Im zweiten Schritt stellt sich nun für den Einzelhändler die Frage: „Wie kann man unter Berücksichtigung der Aspekte Kundenorientierung, Verkaufswirksamkeit und optimaler Raumnutzung die Warenträger anordnen?"

## Möglichkeiten für die Anordnung von Warenträgern

### Querplatzierung

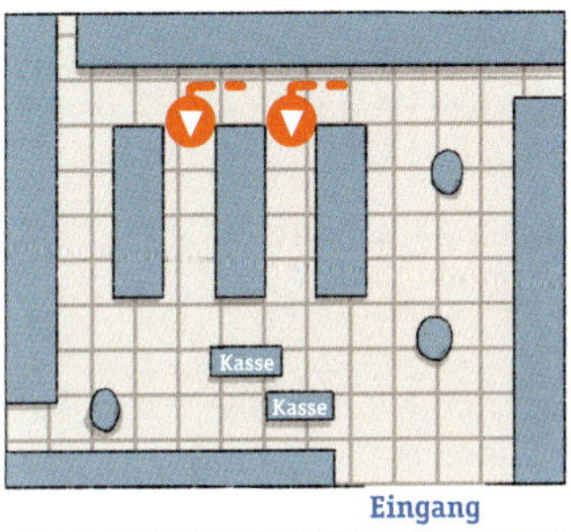


Bei der Querplatzierung stehen die mittigen Warenträger im Winkel von 90 Grad zur Außenwand.

**Vorteil:** Gute Einsehbarkeit des Personals im Hinblick auf Diebstahl.

**Nachteil:** Kunden müssen vom Hauptlaufweg in die Gänge „gelockt" werden.

### Längsplatzierung

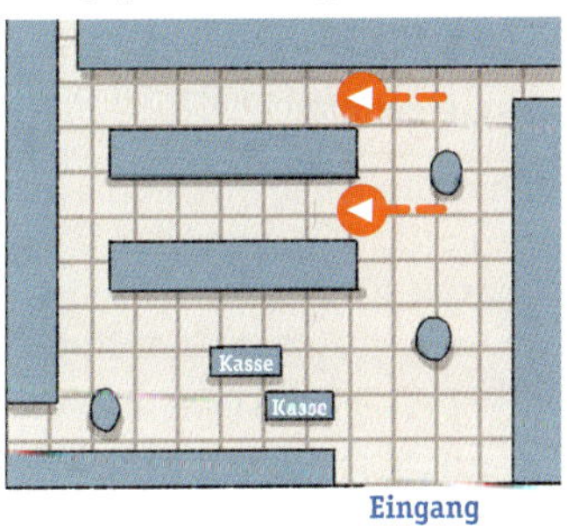


Bei der Längsplatzierung sind die mittigen Warenträger längs zum Kundenlauf angeordnet.

**Vorteil:** Der Verkaufsraum kann mit langen Warenträgern optimal genutzt werden.

**Nachteil:** Gänge sind durch das Verkaufspersonal an der Kasse nicht einsehbar.

### Schrägplatzierung

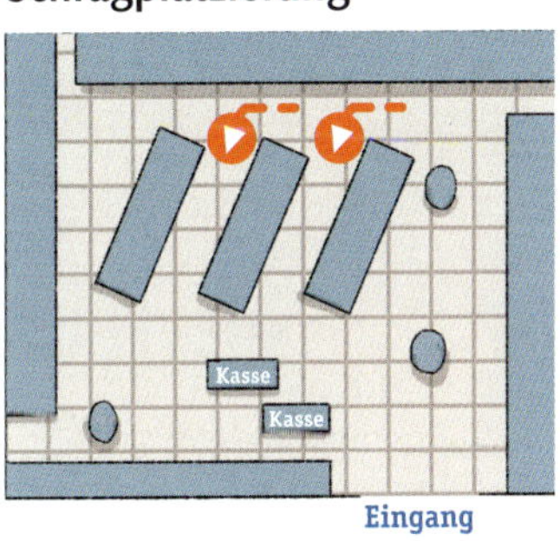


Die Warenträger sind in einem Winkel von etwa 45 Grad zur Außenwand angeordnet.

**Vorteil:** Kunden können besser vom Hauptweg in die Nebengänge „geführt" werden.

**Nachteil:** Auf der Gesamtfläche können unter Umständen insgesamt weniger Warenträger aufgestellt werden.

Die gezeigten Möglichkeiten lassen sich natürlich auch kombinieren (= Mischformen).

**Beispiel:** *Ein Einzelhändler entscheidet sich grundsätzlich für eine Querplatzierung der mittigen Warenträger. Aktionswaren oder Produktneuheiten präsentiert er aber bewusst in schräg angeordneten Warenträgern. So möchte er bei den Kunden eine bessere Wahrnehmung der dort platzierten Produkte erreichen.*

Auch die Verkaufsform des Einzelhandelsgeschäftes spielt bei der Anordnung der Warenträger im Verkaufsraum eine wesentliche Rolle.

**Anordnung von Warenträgern unter Berücksichtigung der Verkaufsform**

| Verkaufsform | Besonderheiten |
|---|---|
| **Selbstwahl**  | Insbesondere hier kann (muss) der Einzelhändler Einfluss darauf nehmen, wie sich die Kunden durch sein Geschäft bewegen. Schließlich sollen möglichst viele Produktkontakte dazu führen, dass neben den geplanten Einkäufen auch Impulskäufe getätigt werden. |
| **Vorwahl**  | Damit Kunden Artikel vorwählen können, sind die Warenträger so anzuordnen, dass den Kunden ein Sortimentsüberblick ermöglicht wird. Beschilderungen mit Hinweisen zu Warengruppen sind hilfreich. Bei der Anordnung der Warenträger sind außerdem die bereits angesprochenen Verhaltensweisen der Kunden zu beachten. |
| **Bedienung**  | Das Verkaufspersonal empfängt die Kunden an Bedientheken, die gleichzeitig schon als Warenträger dienen können. Im Rahmen einer Beratung holt das Verkaufspersonal die gewünschten Waren (z. B. aus einer verschlossenen Glasvitrine) und legt diese den Kunden zur näheren Ansicht oder Anprobe vor. Daher bedarf es hier keiner besonderen Warenträgeranordnung im Hinblick auf den Kundenlauf. |



**Merke**

Die Entscheidung, wie Warenträger im Verkaufsraum angeordnet werden, hängt von vielen Faktoren ab. Der Einzelhändler muss diese individuell für sein Geschäft beurteilen.

## 2.2.4 Zusätzliche Elemente im Verkaufsraum

### Orientierungshilfen

Besonders in Geschäften, in denen die Kunden bei der Suche nach den gewünschten Produkten auf sich selbst angewiesen sind, brauchen sie eine Orientierungshilfe. Kunden möchten ihren Suchaufwand gering halten. Daher ist es von Vorteil für sie, wenn sie am Eingang des Geschäftes oder einer Abteilung, z. B. in einem Warenhaus, einen Übersichtsplan zur Orientierung vorfinden.

**Beispiel:** *Eine Orientierung bieten Skizzen (Grundrisse) des Verkaufsraumes, die die Standorte der angebotenen Waren veranschaulichen.*

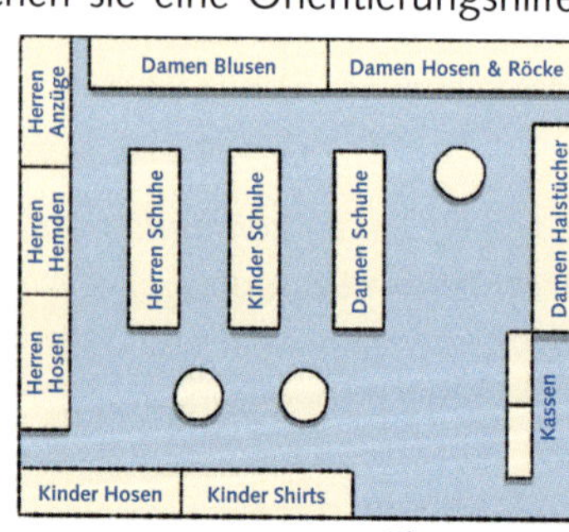

**Beispiel:** *Der Einsatz sogenannter Infoterminals dient nicht nur dazu, dass sich der Kunde digital durch den Verkaufsraum bewegen und sich orientieren kann. Er kann auch weitere Informationen, wie z. B. Sonderangebote und Service-Leistungen, nach seinen Bedürfnissen abrufen.*

© Maria Sbytova – stock.adobe.com

Auch Beschilderungen im Verkaufsraum, z. B. über oder an den Warenträgern, lassen die Kunden auf einen Blick erkennen, wo sie was finden können.

## Suchlogik

© juefraphoto – stock.adobe.com

Orientierung bietet auch die Anordnung der Warenträger und der darin enthaltenen Waren nach der Suchlogik des Kunden. Besonders im Lebensmitteleinzelhandel hat sich eine gewisse Anordnung durchgesetzt. In vielen Märkten ist direkt am Eingang das Angebot von Obst und Gemüse zu finden. Hier wird der Kunde direkt zu Beginn abgebremst und eingeladen, das Frische signalisierende Warenangebot wahrzunehmen. Orientiert an der ersten Mahlzeit des Tages, folgt nach dem Obst und Gemüse meist alles, was zum „Frühstück" gehört. In diesem Bereich werden Backwaren (z. B. Brot und Brötchen), Brotaufstriche (z. B. Marmelade und Honig), Kaffee, Tee, Milch, Zucker usw. platziert. Im weiteren Verlauf findet der Kunde in den Kühltheken Brotaufschnitt (z. B. Wurst und Käse) sowie Molkereiprodukte (z. B. Butter und Quark) gefolgt von Bedientheken für Fleisch, Käse und Fisch.

**Beispiel:** *Ist ein Lebensmittelgeschäft wie in der Abbildung aufgebaut, würde ein Kunde sehr schnell wissen, dass er z. B. die Kaffee-Sahne oder den Kandiszucker in der Nähe der Backwaren am Anfang des Geschäftes findet.*

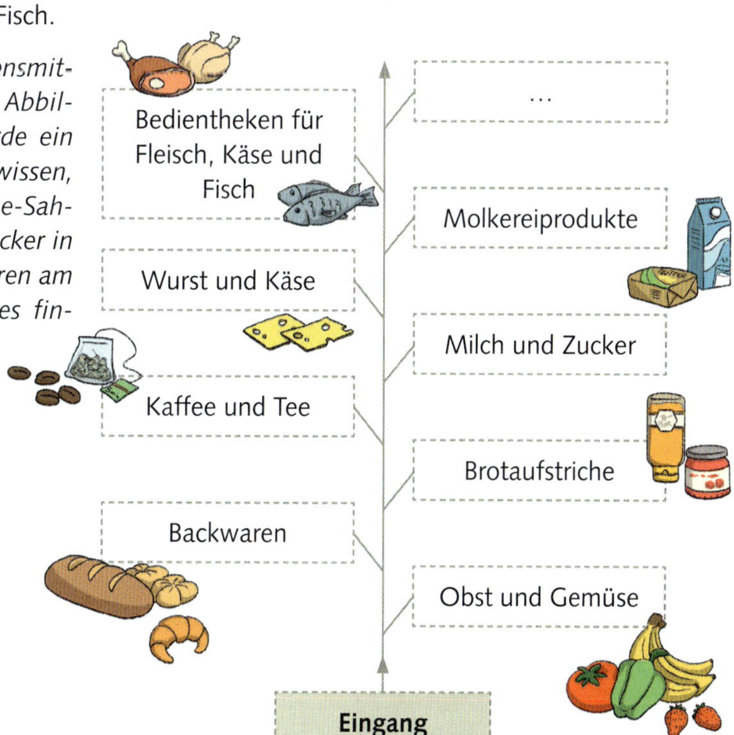

## Wohlfühl-Oasen

© WavebreakmediaMicro – stock.adobe.com

*Einkaufen ist längst nicht mehr nur das Besorgen von Waren als reine Notwendigkeit. Kunden möchten darüber hinaus das Gefühl haben, dass sich der Einzelhändler auf sie freut und ihnen mehr als ihre Besorgungswünsche erfüllt. Was vor Jahren nur in exklusiven Fachgeschäften der Fall war, hält verstärkt Einzug in Supermärkte oder Textilgeschäfte: Den Kunden werden z. B. Sitzgelegenheiten zum Verweilen im Geschäft oder frische Getränke geboten. Auch durch gezielt eingesetzte Hintergrundmusik und Raumdüfte versucht der Einzelhändler, bei den Kunden ein Wohlgefühl zu erzeugen. Bei der Planung und Gestaltung des Verkaufsraumes sind solche „Oasen des Wohlfühlens" zu berücksichtigen. Häufig finden sich entsprechende Sitzgelegenheiten in Kombination mit einem Getränkeangebot in der Ladenmitte. Durch eine gezielte Wegeplanung im Verkaufsraum kann erreicht werden, dass die Kunden zwangsläufig darauf zusteuern.*

Durch zusätzliche Elemente im Verkaufsraum erhält ein Einzelhandelsgeschäft einen „individuellen Charakter". Dieser sorgt für Kundenbindung und eine Förderung des Verkaufs.

**Merke**



# 2.3 Warenplatzierung in den Warenträgern

Mithilfe von Warenträgern lassen sich die Verkaufsräume optimal gestalten und die Artikel übersichtlich, leicht zugänglich und verkaufsfördernd präsentieren.

Warenträger gibt es in unterschiedlichen Materialien, wie z. B. Kunststoff, Metall, Glas oder Holz.

Wichtig bei der Auswahl der Warenträger ist, dass sie ins Gesamtbild der Ladeneinrichtung passen, aus langlebigem Material bestehen, sich ggf. mühelos umdekorieren oder umstellen und übersichtlich bestücken lassen.

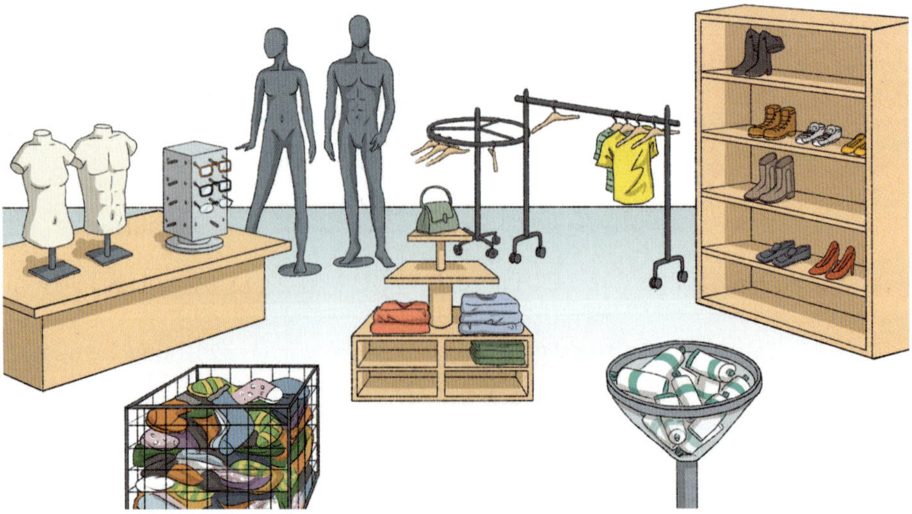

## 2.3.1 Aufbau eines Regals

Regale sind klassische Warenträger, sie werden am häufigsten für die Warenpräsentation genutzt.

Aus Erkenntnissen über die Blickrichtung und die Sehgewohnheiten von Kunden kann man unterschiedliche Regalwertigkeiten (Verkaufswirksamkeiten) ableiten. Demnach gibt es verkaufsstarke und verkaufsschwache Flächen, sowohl auf der horizontalen als auch auf der vertikalen Ebene.

**Reckzone**
über 160 cm
**Weniger verkaufsintensive Zone:** leichte Artikel, Suchartikel, günstige Artikel mit niedriger Gewinnspanne

**Sichtzone**
120 cm – 160 cm
**Sehr verkaufsintensive Zone:** hochwertige Produkte, gut kalkulierte Waren, Impulsartikel, neue Artikel, Zusatzartikel

**Greifzone**
80 cm – 120 cm
**Verkaufsintensive Zone:** hochwertige Produkte, gut kalkulierte Waren, Impulsartikel, neue Artikel, Zusatzartikel

**Bückzone**
unter 80 cm
**Umsatzschwache Zone:** Massenartikel, schwere Artikel, Suchartikel

### Vertikale Regalzonen

Regalzonen erhält man durch die Unterteilung eines Regals mit flexibel einsetzbaren Regalböden. Die von Kunden bevorzugten Regalplätze für Waren liegen meist in einer Höhe von 80 cm bis 160 cm. Diese Zone nennt man Sicht- und Greifzone. Sie gilt als umsatzstärkste Regalzone. Unterhalb von 80 cm befindet sich die Bückzone. Die Zone, die über 160 cm liegt, wird als Reckzone bezeichnet. Der Regalboden der Reckzone sollte nicht höher liegen, damit die Waren für die meisten Kunden noch erreichbar sind.

### Blickrichtung und Sehgewohnheiten der Kunden

Die Wahrnehmung der Menschen ist in der Höhe (vertikal) und in der Breite (horizontal) begrenzt, da sie nur ein eingeschränktes Sichtfeld haben. Die Kunden nehmen also die Produkte in der Sichtzone am besten wahr. Artikel, die in dieser Zone platziert sind, werden am häufigsten von den Kunden betrachtet.

## Horizontale Regalzonen

Auch innerhalb der horizontalen Regalzone gibt es Bereiche, die im direkten Sichtfeld der Kunden liegen und direkt betrachtet werden können. Somit sollte der Einzelhändler darauf achten, dass die Warenblöcke im Regal nicht mehr als 100 cm bis maximal 120 cm (standardisierte Regalbreite im Einzelhandel) betragen. Kundenlaufstudien zeigen auch, dass lange Regale ohne optische Trennlinien meist von Kunden gemieden werden. Teilt man das Regal jedoch in senkrechte Blöcke, wird so der Kundenlauf gestoppt und die Aufmerksamkeit des Kunden auf das Regal gelenkt. Innerhalb dieses Blocks kann sich der Kunde dann auch über Alternativprodukte informieren. Damit werden die Kundenwünsche nach geringem Suchaufwand, einem guten Überblick über die Ware sowie nach einfacher Vergleichbarkeit in besonderer Weise erfüllt.

Kap. 1.1

Steht der Kunde nun vor einem Regal, bewegt sich seine Blickrichtung meist von der Mitte des Regals auf die rechte Seite des Regals. Die linke Regalseite wird (wenn überhaupt) erst am Ende betrachtet und sollte somit für den Kunden mit attraktiven Waren aufgewertet werden.

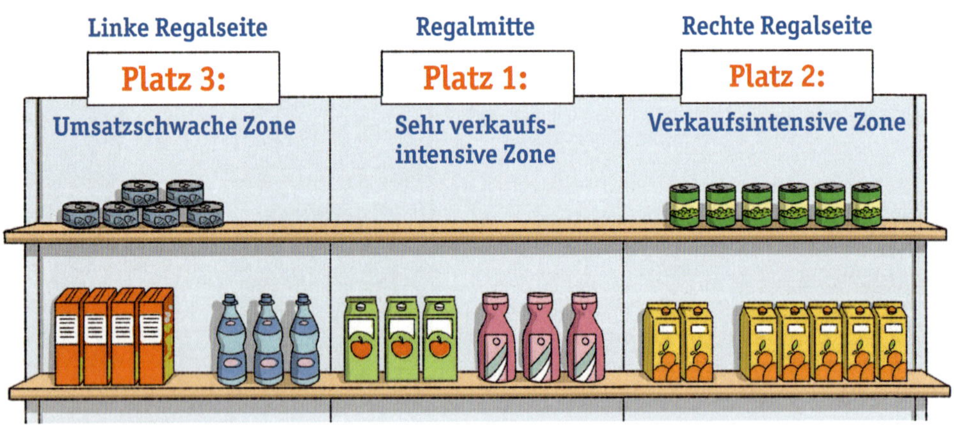


**Tipp**

Umsatzstarke Zonen können auch genutzt werden, um den Absatz bestimmter Produkte zu beschleunigen (z. B. Ladenhüter, neue Produkte, Artikel mit einer hohen Handelsspanne, Suchartikel).

## 2.3.2 Anordnung im Regal

Um den Kunden einen guten Überblick über das Warenangebot zu geben, stehen dem Einzelhändler verschiedene Möglichkeiten der Anordnung zur Verfügung:

### Herstellerblock/Horizontale Blockbildung

Der Herstellerblock beinhaltet die Produkte eines Herstellers.

**Beispiele:** *Suppen von Maggi oder Knorr, Shampoo von Schauma, Backartikel von Dr. Oetker, Schokolade von Milka*

Diese Blockart wurde in der Vergangenheit vermehrt genutzt und für die Pflege des Herstellerblocks war der Außendienst des Herstellers verantwortlich. Der Herstellerblock ist sehr übersichtlich. Wenn der Kunde markenorientiert ist, findet er hier alle Produkte eines Herstellers in verschiedenen Variationen. Gleichzeitig zeigt der Einzelhändler hiermit seine Markenkompetenz.

### Produktblock/Vertikale Blockbildung

Hier werden zusammengehörige Artikel von unterschiedlichen Herstellern zusammengefasst.

**Beispiele:** *Suppen von Maggi, Knorr und weiteren Herstellern; Shampoo von Schauma, Nivea etc.; Schokolade von verschiedenen Herstellern und auch die eigenen Handelsmarken*

Allerdings wird den markenorientierten Kunden hier der Überblick erschwert. Produktblöcke können nach Farben, Preislagen, Herkunft u. Ä. gebildet werden.

### Kreuzblock

Beim Kreuzblock handelt es sich um eine Kombination aus Hersteller- und Produktblock. Senkrecht wird der Hersteller-/Markenblock angeordnet. Waagerecht werden vergleichbare Artikel der verschiedenen Hersteller/Marken gezeigt.

Der markenorientierte Kunde kann sich so senkrecht im Herstellerblock orientieren und waagerecht wird dem Kunden der Produktvergleich ermöglicht und erleichtert. Vorteile des Kreuzblocks liegen darin, dass der Kunde das gesamte Warenangebot leicht überblicken kann und schnell einen Preis- oder Artikelvergleich anstellen kann. Somit verbindet der Kreuzblock die Ansprüche der Kunden nach geringem Suchaufwand und einfachem Produktvergleich. Diese Form der Warenpräsentation kommt vor allem bei Geschäften mit Selbstwahl (Supermarkt, Discounter) vor. Kap. 1.1

Die Platzierung der Waren kann nicht nur nach den oben beschriebenen Grundformen erfolgen, sondern auch nach anderen Kriterien.

## Farbsortierung

Hierbei möchte man das Interesse der Kunden wecken und sie mit der Farbgestaltung zum Kauf animieren. Jedoch ist nichts für den Kunden abschreckender als ein bunt gemischtes Regal, dem es an Struktur fehlt. Dadurch verliert der Kunde sein Interesse. Die Farbsortierung sollte deswegen entweder nach den fünf Grundfarben (Weiß, Gelb, Rot, Blau, Schwarz) oder von hell nach dunkel erfolgen.

## Preislagensortierung

Bei der Platzierung der Waren nach Preislage geht es darum, die Artikel von hochpreisig bis niedrigpreisig im Regal anzuordnen.

| | |
|---|---|
| **Reckzone** über 160 cm | Qualitativ hochwertige und hochpreisige Produkte |
| **Sichtzone** 120 cm – 160 cm | Produkte mit einer hohen Handelsspanne, gute Abverkäufe, mittlere und gehobene Preisklasse |
| **Greifzone** 80 cm – 120 cm | Produkte mit einer hohen Handelsspanne, gute Abverkäufe, mittlere und gehobene Preisklasse |
| **Bückzone** unter 80 cm | Produkte mit einer geringen Handelsspanne, niedrige Verkaufspreise, attraktiv für Kunden |

## Herkunftsorientierte Sortierung

Bei der herkunftsorientierten Sortierung der Produkte geht es darum, die Herkunft der einzelnen Produkte in den Vordergrund zu stellen. Diese Form der Warenpräsentation wird dann bevorzugt, wenn ein breites Sortiment angeboten wird. Aber in der heutigen Zeit richten sich auch immer mehr Fach- und Spezialgeschäfte nach diesem Prinzip aus.

Die Herkunft kann sich dabei auf folgende Aspekte beziehen:

## Sonderplatzierungen

Mit der Sonderplatzierung von Produkten im Verkaufsraum versucht der Einzelhändler, das Interesse der Kunden zu wecken und somit den Verkauf der Waren zu fördern. Hierbei hat er verschiedene Möglichkeiten:

### Verbundplatzierung

Bei der Verbundplatzierung, auch verwendungsorientierte Platzierung genannt, werden alle Artikel, die einen gemeinsamen Verwendungszweck haben, in einem Verbund präsentiert.

**Vorteil:** Die Verbundplatzierung schafft Kaufanregungen und somit werden mehr Impulskäufe getätigt.

**Nachteil:** Der Einzelhändler muss die Verwendungsmöglichkeiten aller Waren kennen, um so die Wünsche der Kunden berücksichtigen zu können.

### Aktionsplatzierung

Eine Aktion entsteht fast immer aus einem günstigen Einkauf der Waren durch den Einzelhändler und ist zeitlich begrenzt.

Der Einzelhändler kann diese Aktion selbstständig oder gemeinschaftlich mit Herstellern oder regionalen Partnern durchführen. Hierbei erhält der Einzelhändler spezielle Angebote, Sonderposten oder auch neu erschienene Produkte.

**Beispiel:** *Im Rahmen der Oktoberfestsaison oder der Weihnachtssaison präsentiert der Einzelhändler typische Produkte in der Lebensmittelabteilung.*

### Zweitplatzierung

Bei einer Zweitplatzierung sind Produkte neben dem normalen, festen Platz im Regal an einem weiteren Standort im Verkaufsraum platziert.

**Beispiel:** *Schokoladenprodukte von Ferrero (Hanuta, Duplo, Kinder Riegel) stehen auf einem gesonderten Platz im Verkaufsraum und sind auch noch einmal im Süßwarenregal vertreten.*



Für eine Zweitplatzierung kann es verschiedene Anlässe geben:

| Sonderaktionen | Impulskäufe | Verbundplatzierung |
|---|---|---|
| Das wird häufig bei Produkten aus der Werbung angewendet. | Süßwaren werden zusätzlich zur Platzierung im Süßigkeitenregal auch noch im Kassenbereich platziert. | In der Spargelsaison wird die Sauce Hollandaise zusätzlich zur Platzierung im Saucenregal auch noch neben dem Spargel präsentiert. |

## Computergestützte Regaloptimierung – Space Management

Der Einzelhändler hat die Möglichkeit, seine Regale mithilfe von Computerprogrammen zu optimieren. Hierbei planen die Programme auf Grundlage der Zielvorgaben des Einzelhändlers (Regalmaß, Verpackungsgröße, Wertigkeit der Regalzonen und Abverkaufszahlen) die optimale Regalbelegung. Das Programm hilft auch, Leerstände im Regal zu vermeiden. Jeder Verkauf von Produkten aus dem Regal wird an der Kasse registriert und an das Warenwirtschaftssystem weitergeleitet. Der Einzelhändler hat jederzeit die Möglichkeit, sich einen Überblick über die Bestände zu verschaffen.

## RFID

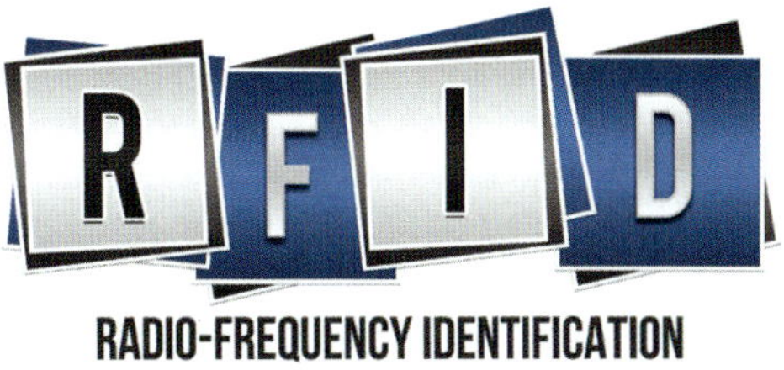

© ileezhun – stock.adobe.com

Immer mehr Einzelhändler nutzen sogenannte „intelligente Regale". Diese Regale sind mit der RFID-Technologie (*radio-frequency identification*) ausgestattet. Das bedeutet, dass ein Computerchip mit Antenne auf der Transport- und Produktverpackung befestigt und mit dem Lesegerät im Regal verbunden ist. Der Chip ermöglicht eine kontaktlose Übertragung von Produktinformationen. Das Lesegerät des Regals erkennt, wenn Ware aus dem Regal entnommen wird und leitet diese Information an das Warenwirtschaftssystem weiter. Anschließend können die Mitarbeiter die fehlenden Produkte im Regal wieder auffüllen. Somit entstehen keine Lücken.

## Warenpräsentation im Onlineshop

© phonlamaiphoto – stock.adobe.com

Im Zeitalter des Internets greifen auch immer mehr Einzelhändler auf die Möglichkeiten des Internets zurück und präsentieren ihre Waren in einem eigenen Onlineshop.

Die Herausforderung hierbei ist, dass den Kunden ein ähnliches Kauferlebnis geboten werden soll wie vor Ort im Laden. Somit kommt der Sortimentsgestaltung eine ebenso wichtige Rolle zu wie im Geschäft. Dadurch, dass die Kunden die Waren nicht anfassen können, keinen direkten Kontakt mit dem Verkaufspersonal haben und somit auch nicht vom Artikel überzeugt werden können, ist es besonders wichtig, dass die Beschreibungen der angebotenen Artikel sehr präzise und verständlich sind. So kann sich der Kunde ein eigenes Bild über die Artikel machen, diese mit seinen Ansprüchen abgleichen und schlussendlich kaufen.

Faktoren für einen erfolgreichen Onlineshop:

- Benutzerfreundlichkeit
- ansprechendes Design
- Erreichbarkeit über E-Mail, Telefon oder Chat
- günstige Versandkosten und Retouren
- Verschlüsselung von Kundendaten
- vertrauensvoller Umgang mit Kundendaten
- ausführliche Produktinformationen
- hochwertige und aussagekräftige Bilder für die Artikel
- Ergänzungs- und Zusatzangebote
- Produktbewertungen von anderen Kunden
- Produktsuche mit intelligenter Suchfunktion
- verschiedene Zahlungsmöglichkeiten
- kurze Seitenladezeiten

# 2.4 Warenkennzeichnung

Um es dem Verbraucher und auch dem Verkäufer leicht zu machen, sich über ein Produkt zu informieren, gibt es die gesetzliche aber auch die freiwillige Warenkennzeichnung. Darüber hinaus schützt die Warenkennzeichnung den Verbraucher vor gesundheitlichen Risiken und wirtschaftlichen Nachteilen.

## Lebensmittel-Informationsverordnung (LMIV)

LF 5

Die Lebensmittel-Informationsverordnung (LMIV) ist eine der wichtigsten Verordnungen. Demnach müssen zum Schutz des Verbrauchers folgende Angaben gut sichtbar auf verpackten Lebensmitteln vorhanden sein:

- handelsübliche Verkehrsbezeichnung → Name des Produkts
- Name und Anschrift des Herstellers
- Zutatenliste; ggf. eine freiwillige Nährwerttabelle
- Mindesthaltbarkeitsdatum bei ordnungsgemäßer Lagerung
- Mengenangabe

## Handels- bzw. Güteklassen

© Daniel Ernst – stock.adobe.com

Handels- bzw. Güteklassen informieren über die Form, Größe, Beschaffenheit und Farbe von landwirtschaftlichen Produkten und Fischwaren.

**Güteklassen**

| Klasse | Bedeutung | Beschreibung |
|---|---|---|
| **E-Klasse** | hervorragende Qualität | Produkte müssen frei von jeglichen Mängeln sein und perfekt in Form, Farbe und Größe. |
| **I-Klasse** | gute Qualität | Leichte Mängel in der Optik sind zulässig (leichte Quetschungen oder leichte Farbfehler). |
| **II-Klasse** | mittlere/marktfähige Qualität | Gröbere Mängel in Form und Farbe sind erlaubt. Bio-Produkte sind fast ausschließlich mit Klasse II gekennzeichnet. |

Die Lebensmittel müssen haltbar und die Kennzeichnung für den Verbraucher immer sichtbar sein.

Merke

Geflügelfleisch und Eier werden mit den Güteklassen A, B oder C ausgezeichnet, wobei im Einzelhandel nur Eier der Güteklasse A angeboten werden.

© blende11.photo – stock.adobe.com

**Beispiel:** *Für verpackte Eier gelten noch weitere Vorschriften, denn diese müssen spezielle Angaben enthalten. Neben der Güteklasse müssen noch die Gewichtsklasse, die Anzahl der verpackten Eier und das Mindesthaltbarkeitsdatum angege-*

*ben werden. Zusätzlich müssen weitere Hinweise auf den Verpackungen angegeben werden. Dazu gehören Hinweise zur Lagerung für den Verbraucher, der Erzeugercode, der Name und die Anschrift sowie die Kenn-Nummer des Erzeugers. Die Eier werden EU-weit zusätzlich mit einem Stempel versehen, der Aufschluss über den Erzeuger gibt.*

© Stockfotos-MG – stock.adobe.com

## Genfood-Verordnung

Die Genfood-Verordnung zeigt auf, ob Lebensmittel gentechnisch verändert wurden. Diese müssen dann gekennzeichnet werden. Dies gilt für verpackte und unverpackte Lebensmittel und auch für das Essen im Restaurant. Jedoch werden diese Lebensmittel nicht mit einem auffälligen Logo oder Symbol gekennzeichnet. Denn durch auffällige Symbole oder Logos, die auf Gentechnik hinweisen, würden die Verbraucher Hinweise auf mögliche gesundheitliche Risiken sehen und würden stattdessen lieber Produkte kaufen, die nicht gekennzeichnet sind. Die Hersteller hätten dann erhebliche Einbußen, wenn sie ihre Produkte korrekt kennzeichnen würden. Damit würden sie Umsatz- und Vertrauensverluste erfahren. Bei der Kennzeichnung von gentechnisch veränderten Lebensmitteln sind zwei Formulierungen erlaubt: „genetisch verändert" und „aus genetisch verändertem … hergestellt".

## Textilkennzeichnungsgesetz

Textilerzeugnisse müssen Angaben über die textilen Rohstoffe enthalten und Informationen über ihre Zusammensetzung. Diese Kennzeichnung erfolgt meist gut sichtbar im Produkt.

Textilprodukte in Verpackungen informieren über die Rohstoffe und ihre Zusammensetzung meist auf der Verpackung.

© blende11.photo – stock.adobe.com



## Preisauszeichnung

Waren, die sichtbar von Einzelhändlern angeboten werden (im Schaufenster, im Verkaufsraum, in der Werbung) müssen gemäß der Preisangabenverordnung (PAngV) gekennzeichnet werden.

LF 5

Hierbei muss der Einzelhändler die Waren

- mit dem Bruttoverkaufspreis,
- mit dem Grundpreis (Preis für 1 kg, 1 l, 1 m³ oder 1 m² der Ware. Bei Produkten mit kleinerem Gewicht reicht der Grundpreis für 100 g oder 100 ml.) kennzeichnen.

Zusätzlich sollte die Ware

- mit der Gütebezeichnung (Handelsklasse, Güteklasse) und
- mit der Verkaufseinheit (1 kg, 0,5 l) ausgezeichnet sein.

© Björn Wylezich – stock.adobe.com

Das Preisschild/Preisetikett für das Produkt kann direkt an der Ware selbst angebracht werden oder auch am Warenträger (Regal).

© photoGrapHie – stock.adobe.com

Elektronische Preisschilder erleichtern dem Einzelhändler die Arbeit enorm. Sie sind über Funk gesteuert und werden automatisch umgestellt, sobald sich der Preis für die Ware ändert. Dieses System eignet sich besonders für Unternehmen mit mehreren Filialen. So können ohne viel Aufwand zur gleichen Zeit die Preise in allen Filialen umgestellt werden.

| Preisauszeichnung am Warenträger | Preisauszeichnung an der Ware |
|---|---|
| • übersichtlich<br>• schnell veränderbar<br>• kostengünstig | • zeit- und kostenaufwendig<br>• Zusatzfunktionen möglich |

Die Etiketten haben noch Zusatzfunktionen, wie z. B. Diebstahlschutz, Erfassung von Warenbewegungen mithilfe des Warenwirtschaftssystems und Erfassung von Verkaufsdaten. Hierzu wird jedoch die RFID-Technologie benötigt.

Kap. 2.3.2

Da die Kosten für diese Technologie sehr hoch sind, lohnt sich ihre Verwendung nur bei Waren ab einem bestimmten Wert. Mithilfe der RFID-Etiketten (Smart-Tags) können verschiedene Ziele verfolgt werden:

- Preisaufruf an der Kasse
- Diebstahlsicherung (Etiketten lösen Alarm aus, wenn sie nicht deaktiviert sind)
- Erfassung von Warenbewegungen
- Benachrichtigung bei Unterschreitung des Meldebestandes
- Warenerfassung bei der Inventur
- Aufruf von Informationen für die Kundenberatung und der Warenpräsentation

Bei Sammlerstücken, Antiquitäten oder Kunstgegenständen, Pflanzen und Blumen, die direkt vom Freiland oder aus dem Treibhaus verkauft werden, oder bei Waren, die in Werbeveranstaltungen präsentiert werden, besteht **keine** Preisangabenpflicht.

**Merke**

© Felix Pergande – stock.adobe.com

# 2.5 Verkaufsstrategische Präsentationskonzepte

## 2.5.1 Erlebnisorientierte Präsentation

Früher gingen Menschen einkaufen, um sich mit lebensnotwendigen Waren wie Nahrungsmitteln und Kleidung zu versorgen (reine Versorgungseinkäufe).

Heutzutage geht Einkaufen weit darüber hinaus. Der Einzelhandel hat erkannt, dass Kunden beim Einkauf etwas „erleben" wollen. Für das Einkaufen müssen Kunden ihre meist knappe Freizeit verplanen. Deswegen ist der Wunsch nachvollziehbar, das Nützliche so angenehm und erlebnisreich wie möglich zu gestalten.

**Merke:** Der Erlebnistrend beim Einkauf zieht sich durch alle Bereiche des Einzelhandels.

Daher setzen Einzelhändler auf Erlebnisaspekte beim Einkauf. Das Ziel dabei ist, eine hohe Verweildauer der Kunden im Geschäft sowie ein Wiederkommen der Kunden (Kundenbindung) zu erreichen. Dafür muss dem Kunden aber auch einiges bei seinem Einkauf geboten werden. Hier beginnt die erlebnisorientierte Präsentation.

Was aber macht ein Erlebnis beim Einkaufen für den Kunden aus?:

- Kunden erleben Unerwartetes und Abwechslung, sodass sie bei jedem Einkauf erneut überrascht werden.
- Kunden präsentiert sich die Ware im Bedarfs- oder Verwendungszusammenhang.

**Beispiel:** *Bademode wird in Szene gesetzt durch eine Strandkulisse mit entsprechenden Requisiten.*

- Kunden nehmen ihren Einkauf dann als Erlebnis wahr, wenn sie das Einkaufen als „Event" sehen und unterhalten werden, z. B. durch Produktvorführungen, Gewinnspiele oder spezielle Angebote für Kinder.

**Beispiel:** *Eine Verkostung kann den Einkauf erlebnisreich gestalten.*

- Kunden nehmen sich Zeit, um Schönes zu erleben. Das Warenangebot sollte daher durch kulinarische Angebote ergänzt werden, wie z. B. Cafes, Restaurants, Bistros.

Wie stark Kunden ihren Einkauf als Erlebnis wahrnehmen können, hängt vom Einfallsreichtum des Einzelhändlers ab. Er muss sich Gedanken machen, wie er seine Ware erlebnisbezogen darbieten kann. Dafür sind auch Entscheidungen hinsichtlich des Verkaufsraumes zu treffen:

- Welche baulichen Voraussetzungen müssen hierfür erfüllt sein? (z. B. Präsentationsfläche für Produktvorführungen wie Showkochen oder Modenschau)
- Welche Standorte im Verkaufsraum sind strategisch sinnvoll? (z. B. die Ladenmitte als Anziehungsmagnet von allen Seiten)
- Welche anderen Angebote, wie z. B. Cafe oder Eisverkauf, können baulich integriert werden?

Beispiel: *In einem Textil- und Sportgeschäft erleben die Kunden Wassersport-Veranstaltungen wie das Surfen auf künstlichen Wellen.*

© picture alliance/Ulrich Baumgarten

## 2.5.2 Visual Merchandising

Mit dem Konzept des Visual Merchandising (= optische Verkaufsförderung) richtet ein Einzelhändler seinen Verkaufsraum so her, dass sein Geschäft von den Kunden generell als attraktiv wahrgenommen wird.

© Martien van Gaalen – stock.adobe.com

Der Einzelhändler kann die Attraktivität seines Geschäftes durch folgende Maßnahmen steigern:

- Umsetzung einer erlebnisorientierten Warenpräsentation
- Gestaltung eines ansprechenden Verkaufsraumes, z. B. im Hinblick auf Farben, Beleuchtung und Ausstattung
- Beachtung einer kundenorientierten Warenträger-Anordnung
- Entwicklung von Orientierungshilfen im Geschäft
- Umsetzung von Bereichen im Geschäft, in denen sich der Kunde besonders wohlfühlen kann

© belleepok – stock.adobe.com

Sind Kunden für optische Kaufanreize empfänglich, halten sie sich lange im Geschäft auf. Dadurch steigt die Wahrscheinlichkeit von Impulskäufen. Je positiver und individueller die Kunden die optische Verkaufsförderung wahrnehmen, desto stärker bleiben das Einkaufserlebnis und das Einzelhandelsgeschäft in ihrem Gedächtnis haften. Kommen Kunden aufgrund ihres positiven Erlebnisses erneut in das Geschäft, ist dadurch schon der erste Schritt zur Kundenbindung erreicht. Mit dem Konzept des Visual Merchandising kann sich der Einzelhändler als individuelles Unternehmen am Markt behaupten und sich so von Mitbewerbern positiv abheben.

Durch Visual Merchandising soll bei den Kunden eine positive Einkaufsstimmung erzeugt werden.

Merke

## 2.5.3 Shop-in-Shop

Das Konzept „Shop-in-Shop" bedeutet übersetzt „Ein Geschäft im Geschäft". Dabei handelt es sich um einen abgegrenzten Bereich der Verkaufsfläche im Verkaufsraum eines Einzelhändlers. Dieser Bereich wird den Kunden so präsentiert, dass sie ihn als ein eigenständiges Geschäft in einem „großen" Geschäft wahrnehmen. Um diese Wahrnehmung bei den Kunden zu erreichen, sind folgende Punkte zu beachten:

- Fußboden, Wände und Decken sind bewusst anders gestaltet als der Großteil des Verkaufsraumes, z. B. durch andere Farben und/oder Materialien.
- Warenträger, wie z. B. Regale, heben sich optisch und baulich deutlich von den übrigen Warenträgern des Geschäftes ab.
- Die Beleuchtung erweckt durch besondere Lichteffekte den Eindruck, dass es sich um eine außergewöhnliche Verkaufsfläche handelt.

**Beispiel:** *Der Verkaufsraum eines Textil-Einzelhändlers zeigt eine schlichte Gestaltung mit hellen Farben und direkter Beleuchtung über den Warenträgern. Ein exklusiver Bereich eines bestimmten Herstellers hebt sich mit seinem Sortiment optisch vom Rest des Verkaufsraumes ab.*

© Elnur – stock.adobe.com

© agcreativelab – stock.adobe.com

Im Einzelhandel werden Shops im Shop häufig in Verbindung mit Waren bekannter Hersteller gebracht. Dabei übernehmen die Hersteller häufig auch die Regalpflege, d. h. sie kümmern sich um Nachbestellungen und die Art der Präsentation. Möglich ist auch, dass der Hersteller in diesem Shop eigenes Personal einsetzt für die fachkundige Beratung seiner Produkte. Wie viel Entscheidungsspielraum der Einzelhändler dem Hersteller bei der Einrichtung und Pflege eines Shops in seinem Geschäft zugesteht, hängt von den vertraglichen Vereinbarungen zwischen den beiden ab.

**Aufgaben**

1. Beschreiben Sie den Verkaufsraum Ihres Ausbildungsbetriebes hinsichtlich:
   - Farbgestaltung bzw. Farbkonzept
   - Fußbodengestaltung (Material, Farben, …)
   - Wand- und Deckengestaltung (Material, Farben, …)
   - Beleuchtung
2. Erstellen Sie eine Übersicht zu den Merkmalen der Verkaufsraumgestaltung eines Lebensmittel-Discounters im Vergleich zu einem Feinkostgeschäft:

| Merkmale der Verkaufsraumgestaltung | Lebensmittel-Discounter | Feinkostgeschäft |
|---|---|---|
| Farbkonzept | | |
| Fußboden | | |
| … | | |

Aufgaben

3. Sie arbeiten als Verkäufer/in in einem Juwelier-Geschäft. Das Beleuchtungskonzept soll verbessert werden. Entwickeln Sie konkrete Vorschläge für eine optimierte Beleuchtung im Verkaufsraum.
4. Erstellen Sie eine grobe Skizze des Verkaufsraumes Ihres Ausbildungsbetriebes. Zeichnen Sie Eingang und Ausgang sowie die Warenträger mit Angabe der Warengruppen und den Kassenbereich ein.
5. Zeichnen Sie in Ihre Skizze aus Aufgabe 4 den Kundenhauptlauf ein. Handelt es sich hierbei um einen Linkslauf?
6. Nennen Sie verkaufsstarke und verkaufsschwache Bereiche in einem Verkaufsraum. Wo sind in Ihrem Ausbildungsbetrieb diese Bereiche?
7. Führen Sie an, welche Artikel sich in Ihrem Ausbildungsbetrieb in den verkaufsstarken und verkaufsschwachen Bereichen befinden.
8. Beschreiben Sie die Anordnung der Warenträger in Ihrem Ausbildungsbetrieb.
9. Führen Sie Vor- und Nachteile des Zwangsablaufs und des Individualablaufs aus Kundensicht und aus Einzelhändlersicht an.
10. Beschreiben Sie, wie die Besonderheiten unterschiedlicher Verkaufsformen bei der Verkaufsraumgestaltung berücksichtigt werden können.
11. Kunden wünschen sich Orientierung beim Einkauf. Hilfreich für sie sind daher Übersichtspläne oder Skizzen des Verkaufsraumes am Eingang des Geschäftes oder der Abteilung. Warum könnte sich ein Einzelhändler trotz der Vorteile für die Kunden bewusst gegen diese Orientierungshilfen entscheiden?
12. Erklären Sie, was die Kunden-Suchlogik mit der Verkaufsraumgestaltung zu tun hat. Welche Suchlogik der Kunden können Sie in Ihrem Ausbildungsbetrieb erkennen?
13. Warum integrieren Einzelhändler zunehmend „Wohlfühl-Oasen" in ihre Verkaufsräume?
14. Innerhalb eines Verkaufsregals spricht man von verschiedenen Zonen. Nennen Sie diese Regalzonen mit der entsprechenden Unterteilung, beurteilen Sie die Verkaufsintensität der einzelnen Zonen und machen Sie Vorschläge, welche Produkte Sie in den jeweiligen Zonen platzieren würden.
15. Erstellen Sie für einen Drogeriemarkt für die Produkte (Color-Shampoo, Volumen-Shampoo und Anti-Schuppen-Shampoo) der Hersteller (Schauma, Nivea und Balea)
    a) einen Herstellerblock für einen Hersteller,
    b) einen Produktblock für ein Produkt und
    c) einen Kreuzblock.
16. Erläutern Sie je einen Vorteil der verschiedenen Blockarten aus Sicht des Kunden.
17. Beschreiben Sie kurz, wie sich ein Kunde vor einem Kreuzblock-Regal orientiert.
18. Erläutern Sie, was man unter intelligenten Regalen verstehen kann und nennen Sie jeweils einen Vor- und Nachteil der intelligenten Regale.
19. Bei der Warenpräsentation werden verschiedene Grundsätze beachtet. Erläutern Sie in diesem Zusammenhang die Begriffe Zweitplatzierung und Verbundplatzierung. Geben Sie jeweils zwei Beispiele, wenn möglich aus Ihrem Ausbildungsbetrieb, an.

20. Nach der Genfood-Verordnung sind bestimmte Lebensmittel kennzeichnungspflichtig. Informieren Sie sich im Internet darüber, welche Lebensmittel dazu gehören und welche Vorschriften es für die Kennzeichnung gibt.

21. Wie kann ein Einzelhändler den Wunsch der Kunden, Einkaufen als Erlebnis zu empfinden, in seinem Geschäft umsetzen? Gehen Sie dabei von einem Einzelhandelsgeschäft Ihrer Wahl aus oder sogar von Ihrem Ausbildungsbetrieb.

22. Welche Ziele verfolgt ein Einzelhändler, der auf eine erlebnisorientierte Präsentation setzt?

23. Finden Sie Beispiele von Geschäften, die das Konzept des Visual Merchandising aus Ihrer Sicht bereits umsetzen. Beschreiben Sie, was das Besondere für Sie an dieser Art der Warenpräsentation ist.

24. Stellen Sie sich vor, Sie sind Einzelhändler/in und überlegen, das Konzept Shop-in-Shop in Ihrem Geschäft umzusetzen. Beschreiben Sie die Chancen und Risiken, die Sie bei der Umsetzung dieses Konzeptes sehen.

Aufgaben



# 3 Das Äußere des Geschäftes kundenorientiert und verkaufsfördernd gestalten

So wie die Gestaltung der Inneneinrichtung und die Platzierung der Waren und Warenträger im Verkaufsraum ist auch die Außengestaltung des Geschäfts ein wichtiger Faktor für den Erfolg des Einzelhändlers. Die Fassade, der Eingangsbereich und die Schaufenster sind ein wichtiges Entscheidungskriterium für den Kunden. Der erste, positive Eindruck, den das Schaufenster auf den Kunden macht, entscheidet darüber, ob er das Geschäft betritt.

Keine zweite Chance für den ersten Eindruck!

Merke

# 3.1 Eingangs- und Fassadengestaltung

## Eingang

Der Eingang des Geschäfts soll für den Kunden ansprechend und anregend gestaltet sein, damit der Kunde zum Betreten des Geschäfts verleitet wird. Meist wird der Eingangsbereich großzügig mit Glastüren gestaltet und dem Kunden somit ein Blick in das Geschäft gestattet. Da viele Kunden unsicher sind, ob sie das Geschäft betreten sollen, bieten sich bei der Eingangsgestaltung automatische Schiebe- oder Schwenktüren an. Infolgedessen müssen die Kunden nicht selbst die Tür öffnen und fühlen sich willkommen.

## Fassade

Die Fassade ist die Vorderseite eines Geschäfts und muss so gestaltet sein, dass der Kunde mit einem Blick erkennen kann, um welches Geschäft es sich handelt. Er sollte auch erkennen, welche Betriebsform vorliegt, z.B.

**Betriebsformen des Einzelhandels**

| Bezeichnung | Beschreibung |
|---|---|
| **Discounter**<br> | • zweckmäßige Bauweise<br>• nüchterne Gestaltung<br>• großes Firmenlogo<br>• Preis steht im Vordergrund<br>• zahlreiche Parkplätze sind vorhanden |
| **Fachgeschäft**<br> | • aufwändige Gestaltung je nach Branche oder Zielgruppe<br>• häufig in Fußgängerzonen der Innenstädte oder in Shopping Malls zu finden<br>• nur Artikel eines Herstellers |
| **Warenhaus**<br> | • meist große Glasfronten<br>• moderne Bauweise<br>• häufig in Fußgängerzonen der Innenstädte oder in Shopping Malls zu finden<br>• sehr großes Sortiment |

### Firmenlogo

Firmenlogos oder Schriftzüge stellen ein Erkennungsmerkmal für den Kunden dar. Mithilfe des Firmenlogos kann sich der Kunde schnell mit dem Geschäft identifizieren. Sie sollten so gestaltet sein, dass beim Kunden ein Bezug zum Geschäft und den Waren entsteht und bei ihm Erinnerungen hervorgerufen werden. Das Firmenlogo sollte sich zusätzlich zur Fassade in anderen Bereichen des Geschäfts wiederfinden, wie z. B. auf Einkaufswagen, an Regalen und im Schaufenster.

© wolterke, ink drop, rcfotostock – stock.adobe.com

### Beleuchtung der Fassade

Bei der Fassadengestaltung spielt auch die Beleuchtung eine große Rolle. Gut beleuchtete Geschäfte vermitteln eine angenehme Atmosphäre, in der sich die Kunden wohl fühlen sollen. Besonders im Herbst und Winter werden die Fassaden stark beleuchtet, um den Kunden zum Betreten des Geschäfts zu motivieren.

© Frank Gärtner – stock.adobe.com



## 3.2 Schaufenstergestaltung

Das Schaufenster ist für den Einzelhändler von großer Bedeutung, denn dort können die Waren präsentiert werden. Die Kunden können während eines entspannten „Schaufensterbummels" die ausgestellten Waren ungestört betrachten und sich somit vorab über das Warenangebot informieren. Das Schaufenster sollte deswegen so gestaltet sein, dass es die Aufmerksamkeit der Kunden auf sich zieht und die aktuellen Warentrends zeigt. Außerdem sollte das Schaufenster immer sauber und ordentlich sein. Ein unordentliches Schaufenster kann potenzielle Kunden leicht abschrecken und dazu führen, dass sie das Geschäft überhaupt nicht betreten.

### 3.2.1 Schaufenstertypen

Bei der Gestaltung von Schaufenstern ist es ratsam, auf das Können und die Kreativität eines Schaufensterdekorateurs zurückzugreifen, denn nur so können erfolgreich Schaufenster entwickelt werden, die das Interesse der Kunden wecken. Die Schaufenstergestaltung hängt stark von der Kreativität des Dekorateurs ab, sie erfolgt nicht nach vorgegebenen Regeln. Oft werden Mischformen aus Elementen der verschiedenen Schaufenstertypen kreiert. Es gibt folgende Schaufenstertypen:

Mithilfe des Stapelfensters wird die ganze Fülle einer Warengruppe gezeigt. Hierbei sollen die Menge und der Preis der einzelnen Waren die Aufmerksamkeit des Kunden erregen. Dieses Fenster wird gerne verwendet, wenn besonders viele und günstige Produkte gezeigt werden sollen.

Das Übersichtsfenster verschafft dem Kunden einen Überblick über das ganze Sortiment des Einzelhändlers. Oft wird es aber auch dazu genutzt, dem Kunden einen Überblick über die Artikel eines einzigen Markenherstellers zu geben.

Themenfenster werden dann eingesetzt, wenn die Gefühlswelt des Kunden besonders angesprochen werden soll (z. B. Bademoden für den Sommerurlaub). Waren werden so dargestellt, wie sie verwendet werden können und sollen dadurch eine bestimmte Stimmung bei Kunden erzeugen.

Ein Plakatfenster zeigt nur eine kleine Warengruppe zusammen mit einem Werbeplakat des Herstellers. Häufig wird das Plakatfenster für den Saisonschlussverkauf eingesetzt.

In einem Qualitätsfenster werden exklusive und hochwertige Einzelstücke, unter anderem auch von namhaften Herstellern, präsentiert. Dieser Schaufenstertyp wird häufig für Schmuckstücke verwendet oder auch für exklusive Hersteller.

Das Anlassfenster/Sonderfenster greift bestimmte Anlässe auf, wie z. B. Weihnachten, Valentinstag, Karneval, Schulanfang oder sportliche Großereignisse (WM, Olympische Spiele etc.). Diese Anlässe bieten viele Möglichkeiten, um die Schaufensterdekoration festlich zu arrangieren.

## 3.2.2 Gestaltungsgrundsätze für Schaufenster

Damit das Schaufenster die richtige Wirkung beim Kunden erzielt, sollten folgende Gestaltungsgrundsätze beachtet werden.

> **Merke**
> Bei der Schaufenstergestaltung gilt: „Weniger ist mehr!"

### Blickfang

Der Blickfang (Eye-Catcher) ist das A und O bei der Schaufenstergestaltung. Ohne den Blickfang würden die Kunden achtlos am Schaufenster vorbeilaufen und kein Interesse zeigen. Deshalb sollte der Blickfang immer in Augenhöhe des Betrachters liegen. Als Blickfang dienen neben verschiedenen Dekorationsaccessoires auch Farben und Lichteffekte.

### Warenanordnung

Durch die Warenanordnung entsteht ein Warenbild, das eine Wirkung beim Kunden hervorrufen soll. Der Kunde soll dabei aber nicht mit Waren überschüttet werden.

Daher ist es sinnvoll, sich bei der Präsentation von Waren im Schaufenster an bestimmte Vorgaben zu halten.

**Warenanordnung im Schaufenster**

| Warenanordnung | Beschreibung | Beispiele |
| --- | --- | --- |
| **Gruppenbildung** | • häufigste Form der Warenanordnung<br>• Dekorationsschwerpunkt liegt mittig im Schaufenster<br>• links und rechts einzelne Gruppen | • Oktoberfest<br>• Trachten und Dirndl werden mittig gezeigt<br>• links und rechts werden Schmuck und Accessoires gezeigt |
| **Reihenbildung** | • verschiedene Artikel werden optisch identisch präsentiert<br>• meist nebeneinander oder hintereinander angeordnet | • Trachten und Dirndl werden hintereinander präsentiert → ähnelt einem Laufsteg |
| **Häufung** | • viele Waren werden auf wenig Fläche präsentiert<br>• meist sind die Artikel gestapelt, um den vorhandenen Platz besser auszuschöpfen | • Schlussverkauf<br>• Sonderangebote |

## Produkterlebnis

Die Aufmerksamkeit des Kunden kann aber nicht nur über die Präsentation der Ware erregt werden, sondern auch durch ein Produkterlebnis erzeugt werden. Hierbei wird die Ware in eine Szene eingebaut, damit beim Kunden bestimmte Sehnsüchte oder Vorstellungen geweckt werden. So wird bei der Präsentation der oben genannten Trachten und Dirndl oftmals der Wunsch nach einem Besuch auf dem Oktoberfest wach. Wenn das Schaufenster nun entsprechende Szenen zeigt, wird die Phantasie des Kunden angesprochen und sowohl der Kaufanreiz als auch der Kaufwunsch des Kunden gesteigert.

## Beleuchtung

Ein Schaufenster ohne entsprechende Beleuchtung verfehlt seine Wirkung. Deshalb muss ein Schaufenster die Ware immer im richtigen Licht präsentieren. Auch am Tag sollte ein Schaufenster beleuchtet sein, da es sonst sehr dunkel wirken kann. Es gibt drei Möglichkeiten der Beleuchtung:

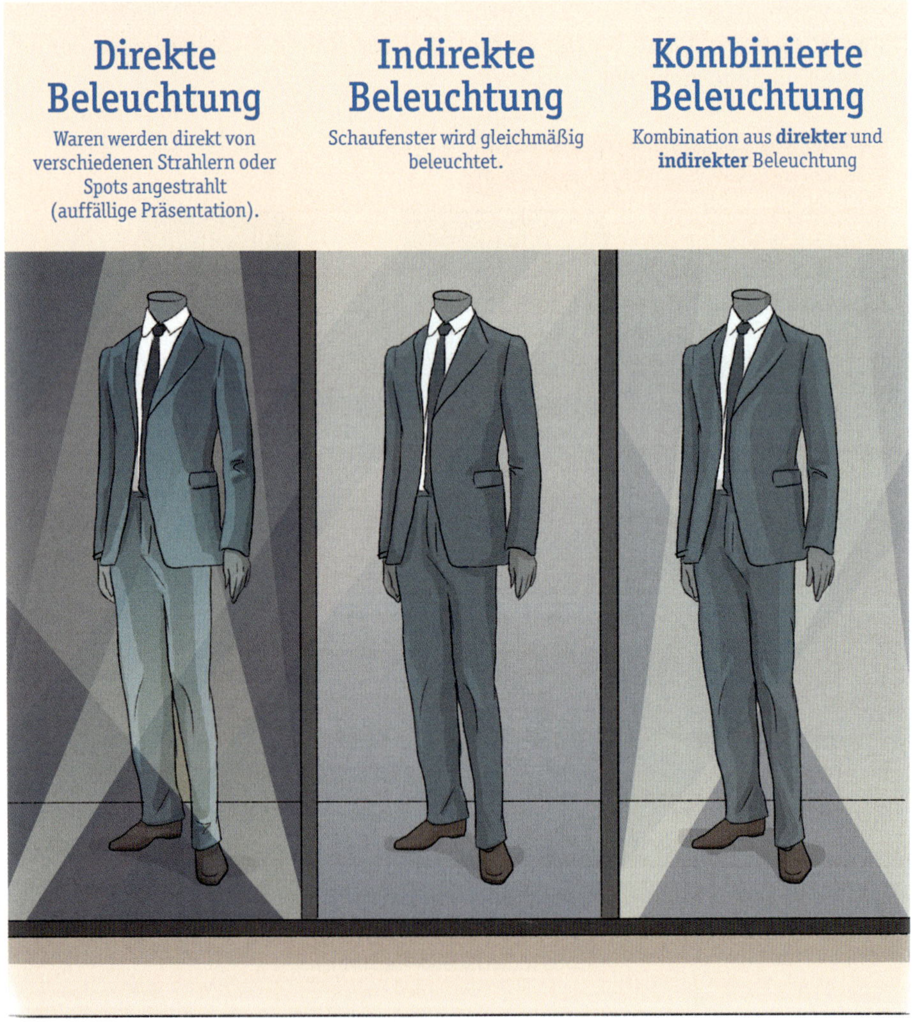

1. Nehme Sie Stellung zu der Aussage: „Keine zweite Chance für den ersten Eindruck."
2. Erklären Sie die Wichtigkeit von Firmenlogos.
3. Beschreiben Sie die Fassadengestaltung Ihres Ausbildungsbetriebes.
4. Welche der folgenden Aussagen über die Schaufenstergestaltung ist zutreffend?
   a. Die Waren im Schaufenster sollten nicht zu oft neu dekoriert werden.
   b. Das Schaufenster sollte immer viele Waren zeigen.
   c. Das Schaufenster sollte einen Blickfang haben.
   d. Im Schaufenster sollen nur Einzelstücke gezeigt werden.
5. Skizzieren oder beschreiben Sie das Schaufenster Ihres Ausbildungsbetriebes und ordnen Sie es einem Schaufenstertypen zu.
6. Beschreiben Sie drei Grundsätze, die bei der Schaufenstergestaltung beachtet werden sollen.
7. Erklären Sie, warum der Einzelhändler der Schaufenstergestaltung besondere Beachtung zukommen lassen sollte.
8. Entscheiden Sie, welchem Grundtypen die unten abgebildeten Schaufenster entsprechen und erklären Sie, woran man dies erkennen kann.

Schaufenster A

© Denis Linine – stock.adobe.com

Schaufenster B

© Robert Kneschke – stock.adobe.com

Aufgaben

Aufgaben

Schaufenster C

© hanohiki – stock.adobe.com

Schaufenster D

© Robert Kneschke – stock.adobe.com

Schaufenster E

© Shikha a – stock.adobe.com

# Werben und den Verkauf fördern

1. Einen Werbeplan erstellen und Werbemaßnahmen entwickeln
2. Maßnahmen zur Verkaufsförderung (Salespromotion) einsetzen
3. Die Verpackung der Ware auswählen

© K. Grinvalds – stock.adobe.com

© thanksforbuying – stock.adobe.com

# LF 5

# 1 Einen Werbeplan erstellen und Werbemaßnahmen entwickeln

Werbung[1] ist für den Einzelhändler unverzichtbar. Durch Werbung informiert er seine potenziellen Kunden über seine Produkte und Angebote und versucht, sie zum Kauf zu motivieren. Eine erfolgreiche Werbung sichert somit den wirtschaftlichen Erfolg des Einzelhändlers.

Damit die Werbemaßnahmen erfolgreich verlaufen, ist es notwendig, dass der Einzelhändler sie systematisch plant und einen Werbeplan aufstellt. Dabei legt er u. a. das Werbeziel, die Zielgruppe, die Werbebotschaft und das Werbebudget für die geplante Werbemaßnahme fest und wählt geeignete Werbemittel und Werbeträger aus.

Bei der Planung von Werbemaßnahmen muss der Einzelhändler bestimmte Werbegrundsätze berücksichtigen und gesetzliche Regelungen und Bestimmungen des Verbraucherschutzes einhalten, damit seine Werbung in einem rechtlich und gesellschaftlich akzeptablen Rahmen bleibt.

## 1.1 Bedeutung, Ziel und Aufgaben der klassischen Werbung (Absatzwerbung)

Der Einzelhändler tritt durch seine Werbemaßnahmen mit den Konsumenten in Kontakt und stellt ihnen sein Sortiment vor. Werbung ist demnach ein wichtiges Kommunikationsmittel für den Einzelhändler. Mit seiner Werbung versucht er, seine potenziellen Kunden von den Vorteilen seiner Angebote zu überzeugen und sie zum Kauf zu bewegen. Gelingt ihm dies, steigert er dadurch seinen Absatz und Umsatz.

### 1.1.1 Bedeutung der Absatzwerbung für den Einzelhändler

#### Werbung als Marktkommunikationsinstrument

Wenn wir kommunizieren, teilen wir jemandem eine Information, eine Idee oder eine Einstellung mit, um Kontakt zu ihm herzustellen und eine Reaktion von ihm zu erhalten.

1 Wenn man allgemein von Werbung spricht, meint man in der Regel die klassische Werbung bzw. die Absatzwerbung.

Ein Kommunikationsprozess lässt sich nach Lasswell in fünf Elemente und Fragestellungen (Lasswell-Formel) unterteilen[2]:

**WER** → Sender

sagt

**WAS** → Botschaft

zu

**WEM** → Empfänger

auf welchem

**KANAL** → Medium

mit welcher

**WIRKUNG?** → Reaktion

Der Prozess, der bei der Werbung abläuft, kann auch als Kommunikationsprozess angesehen werden, genauer gesagt als ein Marktkommunikationsprozess. Als Sender nutzt der Unternehmer oder Einzelhändler die Werbung als Marktkommunikationsinstrument, das seine Botschaft an seine potenziellen Kunden, die Empfänger, übermittelt.



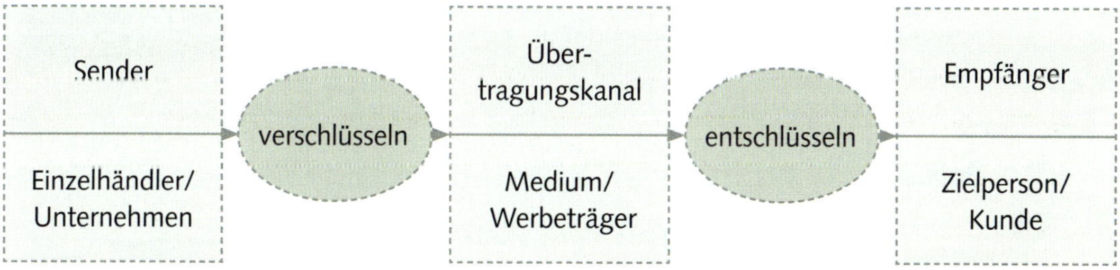


Der werbende Einzelhändler oder das Unternehmen möchte als Sender mithilfe einer Werbebotschaft den Empfänger, also die Kunden bzw. Konsumenten, beeinflussen. Dafür wird die Botschaft zunächst verschlüsselt, also in Bilder oder Worte verpackt, um über ein Medium bzw. Werbeträger übertragen werden zu können. Das Medium überträgt dabei die Botschaft z. B. in Form einer Anzeige oder in einem Fernsehspot.

Der Empfänger bzw. die Zielperson oder der potenzielle Kunde entschlüsselt bzw. übersetzt und interpretiert die Botschaft vor dem Hintergrund seiner/ihrer eigenen Erfahrungen, Bedürfnisse und Wertvorstellungen.

Werbung ist für den Einzelhändler bzw. den Unternehmer ein wichtiges Marktkommunikationsinstrument, mit dem er seine kommerziellen Absichten verfolgt. Er versucht damit, potenzielle Kunden und Konsumenten über seine Produkte und Dienstleistungen zu informieren und sie bzw. ihr Kaufverhalten zu beeinflussen.

**Merke**

2 Vgl. Massen- und PR-Kommunikationsmodell nach Lasswell in: Lasswell, H. D., The Structure and Function of Communication in Society, in: Berelson, B., Janowitz, M. (Hrsg.), Reader in Public Opinion and Communication, 2nd edition, New York, London 1967.

## Werbung als Teil der Kommunikationspolitik eines Unternehmens

Alle Maßnahmen eines Unternehmens, die Informationen über das Angebot und das Marketing des Unternehmens nach außen an verschiedene Zielgruppen oder nach innen an die eigenen Mitarbeiter vermitteln sollen, machen die Kommunikationspolitik eines Unternehmens aus.

Ziel der Kommunikationspolitik ist es, die Empfänger bzw. Zielgruppen im Sinne einer vorher festgelegten Strategie zu beeinflussen. Einem Unternehmen stehen hierfür verschiedene Instrumente der Marktkommunikation in unterschiedlichen Kombinationen zur Verfügung.

Die Markkommunikationsinstrumente lassen sich in

- Instrumente der Massenkommunikation und
- Instrumente der Individualkommunikation

unterteilen.

Die Instrumente der Massenkommunikation, die auch als „above the line"-Instrumente[3] bezeichnet werden, sind dadurch gekennzeichnet, dass sie sich indirekt über Medien wie Zeitungen, Rundfunk und Fernsehen an ein größeres räumlich voneinander getrenntes Publikum richten. Dabei findet die Kommunikation einseitig statt und es ist kein Feedback vonseiten des Publikums möglich. Hierzu gehört die klassische Werbung, auch Absatzwerbung genannt, zusammen mit der Öffentlichkeitsarbeit (Public Relations).

Im Gegensatz dazu richten sich die Instrumente der Individualkommunikation, die auch als „below the line"-Instrumente[4] bezeichnet werden, direkt an eine kleinere, klar definierte Zielgruppe. Hierbei ist eine direkte Rückkopplung zwischen Werbendem und Umworbenen möglich. Zur Individualkommunikation zählen u.a. die Verkaufsförderung, die Direktwerbung sowie Messen und Ausstellungen.

Werbung ist Teil der Kommunikationspolitik eines Unternehmens oder Einzelhandels. Sie gehört zu den klassischen Instrumenten der Massenkommunikation, mit dem sich das Unternehmen oder der Einzelhandel über die Medien Zeitung, Rundfunk und Fernsehen an ein großes Publikum richtet.

**Merke**

3 „above the line": engl.= über der Linie
4 „below the line": engl.= unter der Linie

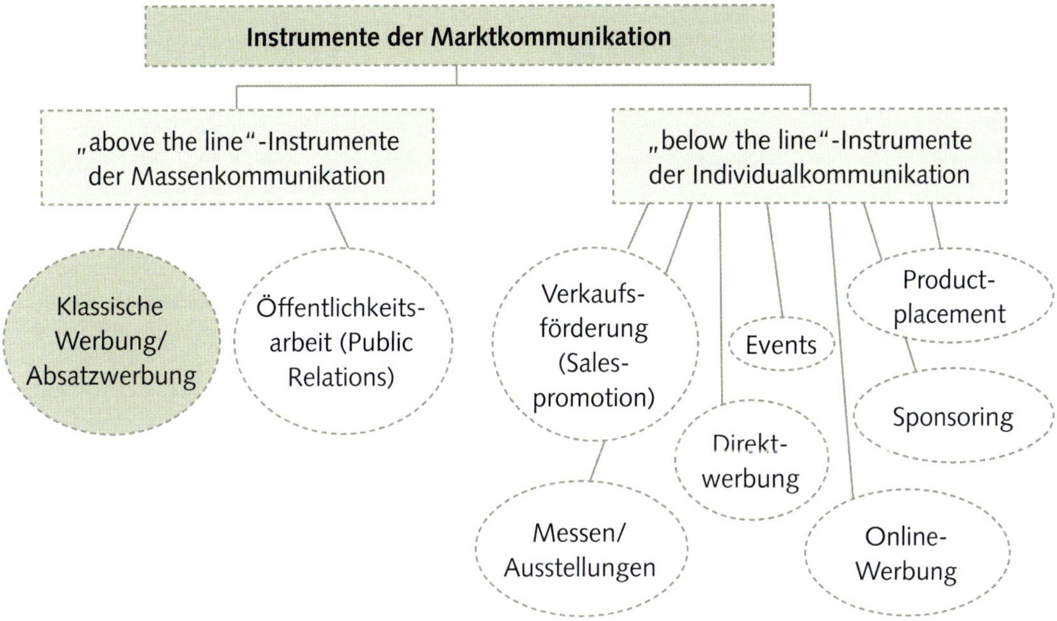


| Marktkommunikationsinstrumente | Bedeutung | Beispiele |
|---|---|---|
| **Klassische Werbung/ Absatzwerbung** | Maßnahmen, die sich an eine größere Zielgruppe richten, mit dem Ziel der Beeinflussung der Konsumenten und der Absatzsteigerung | • Fernsehspot zu neuem Handy<br>• Hörfunkbeitrag zu neuem Automodell |
| **Öffentlichkeitsarbeit (Public Relations)** | Bemühungen eines Unternehmens, das Vertrauen der Öffentlichkeit zu erlangen und das Ansehen, Image und den Bekanntheitsgrad des Unternehmens in der Öffentlichkeit zu steigern | • Pressemitteilungen und Pressekonferenzen<br>• Wettbewerbe<br>• Ausstellungen |
| **Verkaufsförderung (Salespromotion)** | Maßnahmen, die die Werbung eines Einzelhändlers am Kauf- bzw. Verkaufsort begleiten und unterstützen | • Display mit Schokoladenriegeln in Kassennähe eines Supermarktes |
| **Direktwerbung** | Werbemaßnahme, die eine persönliche Ansprache des potenziellen Kunden und eine Aufforderung zur Antwort enthält | • Wurfsendung in den Briefkasten<br>• Telefonanruf (Callcenter)<br>• E-Mail<br>• Kataloge, Broschüren |
| **Messen/ Ausstellungen** | Veranstaltungen, bei denen Unternehmen aus einer Branche ihr Angebot oder ihre Dienstleistungen präsentieren und Kontakte zu Interessenten und zukünftigen Kunden knüpfen | • Frankfurter Buchmesse<br>• Anuga FoodTec |

| Marktkommunikationsinstrumente | Bedeutung | Beispiele |
|---|---|---|
| **Events** | Veranstaltungen, bei denen einem ausgewählten Konsumentenkreis bestimmte Firmen- oder Markeninformationen erlebnisorientiert vermittelt werden | • Red Bull-Flugtage („Red Bull verleiht Flügel“)<br>• Coca Cola-Truck |
| **Productplacements** | Bewusstes Einfügen eines Produktes in die Dramaturgie eines Films | • Nike-Schuhe vom Helden im Film „Forrest Gump“ |
| **Sponsoring** | Förderung geeigneter Personen, Vereine oder Organisationen durch ein Unternehmen, um den eigenen Bekanntheits- und Beliebtheitsgrad zu steigern und das Image zu pflegen | • Sport- und Kultursponsoring<br>• Schul- und Universitätssponsoring |
| **Online-Werbung** | Werbemaßnahmen, für die elektronische Medien eingesetzt und genutzt werden | • E-Mail-Newsletter<br>• Websites<br>• Social Media-Kanäle (z. B. Blogs, Foren) |



## 1.1.2 Ziel und Aufgaben der Absatzwerbung

### Ziel der Absatzwerbung

© nd3000 – stock.adobe.com

Unter den vielen Marktkommunikationsinstrumenten, die dem Unternehmen und Einzelhandel zur Verfügung stehen, ist die klassische Werbung bzw. Absatzwerbung das wichtigste Kommunikationsinstrument. Mit ihrer Hilfe versuchen Unternehmen und Einzelhändler, einen großen Konsumentenkreis von ihrem Produkt zu überzeugen und dahingehend zu beeinflussen, ihr Produkt zu kaufen. Gelingt dies, steigern Unternehmen und Einzelhändler ihren Absatz und damit auch ihren Umsatz. Die Absicht, die Unternehmen und Einzelhändler mit ihren Werbemaßnahmen verfolgen, ist demnach die Absatzförderung.

Das Ziel der Absatzwerbung eines Unternehmens oder Einzelhändlers ist, über die Beeinflussung des Kaufverhaltens der potenziellen Kunden und Konsumenten den eigenen Absatz zu steigern.

Merke

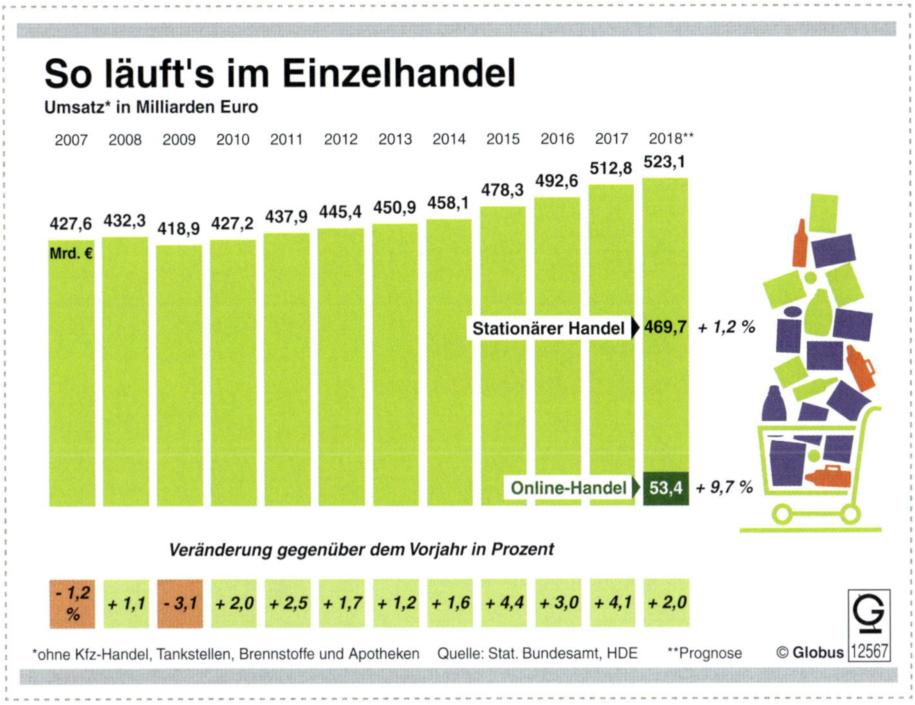


## Aufgaben der Absatzwerbung

Damit Werbung ihr Ziel der Absatzsteigerung erreichen kann, muss sie unterschiedliche Aufgaben erfüllen. Man unterscheidet je nachdem, für welchen Zweck Werbung eingesetzt wird, folgende Aufgaben:



| Zweck der Absatzwerbung | Aufgabe | Beispiele |
|---|---|---|
| **Einführungswerbung** | • Einführung bzw. Bekanntmachung neuer Produkte<br>• Gewinnung neuer Kunden bzw. Erstkäufer<br>• Markterschließung | TV-Spot zu neuem Haarshampoo |
| **Erinnerungswerbung** | • Anschluss an die Einführungswerbung<br>• Erinnerung an bereits bekannte Produkte<br>• Bindung und Belebung eines bereits bestehenden Kundenstamms | Werbebeilage in wöchentlicher Regionalzeitung |
| **Expansionswerbung** | • Gewinnung von Neukunden, um den Absatz und die Marktanteile eines bereits bekannten Produktes zu erhöhen<br>• Erzielen von Umsatzsteigerungen | Werbebeilage in überregionalen Zeitungen |

## 1.2 Werbearten

Die Werbearten werden nach folgenden Kriterien unterschieden:
- der Anzahl der werbenden Unternehmen= Einzelwerbung und Kollektivwerbung
- der Anzahl der umworbenen Personen= Direktwerbung und Massenwerbung

### 1.2.1 Einzelwerbung und Kollektivwerbung

**Werbearten nach Anzahl der werbenden Unternehmen**

| Art der Werbung | Bedeutung | Beispiel |
|---|---|---|
| **Einzelwerbung (Alleinwerbung)** | • Die Werbung wird von einem Einzelhändler oder Unternehmer allein durchgeführt.<br>• Der Werbende profitiert allein vom Werbeerfolg.<br>• Der Werbende trägt die Kosten allein. | Prospektbeilage oder Anzeige in regionaler Wochenzeitschrift<br><br>© PHILETDOM – stock.adobe.com |
| **Kollektivwerbung:** | Zusammenschluss mehrerer Einzelhändler zur gemeinsamen Werbung<br><br>Bei der Kollektivwerbung werden drei Formen unterschieden: | |
| Gemeinschaftswerbung | • Händler und Unternehmer einer Branche werben zusammen.<br>• Händlernamen werden nicht genannt, da für ein Produkt geworben wird.<br>• Werbekosten werden gemeinsam getragen.<br>• Werbeerfolg für das einzelne Unternehmen lässt sich nicht genau bestimmen. | Werbemaßnahme von Agrar-Erzeugern<br><br>© viperagp – stock.adobe.com |
| Sammelwerbung | • Viele verschiedene Unternehmen unterschiedlicher Branchen werben gemeinsam.<br>• Unternehmen werden namentlich auf den Werbeträgern genannt.<br>• Ist in der Regel Werbung für eine Region oder einen Standort.<br>• Unternehmen teilen sich die Werbekosten und die Arbeit.<br>• Ist auch für kleinere Unternehmen geeignet. | Werbemaßnahme für ein regionales Einkaufszentrum<br><br>© DOC Rabe – stock.adobe.com |

| | | |
|---|---|---|
| Verbundwerbung | • Unternehmen aus unterschiedlichen Branchen mit sich ergänzenden Produkten werben unter Namensnennung zusammen.<br>• Beteiligte Unternehmen können jeweils vom Image des Werbepartners profitieren.<br>• Die Werbekosten werden geteilt. | Gemeinsame Kampagne eines Kaffeemaschinenherstellers und eines Kaffeehändlers<br><br>© antoniogravante – stock.adobe.com |

## 1.2.2 Direktwerbung und Massenwerbung

**Werbearten nach Anzahl der umworbenen Personen**

| Art der Werbung | Bedeutung | Beispiel |
|---|---|---|
| **Direktwerbung (Einzelwerbung)** | Einzelner Kunde wird persönlich und mit Namen vom Einzelhändler angesprochen bzw. angeschrieben. | Werbebrief, E-Mail, Anruf<br>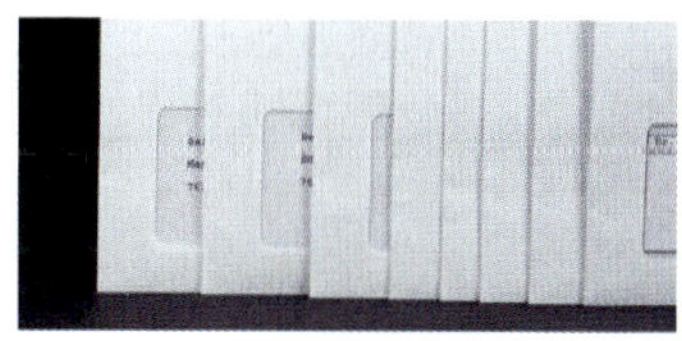<br>© Klaus Eppele – stock.adobe.com |
| **Massenwerbung:** | Viele Kunden werden gleichzeitig vom Einzelhändler angesprochen.<br><br>Es werden zwei Formen der Massenwerbung unterschieden: | Rundfunk- und Fernsehwerbung, Zeitungsannonce, Prospekt |
| gestreute Massenwerbung | • Allgemeinheit wird unpersönlich angesprochen. | Plakat im Einkaufszentrum<br><br><br>© Kaspars Grinvalds – stock.adobe.com |
| gezielte Massenwerbung | • Eine bestimmte Zielgruppe wird unpersönlich angesprochen. | Pharmaunternehmen schickt Arzneimittelwerbung an Ärzte oder Apotheker<br><br>© Dragana Gordic – stock.adobe.com |

# 1.3 Werbegrundsätze

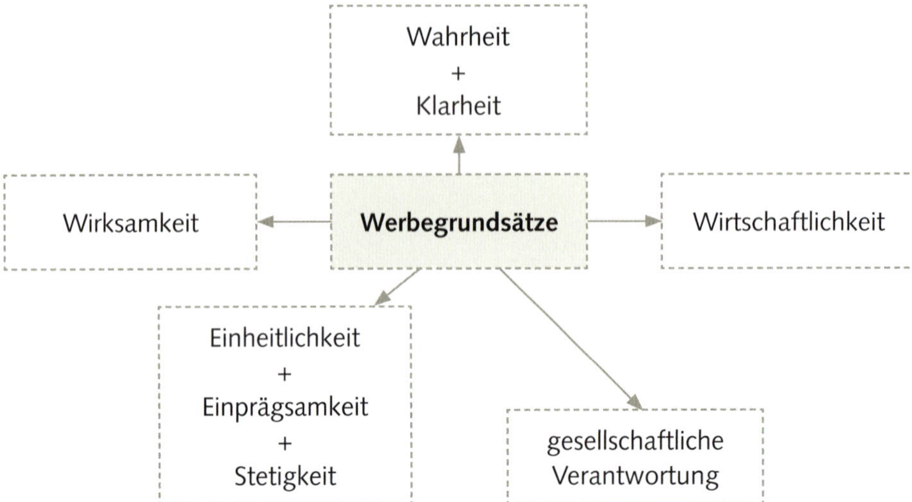


Die von Rudolf Seÿffert aufgestellten Werbegrundsätze für eine faire und erfolgreiche Werbung haben bis heute noch Gültigkeit. Ihre Anwendung beruht auf freiwilliger Basis.



## 1.3.1 Wahrheit und Klarheit

Die Werbegrundsätze „Wahrheit“ und „Klarheit“ fordern, dass Werbung die Kunden sachlich richtig informiert und die Vorteile eines Produktes/einer Dienstleistung wahrheitsgemäß beschreibt. Werbung darf keine Unwahrheiten enthalten und die Kunden nicht irreführen oder täuschen. Die Werbeaussage soll darüber hinaus klar, eindeutig und leicht verständlich sein.

Kap. 1.5.1

## 1.3.2 Wirksamkeit

Werbung soll wirksam sein, d. h. die vorab festgelegten Ziele der Werbung sollen erreicht werden. Die Werbeaussage und die Werbemittel sollen dabei so gewählt werden, dass sie auf die Zielgruppe zugeschnitten sind und die Konsumenten entsprechend dem angestrebten Werbeziel beeinflussen. Werbewirksamkeit lässt sich am besten durch den Einsatz von originellen

Texten, Bildern und Farben erreichen, die Aufmerksamkeit und Interesse beim potenziellen Kunden erzeugen. Spricht Werbung darüber hinaus auch die Gefühle von potenziellen Kunden an, können bei ihnen damit Wünsche und das Verlagen, das Produkt zu besitzen, geweckt werden.

Kap. 1.4.3

## 1.3.3 Wirtschaftlichkeit

Der Werbegrundsatz „Wirtschaftlichkeit" fordert, dass die Kosten der Werbung in einem vernünftigen Verhältnis zum Werbeerfolg stehen sollen. D. h., dass die durch die Werbemaßnahme erreichte Umsatzsteigerung höher sein soll als die Werbekosten.

© Rawpixel.com – stock.adobe.com

## 1.3.4 Einheitlichkeit, Einprägsamkeit und Stetigkeit

Alle Werbemaßnahmen einer Werbekampagne bzw. eines Werbenden sollen einen einheitlichen Stil und einheitliche Elemente (Logos, Symbole, Farben und Slogan) aufweisen. Damit kann beim Kunden ein Wiedererkennungseffekt erzeugt werden und der Werbende kann sich damit ein unverwechselbares Corporate Design (einheitliches visuelles Erscheinungsbild eines Unternehmens) schaffen. Stetige Wiederholungen der Werbemaßnahmen halten den Werbenden bei den Kunden in Erinnerung.

© McDonald's Deutschland LLC, München

## 1.3.5 Gesellschaftliche Verantwortung

Werbung muss gesellschaftliche Wertvorstellungen sowie moralische und religiöse Einstellungen berücksichtigen und respektieren und darf keine Verletzungen und Diskriminierungen enthalten.

© iQoncept – stock.adobe.com

# 1.4 Werbeplanung und Erstellung eines Werbeplans

## Systematische Werbeplanung

© everythingpossible – stock.adobe.com

Damit eine beabsichtigte Werbemaßnahme erfolgreich und effizient verläuft, sollte vorher eine systematische Werbeplanung erfolgen. Die systematische Werbeplanung soll sicherstellen, dass

- die Werbemaßnahme mit der Marketing- und Kommunikationsplanung eines Unternehmens abgestimmt wird, die die strategischen Ziele des Unternehmens vorgibt und die Werbeinhalte und die Höhe des Werbebudgets mitbestimmt,
- die Werbeaktivitäten der Mitbewerber berücksichtigt werden,
- die Werbegrundsätze befolgt werden und
- die rechtlichen und gesellschaftlichen Rahmenbedingungen eingehalten werden.

Kap. 1.3
Kap. 1.5.1
Kap. 1.5.2

## Werbeanalyse

Eine wichtige Grundlage (sozusagen das „Fundament"), auf der die Werbeplanung stattfinden sollte, stellt die Werbeanalyse dar. Die Werbeanalyse ist eine Art Bestandsaufnahme des momentanen Ist-Zustandes, bei der alle Daten gesammelt werden, die bedeutsam für eine Werbemaßnahme sein können. Dies können Informationen sein über:

- das eigene Geschäft (z. B.: Umsatzentwicklung des Sortiments oder eines bestimmten Produktes oder einer Warengruppe, Image und Bekanntheitsgrad des Einzelhandelsunternehmens)
- die Mitbewerber und den Markt (z. B.: Sortiment, Produkte, Preise der stärksten Mitbewerber auf dem Markt)
- die Kunden (z. B.: Bedürfnisse und Gewohnheiten der Zielgruppe)

Erst, wenn die Daten zur Ist-Situation zusammengetragen und analysiert wurden, kann entschieden werden, welcher Soll-Zustand mithilfe der Werbung angestrebt werden soll. Daraus erhält der Einzelhändler Anhaltspunkte für die Aufstellung eines effizienten Werbeplans[5].



5 Der Einzelhändler wird für manche Informationen, die er für seine Werbeanalyse benötigt, auf Daten der Marketingabteilung und eventuell der Marktforschung zurückgreifen müssen.

## Werbeplan

Die Werbeplanung erfolgt mithilfe eines Werbeplans. Der Werbeplan ist ein Instrument für die Planung, Strukturierung und Durchführung einer Werbemaßnahme.

© pedrosek – stock.adobe.com

Der Werbeplan beantwortet die wichtigsten W-Fragen der Werbeplanung: Wer wird wie, mit wieviel Budget und welchem Ziel, wo, wann und wie lange umworben.

© Bäckersjunge – stock.adobe.com

Der Aufbau des Werbeplans entspricht den verschiedenen Phasen der Werbeplanung, die nach einer bestimmten Reihenfolge ablaufen[6] und jeweils eine der W-Fragen der Werbeplanung beantworten:

6 Hier wird eine idealtypische Reihenfolge beschrieben. Der Ablauf der einzelnen Phasen der Werbeplanung kann je nach Unternehmen und Zielsetzung variieren.

**Phase 1:**
Werbegegenstand festlegen (Werbeobjekt)

W-Frage: **Wofür** soll geworben werden?

**Phase 2:**
Zielgruppe bestimmen (Werbesubjekt)

W-Frage: **Wer** soll mit der Werbemaßnahme angesprochen werden?

**Phase 3:**
Werbeziele setzen

W-Frage: **Was** soll mit der Werbemaßnahme erreicht werden?

**Phase 4:**
Werbebudget ermitteln

W-Frage: **Wie viel** Geld steht für die geplante Werbemaßnahme zur Verfügung?

**Phase 5:**
Werbebotschaft bestimmen und gestalten

W-Fragen: **Welche** Aussage bzw. Information soll an die Zielpersonen übermittelt werden und **wie** muss sie gestaltet werden, damit sie wirkungsvoll ist und das Werbeziel erreicht?

**Phase 6:**
Werbeträger auswählen und Werbemittel gestalten

W-Fragen: **Welches** Medium ist dafür geeignet, die Werbebotschaft an die Zielgruppe zu übermitteln und eine optimale Verbreitung des Werbemittels zu erreichen, und **wie** kann das Werbemittel wirkungsvoll gestaltet werden?

**Phase 7:**
Werbeerfolg kontrollieren und messen

W-Frage: In **welchem** Maß wurde das Werbeziel erreicht?

## 1.4.1 Phase 1: Werbegegenstand festlegen (Werbeobjekt)

Das Einzelhandelsunternehmen muss zunächst entscheiden, wofür es werben möchte. Werbegegenstand bzw. Werbeobjekt können sein:

- ein einzelner Artikel/eine Dienstleistung
- eine Marke
- eine Warengruppe
- das komplette Sortiment
- das Einzelhandelsunternehmen selbst

Hat sich der Einzelhändler entschieden, wofür er werben möchte, muss er sich fragen, wie er das Werbeobjekt positionieren will, d. h. wie die von ihm anvisierte Zielgruppe das Werbeobjekt sehen soll. Hieraus kann er seine Werbeargumente bzw. Werbeversprechen für das Werbeobjekt ableiten.

Seine Werbeversprechen sollten dabei einen besonderen Nutzen seines beworbenen Produktes hervorheben, den die Produkte der Konkurrenz nicht aufweisen. Ein solches Alleinstellungsmerkmal wird auch „Unique Selling Proposition" oder „Unique Selling Point" (USP) genannt.

Der besondere Nutzen eines Produktes kann liegen in:

- einem stofflich-technischen Nutzen, also die Funktion des Produktes betreffen

**Beispiel:** *„Die Waschmaschine braucht um die Hälfte weniger Strom."*

- einem seelisch-geistigen bzw. emotionalen Nutzen, also Gefühle, Prestige und soziale Anerkennung betreffen

**Beispiel:** *„Markenkleidung oder die Benutzung einer bestimmten Handymarke erhöhen das Ansehen bei den Mitmenschen."*

Bei der Festlegung des **Werbegegenstandes** steht die Frage im Vordergrund: **Wofür** soll geworben werden?

**Merke**

Bei der **Positionierung des Werbeobjektes** steht die Frage im Vordergrund: **Wie** soll das Werbeobjekt von der Zielgruppe gesehen und wahrgenommen werden?

**Merke**

Das **USP** stellt den besonderen Nutzen des Werbeobjektes heraus und bestimmt damit, wie das Werbeobjekt von der Zielgruppe wahrgenommen werden soll.

**Merke**

## 1.4.2 Phase 2: Zielgruppe bestimmen (Werbesubjekt)

### Streukreis

In dieser Phase muss der Einzelhändler bestimmen, welche Personen er mit der Werbung ansprechen möchte. Er sollte für seine Werbemaßnahme einen genauen Personenkreis, also die Zielgruppe bzw. das Werbesubjekt definieren. Zielgruppe und Werbesubjekt werden auch Streukreis genannt.

© Flamingo Images – stock.adobe.com

**Beispiel:** *Zielgruppen können u. a. sein: modebewusste junge Frauen, sportliche Jugendliche, Familien, reisebegeisterte Singles, Senioren, Hundebesitzer*

Da der Einzelhändler mit seiner Werbung das Verhalten der Zielgruppe beeinflussen möchte, ist es wichtig, dass er seine Zielpersonen und ihre Verhaltensweisen genau kennt und hierfür eventuell auf Daten der Marktforschung zurückgreift. Die Planung seiner Werbemaßnahmen sollte er genau auf das Verhalten und Profil seiner Zielgruppe abstimmen. Nur so kann er die Ziele seiner Werbemaßnahme erfolgreich umsetzen.

**Merke:** Bei der Bestimmung der **Zielgruppe** bzw. des **Werbesubjektes** oder des **Streukreises** steht die Frage im Vordergrund: **Wer** soll mit der Werbemaßnahme angesprochen werden?

### Streugebiet

Hat der Einzelhändler den Streukreis bestimmt, muss er überlegen, wo er werben möchte, und damit das Streugebiet für seine Werbemaßnahme festlegen.

© Fotomanufaktur JL – stock.adobe.com

**Beispiele:** *Ein Drogeriemarkt wirbt lokal bzw. regional begrenzt durch eine Prospektbeilage in einem regionalen Wochenblatt.*

*Eine Baumarktkette wirbt durch einen Radiospot in einem überregionalen Hörfunksender.*

**Merke:** Bei der Bestimmung des **Streugebiets** steht die Frage im Vordergrund: **Wo** soll geworben werden?

### Streuzeit

© gena96 – stock.adobe.com

Als Nächstes muss der Einzelhändler entscheiden, zu welchem Zeitpunkt und wie lange er werben möchte. Er legt damit die sogenannte Streuzeit fest. Möchte er regelmäßig werben, muss er festlegen, in welchen zeitlichen Abständen geworben werden soll.

**Beispiel:** *Ein Fachmarkt für Tiernahrung und Tierzubehör möchte ein neues Hundefutter bewerben und beschließt, in einem regionalen Wochenblatt einen Monat lang eine Anzeige jeweils mittwochs und samstags zu schalten. Anschließend soll die Anzeige für weitere zwei Monate nur noch samstags erscheinen.*

Bei der Bestimmung der **Streuzeit** steht die Frage im Vordergrund: **Wann** soll geworben werden und wie lange?

Merke

## 1.4.3 Phase 3: Werbeziele setzen

© peterschreiber.media – stock.adobe.com

Damit die Werbekampagne erfolgreich verläuft, müssen konkrete Werbeziele formuliert werden.

Die Formulierung der Ziele sollte in Abstimmung mit den Zielen der Kommunikations- und Marketingpolitik des Einzelhandelsunternehmens erfolgen. Denn so können die Ergebnisse aus der Analyse des Istzustandes und die Ergebnisse der Marktforschung über die Zielgruppe und die Konkurrenz mit in die Zielbestimmung einfließen.

Kap. 1.1

Kap. 1.4.1

Bei der Zielbestimmung muss zunächst überlegt werden, was genau mit der Werbemaßnahme erreicht werden soll. Letztendlich soll mit jeder Werbemaßnahme eine Absatzsteigerung bewirkt werden, die wiederum zu einer Steigerung des Umsatzes und einer Erhöhung des Gewinns eines Unternehmens führt. Neben diesen ökonomischen Zielen kann Werbung aber auch nicht-ökonomische Ziele verfolgen.

Bei der Bestimmung der **Werbeziele** steht die Frage im Vordergrund: **Was** soll mit der Werbemaßnahme erreicht und bewirkt werden?

Merke

Kap. 1.1

| Ökonomische Ziele | Nicht-ökonomische Ziele |
|---|---|
| Umsatz steigern | Image des Unternehmens verbessern |
| Gewinn erhöhen | Bekanntheitsgrad des Unternehmens erhöhen |
| Marktanteile erweitern | Kundenzufriedenheit/Kundenbindung steigern |

Eine Absatzsteigerung wird erreicht, wenn die Zielpersonen das Werbeobjekt tatsächlich nachfragen und kaufen. Die Zielbestimmung muss deswegen genau auf die Zielgruppe und ihre Verhaltensweisen und das Werbeobjekt abgestimmt werden.

## 1.4.4 Phase 4: Werbebudget ermitteln

Unter Werbebudget versteht man die Summe aller für eine geplante Werbemaßnahme zur Verfügung stehenden finanziellen Mittel für einen bestimmten Zeitraum. Der Zeitraum kann ein Geschäftsjahr, ein Quartal, einen oder mehrere Monate oder nur Wochen betragen.

Die Höhe des Werbebudgets ist von folgenden Faktoren abhängig:

- dem gewählten Werbeobjekt
- den festgelegten Werbezielen
- der Zielgruppe, die umworben werden soll
- dem Werbemittel, das zur Zielerreichung notwendig ist
- dem Werbeträger und der Streuzeit

> Bei der Bestimmung des **Werbebudgets** steht die Frage im Vordergrund: **Wie viel Geld** steht für die geplante Werbemaßnahme zur Verfügung?
>
> Merke

Die Budgethöhe der Werbemaßnahme muss mit den Budgets der Marketing- und Kommunikationsabteilung des Unternehmens abgestimmt werden und dabei auch

- die finanzielle Situation des Unternehmens und
- die Werbeaktivitäten der Mitbewerber

berücksichtigen.

Eine Maßeinheit, mit der man einzelne Werbeträger hinsichtlich ihres Kosten-Nutzen-Verhältnisses beurteilen kann, ist der Tausenderpreis. Er gibt an, welche Kosten entstehen, wenn 1.000 Personen durch einen bestimmten Werbeträger erreicht werden sollen. Ermittelt wird der Tausenderpreis durch folgende Formel:

$$T = \frac{\text{Einschaltkosten} \cdot 1000}{\text{Reichweite}}$$

**Beispiel:** *Als Einschaltkosten werden z. B. die Belegungskosten für eine 1/2-seitige Anzeige oder einen 20-Sek.-Fernsehspot verwendet. Die Reichweite ergibt sich aus der Anzahl der Leser pro Ausgabe einer Zeitschrift oder der Anzahl der Zuschauer im Fernsehen.*

## 1.4.5 Phase 5: Werbebotschaft bestimmen und gestalten

Kap. 1.1.1

Werbung ist wie bereits beschrieben ein Kommunikationsprozess, in dem der Werbende (Sender) die Werbebotschaft (Nachricht), die er an seine Zielgruppe (Empfänger) übermitteln möchte, zunächst verschlüsselt und anschließend ein für ihre Übermittlung passendes Medium auswählt.

© BillionPhotos.com – stock.adobe.com

Die Werbebotschaft enthält dabei die Aussage bzw. Information über den Werbegegenstand, die der Werbende seiner Zielgruppe vermitteln möchte. Sie enthält also die Inhalte, die durch die Werbung vermittelt werden sollen. Die Verschlüsselung der Werbebotschaft erfolgt durch die Gestaltung der Botschaft. Dabei kommt es darauf an, die Botschaft so zu gestalten, dass sie wirkungsvoll ist und das gesteckte Werbeziel erreicht werden kann.

Bei der Bestimmung des **Inhalts der Werbebotschaft** steht die Frage im Vordergrund: **Welche Aussage** bzw. **Information** soll über den **Werbegegenstand** an die Zielpersonen übermittelt werden?

Merke

Bei der **Gestaltung der Werbebotschaft** steht die Frage im Vordergrund: **Wie** muss die Werbebotschaft **gestaltet** werden, damit sie wirkungsvoll ist und das Werbeziel erreicht?

Merke

### Inhalt und Gestaltung der Werbebotschaft

Der Inhalt und die Gestaltung der Werbebotschaft werden von vielen verschiedenen Faktoren beeinflusst. Im Grunde fließen alle Überlegungen, die der Einzelhändler bisher im Rahmen seiner Werbeplanung angestellt hat, bei der Bestimmung von Inhalt und Gestaltung der Werbebotschaft mit ein. Einen besonders starken Einfluss auf den Inhalt und die Gestaltung der Werbebotschaft hat jedoch die Zielgruppe.

### Auf die Zielgruppe abgestimmter besonderer Nutzen

Kap. 1.4.1
Kap. 1.4.1

Die Positionierung des Werbeobjektes gibt vor, wie die anvisierte Zielgruppe das zu bewerbende Produkt wahrnehmen soll. Daraus kann der Werbende seine Werbeinhalte ableiten und den besonderen Nutzen (USP) des beworbenen Produktes für die jeweilige Zielgruppe hervorheben. Der besondere Nutzen eines Produktes für die Zielgruppe kann liegen in:

**Auf die Zielgruppe abgestimmter besonderer Nutzen in Werbebotschaften**

| | | |
|---|---|---|
| **stofflich-technischer Nutzen** | Funktion des Produktes wird angesprochen. | „Sauberer wird's nicht" |
| **seelisch-geistiger bzw. emotionaler Nutzen** | Vorteile für Gefühle, Prestige und soziale Anerkennung werden angesprochen. | „Essen fürs Ich" |

### Auf die Zielgruppe abgestimmte Reize

Werden Lebensstil, Interessen und Verhaltensweisen einer bestimmten Zielgruppe bei der Botschaftsgestaltung berücksichtigt und durch gezielt eingesetzte Reize angesprochen, erregt das die Aufmerksamkeit der Zielpersonen. Die beim potenziellen Kunden erzeugte Aufmerksamkeit ist die Voraussetzung dafür, dass er ernsthaftes Interesse an dem beworbenen Produkt entwickelt und sich letztendlich zum Kauf entscheidet. Die Aufmerksamkeit von Kunden kann durch verschiedene Arten von Reizen erregt werden:

**Auf die Zielgruppe abgestimmte Reize in Werbebotschaften**

| | | |
|---|---|---|
| **rationaler Reiz** | • Der Verstand der Zielpersonen wird überwiegend angesprochen, z. B. durch sachliche Informationen und Argumente.<br>• Geeignet für Zielgruppe, die sachliche Informationen bevorzugt, und für Produkte, die neu auf dem Markt eingeführt werden. | <br>© Saturn |
| **emotionaler Reiz** | • Zielgruppe wird überwiegend gefühlsmäßig angesprochen, z. B. durch Bilder.<br>• Geeignet für Zielgruppe, die weniger Wert auf sachliche Information legt, und Produkte, die bereits auf dem Markt sind und für die lediglich eine Erinnerungswerbung durchgeführt wird. | <br>© Coca-Cola European Partners Deutschland GmbH |

| | | |
|---|---|---|
| **physischer Reiz** | • Zielgruppe wird durch die Größe und Farbe eines Werbemittels oder eines Elementes innerhalb des Werbemittels angesprochen, z. B. großflächig eingesetzte intensive Farbe oder große kontrastreiche Headline. |   © Saturn |

## Motive und Bedürfnisse der Zielgruppe

Es kann den Erfolg einer Werbemaßnahme deutlich erhöhen, wenn die Werbebotschaft auch die Motive und Bedürfnisse der Zielpersonen anspricht. Dabei können die für den Kauf des jeweiligen Produktes bzw. der jeweiligen Marke wichtigen Motive der Zielgruppe hervorgehoben werden (z. B. bei gut gestellten, technikbegeisterten Zielpersonen das Motiv „Fortschrittlichkeit" bei der Automarke Audi). Motive und Bedürfnisse können u. a. sein:

Da die **Zielgruppe** den **Inhalt** und die **Gestaltung** der **Werbebotschaft** wesentlich mitbestimmt, sollte die Werbebotschaft Folgendes enthalten:
- Informationen über den **besonderen Nutzen** des Produktes für die anvisierte Zielgruppe
- auf die potenziellen Kunden abgestimmte **Reize**, die die **Aufmerksamkeit** der Kunden erregen
- eine Ansprache der **Bedürfnisse und Motive** der potenziellen Kunden

**Merke**



**In Werbebotschaften angesprochene Motive und Bedürfnisse von Zielgruppen**

| | | |
|---|---|---|
| **Geldersparnis** | ein überzeugender Preis, der besonders günstig erscheint und Geldersparnis bringt | „Spar Dich reich."<br>„Preise verändern die Welt." |
| **Nützlichkeit** | ein besonderer Nutzen eines Produktes, der einen praktischen oder technischen Vorteil bedeutet | „Waschmaschinen leben länger mit…"<br>„Technik, die begeistert" |
| **Sicherheit** | ein überzeugender Aspekt, der Schutz und Sicherheit verspricht | „Wir geben Ihrer Zukunft ein Zuhause."<br>„The car that cares." |
| **Ansehen** | Image eines Produktes, das als besonders attraktiv gilt und von dem man sich eine Aufwertung der eigenen Person erhofft | „Fahren in seiner schönsten Form"<br>„Weil Sie es sich wert sind." |
| **Innovation** | Wunsch, etwas Neues auszuprobieren und fortschrittlich und modern zu sein | „Vorsprung durch Technik"<br>„Schalten Sie auf Zukunft." |
| **Gesundheit** | Bedürfnis, sich etwas Gutes zu tun und ein gutes Gewissen zu haben | „Weil Gesundheit auch Hautsache ist."<br>„Gesunde Vitamine naschen" |

## Wirksamkeit von Werbebotschaften

© JackF – stock.adobe.com

Werbung soll erfolgreich sein und ihr Werbeziel erreichen. Eine Werbebotschaft muss deswegen wirkungsvoll gestalten sein. Dafür ist Kreativität unerlässlich. Eine originelle Idee und Gestaltung erhöhen die Chancen deutlich, die Aufmerksamkeit potenzieller Kunden auf das Produkt zu ziehen und sie zum Kauf zu motivieren. Allerdings reicht Kreativität allein nicht aus. Eine wirkungsvolle Gestaltung der Werbebotschaft sollte auch auf wissenschaftlichen Erkenntnissen aus den Bereichen Sozialwissenschaften und Psychologie beruhen.

Denn diese erklären menschliches Verhalten und decken seine Gesetzmäßigkeiten auf. Das ist deswegen wichtig, weil es bei Werbung letztendlich darum geht, das Verhalten und Denken von Zielpersonen zu beeinflussen.

So hat die Werbepsychologie beispielweise herausgefunden, dass sich für Werbung besonders psychologische Zielinhalte eignen und Werbung am wirkungsvollsten ist, wenn potenzielle Kunden auf der emotionalen bzw. psychischen Ebene angesprochen werden.

Bereits 1898 hat der amerikanische Werbepsychologe Elmo Lewis ein psychologisches Erklärungsmodell zur Werbewirksamkeit entwickelt: das AIDA-Modell.

**AIDA-Formel:**

**Attention**
**Interest**
**Desire**
**Action**

Das vierstufige Modell setzt sich aus den Anfangsbuchstaben der vier Werbeziele zusammen und besagt, dass der Kaufhandlung ein psychologischer Prozess vorausgeht, der sich im Inneren des Menschen abspielt. Der potenzielle Kunde durchläuft dabei verschiedene Stufen der Beeinflussung, bevor er seine Kaufentscheidung trifft. Der Entschluss zur Handlung und der anschließende Kauf der Ware bilden den erfolgreichen Abschluss des AIDA-Prinzips, womit das Werbeziel der Absatzsteigerung erreicht ist.

**Werbung ist besonders erfolgreich und wirksam, wenn sie die Emotionen der potenziellen Kunden anspricht.**

**Merke**

## Stufenmodell der Werbewirkung: AIDA

| Psychologische Ziele | | | Ökonomisches Ziel |
|---|---|---|---|
| **Stufe I** | **Stufe II** | **Stufe III** | **Stufe IV** |
| **Attention<br>= Aufmerksamkeit** | **Interest<br>= Interesse** | **Desire<br>= Verlangen** | **Action<br>= Handlung** |
| Die Aufmerksamkeit des Kunden soll durch die Werbebotschaft erregt werden. | Die gewonnene Aufmerksamkeit soll so weit ausgebaut werden, dass der Kunde tatsächlich an dem Produkt interessiert ist. | Beim Kunden soll der Wunsch/das Verlangen entstehen, das Produkt zu besitzen. | Der Kunde soll dazu motiviert werden, seinem Besitzwunsch durch den Kauf der Ware nachzugehen (Entschluss zur Handlung = erfolgreicher Abschluss des AIDA-Prinzips = Erreichung des Werbeziels) |
| **Beispiele:**<br>*Werbung für einen Preisnachlass auf Damenschuhe von 20 % durch Lautsprecherdurchsage oder durch Aufstellen eines Werbeplakates im Eingangsbereich eines Warenhauses.* | **Beispiele:**<br>*Aufstellung eines weiteren Werbeplakates in der Damenschuhabteilung mit dem Slogan: Über 8.000 Schuhe von Top-Marken.* | **Beispiele:**<br>*Im Verkaufsgespräch stellt ein Verkäufer die Vorzüge einzelner Markenhersteller heraus und weckt bei der Kundin einen Kaufwunsch.* | **Beispiele:**<br>*Die Kundin kauft ein Paar Schuhe.*<br><br>© JackF – stock.adobe.com |
| *Eine Kundin wird durch ein auffälliges Bild (Blickfang) auf ein Werbeplakat aufmerksam.* | *Das Interesse der Kundin wird geweckt, weil die in Bild und Text enthaltene Werbebotschaft des Plakates (Fotomodell + Gesichtsfluid) suggeriert: Das Fotomodell benutzt dieses Gesichtsfluid und ist erfolgreich.* | *Der Besitzwunsch wird bei der Kundin geweckt, indem ihr klargemacht wird: Nicht nur das Fotomodell ist erfolgreich, sondern sie selbst wird durch die Benutzung des Gesichtsfluids erfolgreich.* | *Die Kundin kauft das Gesichtsfluid.*<br><br>© Elnur – stock.adobe.com |

## Sprache von Werbebotschaften

Die Sprache spielt in einer Werbebotschaft eine zentrale Rolle. Sie hat die Aufgaben, bestimmte Zielgruppen über ein Produkt zu informieren und originell und witzig zu sein oder auch zu provozieren, um Aufmerksamkeit beim potenziellen Käufer zu erzeugen. Sie soll durch kreative, einprägsame Slogans bei Kunden einen Wiedererkennungseffekt für ein Produkt oder eine Marke erzeugen. Im Idealfall erreicht sie eine Identifikation der Kunden mit dem Produkt/der Marke und motiviert sie letztendlich zum Kauf dieses Produktes. Um diese Aufgaben erfüllen zu können, weist Sprache, die zu Werbezwecken verwendet wird, häufig bestimmte Merkmale auf.

### Charakteristische Merkmale von Werbesprache

- kurze prägnante Phrasen oder Slogans („Geiz ist geil.“)
- Anglizismen („Always Coca-Cola“)
- Phrasen und Redewendungen, auch in abgewandelter Form („Hier spielt das Leben.“)
- Wortspiele („Neid Rider“)
- Wortneuschöpfungen („Nogger dir einen!“)

© Coca-Cola GmbH

Eines der wichtigsten Elemente der Werbesprache ist der Slogan. Der Slogan ist eine eingängige und leicht zu merkende Aussage, die die Werbebotschaft enthält.



### Merkmale der Formulierungen von Slogans

- kurz und prägnant
- leicht verständlich
- einprägsam und markenbezogen
- interessant
- witzig
- assoziativ

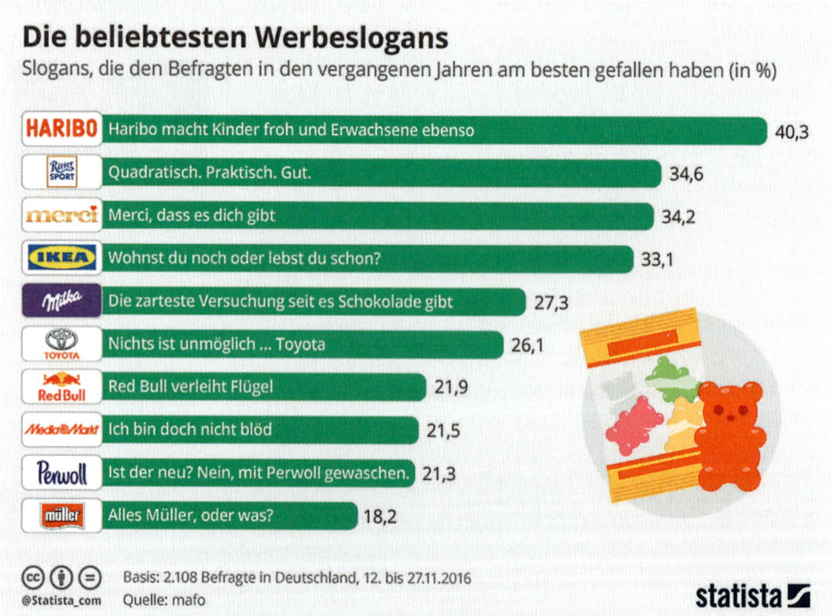

## 1.4.6 Phase 6: Werbeträger auswählen und Werbemittel gestalten

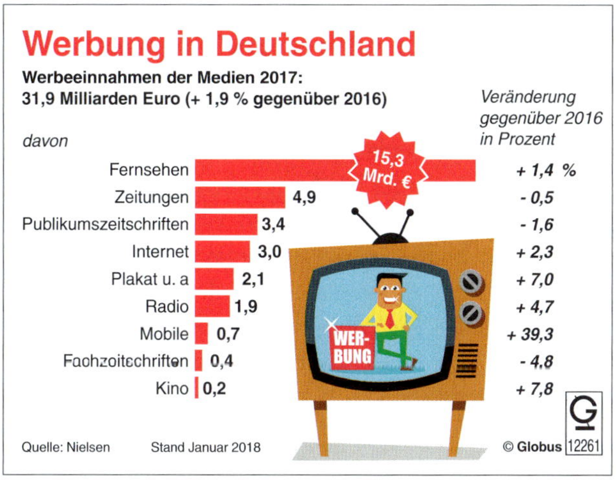


Hat der Einzelhändler den Werbegegenstand, die Zielgruppe, das Werbeziel, das Werbebudget und die Werbebotschaft festgelegt, muss er sich mit der Mediaplanung beschäftigen und sich fragen, welches Medium er einsetzen möchte, um seine Werbebotschaft an die ausgewählte Zielgruppe zu übermitteln. Das Medium, das er auswählt, ist der Werbeträger (z. B. eine Zeitschrift). Zusätzlich muss er überlegen, welches Werbemittel (z. B. eine Anzeige) er einsetzen möchte, um seine Werbebotschaft textlich, grafisch oder akustisch zu gestalten.

**Werbeträger**

- Zeitungen
- Zeitschriften
- Fernsehen
- Rundfunk
- mobile Telefone
- Kataloge
- Prospekte, Anzeigenblätter
- Verpackungen
- Plakate
- Schaufenster
- Websites
- Adress- und Telefonbuch
- Messestände

**Werbemittel**

- Anzeigen
- Fernsehspots
- Rundfunkspots
- Kinowerbung
- Plakate
- Werbebriefe, Werbe-E-Mails
- Online-Werbung
- Telefon- und Adressbuchwerbung

Die Aufgabe des **Werbeträgers** ist, die **Werbebotschaft** an die Zielgruppe heranzutragen.

Die Aufgabe des Werbemittels ist, die Werbebotschaft gestaltet darzustellen.

**Merke**



### Auswahl des Werbeträgers

Bei der Auswahl des Werbeträgers muss der Einzelhändler alle Überlegungen zum Werbeziel, zur Zielgruppe, zur Werbebotschaft und zum Werbebudget mit einfließen lassen und den Werbeträger mit dem Ziel auswählen, dass eine optimale Übertragung der Werbebotschaft erreicht wird. Er muss also ein geeignetes Medium auswählen. Denn nicht jedes Medium eignet sich gleichermaßen für die Übermittlung einer bestimmten Werbebotschaft.

© Knorr

Das Medium als Werbeträger hat aber nicht nur die Aufgabe, die Werbebotschaft zur Zielgruppe zu transportieren, es hat gleichzeitig die Funktion, das Werbemittel zu verbreiten bzw. zu streuen. Deswegen wird es auch Streumedium genannt. Die Streuung der Werbemittel erfolgt in der Regel nach einer Streuplanung. Diese legt den Beginn und das Ende der Werbung, also die Streuzeit, und die genauen zeitlichen Einsätze der Werbemittel und -träger fest (einmalig, regelmäßig oder in unregelmäßigen Abständen). Auch das Gebiet, in dem die Werbemaßnahme durchgeführt werden soll, also das Streugebiet, wird festgelegt.

Bei der Auswahl des **Werbeträgers** steht die Frage im Vordergrund: **Welcher Werbeträger** ist dafür geeignet die Werbebotschaft an die Zielgruppe zu übermitteln und eine optimale Verbreitung des Werbemittels zu erreichen?

**Merke**

## Medien und ihre Bedeutung und Eignung als Werbeträger für den Einzelhandel

### Printmedien

z. B.:
- Zeitungen
- Zeitschriften
- Werbebriefe
- Kataloge, Prospekte, Anzeigenblätter

**Die größte Bedeutung als Werbeträger haben im Printbereich die Zeitungen und Zeitschriften:**

**Zeitungen** haben für den Einzelhändler eine große Bedeutung als Werbeträger. Denn Leser von Zeitungen suchen aktiv in Zeitungsinseraten und -anzeigen nach Informationen über Produkte, Dienstleistungen und Geschäfte. Über Werbeanzeigen in regionalen Zeitungen oder in kostenlosen regionalen Wochenblättern kann der Einzelhändler zudem eine lokal beschränkte Werbeaktion für eine regionale Zielgruppe durchführen. Zeitungen sind auch ein vergleichsweise kostengünstiges Medium.

Auch **Zeitschriften** sind als Werbeträger für den Einzelhändler sehr geeignet, denn sie enthalten für ihre Leserschaft generell viele Informationen. Vor allem Fachzeitschriften (z. B. Zeitschriften für Wirtschaft, Technik, Medizin, Erziehung, Pflege) bieten z. B. eine Fülle an Detailinformationen für eine bestimmte Leserschaft, die in den Anzeigen bewusst nach Informationen suchen. Mit einer Werbeanzeige kann der Einzelhändler von daher recht kostengünstig eine bestimmte Zielgruppe erreichen. Anzeigen in Zeitschriften sind auch langlebiger als Anzeigen in Zeitungen und sie werden in der Regel von einem oder mehreren Lesern mehrmals betrachtet.

Einzelhändler können Zeitungen und Zeitschriften auch **Prospekte** beilegen, in denen sie ausführlich über ihr Sortiment informiert.

**Werbebriefe** sind ein gutes Medium für den Einzelhändler, um seine Stammkundschaft zu pflegen. Er kann sie zusammen mit einer Einladung zu besonderen Anlässen wie etwa Schlussverkäufe, Tag der offenen Tür oder Themenaktionen (z. B. Küchentage) verschicken.

## Elektronische Medien

z. B.:
- Fernsehen
- Radio
- Kino
- Internet
- mobile Endgeräte (Handys, Tablets)

**Im Bereich der elektronischen Medien haben Fernsehen, Radio und Internet die größte Bedeutung als Werbeträger:**

Das **Fernsehen** ist generell als Werbeträger gut geeignet. Es verfügt über die Gestaltungselemente Text, Bild und Ton und ist dadurch sehr vielseitig und geeignet für Werbespots zu fast allen Produkten bzw. Dienstleistungen. Als Massenmedium richtet sich das Fernsehen an ein sehr breites Publikum. Allerdings ist Werbung über das Fernsehen vergleichsweise teuer und somit nur für große Einzelhandelsunternehmen geeignet.

Dem **Rundfunk** als Werbemedium stehen nur die Gestaltungselemente der Akustik zur Verfügung: Sprache, Musik, Gesang und Geräusche. Deswegen eignet sich das Radio vor allem für Werbebotschaften mit einem klaren, einfachen und akustisch darstellbaren Inhalt. Durch die Sender-, Programm- und Sendezeitenwahl ist allerdings eine Ansprache verschiedener Zielgruppen möglich. Der Rundfunk ist ein recht teures Werbemedium, aber mit Werbespots, die von Lokalsendern ausgestrahlt werden, kann der Einzelhändler einigermaßen kostengünstig regionale Zielgruppen erreichen.

Die Bedeutung des **Internets** als Werbeträger ist in den letzten Jahren enorm gewachsen. Es bietet gegenüber den klassischen Werbemedien Print, Fernsehen und Radio zahlreiche Vorteile. Durch seine technischen Möglichkeiten ist es ein aktives, dialogfähiges Medium, das direkt mit seinen Nutzern kommunizieren kann. Potentielle Kunden können zudem sehr gezielt und kostengünstig angesprochen werden. Das Internet eignet sich als Werbeträger für nahezu jeden Einzelhändler.

Immer mehr Menschen nutzen mobile Endgeräte wie **Handys** und **Tablets** und gehen mit ihnen ins Internet. Die Werbeindustrie hat einen eigenen Bereich des Marketings daraus entwickelt: das **Mobile Marketing**. Werbende können hierbei speziell auf Handys und Tablets ausgerichtete Werbebanner schalten und Rabatt-Coupons und Gutscheine in Form von Codes per SMS oder E-Mail direkt an den Kunden schicken. Für lokal agierende Einzelhändler ist das eine gute Möglichkeit, eine regionale Zielgruppe kostengünstig zu erreichen.

## Medien für Außenwerbung

z. B.:
- Plakate
- Leuchtwerbung
- Hauswände und Gebäude
- Verkehrsmittel
- Bandenwerbung
- Schaufenster
- Geschäftsschilder
- Verpackungen, Einkaufstüten

**Zur Außenwerbung gehört eine Vielzahl von unterschiedlichen Medien:**

- **Plakate**, in Form von Großflächenplakaten und Litfaß-Säulen
- **elektronische Plakate** (Infoscreens) an Bahn- und in U-Bahn-Stationen, auf denen Bilder, Spots und Videoclips gezeigt werden
- **Leuchtwerbung** in Gestalt von beleuchteten Schildern und City Lights
- **Werbung an Straßen und Gebäuden** (z. B. Hausfassaden, Baugerüsten)
- **Verkehrsmittelwerbung** auf Bussen, Bahnen und Lkws
- **Bandenwerbung**, die bei Sportveranstaltungen eingesetzt wird

Die Außenwerbung hat als Werbeträger gegenüber den Printmedien und elektronischen Medien zahlreiche Vorteile: Sie ist immer präsent, hat eine sehr hohe Reichweite und hohe Kontakthäufigkeit und ist relativ günstig. Von daher ist sie grundsätzlich für den Einzelhändler geeignet.

Ein für den Einzelhändler besonders wichtiges „Dauerwerbemittel" aber ist das **Schaufenster** seines Geschäftes. Er kann durch eine besonders attraktive Schaufensterdekoration die Aufmerksamkeit der Passanten wecken und sie damit regelrecht in sein Geschäft „locken".

Auch **Verpackungen** und **Einkaufstaschen** kann der Einzelhändler gut für Werbezwecke nutzen.

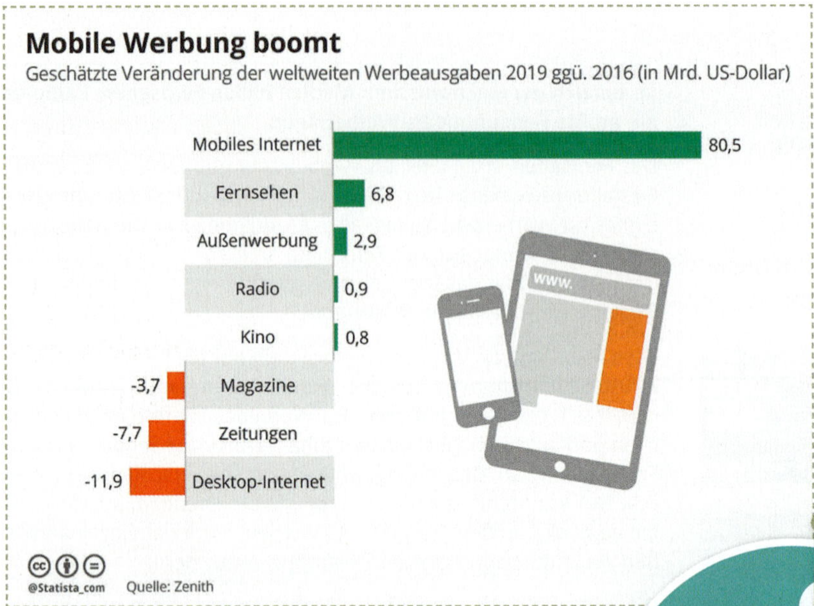


## Auswahl des Werbemittels

Mit dem Werbemittel wird der Inhalt der Werbebotschaft textlich, grafisch oder akustisch gestaltet. Das Werbemittel ist letztendlich die gestaltete Form der Werbebotschaft.

> **Merke**
> Bei der Bestimmung des **Werbemittels** steht die Frage im Vordergrund: Mit **welchem** Werbemittel kann die Werbebotschaft besonders wirkungsvoll dargestellt werden?

Bei der Auswahl des Werbemittels muss der Einzelhändler die Überlegungen zum Werbeziel, zur Zielgruppe, Werbebotschaft und zum Werbebudget mit einfließen lassen und das Werbemittel mit dem Ziel auswählen, dass eine optimale Wirkung der Werbebotschaft erreicht wird.

Die verschiedenen Werbemittel werden, je nachdem, welche Sinne von ihnen angesprochen werden, in folgende Arten unterteilt:

**Arten von Werbemitteln**

| | |
|---|---|
| **optische Werbemittel** | Anzeigen, Plakate, Werbebriefe und E-Mails usw. |
| **akustische Werbemittel** | Rundfunk-Werbespots, Telefonwerbung, Werbedurchsagen im Kaufhaus usw. |
| **optische und zugleich akustische (audiovisuelle) Werbemittel** | Fernseh- und Kino-Spots, Online-Werbung |
| **Werbemittel, die den Geschmack ansprechen** | Prospekten oder Werbebriefen beiliegende Gummibärchentütchen mit Logoaufdruck oder Proben von Gebäck oder Schokolade usw. |
| **Werbemittel, die den Geruch ansprechen** | Zeitschriften oder Werbebriefen beiliegende Proben von Parfüm oder Cremes usw. |

Im Internet existiert mittlerweile eine Vielzahl von Werbemitteln, die den klassischen (Offline-) Werbemitteln sehr ähnlich sind.

**Werbemittel des Internets (Auswahl)**

| | |
|---|---|
| **Website** | • Auf seiner **Homepage** informiert der Einzelhändler seine potentiellen Kunden über sein Angebot und Sortiment und macht Angaben über weitere Serviceleistungen, Anfahrtswege, Parkmöglichkeiten, Kontaktdaten usw.<br>• Der Einzelhändler kann auf seine Angebote oder Rabattaktionen aufmerksam machen, indem er **Werbebanner** setzt, die als Einblendung auf einer fremden Internetseite erscheinen und über einen Link auf seine eigene Website verweisen.<br>• Auf seiner Website kann der Einzelhändler auch **Werbevideos** zu Produkten einfügen, mit denen er ihre Vorteile und ihre Verwendung veranschaulicht.<br>• Auch mithilfe von **Pop ups**, die sich in Form von kleinen Fenstern beim Navigieren im Browserfenster öffnen, kann der Einzelhändler auf neue Produkte aufmerksam machen.<br>• Einzelhändler können in ihre Website auch einen **Onlineshop** integrieren. |
| **E-Mail, Newsletter** | • Über **E-Mails** und **Newsletter** kann der Einzelhändler seinen bereits bestehenden Kundenstamm über Neuheiten in seinem Sortiment oder über Angebote informieren. |
| **E-Prospekt, E-Katalog** | • Der Einzelhändler kann auch **elektronische Prospekte** oder **Kataloge** an seine Kunden verschicken oder zur Ansicht und zum Herunterladen auf seiner Website bereitstellen. |
| **Suchmaschinen-Werbung** | • Über Betreiber von **Suchmaschinen** kann der Einzelhändler auf seine Zielgruppe abgestimmte **Werbeanzeigen** schalten. |
| **Social Media** | • Auch **soziale Netzwerke**, wie z. B. Facebook, Twitter, Instagram, Snapchat, YouTube, XING und LinkedIn, bieten dem Einzelhändler die Möglichkeit, sehr zielgruppengerecht Werbeanzeigen, Werbebanner oder Produktvideos zu platzieren. |

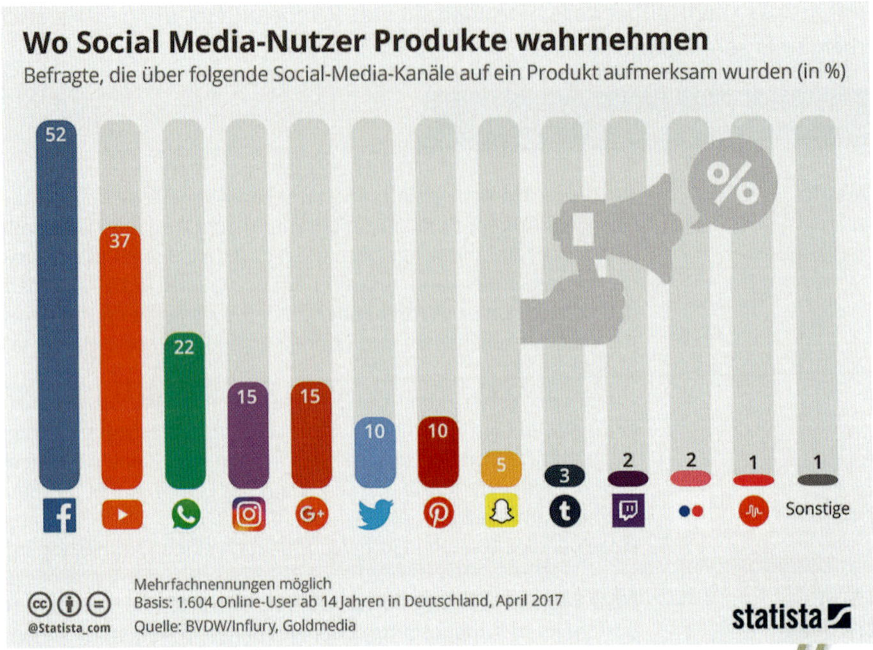


## Gestaltung des Werbemittels

Hat sich der Einzelhändler entschieden, welches Werbemittel er für seine Werbung einsetzen möchte, muss er sich überlegen, wie er es am wirkungsvollsten gestaltet.



Bei der Gestaltung seines Werbemittels sollte er das AIDA-Prinzip beachten, nach dem Werbung am wirkungsvollsten ist, wenn sie die Zielpersonen auf der emotionalen Ebene anspricht.

Kap. 1.4.5

Für die Gestaltung von Werbemitteln stehen grundsätzlich die Elemente Text, Bilder, Figuren, Formen und Farbe, Ton und Musik zur Verfügung. Wie diese Elemente bei den verschiedenen Werbemitteln jeweils eingesetzt und kombiniert werden, hängt stark von der zu übermittelnden Werbebotschaft, dem Werbeziel, der zu erreichenden Zielgruppe und nicht zuletzt von der Kreativität des Werbenden ab.

> Bei der Gestaltung des **Werbemittels** steht die Frage im Vordergrund: **Wie** kann das Werbemittel am wirkungsvollsten gestaltet werden, damit es die Zielpersonen anspricht?
>
> **Merke**

### Gestaltungselemente von Anzeigen, Prospekten und Plakaten

| | |
|---|---|
| **Bilder** | Bilder haben als Gestaltungselement von Werbemitteln eine große Bedeutung. Die Wirksamkeit von Bildern ist höher als die von Texten:<br>• Die Bilder von z. B. Plakaten werden vom Betrachter als erstes wahrgenommen und verarbeitet, weil sie schnell das Wichtigste sagen und ihre Informationen auf den ersten Blick erfassbar sind.<br>• Je bildhafter Informationen formuliert sind, desto besser können sie behalten werden (höherer Gedächtniseffekt).<br>• Bilder können leichter als Text die Gefühle der Zielpersonen ansprechen und Emotionen vermitteln. |

| | |
|---|---|
| **Texte** | Texte in Werbemitteln sollten vor allem verständlich und schnell zu erfassen sein. Eine hohe Verständlichkeit und damit auch Wirksamkeit von Texten kann erreicht werden durch:<br>• Wortwahl: bekannte, kurze, konkrete und bildhafte Wörter verwenden<br>• Headlines: große, farbige, auffällige Schriftarten einsetzen; auf das Wesentliche beschränken<br>• Text: generell kurz halten und kurze Sätze verwenden; Fließtext strukturieren durch Absätze, Zwischenüberschriften und Hervorhebung von wichtigen Wörtern<br>• Schrift: Schrifttyp soll gut lesbar und erkennbar sein und die emotionale Aussage soll durch den Schrifttyp unterstützt werden<br>• Logo: sollte gut sichtbar an einer herausragenden Position platziert werden |
| **Farbe** | Die Farbe spielt eine herausragende Rolle bei der Gestaltung von Werbemitteln, denn sie wird vom Betrachter noch eher wahrgenommen als die Bilder und Texte. Farbe hat als Gestaltungselement von Werbemitteln folgende Funktionen:<br>• Die Farbe zieht die Aufmerksamkeit des Betrachters auf das Werbemittel.<br>• Farben haben für den Betrachter – meist kulturell vorgegebene – Bedeutungen<br>(z. B. schwarz für Trauer, rot für Liebe) und rufen beim Betrachter die entsprechenden Assoziationen hervor. Dieser Effekt kann bei der Farbauswahl für Werbemittel genutzt werden.<br>• Farbe kann auch für den Wiedererkennungseffekt und die Identifikation des Betrachters mit einer Marke genutzt werden (z. B. gelb-blaues Logo von IKEA). |



**Beispiel für die Gestaltungselemente eines Werbeplakats:**

© Landliebe; awk Aussenwerbung GmbH, Koblenz

## 1.4.7 Phase 7: Werbeerfolg kontrollieren und messen

### Kontrolle des Werbeerfolgs

© ilkercelik – stock.adobe.com

Nach der Durchführung seiner Werbekampagne sollte der Einzelhändler den Erfolg seiner Werbung kontrollieren. Er sollte dabei in Erfahrung bringen, ob und inwieweit seine gesteckten Werbeziele durch die Werbemaßnahme erreicht wurden.

Lag das Werbeziel in einer Umsatzsteigerung, muss der Einzelhändler überprüfen, ob sich die Werbemaßnahme finanziell gelohnt hat. Gelohnt hat sich die Werbung, wenn die Umsatzsteigerung die Kosten der Werbemaßnahme übersteigt. Nicht zuletzt sollte der Einzelhändler überprüfen, wie erfolgreich der Werbeplan insgesamt umgesetzt werden konnte. Daraus kann er Rückschlüsse für zukünftige Werbemaßnahmen ziehen und diese, falls nötig, optimieren.

Bei der **Werbeerfolgskontrolle** stehen die Fragen im Vordergrund,
- ob und in welchem Maß die gesteckten Werbeziele durch die Werbemaßnahme erreicht wurden,
- ob sich die Werbemaßnahme wirtschaftlich gelohnt hat und
- ob und in welchem Maß der Werbeplan erfolgreich umgesetzt werden konnte.

**Merke**



### Messung des Werbeerfolgs

Eine genaue Messung des Werbeerfolgs ist in der Regel aus folgenden Gründen schwierig:
- Es ist kaum möglich, die Wirkung einer Werbemaßnahme von der Wirkung einer anderen Werbeaktion isoliert zu betrachten.
- Auch die Werbekosten lassen sich nicht immer genau von anderen Kosten im Einzelhandelsunternehmen trennen.
- Die absatzfördernde Wirkung einer Werbemaßnahme kann über den Werbezeitraum hinaus andauern. Dadurch ist es unmöglich, die Umsatzsteigerung durch die Werbemaßnahme genau zu ermitteln.

© Robert Kneschke – stock.adobe.com

Kap. 1.4.3

Der Erfolg einer Werbemaßnahme kann aus diesen Gründen oft nur geschätzt werden. Es gibt aber Maßnahmen, die dem Einzelhändler helfen können, Rückschlüsse auf den Erfolg seiner Werbung zu ziehen. Je nach dem Werbeziel, das durch die Werbeaktion erreicht werden sollte, wird hierbei zwischen dem ökonomischen Werbeerfolg und dem nicht-ökonomischen Werbeerfolg einer Werbeaktion unterschieden.

### Maßnahmen zur Messung des Werbeerfolgs

| ökonomischer Werbeerfolg | nicht-ökonomischer Werbeerfolg |
|---|---|
| **Kontrolle der Abverkaufszahlen:** Die Abverkäufe für die beworbenen Artikel lassen sich über das Warenwirtschaftssystem abrufen und mit anderen Verkaufsperioden vergleichen. | **Vergleich der Kundenfrequenz:** Die Anzahl der Kunden wird pro Verkaufstag, Verkaufswoche oder Verkaufsmonat gezählt und mit vorherigen Perioden verglichen. |
| **Analyse der Kassenbons:** Die Auswertung der Kassenbons zeigt, ob die Kunden neben den beworbenen Produkten auch noch andere Produkte gekauft haben und ob es bei diesen auch zu Umsatzsteigerungen gekommen ist. | **Messen der Erinnerungsfähigkeit der Kunden:** Durch spezielle Verfahren (Recall-Verfahren), wie z. B. Bilderpuzzle oder Bilderzuordnungen, wird die reine Erinnerungsfähigkeit der Ziel- bzw. Testpersonen an Marken, Produkte oder Geschäfte getestet. |
| **Analyse der Kundenausgaben:** Anhand der Kassenbon-Analyse und einer eventuell vorhandenen Kundenkarte wird der durchschnittliche Kaufbetrag der Kunden ermittelt und den verschiedenen Abteilungen zugeordnet. | **Messen der Wiedererkennung bei den Kunden:** Durch Wiedererkennungsverfahren (Recognition-Tests) wird die Gedächtniswirkung der Werbung bei den Ziel- bzw. Testpersonen gemessen. |
| **Werberendite ermitteln:** Der Werbeerfolg wird rechnerisch ermittelt, indem die Kosten der Werbemaßnahme ins Verhältnis gesetzt werden zu der durch die Werbemaßnahme erzeugten Umsatzsteigerung. Ist der Umsatzzuwachs größer als die durch die Werbeaktion entstandenen Kosten, war die Werbemaßnahme erfolgreich: $\text{Werberendite} = \frac{\text{Umsatzsteigerung}}{\text{Werbekosten für die Werbeaktion}}$ | **Image-Analyse:** Der Gesamteindruck eines Unternehmens, einer Marke oder eines Produktes wird analysiert, indem der Bekanntheitsgrad und die Beliebtheit eines Unternehmens, einer Marke oder eines Produktes erforscht werden. |
| Die Maßnahmen basieren auf einer Auswertung betrieblicher Kennzahlen, die u. a. aus dem Warenwirtschaftssystem abgerufen werden können. | Die Maßnahmen basieren u. a. auf Umfragen, Statistiken und verschiedenen psychologischen Analyseverfahren. |



## Messung des Werbeerfolgs von Online-Werbung

© Kaspars Grinvalds – stock.adobe.com

Die Erfolgsmessung von Werbung auf Websites kann auf zwei Arten erfolgen:

- Bei der serverseitigen Methode werden die Nutzungsvorgänge über die Verbindungsdaten aufgezeichnet. Sie werden in dem Serverprotokoll, den sogenannten Log-Files, permanent aufgezeichnet. Aus der Analyse der Log-Files können Kennzahlen abgeleitet werden, die für die Erfolgsmessung von Werbung herangezogen werden können.
- Bei der nutzerseitigen Methode werden Daten der Internet-Nutzer erhoben, wie z. B. die Anzahl und Struktur der Website-Besucher, die Motive für den Besuch einer Website oder die qualitative Bewertung von Websites durch den Besucher.

## Maßnahmen zur Messung des Werbeerfolgs von Websites (Auswahl)

### Messung mithilfe serverseitiger Kennzahlen

| | |
|---|---|
| **Visits** | Misst die Anzahl der Zugriffe auf mindestens eine Seite eines Online-Angebotes in einem bestimmten Zeitraum (z. B. einen Monat). |
| **Ad Impressions** | Misst, wie oft eine Werbung, z. B. ein Banner auf einer Unterseite, angezeigt wurde. |
| **Ad Clicks** | Gibt an, wie oft ein Werbebanner angeklickt wurde. |
| **Conversionsrate** | Gibt die Rate der Kaufhandlungen an, die durch eine Banner-Werbung zustande gekommen ist (Verhältnis der Anzahl der Bestellungen zu den Ad Clicks). |
| **TKP** | Bezeichnet den Tausend-Kontakte-Preis und gibt an, was 1000 Ad Clicks oder 1000 Ad Impressions auf einer Website kosten. |
| **CPC** | CPC (costs per click) bezeichnet einen festgelegten Preis, den der Werbetreibende je Klick auf eine von ihm geschaltete Online-Werbung an den Seitenbetreiber zahlt. |

Die Kennzahlen basieren auf Nutzungsdaten des Internets. Onlinemedien protokollieren die Zugriffe von Anwendern auf eine Website und die dort platzierte Werbung. In Deutschland stellt die IVW (www.ivw.de) monatlich die aktuellen Zugriffszahlen für die meistbesuchten Websites zur Verfügung. Unternehmen können sie für ihre Werbeplanung im Internet nutzen.

WWW

### Messung mithilfe nutzerseitiger Kennzahlen

| | |
|---|---|
| **Online-Panels[7]:**<br><br>**Nielsen//<br>Net-Ratings**<br><br>**netValue** | Liefern Daten über die Reichweiten von Websites und die Merkmale der Besucher. |
| **Unique User (Unique Visitor)** | Zeigt an, wie viele Nutzer in einem bestimmten Zeitraum mindestens einen Kontakt mit einem Online-Werbeträger hatten. |

Die Kennzahlen basieren auf einer elektronischen Aufzeichnung der Internet-Nutzung und Befragung (Online-Panels oder Befragungen auf Websites).

7 Ein Online-Panel ist eine Gruppe von registrierten Personen, die sich bereit erklärt haben, wiederholt an Online-Studien teilzunehmen.

Für die Erfolgsmessung von Werbung in Social Media-Kanälen stehen ebenfalls einige Maßnahmen bzw. Kennzahlen zur Verfügung.

| Maßnahmen zur Messung des Werbeerfolgs in Social Media-Kanälen (Auswahl) | |
|---|---|
| **Anzahl der Seitenaufrufe** | Misst die Aufmerksamkeit der Nutzer. |
| **Anzahl der Kommentare, Ratings, Weiterempfehlungen** | Misst die Interaktion (Teilhabe, Mitwirkung) der Nutzer mit dem Unternehmen, der Marke oder dem Produkt. |
| **Zahl der Empfehlungen in Social Bookmarking-Diensten, Links auf die eigenen Inhalte (Blogbeiträge, Youtube-Videos)** | Misst die Bedeutung der Inhalte für die Nutzer der Plattform bzw. die Wertschätzung, die diese ihr entgegenbringen. |
| **Zahl der Fans der eigenen Facebook-Seite, der Twitter-Follower, der Blogbeitrags- oder Podcast-Abonnenten** | Indiz für die (organische, d. h. nicht durch Werbung erzielte) Reichweite der eigenen Inhalte auf diesen Plattformen. |
| Die Kennzahlen basieren auf elektronischen Aufzeichnungen der Social Media-Plattformen. | |

## 1.5 Grenzen der Werbung[8]



Bei der Planung seiner Werbeaktionen sollte der Einzelhändler stets die geltenden Rechtsvorschriften berücksichtigen.

© Tribalium – stock.adobe.com

Ein spezielles Werberecht, das alle Aspekte von Werbung abdeckt, existiert allerdings nicht. Es gibt nur eine Reihe von Einzelgesetzen. Die wichtigsten gesetzlichen Regelungen darunter sind:

- das Gesetz gegen den unlauteren Wettbewerb (UWG)
- die Datenschutzgrundverordnung (DSGVO)
- ein paar spezielle Regelungen für einzelne Bereiche und Aspekte der Werbung

Neben den gesetzlichen Vorschriften existieren noch:

- einige Selbstbeschränkungen, an denen sich die Wirtschaft freiwillig orientiert
- weitere rechtliche Regelungen und staatliche und nicht staatliche Einrichtungen, die den Verbraucher besonders schützen und informieren sollen

8 Neben den in diesem Kapitel beschriebenen Gesetzen und rechtlichen Bestimmungen für den Unternehmer und Einzelhändler sowie den gesetzlichen Regelungen und staatlichen und nicht staatlichen Einrichtungen zum Verbraucherschutz gibt es noch eine Fülle von weiteren Gesetzen und Regelungen. Die hier getroffene Auswahl stellt keinen Anspruch auf Vollständigkeit. Die Beschreibungen konzentrieren sich auf wichtige Aspekte für den Einzelhandel und für den Verbraucher und werden vereinfacht dargestellt.

## 1.5.1 Gesetzliche Einschränkungen und Verbote

### Gesetz gegen den unlauteren Wettbewerb (UWG)

Gesetz gegen den unlauteren Wettbewerb (UWG) (www.gesetze-im-internet.de/uwg)

Das wichtigste Gesetz für den werbenden Einzelhändler stellt das Gesetz gegen den unlauteren Wettbewerb (UWG) dar. Es regelt das Marktverhalten der einzelnen Unternehmen und sollte vom Einzelhändler bei der Planung seiner Werbung unbedingt berücksichtigt werden.

© xmasarox – stock.adobe.com

Das Gesetz gegen den unlauteren Wettbewerb ist am 1. Juli 1896 in Kraft getreten und wurde im Februar 2016 neugefasst.

§ 1 UWG

Der Zweck des Gesetzes wird in § 1 des UWG definiert:

§

**Gesetz gegen den unlauteren Wettbewerb (UWG)**
**§ 1 Zweck des Gesetzes**

Dieses Gesetz dient dem Schutz der Mitbewerber, der Verbraucherinnen und Verbraucher sowie der sonstigen Marktteilnehmer vor unlauteren geschäftlichen Handlungen. Es schützt zugleich das Interesse der Allgemeinheit an einem unverfälschten Wettbewerb.

Bundesamt für Justiz (https://www.gesetze-im-internet.de/uwg_2004/index.html)



§ 3 UWG

Nach § 3 ist eine Geschäftshandlung unlauter, wenn
- die fachliche Sorgfalt außer Acht gelassen wird
- und das wirtschaftliche Verhalten der Verbraucher spürbar beeinträchtigt wird.

**Merke**

Das Gesetz gegen den unlauteren Wettbewerb soll
- die Verbraucher,
- die Mitbewerber am Markt und
- die Allgemeinheit vor unlauteren geschäftlichen Handlungen schützen.

Der veraltete Begriff „unlauter" ist im Sinne von „gegen die guten Sitten", „unehrlich" oder „unfair" gemeint.

§

**Gesetz gegen den unlauteren Wettbewerb (UWG) § 3 Verbot unlauterer geschäftlicher Handlungen**

(1) Unlautere geschäftliche Handlungen sind unzulässig.

(2) Geschäftliche Handlungen, die sich an Verbraucher richten oder diese erreichen, sind unlauter, wenn sie nicht der unternehmerischen Sorgfalt entsprechen und dazu geeignet sind, das wirtschaftliche Verhalten des Verbrauchers wesentlich zu beeinflussen.

(3) Die im Anhang dieses Gesetzes aufgeführten geschäftlichen Handlungen gegenüber Verbrauchern sind stets unzulässig.

[...]

Bundesamt für Justiz (https://www.gesetze-im-internet.de/uwg_2004/index.html)

In den Paragraphen 4 bis 7 des UWG werden die verschiedenen Arten unlauterer Handlungen (Beispieltatbestände) im Einzelnen aufgeführt und näher beschrieben: §4–7 UWG

## Gesetz gegen den unlauteren Wettbewerb (UWG) (Auswahl[9])

### Verbot unlauterer geschäftlicher Handlungen (§3 UWG)

**§3 UWG** enthält ein **Generalverbot** unlauterer geschäftlicher Handlungen gegenüber Verbrauchern.

Im **Anhang zu §3 UWG**, der sogenannten „Schwarzen Liste", wird die Generalklausel weiter erläutert, indem **Beispielfälle** aufgeführt werden, die als unlautere geschäftliche Handlung gelten.

### Mitbewerberschutz (§4, §4a UWG)

**Unlautere geschäftliche Handlungen gegenüber Mitbewerbern:**
- Kennzeichen, Waren, Dienstleistungen, Tätigkeiten oder persönliche oder geschäftliche Verhältnisse eines Mitbewerbers werden **herabgesetzt** oder **verunglimpft**.
- Waren oder Dienstleistungen werden angeboten, die eine **Nachahmung** der Waren oder Dienstleistungen eines Mitbewerbers sind.
- Mitbewerber werden **gezielt behindert**.

**Aggressive geschäftliche Handlungen gegenüber Verbrauchern und sonstigen Marktteilnehmern:**
- Die **Entscheidungsfreiheit** des Verbrauchers oder sonstiger Marktteilnehmer wird **erheblich beeinträchtigt** durch Belästigung, Nötigung einschließlich der Anwendung körperlicher Gewalt oder unzulässiger Beeinflussung.
- Die Verbraucher oder sonstige Marktteilnehmer werden auch ohne Anwendung oder Androhung von körperlicher Gewalt in einer Weise **beeinflusst**, die ihre **Fähigkeit zu einer informierten Entscheidung** wesentlich **einschränkt**.
- Die geschäftliche Unerfahrenheit von **Kindern und Jugendlichen** oder **Unglückssituationen von Verbrauchern** werden **ausgenutzt**.

### Irreführende geschäftliche Handlungen (§5, §5a UWG)

**Unlauter handelt, wer eine irreführende geschäftliche Handlung vornimmt, die geeignet ist, den Verbraucher oder sonstige Marktteilnehmer zu einer geschäftlichen Entscheidung zu veranlassen,**
**die er andernfalls nicht getroffen hätte.**

Eine **geschäftliche Handlung** ist **irreführend**, wenn
- sie **unwahre Angaben** oder sonstige **zur Täuschung geeignete Angaben** macht, z. B. über
  - das eigene Unternehmen,
  - die wesentlichen Merkmale der Ware oder Dienstleitung,
  - den Anlass des Verkaufs,
  - Rechte des Käufers, insbesondere Garantieversprechen.
- **irreführend geworben wird**, indem z. B. ein Preis nur für eine unangemessen kurze Zeit herabgesetzt wird (Lockvogelwerbung).
- im Rahmen einer vergleichenden Werbung eine **Verwechslungsgefahr** mit einem **Produkt** oder einer **Marke** eines **Mitbewerbers** hervorgerufen wird.
- die Entscheidungsfähigkeit des Verbrauchers dadurch beeinflusst wird, indem ihm eine **wesentliche Information vorenthalten** wird.

9 Bei dieser tabellarischen Darstellung des UWG handelt es sich um eine Auswahl und Vereinfachung. Der vollständige Gesetzestext kann nachgelesen werden auf der Homepage des Bundesamtes für Justiz: https://www.gesetze-im-internet.de/uwg_2004/index.html.

### Unlautere vergleichende Werbung (§ 6 UWG)

**Vergleichende Werbung ist grundsätzlich zulässig. Unzulässig ist vergleichende Werbung, wenn sie**

- sich **nicht** auf **Waren** oder **Dienstleistungen** für den gleichen Bedarf oder **dieselbe Zweckbestimmung** bezieht,
- **nicht objektiv** auf eine oder mehrere wesentliche, relevante, **nachprüfbare und typische Eigenschaften** oder den Preis dieser Waren oder Dienstleistungen **bezogen** ist,
- den **Ruf** des von einem Mitbewerber verwendeten **Kennzeichens** in unlauterer Weise **ausnutzt**
  oder beeinträchtigt.

### Unzumutbare Belästigungen (§ 7 UWG)

**Eine geschäftliche Handlung, durch die ein Marktteilnehmer in unzumutbarer Weise belästigt wird,
ist unzulässig.**

Eine **unzumutbare Belästigung** liegt vor

- bei **Werbung** mit einem **Telefonanruf** gegenüber einem Verbraucher **ohne** dessen vorherige **ausdrückliche Einwilligung** oder gegenüber einem sonstigen Marktteilnehmer ohne dessen zumindest mutmaßliche Einwilligung,
- bei **Werbung** unter Verwendung einer **automatischen Anrufmaschine**, eines **Faxgerätes** oder **elektronischer Post**, **ohne** dass eine vorherige **ausdrückliche Einwilligung** des Adressaten vorliegt,
- bei **Werbung** mit einer **Nachricht**, bei der die **Identität des Absenders**, in dessen Auftrag die Nachricht übermittelt wird, **verschleiert** oder **verheimlicht** wird.



Liegen Verstöße gegen das UWG vor, können u. a. Mitbewerber, Verbraucherzentralen sowie Wirtschafts- und Fachverbände dagegen vorgehen und auf Antrag (sogenannte Abmahnung) beim Wettbewerbsverletzer eine Unterlassung seines wettbewerbswidrigen Verhaltens erwirken. Unterlässt der Wettbewerbsverletzer sein wettbewerbswidriges Verhalten nicht, können die Verstöße auf Antrag des Abmahnenden staatsanwaltlich verfolgt werden.

© bluedesign – stock.adobe.com

**Verboten** nach UWG sind:

- irreführende, unwahre Angaben über Produkte, Anlass des Verkaufs, Testergebnisse oder Gütezeichen
- geschäftsschädigende Behauptungen über Mitbewerber
- Druckausübung auf Käufer und Erzeugung von Angst
- Ausnutzung der Unerfahrenheit von Kindern und Jugendlichen
- Ausnutzung der Leichtgläubigkeit oder einer Zwangslage von Verbrauchern

Merke

**Nicht** verboten nach UWG sind:

- korrekte Preisgegenüberstellungen
- vergleichende geschäftliche Handlungen, die nachprüfbar und nicht irreführend sind
- Jubiläums-, Räumungs- und Saisonverkäufe
- Direktwerbung per Brief
- Direktwerbung per E-Mail, Telefon oder Fax, sofern die Zustimmung des Verbrauchers vorliegt

Merke

## Datenschutzgrundverordnung (DSGVO)

Seit dem 25. Mai 2018 gelten neue Regeln beim Datenschutz, die jeder Einzelhändler, Unternehmer und Betreiber von Webseiten kennen und beachten sollte. Die neue Datenschutzgrundverordnung (DSGVO) gilt in allen Mitgliedsstaaten der Europäischen Union und ersetzt das bisherige Bundesdatenschutzgesetz.

Datenschutzgrundverordnung (DSGVO) (https://dsgvo-gesetz.de/)

Der Zweck des neuen Gesetzes liegt darin, dass nicht vorrangig die Daten geschützt werden sollen, sondern die Person, um deren Daten es geht. Entsprechend ist nach der DSGVO die Nutzung personenbezogener Daten grundsätzlich verboten, wenn sie nicht ausnahmsweise erlaubt ist. Personenbezogene Daten sind z. B. der Name, die Adresse, die Telefonnummer, die E-Mail-Adresse, Ausweisnummer und Abbildungen auf Fotografien.

Ein Unternehmen, das die Daten einer Person (Mitarbeiter, Kunde) nutzen möchte, muss die Person über den Zweck, die Rechtsgrundlage und die Dauer der Nutzung aufklären und eine Einwilligung von der betroffenen Person einholen. Damit ist ein automatisiertes Ansammeln von Daten über eine Person nicht mehr erlaubt.

> Verbot nach der Datenschutzgrundverordnung (DSGVO): Ohne Zustimmung dürfen Daten von Verbrauchern nicht mehr verwendet werden.
>
> **Merke**

## Rechtliche Bestimmungen für die Online-Werbung

Ein eigenes und einheitliches Internetrecht gibt es nicht. Es gibt stattdessen eine Reihe einzelner Rechtsbestimmungen, die verschiedene Bereiche des Internets betreffen.

Grundsätzlich gelten aber für Unternehmen und Einzelhändler im Internet dieselben gesetzlichen Vorschriften wie außerhalb des Internets. Entsprechend müssen sie sich bei ihren geschäftlichen Handlungen im Internet generell an die Bestimmungen des UWG und der Datenschutzgrundverordnung halten.

Kap. 1.4.6

Die wichtigsten Werbemittel des Internets sind E-Mails, Websites und Social Media-Plattformen. Für sie müssen Unternehmer und Einzelhändler weitere rechtliche Regelungen beachten:

Urheberrechtsgesetz (UrhG) (www.gesetze-im-internet.de/urhg)

Markengesetz (MarkenG) (www.gesetze-im-internet.de/markeng/)

Telemediengesetz (§5 Abs. 1 TMG)

(www.gesetze-im-internet.de/tmg/)

**Rechtliche Regelungen für Werbemittel des Internets**

| | |
|---|---|
| **Urheberrecht (UrhG)** | Bei der Verwendung von fremden Inhalten (Texten, Bildern, Fotos, Grafiken, Videos, Musik) zu Werbezwecken im Internet müssen die Bestimmungen des Urheberrechts eingehalten werden. Urheber ist man, wenn man ein Werk erschafft. Das Werk kann ein Bild, ein Foto, ein Text oder ein Musikstück sein. Möchte ein Online-Händler Bilder/Fotos oder Texte für seine Webseite verwenden, die mit einem Urheberrecht belegt sind, muss er vorab klären, ob er die Genehmigung zur Verwendung erhalten kann. |
| **Recht am eigenen Bild** | Die Veröffentlichung von Fotos im Internet, auf denen Personen abgebildet sind, ist grundsätzlich nur mit der Einwilligung der Abgebildeten erlaubt. Das Recht am eigenen Bild (auch Bildnisrecht) besagt, dass jeder Mensch grundsätzlich selbst darüber bestimmen darf, ob und in welchem Zusammenhang Bilder von ihm veröffentlicht werden. |
| **Markengesetz (MarkenG)** | Bei der Erstellung einer Website oder beim Einrichten eines Accounts (Zugang) auf Social Media-Plattformen ist es notwendig, einen Domainnamen zu wählen. Hierbei müssen fremde Marken- oder Namensrechte nach dem Markengesetz (MarkenG) beachtet werden. |
| **Telemediengesetz (TMG)** | Für Websites, E-Mails und E-Mail-Newsletter gilt in Deutschland und Österreich die Informationspflicht. In Deutschland ist dies im Telemediengesetz (§5 Abs. 1 TMG) verankert, in Österreich im E-Commerce-Gesetz (§5 Abs. 1 ECG). Demnach sind im Impressum anzugeben: Name und Anschrift der Firma, die Geschäftsführung oder der Vorstand, die E-Mail-Adresse sowie Angaben über die zuständige Aufsichtsbehörde, das Handelsregister und die USt-Identifikationsnummer. |

| | |
|---|---|
| **Vertrauensdienstgesetz (VDG)** | Rechtsrelevante Mails benötigen eine qualifizierte elektronische Signatur, die das Pendant (Entsprechung) zur handschriftlichen Unterschrift darstellt. Geregelt wird dies in dem seit Juli 2017 geltenden Vertrauensdienstgesetz (VDG). Das Vertrauensdienstgesetz hat das bis dahin geltende Signaturgesetz (SigG) abgelöst. |
| **Spaming-Verbot** | Beim E-Mail-Versand zu Werbezwecken gilt in Deutschland das Spamming-Verbot. Demnach darf keine vom Adressaten unaufgeforderte E-Mail zu Werbezwecken versandt werden (§7 Abs. 2 UWG). Der Adressat muss demnach einem Versand zustimmen oder er hat bei einem vorherigen Kauf dem Werbenden seine Kontaktdaten zur Verfügung gestellt. Bei Letzterem muss er aber die Möglichkeit zum Widerruf haben. Beim Versenden eines E-Mail-Newsletters bedarf es sogar einer Bestätigung per E-Mail durch den Adressaten. |

Vertrauensdienstgesetz (VDG) (www.gesetze-im-internet.de/vdg/)

## 1.5.2 Freiwillige Selbstbeschränkungen der Wirtschaft

### EASA und Deutscher Werberat

In Deutschland und in fast allen anderen europäischen Ländern gibt es neben den gesetzlichen Regelungen für Werbung weitere freiwillige Selbstbeschränkungsrichtlinien der Wirtschaft. Der Sinn dieser Selbstbeschränkungen liegt darin, dass weitere gesetzliche Regelungen und Verbote verhindert werden sollen.



Die EASA (European Advertising Standards Alliance) ist die Dachorganisation aller europäischer Selbstbeschränkungsorgane. In Deutschland überwacht der Deutsche Werberat die Einhaltung der Richtlinien.

EUROPEAN ADVERTISING STANDARDS ALLIANCE EUROPEENNE POUR L'ETHIQUE EN PUBLICITE

EASA (European Advertising Standards Alliance) (www.easa-alliance.com)

Der Deutsche Werberat hat für einzelne Bereiche bzw. Themen, die für die Gesellschaft von besonderer Bedeutung sind, Verhaltensregeln für einen unlauteren, fairen Wettbewerb aufgestellt. Zu den einzelnen Themen gehören u. a.:

- Werbung mit und vor Kindern
- Herabwürdigung und Diskriminierung von Personen
- Kommerzielle Kommunikation für alkoholhaltige Getränke

DEUTSCHER WERBERAT

Deutscher Werberat (www.werberat.de)

Es hat jeder Bürger das Recht, beim Deutschen Werberat eine Beschwerde über unlautere oder diskriminierende Werbung einzulegen. Seit Jahrzehnten führen immer wieder die gleichen Anlässe zu Beschwerden beim Deutschen Werberat.

## Kritik an der Werbung

Im Jahr 2018 zählte der Deutsche Werberat 702 Beschwerdefälle von Bürgern gegen herabsetzende, gewaltverherrlichende oder kindergefährdende Werbung.

**Warum? - Hauptgründe für die Beschwerden**

| | |
|---|---|
| Geschlechterdiskriminierende Werbung | 261 |
| Ethik und Moral | 61 |
| Gefährdung von Kindern und Jugendlichen | 27 |
| Diskriminierung von Personengruppen | 21 |
| Nachahmungsgefahr gefährlichen/unsozialen Verhaltens | 18 |

**Was passierte mit den Beschwerden?**

702 Beschwerdefälle zur Prüfung

davon

in 462 Fällen wurde entschieden | 240 Fälle wurden wegen anderer Zuständigkeiten weitergeleitet*

338 Beschwerden wurden **abgelehnt**

124 Beschwerden wurde **zugestimmt**: → 108 Unternehmen beendeten ihre Werbung oder änderten sie → 16 Unternehmen reagierten nicht und wurden öffentlich gerügt

*Werberat nicht zuständig, z. B. bei Parteiwerbung, Kritik am beworbenen Produkt oder Verstoß gegen Werbeverbot
Quelle: Deutscher Werberat

## 1.5.3 Verbraucherschutz

Neben dem UWG, dem Gesetz zum Datenschutz und den freiwilligen Selbstbeschränkungen der Wirtschaft gibt es noch weitere Gesetze und staatliche und nicht staatliche Einrichtungen, die den Verbraucher besonders schützen und informieren sollen.

### Produktsicherheitsgesetz (ProdSG)

Das Produktsicherheitsgesetz (ProdSG) ist seit Dezember 2011 in Kraft und ersetzt das Geräte- und Produktsicherheitsgesetz (GPSG).

Das Produktsicherheitsgesetz (ProdSG) gibt Regelungen für das Bereitstellen und die Sicherheit von Produkten und technischen Arbeitsmitteln auf dem Markt vor und überwacht deren Kontrolle und Kennzeichnung. Dadurch soll für Verbraucher gewährleistet werden, dass nur sichere Produkte auf den Markt gebracht werden. Die geprüften und als sicher eingestuften Produkte werden mit dem Prüfzeichen „Geprüfte Sicherheit (GS) gekennzeichnet.

Muster eines von DGUV Test vergebenen GS-Zeichens, KPZ = Kürzel der Prüf- und Zertifizierungsstelle

Produktsicherheitsgesetz (ProdSG) (www.gesetze-im-internet.de/prodsg_2011/ProdSG.pdf)



**Merke**

Laut ProdSG ist der **Hersteller** hauptverantwortlich für die Sicherheit seiner Produkte und Geräte.
Er ist dazu verpflichtet:

- dem Verbraucher die notwendigen Informationen für eine sichere Verwendung bzw. Inbetriebnahme eines Produktes oder Gerätes zur Verfügung zu stellen (z. B. verständliche Gebrauchsanleitung) und
- seine Kontaktanschrift (Name und Adresse) oder die des Importeurs auf dem Produkt oder Gerät anzugeben.

**Merke**

Aber auch der Einzelhändler ist nach dem Produktsicherheitsgesetz verpflichtet:

- ausschließlich sichere Produkte zu verkaufen und
- kein Produkt zu verkaufen, von dem er weiß, dass es nicht sicher ist, bzw. von dem er anhand der vorliegenden oder veröffentlichten Informationen wissen müsste, dass es nicht sicher ist.

Lebensmittel-Informationsverordnung (LMIV) (www.bmel.de/DE/Ernaehrung/Kennzeichnung/Verpflichtende-Kennzeichnung/Allgemeine_Kennzeichnungsvorschriften/_Texte/DossierKennzeichnung.

## Lebensmittel-Informationsverordnung (LMIV)

Die Lebensmittel-Informationsverordnung (LMIV) regelt einheitlich für alle Länder der Europäischen Union, welche Informationen jede Lebensmittelverpackung grundsätzlich tragen muss.

Der Zweck der LMIV ist die Information und der Gesundheitsschutz der Verbraucher. Allergiker sind z. B. auf eine genaue Kennzeichnung der Inhaltsstoffe angewiesen, um zu verhindern, dass bei ihnen allergische Reaktionen ausgelöst werden. Vorgeschrieben sind u. a. folgende Angaben:

- Bezeichnung (Art) des Lebensmittels
- Zusammensetzung bzw. Zutatenverzeichnis
- Allergenkennzeichnung
- Nährwertkennzeichnung (ab 2016)
- Mindesthaltbarkeitsdatum oder Verbrauchsdatum
- Mengenangabe
- Firmenname und Anschrift des Lebensmittelunternehmens
- Preisangabe

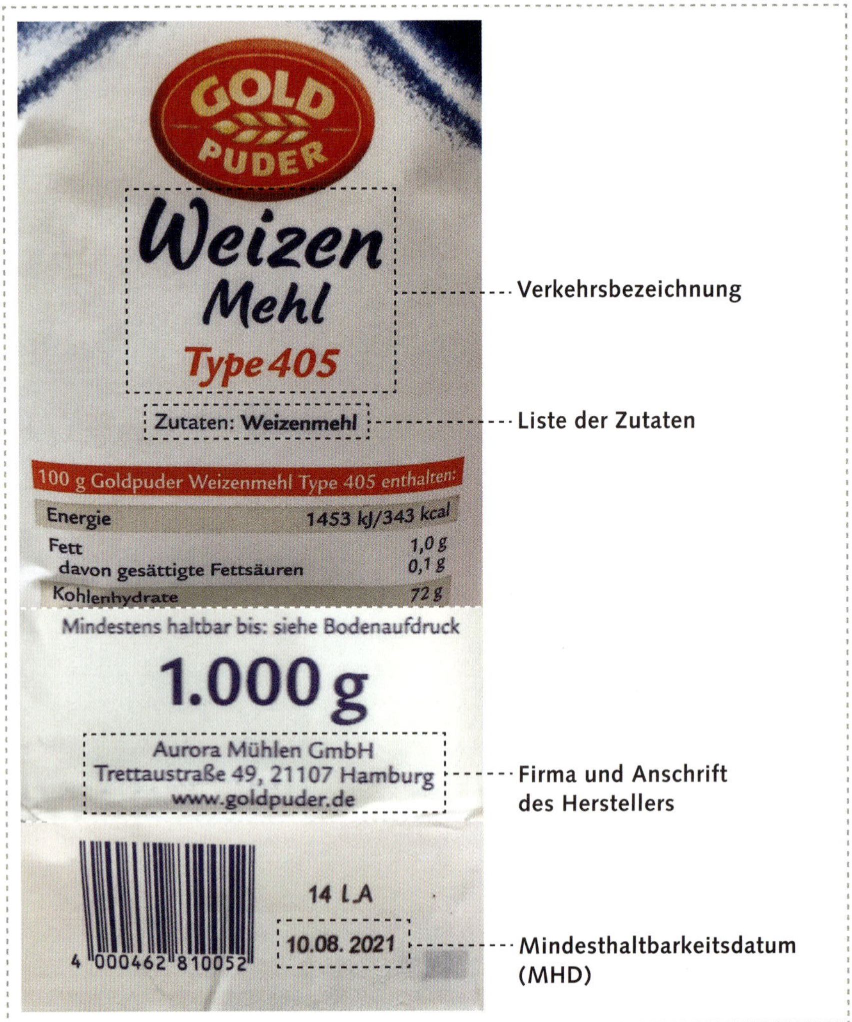




Elemente der Kennzeichnung auf einer Mehlpackung

## Preisangabenverordnung (PAngV)

Der Zweck der Preisangabenverordnung (PAngV) liegt darin, für den Verbraucher Preiswahrheit und Preisklarheit und damit eine Vergleichsmöglichkeit zu schaffen.

© Torbz – stock.adobe.com

**Merke**

Der Einzelhändler ist verpflichtet, den Preis gegenüber den Verbrauchern immer einschließlich der Umsatzsteuer anzugeben (Endpreis). Die reine Angabe von Nettopreisen ist dem Einzelhändler nicht erlaubt.

Preisangabenverordnung (PAngV) (www.gesetze-im-internet.de/pangv)

LF 4, Kap. 2.4

## Verbraucherinformationsgesetz (VIG) und Verbraucherzentralen

Das Verbraucherinformationsgesetz soll die Verbraucherrechte stärken und gibt jedem Bürger das Recht, sich bei staatlichen Behörden nach Lebensmitteln und Produkten des täglichen Lebens zu erkundigen und beispielsweise nach deren Zusammensetzung oder Herstellungsbedingungen zu fragen. Die Behörden ihrerseits dürfen Informationen zu Produkten weitergeben, bei denen es z.B. zu Überschreitungen von Grenzwerten bei Belastungen durch Pflanzenschutzmittel gekommen ist. Die Behörden dürfen auch den Namen des jeweiligen Herstellers veröffentlichen.

© bodnarphoto – stock.adobe.com

Verbraucherinformationsgesetz (VIG) (www.gesetze-im-internet.de/vig)

Für Verbraucher gibt es außerdem die Möglichkeit, bei den Verbraucherzentralen der 16 Bundesländer Beratung zu erhalten und Informationen zu Fragen des Verbraucherschutzes einzuholen. Die Verbraucherzentralen helfen auch bei Rechtsfragen und vertreten die Interessen der Verbraucher auf Landesebene.

verbraucherzentrale

Verbraucherzentrale (www.verbraucherzentrale.de)

## Verbraucherorganisation Stiftung Warentest

Die Stiftung Warentest ist eine unabhängige Verbraucherorganisation, die seit 1964 Produkte und Dienstleistungen des deutschen Handels testet und deren Gebrauchswert und Nutzen vergleicht.

Die Stiftung Warentest finanziert sich vor allem durch den Verkauf der Monatszeitschrift „test“, in der sie ihre Testergebnisse regelmäßig veröffentlicht.

© Stiftung Warentest, Berlin

Stiftung Warentest (www.test.de/Stiftung/Warentest)

Aufgaben

1. Welche Bedeutung hat Werbung für den Einzelhändler?
2. Erläutern Sie die Bedeutung und die Unterschiede der folgenden Marktkommunikationsinstrumente: klassische Werbung/Absatzwerbung, Verkaufsförderung und Direktwerbung.
3. Was ist das Ziel der klassischen Werbung/Absatzwerbung und worin liegen ihre Aufgaben?
4. Nennen Sie Beispiele aus Ihrem Ausbildungsbetrieb für Einzelwerbung, Kollektivwerbung, Direktwerbung und Massenwerbung.
5. Nennen/Recherchieren Sie jeweils ein Werbebeispiel aus Ihrer Branche, bei dem die Werbegrundsätze Wahrheit und Klarheit sowie gesellschaftliche Verantwortung nicht eingehalten wurden.
6. Warum ist es wichtig, für eine Werbemaßnahme einen Werbeplan zu erstellen?
7. Erläutern Sie die zentralen Fragestellungen der sieben Phasen der Werbeplanung.
8. Welche Werbemittel und welche Werbeträger werden in Ihrem Unternehmen häufiger eingesetzt? Welche seltener oder gar nicht? Erstellen Sie eine Liste.
9. Was besagt die AIDA-Formel?
10. Erklären Sie die Begriffe „Streumedium“, „Streuzeit“ und „Streugebiet“.
11. Betrachten Sie das Werbeplakat der Firma Landliebe. Welche Gestaltungselemente werden hier eingesetzt? Welche Wirkung haben sie? Welche Assoziationen und Gefühle wecken sie bei Ihnen als Betrachter? Was ist die Werbebotschaft und wer ist die Zielgruppe?
12. Nennen Sie drei Gründe, warum die Kontrolle des Werbeerfolgs für den Einzelhändler sinnvoll ist.
13. Welche Maßnahmen stehen dem Einzelhändler zur Verfügung, um a) den ökonomischen Weberfolg und b) den nicht-ökonomischen Werbeerfolg einzuschätzen?
14. Worin bestehen die Vorteile des Gesetzes gegen den unlauteren Wettbewerb (UWG) a) für den Einzelhändler, b) für den Mitbewerber und c) für den Verbraucher?
15. Entscheiden Sie, ob folgende Fälle nach dem Gesetz gegen den unlauteren Wettbewerb (UWG) erlaubt sind. Begründen Sie Ihre Entscheidung.
    a) Eine Boutique-Besitzerin in einer Kölner Fußgängerzone behauptet über eine Mitbewerberin, die ihr Geschäft auf der gegenüberliegenden Straßenseite hat, sie verkaufe statt der angepriesenen Designer-Mode nur nachgemachte Billigware.
    b) Ein Schuhgeschäft in einem Bonner Einkaufszentrum feiert 25-jähriges Firmenjubiläum und bietet seinen Kunden für einen Zeitraum von einer Woche einen Rabatt von 20 % auf alle Schuhe an.
    c) Sie erhalten einen Werbe-Telefonanruf von einem Ihnen unbekannten Versandhandel und fühlen sich belästigt.

16. Ihr Ausbildungsbetrieb möchte für ein Werbeplakat ein Foto eines bekannten Fotomodells verwenden. Ist das nach dem Urheberrechtsgesetz (UrhG) zulässig?

17. In Ihrem Ausbildungsbetrieb sollen Sie an der Erstellung der neuen Website mitarbeiten. Alle Mitarbeiter und Auszubildende sollen auf der Website mit einem Foto vorgestellt werden.
   a) Welche Voraussetzung muss dafür nach der Datenschutzgrundverordnung (DSGVO) erfüllt werden?
   b) Welche besonderen rechtlichen Regelungen für das Internet müssen Sie beachten?

18. Welche Funktion hat der Deutsche Werberat?

19. Welche Verpflichtung hat der Einzelhändler nach dem Produktsicherheitsgesetz (ProdSG)?

20. Welche Angaben müssen laut Lebensmittel-Informationsverordnung (LMIV) auf jeder Lebensmittelverpackung gemacht werden?

21. Welche Möglichkeiten stehen Verbrauchern zur Verfügung, um Informationen über Produkte zu erhalten?

Aufgaben



# 2 Maßnahmen zur Verkaufsförderung (Salespromotion) einsetzen

Dem Einzelhändler stehen neben der Absatzwerbung noch weitere Möglichkeiten zur Verfügung, mit denen er seinen Absatz kurzfristig spürbar steigern kann. Durch verschiedene Maßnahmen der Verkaufsförderung (Salespromotion) kann er den Verkauf ankurbeln, um

- höhere Verkäufe bestimmter Produkte zu erzielen und
- neue Produkte in der Einführungsphase beim Kunden bekannt zu machen.

Im Gegensatz zur Absatzwerbung, die außerhalb des Verkaufsraums des Einzelhändlers erfolgt, finden die Aktionen zur Verkaufsförderung im Verkaufsraum des Einzelhändlers statt, also am Kaufort oder Verkaufsort, dem sogenannten Point of Purchase[1] (POP) oder Point of Sale (POS).

Das Ziel der Verkaufsförderung liegt somit darin, die Werbeaktivitäten im Verkaufsraum fortzusetzen und zu verstärken. Die Verkaufsförderung im Geschäft soll dem Kunden den letzten Anstoß zum Kauf des Produktes geben oder ihn zu Impulskäufen anregen.

Während die Absatzwerbung auf eine langfristige Absatzsteigerung angelegt ist, ist die Verkaufsförderung kurzfristig angelegt. Sie soll schnell zu einer deutlichen Absatzsteigerung führen. Für den Erfolg des Einzelhändlers ist es am wirkungsvollsten, wenn er seine Verkaufsförderungsmaßnahmen mit Absatzwerbung kombiniert und beides aufeinander abstimmt.

Verkaufsförderung (Salespromotion) sind Maßnahmen, die der Einzelhändler in seinen Verkaufsräumen durchführen kann, um seinen Absatz kurzfristig spürbar zu steigern. Am erfolgreichsten sind verkaufsfördernde Maßnahmen in Kombination mit Absatzwerbung.

**Merke**

## 2.1 Kunden-, Händler- und Mitarbeiterpromotion

Je nachdem, wer angesprochen werden soll, unterscheidet man folgende Formen der Verkaufsförderung:

- Kundenpromotion (Consumer Promotion)
- Händlerpromotion
- Mitarbeiterpromotion (Staff Promotion)

### Kundenpromotion (Verbraucherpromotion)

Bei der Kundenpromotion werden die Kunden bzw. Konsumenten am Verkaufsort angesprochen, um den Verkauf kurzfristig zu fördern. Ziel der Kundenpromotion ist, den Kunden z. B. neue Produkte vorzustellen oder sie zum Kauf größerer Mengen oder zum Wechseln der Marke anzuregen.

Häufig werden die verkaufsfördernden Aktionen durch die Produkthersteller selbst, z. B. von Markenartikeln, oder durch Handelsorganisationen durchgeführt. Dies erfolgt in der Regel in Kooperation mit dem Einzelhändler, denn dieser stellt dann z. B. die Displays des Produktherstellers auf oder verteilt Produktproben.

© Tyler Olson – stock.adobe.com

1 Point of Purchase = der Ort des Einkaufs

**Beispiele Kundenpromotion:**
- *Verteilen von Produktproben und Gutscheinen*
- *Aktionspackungen*
- *Gewinnspiele, Preisausschreiben*
- *Produktpräsentationen*
- *Displaymaterial (Deckenhänger, Preisplakate)*
- *Lautsprecherdurchsagen*
- *Durchführen von Aktionen: Modenschau, Beratungen*

| Vorteile der Kundenpromotion | Nachteile der Kundenpromotion |
| --- | --- |
| schneller Verkaufserfolg | hohe Kosten und hoher Arbeitsaufwand |
| direkter Kontakt zum Kunden möglich | nur wenige Kunden können erreicht werden |

Da sowohl Einzelhändler als auch Verbraucher zunehmend Online-Kanäle nutzen, werden auch immer häufiger die verschiedenen Online-Plattformen für verkaufsfördernde Aktionen genutzt. So versuchen beispielsweise die Händler, ihre Kunden durch Online-Gewinnspiele auf ihre Webseiten zu locken, auf denen besondere Angebote oder Coupons zum Herunterladen als Kaufanreiz platziert sind.



## Händlerpromotion

Die Händlerpromotion wird von den Produktherstellern und Großhändlern durchgeführt. Sie richtet sich an die Einzelhändler und soll sie dazu anregen

- neue Produkte in das Sortiment aufzunehmen,
- die Produkte des Händlers verstärkt anzubieten,
- Produktbestände zu erhöhen und
- Zusatzartikel auf Lager zu legen.

**Beispiele Händlerpromotion:**
- *Gemeinschaftswerbung*
- *Gratiswaren*
- *Sonderkonditionen, Preisnachlässe*
- *Werbegeschenke (Incentives)*
- *Produktpräsentationen*
- *Dekomaterial*
- *Händlerwettbewerbe*
- *Gratiswaren*

## ■ Mitarbeiterpromotion (Verkaufspromotion)

Die Mitarbeiterpromotion soll die Motivation der Verkaufsmitarbeiter erhöhen und sie dazu anregen, sich für ein neues Produkt oder für die Gewinnung von neuen Kunden (Kundenaquisition) einzusetzen.

© Seventyfour – stock.adobe.com

**Beispiele Mitarbeiterpromotion:**

- *Verkaufswettbewerbe*
- *Mitarbeiterschulungen*
- *Informationsmaterial zu neuen Produkten*
- *Geschenke*
- *Verkaufstraining*
- *Prämien*

# 2.2 Coupons und Gutscheine

Auch Coupons und Gutscheine stellen zusätzliche verkaufsfördernde Mittel für den Einzelhändler dar.



## ■ Coupons

Durch einen Coupon gewährt der Händler einem ausgewählten Kundenkreis gegen Vorlage eines Coupons den Vorteil eines Rabattes oder einer Zugabe. Die Kunden erhalten die Coupons entweder im Geschäft oder durch Kundenbriefe oder Zeitungen.

© Rawpixel.com – stock.adobe.com

Coupons können von Einzelhändlern selbst ausgegeben werden. Häufig wird dem Einzelhändler aber der Wert des Coupons bzw. der Betrag des Preisnachlasses vom Produkthersteller erstattet.

Es gibt u. a. folgende Arten von Coupons:

| Coupon-Arten | Vorteile für Kunden |
|---|---|
| Rabatt-Coupons | Kunden wird beim Kauf ein Preisnachlass gewährt. |
| Bundling-Coupons | Kunden erhalten beim Kauf eines bestimmten Produktes eine kostenlose Zugabe („Buy-one-get-one-free" oder „two for one"). |

▶

| | |
|---|---|
| Treue-Coupons | Stammkunden erhalten z. B. eine Kunden- oder Bonuskarte, mit der sie einen Nachlass auf die Einkaufssumme erhalten. |
| Online-Couponing | Kunden erhalten einen Gutscheincode, den sie in einem Online-Shop bei einer Bestellung einlösen können. |
| Mobile-Couponing | Kunden können einen Coupon über ihr Smartphone (über SMS oder MMS) abrufen und beim Kauf einlösen. |

## Gutscheine

Einzelhändler können als weitere verkaufsfördernde Maßnahme Geschenkgutscheine verkaufen. Der Beschenkte kann seinen Gutschein bei dem entsprechenden Händler einlösen, indem er sich eine Ware im Wert des Gutscheins auswählt.

© vulcanus – stock.adobe.com

Für den Einzelhändler ist der Verkauf von Geschenkgutscheinen nicht nur eine Maßnahme zur Verkaufsförderung, sie bietet ihm auch die Möglichkeit, Neukunden zu gewinnen. War der Beschenkte bei seinem Besuch im Geschäft zufrieden, besteht die Wahrscheinlichkeit, dass er noch einmal wiederkommt.

© VDR – stock.adobe.com

Auch Online-Shops können Geschenkgutscheine als verkaufsfördernde Maßnahme zum Kauf anbieten. Gutscheine sind zudem ein geeignetes Mittel, um die Kunden aus dem Online-Shop in das Geschäft zu locken. Bietet der Online-Händler Click & Collect an, so kann der Kunde seine Ware im Internet bestellen und später im Geschäft abholen. Bei der Abholung kann ihm der Einzelhändler einen Gutschein für den nächsten Einkauf mitgeben.

## 2.3 Themenorientierte Aktionen und Preisaktionen

Zeitlich befristete themenorientierte Aktionen, wie z. B. „Ostermarkt" oder „Bayerische Woche", und Preisaktionen mit hohen Rabatten wie „Sale" sind geeignete Maßnahmen für den Einzelhändler, um die Kundenfrequenz und den Abverkauf kurzfristig spürbar zu erhöhen.

Bei themenorientierten Aktionen bündelt der Einzelhändler Artikel aus dem Sortiment nach einem ausgewählten Thema und präsentiert sie seinen Kunden häufig auch mit entsprechendem Dekomaterial. Damit verschafft er seinen Kunden nicht nur ein angenehmeres Einkaufserlebnis, sondern er kann dadurch die Breite seines Sortiments vorstellen und das Image seines Geschäftes steigern.

Beliebte Themen für Verkaufsaktionen sind u. a.:

| Themen von Verkaufsaktionen | Beispiele |
| --- | --- |
| Saisonale Verkaufsaktionen   | Frühling, Sommer, Herbst, Winter |
| Kulturelle Events   | Ostern, Weihnachten, Black-Friday, Halloween, Zeitumstellung, Neujahr, verkaufsoffener Sonntag, Feiertage, Thementage, Ferien |
| Individuelle Verkaufsaktionen   | Produkteinführung, Räumungsverkauf, Branchen-Event, Sonderaktionen |
| Alter oder neuer Standort des Unternehmens   | (Neu)Eröffnung, Jubiläum, Schließung, Umzug, Renovierung, Umbau, Vergrößerung, neue Filiale |



Durch Preisaktionen, bei denen der Einzelhändler bestimmte Artikel oder Sortimentsgruppen zu stark herabgesetzten Preisen anbietet, kann er schnell viele Kunden in sein Geschäft locken und seinen Umsatz steigern. Allerdings zeigt die Marktforschung, dass der Erfolg von Preisaktionen nur kurzfristig ist und die Kunden nach dem Ablauf der Aktion schnell wieder zu ihrem alten Kaufverhalten zurückkehren.

Aufgaben

1. Erläutern Sie, was unter „Verkaufsförderung" zu verstehen ist und welche Arten von Verkaufsförderung es gibt. Worin liegt der Unterschied von Verkaufsförderung und Absatzwerbung?
2. Welche verkaufsfördernden Maßnahmen setzt Ihr Ausbildungsbetrieb ein? Welche nicht und welche Gründe liegen dafür vor?
3. Welche Funktion erfüllen Gutscheine und Coupons für den Einzelhändler?
4. Welche themenorientierten Aktionen und Preisaktionen kann der Einzelhändler durchführen? Nennen Sie die Vor- und Nachteile solcher Aktionen für den Einzelhändler.

# 3 Die Verpackung der Ware auswählen



Die Verpackung ist für den Transport, den Verkauf und den Verbrauch vieler Waren unverzichtbar. Leider entsteht hierdurch aber viel Verpackungsmüll, der die Umwelt zunehmend belastet. Um dieser Entwicklung entgegenzuwirken, gibt es in Deutschland und Europa einige Regelungen und Gesetze zur Entsorgung des Verpackungsmülls, die der Einzelhändler kennen und berücksichtigen sollte.

## 3.1 Funktionen und Arten der Verpackung

Die Verpackung soll in erster Linie die Ware während des Transports schützen. Doch neben dieser technischen Schutzfunktion hat die Verpackung noch viele weitere wichtige Funktionen für den Hersteller, Einzelhändler und Verbraucher. Den verschiedenen Funktionen entsprechend gibt es mehrere Arten von Verpackungen.

### Funktionen der Verpackung

Die Verpackung hat viele verschiedene Funktionen und muss den unterschiedlichen Anforderungen von Herstellern, Einzelhändlern und Konsumenten gerecht werden.

## Funktionen der Verpackung

Kap. 1.5.1

| Funktion | Erläuterungen | Beispiel |
|---|---|---|
| **Transport- und Schutzfunktion** | Die Verpackung schützt die Ware während des Transports und der Lagerung oder im Verkaufsraum vor Beschädigung, Schmutz, Nässe, Licht, Sauerstoff, Austrocknung, Geruchsübertragung oder Berührungen der Kunden. |  |
| **Lagerungs-funktion** | Die Form der Verpackung sollte optimale Lagerungsarten und einen Massentransport mit Paletten oder Kolli ermöglichen. |  |
| **Gebrauchs-funktion** | Die Verpackung muss sowohl für den Einzelhändler als auch für den Konsumenten leicht handhabbar sein, z. B. beim Stapeln, Öffnen, Verschließen und Dosieren. | 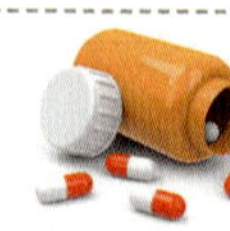 |
| **Informations-funktion** | Auf der Verpackung stehen Informationen für den Verbraucher, wie z. B. die gesetzlich vorgeschriebenen Angaben über Preis, Inhaltsstoffe, Menge, Hersteller und Verwendungszweck. Dies ist bei der Selbstbedienung besonders wichtig, denn hier erhält der Kunde seine Informationen über das Produkt nur über die Angaben auf der Verpackung. |  |
| **Absatz- und Werbefunktion** | Die Gestaltung der Verpackung soll die Aufmerksamkeit des Kunden erregen und ihn zum Kauf verführen und anregen. Entsprechend muss die Verpackung das Produkt im Verkaufsraum wirkungsvoll präsentieren und von den Produkten der Mitbewerber positiv absetzen. |  |
| **Servicefunktion** | Bei den sogenannten Convenience-Lebensmitteln (engl.= „Bequemes Essen“) übernimmt die Verpackung eine Servicefunktion. Diese Lebensmittel können in ihrer Verpackung zubereitet oder serviert werden, wie z. B. aufgussfertige Instant-Nudelsuppen im Becher, Mikrowellengerichte in der Schale oder Desserts im Glas. |  |
| **Trägerfunktion für durch Scanner abrufbare Informationen** | Der an der Verpackung angebrachte EAN-Code kann beispielsweise in das Warenwirtschaftssystem eingelesen werden. | 0 12345 67890 |
| **Diebstahl-sicherungs-funktion** | An der Verpackung können Warensicherungsetiketten zum Schutz vor Diebstahl angebracht werden. |   |
| **Umwelt-verträglichkeit** | Verpackung sollte umweltverträglich sein, indem sie umweltfreundlich hergestellt wird und die Vorgaben für die Abfallvermeidung bzw. Abfallreduzierung oder Recyclingfähigkeit erfüllt. |  |



Hauptaufgaben der Verpackung:
- Schutz der Ware
- Informierung der Verbraucher
- Förderung des Verkaufs

**Merke**

## Arten der Verpackungen

Nach der Verpackungsverordnung (VerpackV) werden fünf Arten von Verpackungen unterschieden: Kap. 3.2

**Verpackungsarten**

| Art der Verpackung | Erklärung | Beispiele |
|---|---|---|
| **Transportverpackungen** | • schützen die Produkte auf dem Transportweg vom Hersteller zum Handel<br>• vereinfachen den Transport | Kartons, Paletten, Säcke, Umreifungsbänder  |
| **Umverpackungen** | • zusätzliche Verpackung um die bereits vorhandene Verkaufsverpackung herum<br>• dienen der Verbraucherinformation, der Werbung und dem Verkauf sowie dem Diebstahlschutz<br>• ermöglichen Selbstbedienung | Faltschachtel um Zahnpastatube herum, Kartonverpackung mit 4 Reisbeuteln   |
| **Verkaufsverpackungen** | • ist die eigentliche Verpackung der Ware<br>• mit ihnen kann eine Verkaufseinheit angeboten werden<br>• dienen dem Verbraucher zum Transport der Ware oder zur Aufbewahrung bis zum Verbrauch | Plastik-, Stoff- oder Papiertüten, 6 Getränkedosen in Plastikfolie eingeschweißt  |
| **Getränkeverpackungen** | dienen als Verpackung flüssiger Lebensmittel, die als Getränk bestimmt sind | |
| **a) Mehrwegverpackungen** | Mehrwegverpackungen sind dafür vorgesehen, nach dem Gebrauch wiederverwendet zu werden. | Mineralwasser oder Fruchtsäfte in Glasflaschen  |
| **b) Einwegverpackungen** | Einwegverpackungen sind für die alleinige Nutzung vorgesehen und in der Regel pfandpflichtig. Von der Pfandpflicht ausgenommen sind umweltfreundliche Einweggetränkeverpackungen (z. B. Getränkekartonverpackungen). | Mineralwasser in Platikflaschen, Bioapfelsaft im umweltfreundlichen Getränkekarton  |
| **Mogelpackungen** | Mogelpackung nennt man eine Fertigpackung, die eine größere Füllmenge als die tatsächlich enthaltene und angegebene Menge vortäuscht. Mogelpackungen sind verboten. | Verpackung von Mokkabohnen enthält mehr als 30 % Luft  |

# 3.2 Entsorgung des Verpackungsmülls

© nmann77 – stock.adobe.com

Leider verursachen Verpackungen viel Verpackungsmüll und führen zu einer starken Umweltbelastung. In Deutschland (und Europa) gibt es deswegen mittlerweile einige gesetzliche Regelungen zur Vermeidung und zum Recycling von Verpackungsmüll. Für den Einzelhändler entstehen hieraus gesetzliche Verpflichtungen, die er kennen und einhalten sollte.

## Die Verpackungsverordnung (VerpackV)



Bis zum 31. Dezember 2018 galt in Deutschland die Verpackungsverordnung (VerpackV). Am 1. Januar 2019 wurde aus der Verordnung ein Gesetz: das Verpackungsgesetz (VerpackG). Durch das Verpackungsgesetz (VerpackG) wurden einige Regelungen der Verpackungsverordnung (VerpackV) zur Vermeidung und Beseitigung von Verpackungsmüll deutlich verschärft.

### Ziele der Verpackungsverordnung (VerpackV)

Bereits die Verpackungsverordnung (VerpackV) hatte zum Ziel, dass
- Verpackungsabfälle grundsätzlich vermieden werden sollten.

In Fällen, in denen dies nicht möglich war, sollten Verpackungen zumindest
- wiederverwendet oder
- wiederverwertet werden.

### Verpflichtungen für Hersteller, Großhändler und Einzelhändler

Aus der Verpackungsverordnung ergaben sich einige Verpflichtungen für Hersteller, Großhändler und Einzelhändler.

Vor allem durch die Einführung des Prinzips der Produktverantwortung wurden Hersteller und Vertreiber von Verpackungen verpflichtet, sich an die Regelungen zur Rücknahme und Verwertung von Verpackungen zu halten. Das Prinzip der Produktverantwortung sieht vor, dass Hersteller und Vertreiber eines Produktes für das Produkt und dessen Verpackung während der gesamten Lebensdauer des Produktes verantwortlich sind. Dazu gehört auch die Verantwortung für die Vermeidung und Verwertung der Abfall- und Wertstoffe.

**Verpflichtungen für Hersteller, Großhändler und Einzelhändler nach VerpackV (Auswahl)**

| | |
|---|---|
| **Rücknahmepflicht für Transportverpackungen (§ 4 VerpackV)** | Nach dem Gebrauch müssen Transportverpackungen vom Hersteller oder Einzelhändler zurückgenommen werden. Sie müssen dafür sorgen, dass die Transportverpackungen wiederverwendet oder -verwertet werden können. |
| **Rücknahmepflicht für Umverpackungen (§ 5 VerpackV)** | Umverpackungen müssen vom Einzelhändler zurückgenommen werden. Er muss dem Kunden vor Ort die Möglichkeit geben, die Umverpackung nach dem Kauf zu entfernen und in dafür vorgesehenen Behältern zu entsorgen. |
| **Verkaufsverpackungen (§ 6 VerpackV)** | Für Verkaufsverpackungen besteht keine direkte Rücknahmepflicht für Hersteller oder Händler. Sie sind jedoch verpflichtet, Müll zu trennen und Sammelbehälter aufzustellen und sich an einem Dualen System zu beteiligen, das die Rücknahme der gebrauchten Verkaufspackungen organisiert. |
| **Pfanderhebungs- und Rücknahmepflicht für Einweggetränkeverpackungen** | Für Getränke in nicht ökologisch vorteilhaften Einweggetränkeverpackungen, wie z. B. Mineralwasser, Limonade, Bier und Biermischgetränke, muss mindesten 0,25 EUR Pfand erhoben werden. Davon ausgenommen sind Getränke in Kartonverpackungen, wie z. B. Milch und Fruchtsäfte. |

### Sammlung, Sortierung und Verwertung von Verpackungsmüll

Um die Rücknahme der Verkaufsverpackungen gewährleisten zu können, hat sich in Deutschland ein flächendeckendes Sammlungs- und Entsorgungssystem entwickelt: Der Grüne Punkt. Der Grüne Punkt ist ein geschütztes Markenzeichen der „Der Grüne Punkt – Duales System Deutschland GmbH (DSD)". Der Grüne Punkt sorgt für die Sammlung, Sortierung und Verwertung von Verpackungsmüll. Das Ziel des Grünen Punktes ist es, Wertstoffe aus Abfällen konsequent zu nutzen und durch Recycling so lange wie möglich in einer Kreislaufwirtschaft zu halten.

In einer Kreislaufwirtschaft werden

- Metalle zu neuen Metallprodukten,
- Altglas zu neuem Behälterglas,
- Altpapier zur Rohstoffquelle für neues Papier und
- Kunststoff aus dem Gelben Sack bzw. der Gelben Tonne zu neuen Kunststoffprodukten verarbeitet.

Hat der Hersteller einen Vertrag mit dem Grünen Punkt abgeschlossen, darf er das Logo des Grünen Punktes auf seiner Verpackung abdrucken. Er zeigt damit, dass er die Pflichten der Verpackungsverordnung erfüllt.

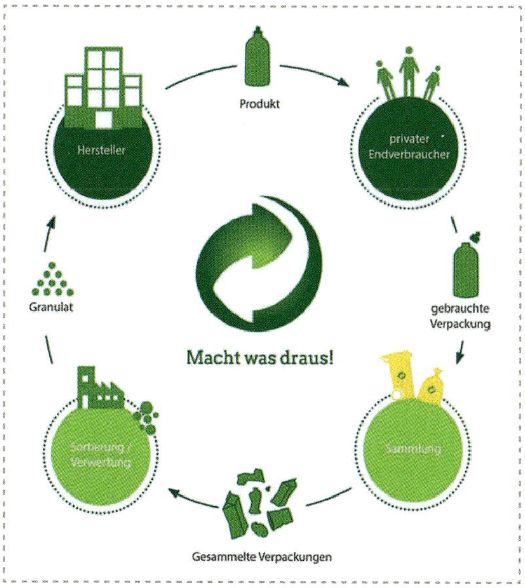

© DSD - Duales System Holding GmbH & Co. KG

Der Grüne Punkt hat als erstes duales System das haushaltsnahe Rückholsystem für Verpackungsmüll aufgebaut. Mittlerweile sind in Deutschland jedoch mehrere duale Systeme zugelassen, die die Gelbe Tonne bzw. die Gelben Säcke, die Altglascontainer und Papiertonnen zur Sammlung gebrauchter Verkaufsverpackungen nutzen.

**Beispiele** *für weitere in Deutschland zugelassene duale Systeme sind: BellandVision GmbH, Reclay Systems GmbH, Interseroh Dienstleisutngs GmbH, RKD Recycling Kontor Dual GmbH & Co. KG, Zentek GmbH & Co. KG*

## Das neue Verpackungsgesetz (VerpackG)

Verpackungsgesetz (VerpackG) (www.gesetze-im-internet.de/verpackg/)

Seit 1. Januar 2019 ist das neue Verpackungsgesetz (VerpackG) in Kraft. Das Gesetz löst die bis dahin geltende Verpackungsverordnung (VerpackV) ab.

### Ziele des neuen Verpackungsgesetzes (VerpackG)

Die Bundesregierung möchte angesichts des Klimawandels und der zunehmenden Verschmutzung der Meere und Strände durch Plastik mit dem neuen Verpackungsgesetz
- das Recycling und die Kreislaufwirtschaft vorantreiben und
- damit den Umweltschutz stärken sowie
- den Anteil von Mehrweggetränke-Verpackungen erhöhen und
- dafür sorgen, dass Verpackungsabfälle zukünftig noch stärker in den Haushalten gesammelt und getrennt werden.

### Das Prinzip der erweiterten Produktverantwortung



VerpackG erweitert auch das bereits in der Verpackungsverordnung geltende Prinzip der Produktverantwortung. Nach der erweiterten Produktverantwortung (Product Compliance) ist jeder, der erstmals mit Ware befüllte und beim Endverbraucher anfallende Verpackungen in Umlauf bringt, dafür verantwortlich, für deren Rücknahme und Verwertung zu sorgen. Dies betrifft in erster Linie Hersteller und Online-Händler. Sie müssen sich an einem dualen System wie etwa dem Grünen Punkt beteiligen und bei der Zentralen Stelle Verpackungsregister (ZSVR) registrieren.

### Verschärfungen und Neuregelungen des Verpackungsgesetzes

Durch das Verpackungsgesetz (VerpackG) werden einige Regelungen der Verpackungsverordnung deutlich verschärft.

**Die wichtigsten Verschärfungen und Neuregelungen des Verpackungsgesetzes (VerpackG)**

| | |
|---|---|
| **Ausweitung der Pfandpflicht und Förderung von Mehrweg** | Auf Getränken in Einwegverpackungen mit einem Molkeanteil von über 50 Prozent liegt nun ein Pfand von 25 Cent. Onlineshops müssen auch angeben, dass es sich um ein solches Produkt handelt. Diese Regelung soll Verbraucher dazu anregen, verstärkt Mehrwegverpackungen zu kaufen. |
| **Anspruchsvolle Anhebung der Recyclingquote für Verpackungen** | Die bisherigen gesetzlichen Mindest-Recyclingquoten wurden für alle Materialarten angehoben. Die Anhebung soll in zwei Schritten erfolgen: Im ersten Schritt wurde sie 2019 angehoben und im zweiten Schritt wird sie 2022 weiter angehoben. |

▶

## Die wichtigsten Verschärfungen und Neuregelungen des Verpackungsgesetzes (VerpackG)

| | |
|---|---|
| **Neue Vorschriften für Letztvertreiber** | Letztvertreiber müssen in Zukunft auf die Letztnutzung der Verpackung hinweisen. Letztvertreiber ist das Unternehmen, das eine Verpackung an den Endverbraucher bzw. Konsumenten abgibt. In der Regel sind dies Supermärkte und Onlineshops. Ziel dieser neuen Vorschrift ist, dass sich der Verbraucher bewusster für ökologisch vorteilhafte Verpackungen entscheiden kann. |
| **Schaffung einer einheitlichen Marktüberwachung** | Das Verpackungsgesetz fordert die Errichtung einer „Zentralen Stelle Verpackungsregister", die den Verpackungsmarkt überwachen soll. Die Aufgaben dieser zentralen Stelle liegen u. a. in der Registrierung von Herstellern und in der Überprüfung, ob die gesetzlichen Vorschriften eingehalten werden und ob eine Verpackungsart zulässig ist oder nicht. |
| **Erweiterte Registrierungspflicht** | Hersteller und Online-Händler müssen sich, bevor sie eine verpackte Ware verschicken, bei der Zentralen Stelle Verpackungsregistrierung registrieren. |
| **Beteiligungspflicht** | Hersteller und Vertreiber sind verpflichtet, sich an einem dualen System, wie z. B. den Grünen Punkt, zu beteiligen. |

Aus dem Verpackungsgesetz (VerpackG) resultieren folgende rechtliche Verpflichtungen:
- für Hersteller: Transportverpackungen zurücknehmen
- für Einzelhändler: Umverpackung zurücknehmen und Pfand auf Einweggetränkeverpackungen erheben
- für Hersteller und Online-Händler: sich bei der Zentralen Stelle Verpackungsregistrierung registrieren lassen
  - für Hersteller, Großhändler und Einzelhändler: sich für die Entsorgung ihre Verpackungen an einem dualen System beteiligen
  - für Einzelhändler und Online-Händler: den Verbraucher auf die Letztnutzung der Verpackung hinweisen

**Merke**

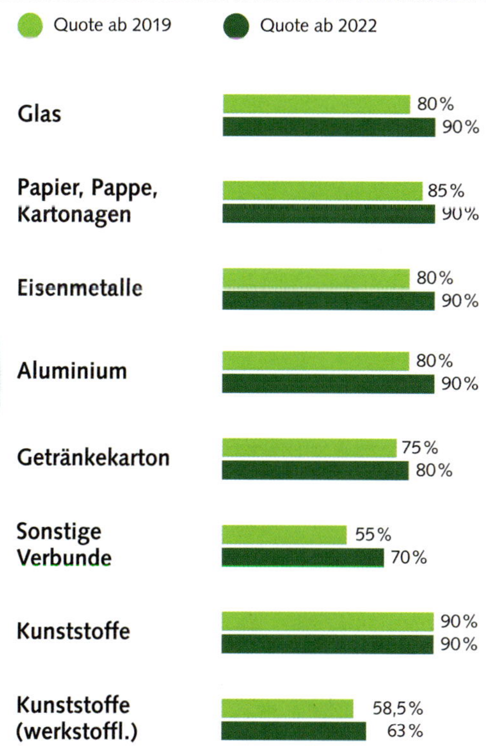


Abbildung: Anhebung der Recyclingquoten

## 3.3 Umweltschutz

Neben dem Verpackungsgesetz, das die Rücknahme der Verkaufsverpackungen regelt, gibt es in Deutschland noch weitere gesetzliche Regelungen, die der Müllvermeidung, der Förderung des Recyclings und dem Umweltschutz dienen sollen. Für den Einzelhändler ergeben sich auch hieraus verschiedene Verpflichtungen.

### Kreislaufwirtschaftsgesetz (KrWG)

Kreislaufwirtschaftsgesetz (KrWG) (www.gesetze-im-internet.de/krwg/)

Das Kreislaufwirtschaftsgesetz (KrWG) ist am 1. Juni 2012 in Kraft getreten und zuletzt am 1. Juni 2017 geändert worden. Es stellt das Basisgesetz für die Abfall- und Kreislaufwirtschaft dar. Sein Zweck liegt darin,
- die Kreislaufwirtschaft zu fördern,
- die natürlichen Ressourcen zu schonen und
- die Gesundheit des Menschen und die Umwelt zu schützen.

Das Kreislaufwirtschaftsgesetz enthält eine fünfstufige Abfallhierarchie.
Demnach muss generell zunächst
- die Abfallvermeidung durch abfallärmere Verpackungen und umweltfreundlicheres Verhalten der Verbraucher gefördert werden.

Danach schließen sich folgende Stufen an:
- die Wiederverwendung der Produkte für den gleichen Verwendungszweck (z. B. Pfandflaschen)
- das Recycling der Produkte, indem die Materialreste von Konsumprodukten in den Produktionsprozess wieder eingebunden werden
- die energetische Verwertung des Abfalls, z. B. als Ersatzbrennstoff
- die Beseitigung der Abfälle durch z. B. Abfallverbrennung

Wertstoffkreislauf am Beispiel des Altpapier-Recyclings

© Abfallwirtschaftsbetrieb München

Für den **Hersteller** folgt aus den Regelungen des Kreislaufwirtschaftsgesetzes, dass er die **Produktverantwortung für sein Produkt** trägt, und zwar bis zur Entsorgung der Materialreste nach dessen Lebensdauer.

Merke

Für den **Einzelhändler** bedeutet das Kreislaufwirtschaftsgesetz, dass er den anfallenden **Produktmüll trennen** und dafür **Sammelbehälter aufstellen** und ihn **fachgerecht entsorgen** muss, damit ein Großteil der Materialreste wieder in den Wertstoffkreislauf zurückfließt.

Merke



## Elektrogesetz (ElektroG2)

Elektrogesetz (ElektroG2) (https://www.gesetze-im-internet.de/elektrog_2015/ElektroG)

Das Elektrogesetz (ElektroG2) regelt das Inverkehrbringen, die Rücknahme und die umweltverträgliche Entsorgung von Elektro- und Elektronikgeräten. Es ist 2005 in Kraft getreten und wurde Ende 2015 zuletzt erneuert.

Nach dem Elektrogesetz (ElektroG2) sind **Hersteller** von Elektro- und Elektronikgeräten als „Erstinverkehrbringer" ab 1. Mai 2019 verpflichtet, ihre **Geräte registrieren zu lassen** und einen **Dienstleister für die Entsorgung von Elektro-Altgeräten zu beauftragen.**

Merke

Auch **Einzelhändler** können zum **registrierungspflichtigen Hersteller** werden, wenn sie nicht registrierte Elektro- und Elektronikgeräte zum Kauf anbieten oder aus dem Ausland nach Deutschland einführen.

Merke

Altölverordnung (AltölV) (www.gesetze-im-internet.de/alt_lv/)

## Altölverordnung (AltölV)

© Leonardo Franko – stock.adobe.com

Nach der Altölverordnung (AltölV)[1] hat ein Händler, der Motor- und Getriebeöl oder Ölfilter und Zubehör für Ölwechsel verkauft, die Verpflichtung, eine Altölannahmestelle einzurichten, über die eine kostenlose Rücknahme der gebrauchten Motor- und Getriebeöle erfolgen kann.

Kleinere Einzelhändler oder Online-Händler können die Altölannahme auf Dienstleister übertragen. Die Verbraucher müssen auf diese kostenlose Möglichkeit der Altölentsorgung hingewiesen werden (Hinweispflicht).

Batteriegesetz (BattG) (https://www.gesetze-im-internet.de/battg)

## Batteriegesetz (BattG)

© alexlmx – stock.adobe.com

Nach dem Batteriegesetz (BattG), das seit Juni 2009 in Kraft getreten ist und im April 2017 zuletzt geändert wurde, sind Hersteller und Importeure (Inverkehrbringer) verpflichtet, gebrauchte Batterien zurückzunehmen (z. B. durch Aufstellung von Sammelbehältern an der Kasse) und umweltverträglich zu entsorgen.

Die Verbraucher müssen über diese kostenlose Möglichkeit der Rückgabe von Altbatterien informiert werden (Hinweispflicht).



EU-Richtlinie für Einwegplastik:

www.verbraucherzentrale.de/wissen/lebensmittel/lebensmittelproduktion/gesetzliche-regeln-eu-verbietet-einwegplastik-7022

www.consilium.europa.eu/de/press/press-releases/2018/12/19/single-use-plastics-presidency-reaches-provisional-agreement-with-parliament/

## EU-Richtlinie für Einwegplastik

© dpa

Die Europäische Union (EU) hat zum Schutz der Meere im Jahr 2016 beschlossen, bestimmte Plastik- und Styroporgegenstände ab 2021 zu verbieten. Geschirr, Besteck, Strohhalme, Wattestäbchen und Luftballon-Halter aus Plastik werden besonders häufig an Stränden angespült. Deswegen sollen Plastikgegenstände, für die es bereits Alternativen gibt, ab 2021 in allen EU-Mitgliedsstaaten verboten sein.

1 Die Altölverordnung ist im November 1987 in Kraft getreten, wurde im April 2002 neugefasst und im Februar 2012 zuletzt geändert.

Unterhändler des EU-Parlaments haben sich am 18. Dezember 2018 mit den Staaten auf eine entsprechende Regelung geeinigt. Verboten werden sollen demnach folgende Einmal-Gegenstände:

- Plastikbesteck (Gabeln, Messer, Löffel und Essstäbchen)
- Plastikgeschirr (Teller, Schalen)
- Plastikstrohhalme
- Verpackungen für warme Speisen und Getränke aus Styropor (Polystyrol)
- Wattestäbchen aus Plastik

Weil Kunststoffe nicht als Gefahrstoffe gelten, gibt es bisher in Deutschland noch kein Gesetz, das die Verwendung von Plastik generell einschränkt. Auch für Plastiktüten, die erheblich zur Meeresverschmutzung beitragen, gibt es in Deutschland noch kein Verbot.

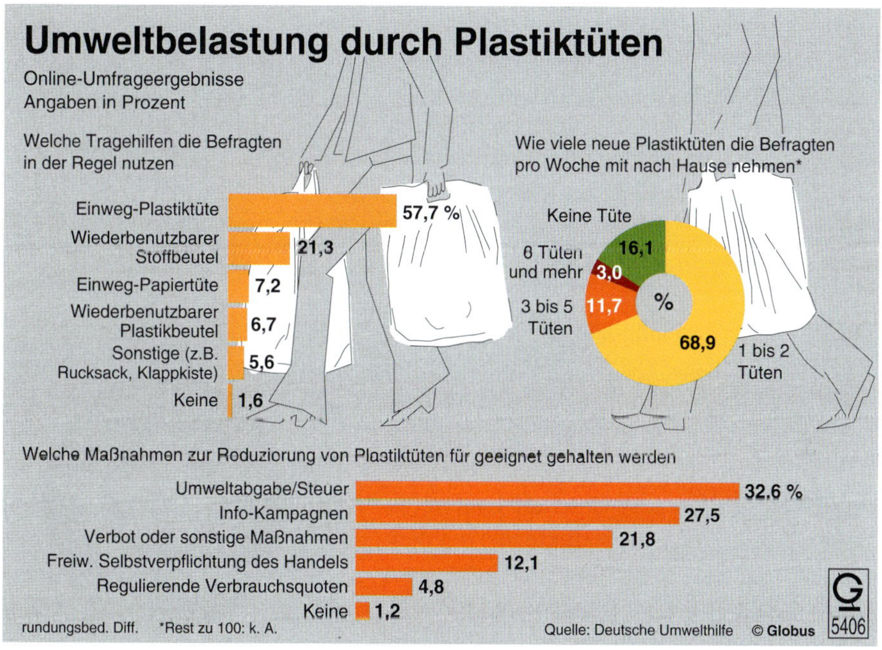


Allerdings möchte das Bundesumweltministerium den Handel zu einer freiwilligen Mitarbeit bewegen. So sollen Plastiktüten an der Kasse nur noch gegen Geld erworben werden können. Viele Einzelhändler setzen dies schon um. Wenn die Menge der abgegebenen Plastiktüten jedoch nicht auf die von der EU vorgegebenen Werte absinkt, behält sich das Bundesumweltministerium vor, doch noch ein Gesetz zur Regelung zu erlassen.

## Chance für Hersteller und Einzelhändler: Engagement bei der Abfallbeseitigung und im Umweltschutz

Für Hersteller und Einzelhändler sind die beschriebenen gesetzlichen Regelungen zur Abfallbeseitigung und zum Umweltschutz mit vielen Pflichten und Herausforderungen verbunden. Allerings stellen sie auch eine Chance dar:

- Berücksichtigt der Einzelhändler bei seiner Unternehmensführung die Vorschriften zur Abfallentsorung und zum Umweltschutz, kann er sich als umweltfreundliches Unternehmen präsentieren und das Firmenimage aufwerten. Er kann seinen praktizierten Umweltschutz auch zu Werbe- und Marketingzwecken nutzen. Ist der Einzelhändler sogar bereit, die Organisation seines Unternehmens und seine Energie- und Materialeffizienz systematisch zu verbessern und schädliche Umweltwirkungen weiter zu reduzieren, kann er sich dies bei Erfolg mit dem Gütesiegel der Europäischen Union „EMAS" zertifizieren lassen.

Gütesiegel EMAS (EMAS = Eco-Management and Audit Scheme)



- Achtet der Einzelhändler auf ökologische Aspekte bei seiner Sortimentsgestaltung und nimmt er Produkte mit umweltfreundlicher Verpackung in sein Sortiment auf, kann er damit gezielt umweltbewusste Kunden ansprechen und an sein Geschäft binden. So kann er z. B. verstärkt Produkte, die mit dem Umweltzeichen Blauer Engel ausgezeichnet sind, in sein Sortiment integrieren. Produkte, die das Siegel „Blauer Engel" tragen, sind umweltfreundlicher als vergleichbare, konventionelle Produkte.

Umweltzeichen „Blauer Engel" (www.blauer-engel.de)

Für den **Einzelhändler** ergeben sich aus dem Kreislaufwirtschaftsgesetz und den weiteren Einzelverordnungen zur Abfallvermeidung und zum Umweltschutz folgende **Verpflichtungen:**

- Beteiligung an der Kreislaufwirtschaft, indem er Abfälle trennt und eine fachgerechte Entsorgung vornimmt und Materialreste dem Wertstoffkreislauf zuführt
- Rücknahme und Entsorgung von Elektroaltgeräten, Motor- und Getriebeöl und von gebrauchten Batterien sowie die Pflicht, die Kunden über die Möglichkeit der kostenlosen Entsorgung der gebrauchten Produkte zu informieren
- Reduzierung der Abgabe von Plastiktüten und Abgabe nur gegen Geld
- Einschränkung des Verkaufs von bestimmten Plastik- und Styroporgegenständen wie Geschirr, Besteck, Strohhalmen und Wattestäbchen

Die gesetzlichen Verpflichtungen stellen aber auch eine **Chance** für den Einzelhändler dar,

- sich als umweltfreundliches Unternehmen zu präsentieren und
- umweltbewusste Kunden durch ein ökologisches Sortiment zu binden.

Merke



Aufgaben

1. Nennen Sie die verschiedenen Funktionen der Verpackung.
2. Beschreiben Sie die Aufgaben und das Ziel des Grünen Punktes.
3. Welche Verpflichtungen ergeben sich für den Einzelhändler und Online-Händler aus den verschärften Regelungen des neuen Verpackungsgesetzes (VerpackG)?
4. Recherchieren Sie, wie Ihr Ausbildungsbetrieb die Verpflichtungen aus dem Kreislaufwirtschaftsgesetz umsetzt. Nennen Sie je ein Beispiel für die Wiederverwendung, für das Recycling und für die Wiederverwertung von Verpackungsmaterial aus Ihrem Ausbildungsbetrieb.
5. Was bezweckt die EU mit ihrer Richtlinie und ihrem Verbot für Einwegplastik?
6. Nele Bauer hat ihre Prüfung zur Einzelhandelskauffrau erfolgreich bestanden. Nun möchte sie sich als Einzelhändlerin selbständig machen. Sie möchte ein besonders umweltbewusstes Lebensmittelgeschäft aufbauen und die entsprechende Zielgruppe bedienen.
   Bilden Sie Gruppen und überlegen Sie gemeinsam, welche Maßnahmen Nele Bauer ergreifen kann, um ihr Konzept erfolgreich umzusetzen. Erstellen Sie eine Liste.

# Sachwortverzeichnis

## D



## E



## F



## G



## H

## S



## T



## U



## V